EDITION

Directeurs de collection et auteurs : Dominique AUZIAS et Jean-Paul LABOURDETTE
Responsable d'édition : Pauline BELTRAN
Auteurs : Pauline BELTRAN, Sophie Guitonneau, Christina MALINJOD, Pamela RENAULT
Directeur Editorial : Stéphan SZEREMETA
Rédaction France : Elisabeth COL, Tony DE SOUSA, Mélanie COTTARD, Audrey VEDOVOTTO
Rédaction Monde : Caroline MICHELOT, Morgane VESLIN, Pierre-Yves SOUCHET, Natalia COLLIER, Laureen DUCHESNE

FABRICATION

Responsable Studio : Sophie LECHERTIER assistée de Romain AUDREN
Maquette et Montage : Julie BORDES, Delphine PAGANO
Iconographie et Cartographie : Anne DIOT assistée de Julien DOUCET

WEB ET NUMERIQUE

Directeur Web : Louis GENEAU DE LAMARLIERE
Chef de projet et développeurs : Nicolas de GUENIN, Adeline CAUX, Kiril PAVELEK
Intégrateur Web : Mickael LATTES
Webdesigner : Caroline LAFFAITEUR
Community Traffic Manager : Alice BARBIER, Mariana BURLAMAQUI et Vincent PHAM

DIRECTION COMMERCIALE

Directeur commercial : Guillaume VORBURGER assisté de Manon GUERIN
Responsable Régies locales : Michel GRANSEIGNE
Responsables Développement régie inter : Jean-Marc FARAGUET et Guillaume LABOUREUR
Chefs de Publicité : Camille ESMIEU
Chefs de Publicité Régie nationale : Caroline AUBRY, François BRIANCON-MARJOLLET, Perrine DE CARNE MARCEIN

DIFFUSION ET PROMOTION

Directrice des Ventes : Bénédicte MOULET assistée d'Aissatou DIOP
Responsable des ventes : Jean-Pierre GHEZ assisté de Nelly BRION
Relations Presse-Partenariats : Jean-Mary MARCHAL

ADMINISTRATION

Président : Jean-Paul LABOURDETTE
Directrice des Ressources Humaines : Dina BOURDEAU assistée de Sandra DOS REIS et Eva BAELEN
Directrice Administrative et Financière : Valérie DECOTTIGNIES
Comptabilité : Jeannine DEMIRDJIAN et Adrien PRIGENT
Recouvrement : Fabien BONNAN assisté de Sandra BRIJLALL et Vinoth SAGUERRE
Responsable informatique : Arney BADER

PETIT FUTÉ POITIERS

LES NOUVELLES EDITIONS DE L'UNIVERSITE
18, rue des Volontaires - 75015 Paris.
✆ 01 53 69 70 00 - Fax 01 42 73 15 24
Internet : www.petitfute.com
SAS au capital de 1 000 000 € - RC PARIS B 309 769 966
Couverture : © Franck TEILLARD
Impression : IMPRIMERIE CHIRAT - 42540 Saint-Just-la-Pendue
Achevé d'imprimer : mars 2021
Dépôt légal : 08/05/2021
ISBN : 9782305051178

Pour nous contacter par email, indiquez le nom de famille en minuscule suivi de @petitfute.com
Pour le courrier des lecteurs : info@petitfute.com

IMPRIMÉ EN FRANCE

POITIERS

UNE VILLE À VIVRE !

Vous emménagez à Poitiers ou vous y résidez depuis toujours ? Vous venez y étudier ? Vous êtes de passage le temps d'un week-end ou pour les vacances ? Que connaissez-vous de Poitiers ? Quelle image en avez-vous ?

Dans cette édition 2021 nous allons vous révéler Poitiers sous plusieurs aspects, tous charmants. La ville aux milles clochers offre un patrimoine architectural d'exception mais réserve aussi de belles balades nature. Jeune et dynamique la ville bouge au rythme des évènements destinés aux familles ou aux étudiants.

La dynamique concerne aussi les différents acteurs qui font vivre la ville et ses alentours. A Poitiers comme ailleurs, commerçants, artisans, entrepreneurs ont été durement touchés par la crise économique liée à la COVID. Nous avons évidemment une pensée pour eux tous. Toutefois certains ont su et pu se réinventer en imaginant de nouveaux modes de distribution ou de nouveaux produits. Nous avons mesuré leur résilience et leur capacité de rebond dont nous souhaitons nous faire échos. Les poitevins ont aussi initié et fait vivre un formidable élan de solidarité dont nous souhaitons être le relai. Bravo à eux !

Au cours de cette année si particulière, le Petit Futé a été le plus possible aux côtés de ces forces vives en relayant leurs initiatives. Nous poursuivrons notre soutien lors des jours meilleurs, que nous sommes en droit d'espérer, en gardant ces capacités d'adaptation comme une force.

Visiteurs ou habitants de Poitiers, profitez de la cuisine de nos restaurateurs dès que vous en avez l'occasion. Sortez pour danser, admirer, jouer, boire un verre, lire, faire du sport… dès que vous le pouvez. Plus que jamais, chacun d'entre nous mesure le bonheur de ces moments simples de plaisir et de partage. Découvrez nos chouchous ou faites-vous l'explorateur de tous ces lieux de culture et de fête pour élire à votre tour vos coups de cœur.

Vivez Poitiers !

PEFC
10-31-1895
Certifié PEFC
Ce produit est issu de forêts gérées durablement et de sources contrôlées.
pefc-france.org

SOMMAIRE

© YANN GACHET

La salle des pas perdus
du Palais des Ducs d'Aquitaine

© MOULIN DE LA NORÉE

Moulin de la Norée

© CHÂTEAU DE DISSAY

Spa du Château de Dissay

© ANTOINE PAILLARD

© ANTOINE PAILLARD

ANTOINE PAILLARD

Antoine Paillard est photographe professionnel dans sa ville natale depuis 2014. Petit, il rêvait déjà d'être photoreporter pour découvrir le monde et faire des rencontres. C'est le côté humain qui lui plait, mettre en images de belles histoires. Passionné par la richesse de son territoire, il décide de construire son avenir près de Poitiers. Un univers qui lui convient parfaitement. « Poitiers est un village au gros potentiel. » Il aime prendre part à la valorisation du patrimoine architectural, notamment avec la technique 360 développée avec son agence Libellab. Il adore surtout mettre sur le devant de la scène les artistes qui font la richesse culturelle poitevine.

› www.libellab.com

© ANTOINE PAILLARD

© ANTOINE PAILLARD

© ANTOINE PAILLARD

© ANTOINE PAILLARD

© ANTOINE PAILLARD

PAGE PRÉCÉDENTE

- ***En haut à gauche :*** fromagerie Jérémie Chosson.
- ***En haut à droite :*** centre ville de Poitiers.
- ***Au centre à droite :*** Little planet Gare de Poitiers.
- ***En bas à gauche :*** centre equestre.
- ***En bas à droite :*** Vélorail Chauvigny.

SUR CETTE PAGE

- ***En haut à gauche :*** Serre chambres d'hôtes.
- ***En haut à droite :*** Château de Baillant.
- ***Au centre à droite :*** escaliers chambres d'hôtes.
- ***En bas à gauche :*** chambres d'hôtes.
- ***En bas à droite :*** chantier voie André Malraux Poitiers.

© ANTOINE PAILLARD

© ANTOINE PAILLARD

© ANTOINE PAILLARD

SOMMAIRE

© ALEX AUTEXIER

Yoga au Roof

© ANTOINE PAILLARD

Le Gaston - Chauvigny

© PAULINE BELTRAN

Lussac-les-Châteaux

CE QUI A BOUGÉ

ARENA ENTRE BIENTÔT EN SCÈNE

© CONSEIL DÉPARTEMENTAL DE LA VIENNE

La grande salle tant attendue des Poitevins visant à recevoir des événements culturels et sportifs va bientôt voir le jour. Son inauguration est prévue pour le 2e trimestre 2022. Une entrée en scène qui devrait, selon le Département, favoriser l'attractivité du territoire et surtout permettre aux locaux d'avoir accès à une programmation artistique nationale, voire internationale, étoffée.

LE PALAIS DES DUCS AUX POITEVINS

© YANN GACHET

L'ancien palais de justice devient une place publique couverte. La grande salle des Pas Perdus, la plus vaste de ce type en Europe, aménagée par Aliénor d'Aquitaine, est désormais le théâtre de pauses déjeuners et rencontres devant les trois imposantes cheminées. Elle retrouve également sa fonction de traversée de la ville ; en attendant que d'autres usages culturels et festifs soient définis.

VIVE LE TOUR [DE FRANCE] !

© YANN GACHET

Le rendez-vous festif de la rentrée était orchestré par la petite reine. Grosse ambiance sur la ligne d'arrivée poitevine de la 11e étape en provenance de Châtelaillon. L'arrivée au sprint, impressionnante « en vrai », consacre Caleb Ewan. Le lendemain, c'est Chauvigny qui accueille le départ de la plus longue étape du Tour 2020, 218 km. Un rendez-vous marqué notamment par la célèbre caravane.

FUTUROSCOPE, OBJECTIF MARS

© JL AUDY - FUTUROSCOPE

Avec cette nouvelle attraction, le parc décroche la lune. Récompensée par l'European Star Award 2020, dans la catégorie Meilleur roller coaster de l'année, l'attraction se distingue pour sa thématisation. Le visiteur embarque pour un voyage dans l'espace et se croit astronaute. Une expérience immersive qui fait appel à des enchaînements d'effets spéciaux spectaculaires inédits en France.

DESTINS, LABCOM DE L'INNOVATION SOCIALE

© UNIVERSITÉ DE POITIERS

Le premier laboratoire commun dédié à l'innovation sociale français est poitevin. Il associe plusieurs partenaires, dont la maison des sciences de l'homme de l'Université de Poitiers, le CNRS et l'entreprise Ellyx. Son objectif est de permettre l'émergence de projets, de politiques publiques ou de services pour mieux répondre aux enjeux sociaux, économiques et environnementaux du XXIe siècle.

LES VERTS À POITIERS

Après un calendrier électoral chahuté, le résultat des urnes ne délivre pas la couleur attendue. Beaucoup pensaient le maire socialiste en place indétrônable. C'était sans compter sur la déferlante verte nationale et sur la ferveur des soutiens d'une jeune femme Léonore Moncond'huy [et de son équipe] propulsée dans la lumière. Autre coup de théâtre, la présidence de la communauté urbaine revient à une autre femme.

© SÉBASTIEN LAVAL

ZOOM

LE MUSÉE SAINTE-CROIX

L'AMOUR FOU À POITIERS ?

Le premier semestre poitevin sera placé sous le signe de l'Amour. Point d'orgue de ce rendez-vous, l'exposition « L'Amour fou ? Intimité et création » (1910-1940) au Musée Sainte-Croix. 230 œuvres, dont certaines rarement montrées, seront présentées. Suivront des événements dans de nombreux autres lieux culturels poitevins.

Comment la relation de couple peut être à la fois un moteur, mais aussi un écueil à la création ? Les récits des histoires d'amour de 10 couples d'artistes apporteront leur éclairage avec l'évocation de la multiplicité des sentiments amoureux.

Un couple, une alcôve

Chaque couple est présenté dans une alcôve mettant en scène son univers artistique et relatant sa relation grâce à des correspondances, des photos, des films…

Il est des muses inspirantes qui enrichissent les créations.

Les clichés et courts-métrages que Man Ray fait de Kiki de Montparnasse, chanteuse et reine des modèles, personnifient le surréalisme. Inspiré par Nusch, Paul Eluard bouleverse l'expression poétique.

Mais parfois un artiste, souvent la femme, sacrifie son art à l'amour…

Entre Marc Chagall et Bella, le coup de foudre dès le premier regard. Devenue sa femme, Bella mettra sa carrière d'actrice en retrait pour que son mari se consacre à la peinture. Même destinée pour Dora Maar, photographe de talent, qui abandonne son art sous l'influence de Picasso.

Le 6 novembre 1928, Louis Aragon pousse la porte à tambour de La Coupole et s'approche d'Elsa Triolet. La notoriété d'Aragon supplantera celle de l'auteure Elsa Triolet.

Il est d'autres couples qui ont sublimé leur art ensemble. Jean Cocteau est déjà un poète et dramaturge reconnu quand le jeune Jean Marais se présente à une audition. Leur amour passionnel inspirera à Jean Cocteau de magnifiques rôles pour son compagnon, dont *La Belle et la Bête*.

Des 10 couples présentés, seuls Marc Chagall et Bella auront un enfant. Un constat qui interroge aussi sur la place de la création commune.

Auguste Rodin et Camille Claudel ne sont pas contemporains des autres artistes. Mais comment ne pas évoquer ce couple important pour Poitiers, d'autant que le Musée Sainte-Croix possède la 3e collection publique française sur Camille Claudel.

Exposition du 25 mars 2021 au 13 juin 2021

› MUSÉE SAINTE-CROIX
3 bis, rue Jean Jaurès
✆ 05 49 41 07 53 - www.poitiers.fr

© JEAN COCTEAU

© CAMILLE CLAUDEL

ZOOM

VALORIS

BOUTIQUE SOLIDAIRE ET CIRCULAIRE

Des meubles, objets de décoration et vêtements de seconde main ou invendus proposés à la vente à des prix cassés. Un tremplin pour des salariés en insertion afin de renouer avec l'emploi. On a tous une bonne raison de pousser les portes de Valoris'Boutique !

Valoris est l'un des 12 établissements de la Croix-Rouge Insertion. Trente-cinq agents en insertion interviennent sur ses sites de Saint-Eloi et de Buxerolles.

L'économie circulaire tourne rond

Avec comme leitmotiv, nos déchets sont nos ressources, « *Valoris valorise ce que l'on trouve dans les containers de réemploi de déchetteries et les dons de particuliers* » explique Joan Frey, la directrice. Le chantier de Saint-Eloi collecte, trie, répare, nettoie le mobilier et l'électroménager dans le cadre de l'exploitation de la recyclerie de Grand Poitiers. « *Les pièces réparées sont proposées dans la boutique de Buxerolles pour une seconde vie. Les autres sont démantelées et les matériaux séparés repartent vers des filières de recyclage* ». La boutique Valoris réceptionne aussi directement les dons des particuliers dont certains sont sablés, relookés, détournés pour leur donner un aspect plus actuel et original. Cette économie circulaire respectueuse de l'environnement est aussi solidaire en permettant à des familles de se meubler à bas prix.

D'autres préfèrent profiter des meubles et objets déco design (miroirs, lampes, paravents…) invendus, déclassés ou des fins de stocks d'une grande enseigne de l'ameublement partenaire. « *Les produits sont mis en état et proposés à moitié prix* ».

Sont aussi présentées en boutique les créations textiles fabriquées dans l'atelier de couture de l'établissement.

En mode insertion

Dans la boutique se trouve aussi un espace qui donne une seconde chance à des vêtements Kiabi invendus de l'année précédente, à des remises jusqu'à -70 %.

Au-delà du partenariat sur les marchandises, la fondation Kiabi propose « *un volet accompagnement très intéressant avec une aide à la professionnalisation des activités de vendeur. La directrice de Kiabi Poitiers Sud vient dans notre boutique conseiller les salariés en insertion sur le merchandising. Et chaque vendeur va en immersion dans son magasin pour apprendre le métier et espérer se faire recruter* », se réjouit Joan.

Une autre bonne raison de venir à la boutique Valoris !

Du mardi au vendredi de 10h30 à 18h30, le samedi de 14h.

› VALORIS
12, rue des Frères Lumière - **BUXEROLLES**
✆ 05 49 42 83 54 - www.valoristextile.com

© VALORIS

© VALORIS

© VALORIS

© YANN GACHET

LE VÉLO DANS LA VILLE

Le vélo, bon pour la santé et la planète, les espaces de circulation dédiés à ce mode de déplacement doux empiètent de plus en plus sur le pré carré des voitures. Après la voie Malraux, d'autres artères de Poitiers sont à l'étude pour sécuriser et encourager la circulation à vélo. Pour venir à bout du piton rocheux, pensez au vélo électrique en location ou à l'achat grâce aux aides ponctuelles.

REPAS À DOMICILE

Les repas livrés à domicile n'ont jamais été aussi nombreux qu'en 2020. Tendance de fond des modes de consommation ou conséquence de la crise sanitaire entraînant un soutien précieux aux restaurateurs privés de leurs salles ? Probablement un peu des deux. Parmi les acteurs de la livraison à domicile, la Poit' à vélo qui en 2 coups de pédale achemine repas et colis rapidement et sans pollution.

© LA POIT À VÉLO

LE PAT SE CULTIVE

Le Projet Alimentaire Territorial (PAT) se co-construit entre les acteurs de la ville et ceux de la ruralité. Son objectif, agir en faveur d'une alimentation

© KASTO80 - ISTOCKPHOTO.COM

locale, durable et de qualité, accessible à tous, tout en assurant un revenu aux agriculteurs. Quelles sont les conditions pour structurer et développer de telles filières sur Grand Poitiers ? Des réponses à construire dans le dialogue.

DES MASQUES RECYCLÉS

Ce nouvel accessoire aura tristement marqué l'année 2020. Pour ne pas en plus devenir une source de pollution, Plaxtil, entreprise châtelleraudaise, a créé et développé la première solution circulaire de recyclage des masques. Les masques décontaminés sont broyés puis agrégés en matière «plaxtil» prête à être injectée pour fabriquer des visières, des cintres... Les candidats à la collecte sont nombreux !

© PLAXTIL

CAP SUR ZÉRO CHÔMEUR

Poitiers et 5 communes voisines entrent dans le projet expérimental créé par ATD ¼ Monde et soutenu par l'Etat : Territoires Zéro Chômeur de Longue Durée. L'objectif : permettre à des chômeurs volontaires de travailler sur des activités identifiées comme utiles aux habitants et entreprises de leur territoire. Car l'enjeu est bien de permettre à toute personne privée d'emploi d'en retrouver un !

GRAND POITIERS
Communauté urbaine
grandpoitiers.fr

TERRITOIRES ZÉRO CHÔMEUR DE LONGUE DURÉE

© TZCLD GRAND POITIERS

HAUT POITOU
VINS AOC

© VINS DU HAUT POITOU

VINS DU HAUT POITOU

Les vins du Haut Poitou célèbrent cette année le dixième anniversaire de leur Appellation d'Origine Contrôlée. Une reconnaissance des pairs qui consacre la typicité des cépages liés au terroir et le travail de vinification. Cinq vignerons et 35 viticulteurs sont fédérés autour de l'appellation des 4 AOC, un vin rosé, un rouge et deux blancs dont le Sauvignon Gris, la pépite propre au vignoble.

LES PERSONNALITÉS

Le bien-manger, le sport, la culture et la solidarité, les arts graphiques et la musique... la vie quoi ! Les cinq personnalités de l'année se sont illustrées dans l'une ou l'autre de ces disciplines. Par leur engagement, leurs initiatives innovantes, leurs passions, elles ont enrichi nos connaissances et illuminé nos journées. Ces femmes et ces hommes ont aussi animé la vie de la cité ou nos vies de confinés via les réseaux sociaux et les médias. Ils participent aussi à dynamiser le tissu économique, associatif et à tisser du lien social. Certains ont également concouru à faire rayonner le nom de Poitiers à l'échelle régionale, nationale, voire outre-Atlantique. Autant de raisons qui justifient leur titre de « personnalité de l'année ». Nous sommes heureux de les mettre à l'honneur !

© THIERRY PFOHL

THIERRY PFOHL

MILITANT DU BIEN MANGER

Sa vie tourne autour de la cuisine et des bons produits. Pas étonnant qu'il fasse le lien entre le monde agricole et celui de la restauration en tant que directeur du campus gastronomie en chapeautant 7 lycées agricoles et autant de lycées hôteliers. Ce cuisinier de formation est aussi le porte-parole des bons produits locaux qu'il valorise à l'occasion de chroniques dans plusieurs médias.

© RR

ISABELLE SOULARD

LE SENS DU PARTAGE

Historienne, auteure, élue départementale, Isabelle Soulard a le sens du service (au) public. Ses publications sur les réseaux sociaux ont soufflé un vent de culture et de solidarité pendant l'épreuve du confinement. Deux séries sur les monuments, suivies d'une suite d'idées cadeaux pour soutenir les commerçants locaux ont égayé nos journées. Un militantisme toujours novateur et bienveillant !

© AMARANTA PHOGRAPHY

CIAC BOUM

FAIT DU BRUIT AUX USA !

Meilleur album trad de l'année 2020 ! Voici le titre décerné par une web radio folk américaine, Folk Alley. L'opus *L'Homme sans tête* se consacre à la poésie des complaintes, danseurs posez-vous. Christian Pacher, Julien Padovani et Alban Pacher sont fiers d'honorer ainsi les danseurs de Trad avec cet album qui lie tradition et exploration artistique. Et si on écoutait de la musique poitevine ?

© SYRK

SYRK

L'ART DU GRAFFEUR

Le graffeur poitevin, artiste de street art autodidacte, a la cote en France et en Europe. On avait l'habitude de croiser ses œuvres éphémères et colorées, peuplées d'animaux aux postures drôles et décalées, sur les murs de la ville. Ses animaux ont entamé une migration sur des toiles, aux côtés d'illustrations à l'encre et de sérigraphies, le temps d'une exposition au Musée Sainte-Croix.

© SOPHIE GUITONNEAU

EMMANUELLE MERLOT

EN ROUE LIBRE

Championne de France cadette, ses performances sportives sont à l'origine de la création, par son père, de l'équipe cycliste féminine, devenue FDJ-Nouvelle Aquitaine Futuroscope. Sous la direction de son mari, l'équipe qu'elle préside s'est hissée au plus haut niveau mondial avec 7 coureuses sélectionnées au JO en 2021. Elle vient aussi de se doter d'un bâtiment, véritable centre d'attractivité.

LES RESTAURANTS

Poitiers et plus généralement la Vienne comptent de nombreuses bonnes tables. Chacun des restaurateurs sélectionnés se distingue dans sa catégorie. Certains, issus de restaurants étoilés excellent dans la cuisine gastronomique tandis que d'autres vous font goûter à l'élégance de la vie de château. Des institutions sont garantes de la préservation de la cuisine traditionnelle. D'autres s'appliquent à proposer une cuisine généreuse, parfois végétarienne. D'autres encore font de la cuisine un vecteur de générosité en servant des causes nobles. Le même d'ailleurs fait briller le burger poitevin dans l'Hexagone. D'autres vous font voir du pays avec leur cuisine, des pizzas au feu de bois, des plats typiques d'Hawaï... Parfois le voyage se veut plus insolite au cœur d'un resto-brocante !

L'Ô DISSAY

VOYAGE CULINAIRE

Prêt à embarquer au pays des saveurs et des délices ? Le Chef Christophe Poard vous réserve de belles surprises gastronomiques, dont certaines mêlent savamment terre et mer. De l'élégance et de l'excellence dans l'assiette et jusque sur les murs de l'établissement avec une gigantesque tapisserie d'Aubusson. La vie de château s'offre à vous l'espace d'un repas. Une expérience qui ne se refuse pas ! ▶▶ Page 64

© CHÂTEAU DE DISSAY

© LE TRAIT D'UNION

LE TRAIT D'UNION

UN ESPRIT FRATERNEL

Le trait d'union, comme une même passion, la cuisine, qui relie deux frères, Julien et Aurélien. Un point de départ commun à l'expression de deux univers pourtant différents : cuisine traditionnelle *vs* cuisine végétarienne. Des espaces d'expression qui se retrouvent autour de plats généreux et d'un accueil convivial. Le tout avec vue sur le Clain et terrasse au bord de l'eau pour les beaux jours. ▶▶ Page 52

© L'ESSENTIEL

L'ESSENTIEL

SELON PIERRIC CASADEBAIG

L'essentiel est le goût. Celui de plats de qualité, travaillés avec précision à partir de produits locaux. Le chef Pierric Casadebaig, issu de prestigieux établissements étoilés, a côtoyé les cuisines des plus grands, dont les chefs Troisgros et Lameloise. Dans le décor épuré de la bâtisse médiévale du vieux Poitiers, délectez-vous de ses plats gastronomiques. Un moment délicieux assuré ! ▶▶ Page 44

© SÉBASTIEN LAVAL

AUBERGE CHEZ CUL DE PAILLE

INCONTOURNABLE

Passage obligé des artistes en représentation, depuis 1957, l'auberge conserve sur ses murs les signatures des indémodables Brassens, Ferrat ou Aubert, comme autant de témoignages de la vie de l'ancien théâtre. La cuisine traditionnelle, saine et généreuse est restée. Foi de Vincent Tillet, le chef adepte des produits frais du marché. ▶▶ Page 46

© PAULINE BELTRAN

LA CUISINE DE COMPTOIR

TERROIR ET BURGER À L'HONNEUR

Le chef Olivier Leclerc sait sublimer les produits locaux dans ses plats colorés et savoureux. Son goût des autres et des rencontres se retrouve dans sa cuisine qu'il met au service des bonnes causes : repas solidaires au profit d'un hôpital pour les enfants ou de la SPA. Il a accédé en 2020 à la finale de la coupe de France du burger. ▶▶ Page 48

© LE PALAIS DE LA PIZZ'

LE PALAIS DE LA PIZZ'

LE ROI DES PIZZAS

Les apparences sont parfois trompeuses. Derrière une façade d'inspiration orientale se dissimulent de fantastiques pizzas à emporter. Une délicieuse pâte faite maison, garnie de produits de qualité, locaux ou en provenance directe d'Italie. Le goût inégalable de la cuisson au feu de bois. Un très large choix de pizzas, de la plus conventionnelle à la plus originale. Le tout préparé en famille ! ▶▶ Page 55

© PAULINE BELTRAN

L'ATELIER DES SAVEURS

SURPRISE À TABLE

Vous pensiez entrer dans un restaurant et vous voilà dans une brocante ! Que nenni ! Si vous regardez attentivement, des tables sont dressées entre les bibelots, les meubles et la vaisselle ancienne. C'est là que vous êtes invité à prendre place pour déguster une cuisine française ou marocaine, selon les envies et l'inspiration du chef... tout en chinant ! ▶▶ Page 64

© DELICE SO NATUREL

DÉLICE SO NATUREL

SO BON !

Le spécialiste des poke bowls, chauds ou froids, sur place ou à emporter, va vous faire voir du pays. Cette spécialité hawaïenne à base de riz ou de quinoa invite dans son bol des légumes de saison, des viandes et poissons, des graines, une sauce... C'est bon, sain, généreux et équilibré. S'il vous reste de la place, essayez le dessert à base de fromage blanc et de fruits frais. So good ! ▶▶ Page 62

© PAULINE BELTRAN

HYOGO

VOYAGE CULINAIRE JAPONAIS

Venez découvrir la cuisine japonaise et asiatique. Les plats sont élaborés chaque jour avec soin, les ingrédients, dont le poisson, sélectionnés avec minutie, l'expérience dépaysante. Sushis, makis et sashimis sont servis à table, dans un cadre épuré. Testez la spécialité de la maison, le Volcan Roll. Et le midi, le restaurant propose un assortiment de mets dans des bentos. A vous de déguster ! ▶▶ Page 56

© PAULINE BELTRAN

LES DRÔLES

TERRIBLEMENT BON !

Un accueil chaleureux, un cadre interpellant : grande cheminée et bibliothèques de livres de cuisine et surprises culinaires. Dans le sud Vienne, le chef Eric Gauvin s'amuse à sublimer les produits locaux. Il s'autorise toutes les créativités guidé par son talent, reconnu en Suisse. Son objectif : mettre en avant le produit avec des recettes efficaces. Tout comme le service souriant de sa femme ! ▶▶ Page 63

A CASA

LA CORSE DANS L'ASSIETTE

Pas besoin d'un voyage sur l'île de Beauté pour savourer un délicieux plat corse. Il suffit de pousser les portes de A Casa, pour que la cuisine familiale au fort tempérament s'invite à une table conviviale. Tandis que le gérant sollicite ses contacts restés au pays pour assurer des approvisionnements en fromages et charcuteries 100 % corses, le chef, devenu maître restaurateur, apporte sa touche de modernité aux recettes authentiques insulaires. Il nous propose ici son interprétation du veau à la corse.

Veau à la Corse selon A Casa

Ingrédients pour 4 personnes : 500 g de quasi de veau ; 500 g de jambon cru (Prisuttu de préférence) ; 500 g de pommes de terre grenailles ; 250 g de carottes ; os de veau ; 30 g de fécule de maïs ou farine ; 1 oignon ; olives noires dénoyautées (environ 150 g) ; 5 cuillères à soupe de concentré de tomate ; 50 cl de vin rouge ; laurier ; thym ; huile d'olive ; sel et poivre.

Hacher l'oignon, puis faites-le revenir avec le jambon cru dans les sucs des os et l'huile d'olive.

Versez dans une cocotte, en fonte de préférence, le concentré de tomate et le vin rouge. Faites cuire à feu moyen, pour laisser s'évaporer l'alcool environ 10 minutes. Une fois que l'huile remonte à la surface, ajoutez de l'eau (environ 50 cl) et la fécule.

Ajoutez les herbes aromatiques : thym, laurier, sel et poivre, goûtez et assaisonnez à votre goût.

Laissez mijoter 15 minutes, puis ajoutez les olives noires ainsi que les pommes de terre.

Laissez mijoter à feu doux et à couvert encore 20 minutes environ. Ajoutez de l'eau si nécessaire afin d'éviter que le fond de la cocotte ne brûle.

Pendant que les olives et pommes de terre mijotent, coupez de jolis cubes de quasi de veau en prenant soin d'enlever les parties nerveuses et grasses. Puis avec un économe faites des fines lamelles de carottes crues après les avoir épluchées.

Une fois la cuisson terminée, récupérez votre sauce à l'aide d'un chinois étamine ou passoire.

Au moment de servir, il ne reste plus qu'à cuire les cubes de quasi de veau dans une poêle avec une bonne dose de beurre. Cuisson rosée de préférence !

Disposez votre sauce bien chaude dans le fond de l'assiette puis votre quasi de veau accompagné de pommes de terre et olives noires. Ajoutez vos lamelles de carottes pour un peu de croquant et de couleur.

Régalez-vous !

> A CASA
14, place Charles VII
✆ 05 49 55 39 30

© ANTOINE PAILLARD

© A CASA

© A CASA

LES INSOLITES

On adore nos coups de cœur insolites. Ils se distinguent dans des registres très éclectiques. Il y a les maisons anciennes, garantes de la transmission d'un savoir-faire d'excellence comme la fabrique de parapluies, les macarons Rannou-Métivier ou la bijouterie Baume. Il y a les engagés du bon sens qui militent ouvertement pour le made in France ou l'économie circulaire. D'autres qui nous font renouer avec certains plaisirs oubliés comme le vrai lait de vache. Dans le domaine du plaisir, on balance entre celui du palais avec de bons jus de pomme, des activités manuelles en s'essayant à des créations, et l'appel de la piste de danse avec une guinguette qui invite à se déhancher. Pour des expériences physiques plus inédites, un petit tour dans les airs, à l'intérieur d'un tube, vous tente ?

ZEROGRAVITY

JE VOLE !

Vous ne rêvez pas, vous volez ! L'expérience magique de planer est accessible à tous, dès 5 ans en toute sécurité. Cette sensation unique est à partager en famille, entre amis ou avec des collègues et à revivre en solo à chaque rêverie. Les moins téméraires apprécieront d'admirer les prouesses des voltigeurs évoluant dans le tube de verre du seul centre de chute libre *indoor* de Nouvelle-Aquitaine. ▶▶ Page 124

© ZEROGRAVITY

© RINA NURRA

RANNOU-MÉTIVIER

A SOUFFLÉ 100 BOUGIES

La belle histoire a commencé avec Fernand Rannou et Madeleine Métivier qui au-delà de leur mariage ont uni leur nom autour d'un petit macaron au secret de fabrication bien gardé. Puis une gamme de chocolats a étoffé les gourmandises. 100 ans plus tard, la maison est tenue par Yann, Louis et Fabrice Bertrand, les arrière-petits-fils qui créent une plantation d'amandiers au Maroc, précieuse poudre. ▶▶ Page 74

© PAULINE BELTRAN

LE MANA

LA MAGIE DU DÉPAYSEMENT

Au Mana on s'amuse, on danse, on applaudit les groupes locaux, on sirote une bonne bière locale accompagnée d'un bo bun du food truck de Na Dej'. On fait même la sieste sur la plage, enfin sur l'espace de sable fin venu tout droit de La Rochelle. Dans ce hangar aménagé en guinguette, on a l'esprit en vacances et on ne pense qu'à profiter de soirées festives. Un programme pour le moins alléchant ! ▶▶ Page 89

© PAULINE BELTRAN

LA BONNE IDÉE

COCORICO !

Marlène et Victorien sont convaincus des vertus du made in France. Dans leur boutique vous ne trouverez que des articles qui font vivre le savoir-faire et les emplois de l'Hexagone. Du prêt-à-porter chic à des tarifs raisonnables, des bijoux et accessoires de mode... En plus, peu de chances que vous croisiez les mêmes vêtements dans les rues poitevines. Chaque pièce est en quantité très limitée. ▶▶ Page 102

© BIJOUTERIE BAUME

BIJOUX BAUME

PRÉCIEUSE JOAILLERIE

Une bijouterie ou un musée ? Difficile à dire tant les bijoux sont sublimés dans des vitrines conçues comme des écrins. On admire, on s'émerveille, on palpite, jusqu'à céder à la tentation devant les bracelets, colliers ou boucles d'oreille. Chaque bijou est unique et recèle l'histoire de sa création et du délicat travail d'orfèvrerie. Et pourquoi ne pas s'offrir le bijou de ses rêves, sur mesure. ▶▶ Page 112

© FABRIQUE DE PARAPLUIE

LA FABRIQUE DE PARAPLUIES

L'EXCELLENCE DEPUIS 1882

Le coin de paradis de la famille François s'établit depuis 1882 sous un coin de parapluie. Lylian a rejoint il y a 12 ans les 2 frères François pour assurer la pérennité du savoir faire artisanal, presque oublié dans l'Hexagone. La fabrique à l'ancienne des riflards de grande qualité a été labellisée Entreprise du Patrimoine Vivant en 2020. ▶▶ Page 107

COUPS DE CŒUR TOP 10

© PAULINE BELTRAN

LAIT GOURMAND

DE LA MOULIÈRE

Retour en enfance assuré avec le lait de vache cru qui rappelle celui des fermes de nos grands-parents. Bio, il est produit par les 50 vaches de la ferme familiale nourries avec le fourrage de l'exploitation. Autre bonne nouvelle, le lait frais vient directement à nous, à la maison ou sur le marché. Parfait à boire pur pour renouer avec des goûts oubliés ou pour cuisiner des crêpes et des gâteaux.

▶▶ Page 71

© JULIEN PIEDELOUP - GARGOUIL

GARGOUIL

ON CROQUE ET ON CRAQUE

Les fruits à croquer des vergers de Chantegrolle à Charroux sont labellisés écoresponsables. Pommes, poires et coings respectent l'environnement et la biodiversité. Même démarche qualité pour les jus naturels, artisanaux, produits sans colorants ni conservateurs, ni sucres ajoutés. Parmi les autres bons produits à déguster la gelée de coing, médaillée d'or au concours général à Paris en 2018.

▶▶ Page 68

© DWUL

DO WHAT YOU LOVE...

...AND LOVE WHAT YOU DO !

Vous avez rendez-vous avec l'hédonisme Grand' Rue. La nouvelle boutique associe des objets de créateurs (carterie, luminaires en dentelle, bijoux en crochet, textiles...) et une invitation à exprimer vos talents cachés. Chaque mois, un créateur de la boutique accompagne vos premiers pas dans son art. A moins que vous ne soyez piqué par les cours de couture de Janie ? A chacun ses envies !

▶▶ Page 93

© AU BON DÉBARRAS

AU BON DÉBARRAS

LA BONNE AFFAIRE

Le vide-greniers permanent situé sur la zone commerciale de Chasseneuil-du-Poitou fait le bonheur des vendeurs et des chineurs. Besoin de faire du tri dans votre vaisselle ou envie de changer de déco ? Louez un stand pour proposer vos objets à la vente. Besoin d'objets courants en bon état ou envie de vous faire plaisir ? Venez chiner régulièrement pour découvrir les nouveautés et acheter malin.

▶▶ Page 131

ZOOM

LES PLANCHES

LA SCÈNE POITEVINE QUI ENVOIE DU BOIS !

Vous aimez les belles rencontres, les surprises et les lieux chaleureux ? Vous allez être comblé !

Qui pourrait imaginer qu'à l'intérieur du vaste hangar qui accueille les trampolines d'Air Jump, se niche une petite salle de spectacle intimiste et cosy. Cet espace tout de bois vêtu, accueillant et chaleureux, constitue un doux écrin pour tous types de performances artistiques. Les soirs de spectacle, le lieu résonne des rires et applaudissements.

Sébastien Villeneuve a ouvert ce café théâtre, le premier de Poitiers, au début de l'année 2020 pour nous permettre à tous de découvrir toutes sortes de spectacles vivants. « *Les propositions sont hétéroclites pour satisfaire tous les publics : humour, one man et woman show, concert, petite pièce de théâtre... pour adultes et enfants.* » Avec une scène prochainement agrandie et une capacité d'accueil augmentée au-delà des 95 places actuelles, le lieu entend monter en puissance en même temps que la programmation.

La scène des artistes locaux

Plusieurs artistes poitevins ont adhéré au projet dès le début et aident à la programmation en échange de la visibilité que leur offre la scène. Parmi eux, Maxime Sandré, « *un humoriste talentueux qui a le cœur sur la main. Son one man show qui a pour thème la mucoviscidose pourrait dérouter. En fait le mélange d'humour et d'émotion nous bouscule.* » Sébastien aime lui aussi bousculer les artistes pour mieux les révéler. En insistant pour que Maxime propose une performance à la guitare il a bluffé les spectateurs et l'artiste lui-même qui ne s'imaginait pas capable d'une telle prouesse. Car en dehors des programmations de spectacles rodés, cette scène est aussi l'occasion de tester des nouveautés. D'ailleurs, le Before comedy club permet une fois par mois d'offrir une scène à tous les artistes, amateurs compris. Pour promouvoir l'humour féminin, la scène ouverte est régulièrement réservée aux femmes, sous le pilotage de Charl'hot, autre artiste engagée.

Objectif, révéler des pépites

Sébastien, de son propre aveu, est resté un grand enfant, qui adore les surprises, les belles découvertes et les rencontres. C'est le pari qu'il fait chaque soir de programmation avec le rêve éveillé de révéler une star de demain. Si la petite scène provinciale pouvait aider à lancer les grands de demain... A vous de venir les découvrir !

› LES PLANCHES
24, rue du Bois d'Amour
✆ 09 86 70 67 07 - www.airjump.fr

© LES PLANCHES

© LES PLANCHES

© LES PLANCHES

LES GRAINES DE VAINQUEUR

Les graines de vainqueur font germer le bon sens et la solidarité. Nos chouchous font la part belle au local, qu'il s'agisse de la production de légumes bio convoités pour leurs goûts et leurs couleurs et de celle de fromages de vache fabriqués avec le lait de la ferme. Le local s'unit aussi au niveau de la distribution avec des paniers fraîcheur tout droit venus du marché ou des plats des food-trucks, livrés tard. Les plus anciens ont aussi la liberté de choisir leurs menus livrés à domicile. Et pour les palais fondus de chocolat, l'indétrônable Fink fait toujours rêver. Il y a aussi les adeptes de l'économie circulaire, donnant une seconde vie aux vêtements des petits. Et les faiseurs de bien vivre ensemble qui s'expriment tant dans le coworking que les salons de beauté.

LA PETITE EMPREINTE

POUR LES 0 - 6 ANS

Le bon sens au service d'une bonne cause. On le sait, les enfants grandissent trop vite ! Souvent leurs vêtements n'ont pas le temps de s'user. Et leurs jouets ou jeux ne sont déjà plus adaptés. Alors pour laisser à nos chérubins une planète la moins abîmée possible autant offrir une seconde vie à leurs petites affaires. De quoi faire aussi le bonheur d'autres jeunes parents et de leurs bambins. ▶▶ Page 120

© PAULINE BELTRAN

© PAULINE BELTRAN

L'EFFET PAPILLON

SOLIDARITÉ BEAUTÉ

Parce que l'image que nous renvoie le miroir est intimement liée à l'image que l'on a de soi, l'Effet Papillon permet à toutes les femmes de se faire coiffer, maquiller, relooker, masser... Ce salon de beauté solidaire, spacieux et décoré avec goût, adapte ses tarifs aux ressources de ses clients. Un vrai cocon de douceur et de bienveillance pour avancer ensemble sur le chemin de la confiance. ▶▶ Page 109

© ANTOINE PAILLARD

FINK

INSTITUTION DU CHOCOLAT

On ne présente plus l'artisan chocolatier. Ses créations exquises régalent les Poitevins depuis 1828 ! La délicatesse des bonbons de chocolat fourrés est sublimée dans des coffrets rouge et noir. Vous pouvez aussi trouver le raffinement dans une authentique tablette de chocolat, une pâtisserie, un macaron ou des confiseries. Et pour ajouter du confort au plaisir, passez commande en ligne. ▶▶ Page 75

© PAULINE BELTRAN

TOMATES ET POTIRONS

BON, BIO ET BEAU

Les restaurateurs raffolent de ses légumes bio cultivés à la main. Outre la qualité, Thomas Portron a choisi de les régaler par la diversité. Il cultive à Sèvres-Anxaumont pas moins d'une cinquantaine de légumes, dont certaines variétés anciennes ou d'autres exotiques. Le bon côtoie fréquemment le beau avec des camaïeux allant du jaune au rouge pour des carottes qui subliment les assiettes. ▶▶ Page 76

© PAULINE BELTRAN

FROMAGERIE DE BLANZAY

TOUT UN FROMAGE !

Le bon goût du fromage vient des prairies, riches et variées, que broutent Hirondelle, Rita et leurs copines. Ces vaches produisent un bon lait crémeux, parfait pour la fabrication des fromages. Pâtes molles, persillée ou pressée, les fromages bio de Grégoire sont parfois surprenants : à la bière, la carotte, la cannelle... ▶▶ Page 71

© BEST MUM

BEST MUM

L'INSTITUT DE BEAUTÉ DES MAMANS

Comment être à la fois une bonne maman et une femme qui prend soin de son corps ? Facile ! Il suffit d'aller chez Best Mum ! Pendant qu'Elodie vous bichonne (épilation, soin du visage, modelage...), Mélodie chouchoute votre petit ou s'amuse avec votre grand. De quoi profiter de vos soins en toute zénitude. En plus, votre enfant peut lui aussi profiter d'un soin ou massage, comme sa maman ! ▶▶ Page 108

© ANTOINE PAILLARD

LE QUAI

COWORKING ET CONFORT

Un espace de coworking accessible, parfaitement équipé avec cuisine partagée et espace détente, avec vue sur rivière, ça fait rêver plus d'un travailleur nomade ! Travailleur indépendant ou salarié en télétravail en manque de lien social, poussez la porte du Quai. Vous partagerez de la convivialité, vous serez bichonné par Morgane et vous pourrez même profiter de la trottinette ou du canoë.

© ANTOINE PAILLARD

LES PANIERS FRAÎCHEUR

LE MARCHÉ À SA PORTE

Le marché vient à vous ! Plusieurs commerçants des Halles Notre-Dame se sont associés à des producteurs de la région pour vous livrer en 24h et sans supplément, leurs produits frais chez vous ou sur votre lieu de travail. Pains, gâteaux, boissons, fromages, viande, poisson, fruits et légumes... du local et une sélection de produits d'ailleurs à portée de clic. ▶▶ Page 69

© CLÉMENCE ET ANTONIN

CLÉMENCE ET ANTONIN

REPAS DE CHOIX À DOMICILE

Le papa a eu l'idée, le frère et la sœur lui ont donné vie. Les repas livrés à domicile sont à la carte. A vous de décider de leur nombre et surtout de manger ce que vous aimez en choisissant parmi plusieurs entrées, plats, fromages et desserts. Les repas sont équilibrés, préparés à Saint-Benoît, le plus souvent avec des produits locaux, et livrés à domicile. Réchauffez-les et régalez-vous ! ▶▶ Page 134

© THÉOPHANE DE ROECK

PICTAVE STREET FOOD

LE PARI DU LOCAL

Une offre de livraison de repas à l'accent local permet aux Poitevins de choisir leurs plats auprès de 6 food trucks et de se les faire livrer de 18h à 3h du matin, 7 jours sur 7 ! L'ancrage pictave se manifeste souvent dans les ingrédients, toujours dans le mode de livraison du premier rayon avec des scooters électriques made in Nieuil-l'Espoir. Des camionnettes desservent les communes alentour. ▶▶ Page 89

INTERVIEW

LE QUAI

LE COWORKING AU FIL DE L'EAU

Espace de travail à distance convivial, d'événements clé en main et lieu de création de lien social. Le Quai vous accueille à proximité immédiate du centre-ville de Poitiers, dans un cadre bucolique.

A peine la porte du 13 boulevard du Pont Joubert franchie, on se sent déjà comme à la maison ; l'isolement en moins ! L'immense verrière style industriel qui laisse entrer si généreusement la lumière offre aussi une vue apaisante et dépaysante. Au calme du Clain qui s'écoule tranquillement peut faire écho l'agitation des travailleurs en effervescence.

Coworking et convivialité

Car le coworking, au-delà de rompre l'isolement peut stimuler des synergies propices aux projets ou tout simplement à l'amitié. La solution parfaite pour les travailleurs indépendants en manque de relations sociales ou en trop plein de gazouillis à la maison. La réponse aussi aux mauvaises connexions internet des salariés en télétravail ou aux travaux ponctuels en petits groupes. « Des process adaptés peuvent être proposés aux entreprises pour accueillir leurs salariés », précise Morganne Derbez, la directrice. Une salle de réunion fermée de 20 m² réserve davantage de calme et assure la confidentialité pour des travaux à huis clos. Elle se transforme également en studio photo ou vidéo grâce à son fond de couleur amovible. Pour ajouter au confort et au bien-être des travailleurs nomades, l'espace accueil propose un canapé et un babyfoot, une cuisine équipée partagée et même des sanitaires avec douche pour les retours de footing ! Des moyens de déplacement doux et fun sont aussi offerts : une trottinette électrique pour les rendez-vous en centre-ville et un canoë !

Evénements sur mesure

La vaste pièce peut également être privatisée pour des événements. Sa configuration modulable lui permet d'accueillir tour à tour une conférence, une formation, un séminaire... A la location de l'espace peuvent s'adjoindre des prestations clé en main ; celles des entreprises résidentes et propriétaires du lieu : photographe, vidéaste, animateur ; ou celles de fournisseurs extérieurs : traiteur pour un cocktail, un accueil café ou un goûter. D'autres événements, portés par le Quai, inviteront les Poitevins à découvrir les expositions d'artistes locaux, proposeront des dégustations pour valoriser des productions... et plein d'autres idées !

› LE QUAI
www.lequaipoitiers.fr
contact@lequaipoitiers.fr 06 98 53 45 52

© LE QUAI

© LE QUAI

© LE QUAI

petit futé
2021
POITIERS

JE VISITE MA VILLE

Le plateau de Poitiers se visite les yeux rivés vers les hauteurs pour ne rien manquer de la « villes aux 100 clochers », qui, outre son riche patrimoine religieux, offre au regard de belles façades médiévales. Évidemment, Notre-Dame-la-Grande, fleuron de l'art roman et la majestueuse cathédrale Saint-Pierre sont des incontournables. Tous les guides vous le diront. D'ailleurs, pour visiter la ville et apprendre à la connaître vous avez le choix entre des visites guidées pas à pas ou en mode chasse au trésor. Vous pouvez même opter pour une visite virtuelle de la ville depuis votre canapé. Au-delà des différents sites urbains, allez vous balader dans les parcs, les bois, le long du Clain et pourquoi pas les grottes ! Il y fait bon prendre un bol d'air pur, flâner ou courir.
Pour vous divertir, faites votre choix parmi les nombreux manifestations et événements offerts tout au long de l'année : danse, musique, théâtre, arts de la rue, littérature... il y en a pour tous les goûts et tous les âges. Tout comme les nombreux sites pour s'amuser seul ou avec les enfants. Entre les rencontres animalières, le retour vers le passé ou une plongée vers l'avenir, choisissez votre temporalité.

CULTURE

BRUISME

185, rue du Faubourg-du-Pont-Neuf ✆ 05 49 47 31 48
jazzapoitiers.org/festival-bruisme
Fin juin (entrée payante par concert ou pass festival. Certains concerts sont gratuits).

Faites du Bruisme ! Organisé par Jazz à Poitiers dans les murs du Confort Moderne, ce festival s'étend sur quatre jours, du jeudi au dimanche. On y découvre des musiques expérimentales et créatives, joyeusement de traviole, qui raccordent vos oreilles sans préavis aussi bien au rock qu'à l'électro ou au hip-hop, aux sons murmurés ou mélodiques même, aux sensations singulières en tout cas. Grand souvenir que les sept mamies guitare, âgées de 50 à 90 ans, avec leurs accessoires dingos : pailles de fer, ampoules, pinces à crabe et brosses à dents ! Sans carcan aucun, franchement décalées, des musiques plurielles sérieuses et qui ne se prennent pas au sérieux. Curieux, sautez dans vos godasses !

CULTURE

LES EXPRESSIFS

49, rue de la Cathédrale
✆ 05 49 50 73 49
www.poitiers-jeunes.com
Du 7 au 10 octobre 2021. Gratuit.

Ce festival de rue, qui regroupe chaque année à la rentrée, durant quatre jours, des centaines de spectacles gratuits, est un événement culturel incontournable à Poitiers. Des troupes d'amateurs et de professionnels d'arts de la rue, de locaux et de nationaux, théâtre, jonglage, mime, marionnettes, chant, vidéo, performances... sont au programme. Un crieur de rue peut vous interpeller, des artistes peuvent s'élancer d'un château d'eau, d'autres proposer une battle de hip-hop... Les Expressifs c'est décalé et ça surprend quand on ne s'y attend pas. Vous y trouverez aussi des stands de restauration rapide. Sortez, découvrez votre ville à l'heure fabuleuse des joyeux baladins !

CULTURE

CAMPUS EN FESTIVAL

1, rue Neuma Fechine Borges
✆ 05 49 45 47 00
www.campusenfestival.fr
Mi-mars. Gratuit.

Pendant huit jours et huit nuits, vous allez pouvoir assister à la rencontre de l'année à ne pas manquer sur le campus universitaire : Campus en Festival. Contrairement à ce que son nom semble indiquer, il n'est pas réservé qu'aux étudiants, mais bel et bien ouvert à tous les nostalgiques de leurs années fac, ou tout simplement aux avides de spectacles ! Théâtre, improvisations, jeux, danse, concerts, expositions, cinéma, vie citoyenne, engagement étudiant et conférences sont autant de manifestations culturelles auxquelles vous pourrez participer. C'est l'occasion de voir comme l'université bouillonne de créativité ! Renseignez-vous auprès du service culturel de l'Université !

CULTURE

FESTIVAL ÉCOUTEZ VOIR ! À POITIERS SUD

28, rue de la Jeunesse
✆ 05 49 62 97 47
www.cap-sud-poitiers.com
Début juin (gratuit).

La première semaine de juin, le quartier s'anime de spectacles en tout genre : théâtre, danse, marionnettes, musique, cirque. Les spectacles foisonnent, alors procurez-vous le programme ! Ils sont donnés par des élèves du Conservatoire de Poitiers ou des compagnies professionnelles, sur le parvis de Cap Sud, dans le parc de l'Auberge de Jeunesse, dans les jardins familiaux au bord de la Boivre... On va même chercher les gens à la sortie des écoles, de la crèche, au chantier d'insertion... L'objectif est que le quartier vive et que la population se rencontre. Un vif succès !

CULTURE

LE CHEMIN DES ATELIERS

www.chemindesateliers.over-blog.com
Un week-end mi-juin. Gratuit.

Le temps d'un week-end, pénétrez dans l'antre des artistes poitevins en visitant leurs ateliers. Une trentaine d'entre eux se prêtent au jeu. Franchissez les portes qui s'entrouvrent exceptionnellement un peu partout à travers la ville et découvrez les œuvres des créateurs poitevins. L'itinérance vous révèlera les photographies de Nath, les sculptures de Nicolas Paul ou encore les livres d'artiste d'Emma Simonneau. Vous trouverez sur Internet la liste des ateliers ouvrant leurs portes, ainsi que leur adresse pour vous y rendre facilement. Une autre façon d'apprécier les œuvres d'art, en se glissant dans les coulisses de leur création tout en arpentant les différents quartiers de la ville.

CULTURE

FESTIVAL O.F.N.I.

✆ 05 49 45 85 82
www.ofni.biz
Mi-novembre. Certaines animations sont gratuites, d'autres entre 5 € et 10 €. Pass entre 20 € et 25 €.

Attention, pour la dix-huitième année consécutive le festival O.F.N.I. (Objet Filmique Non Identifié) débarque à Poitiers. Porté par l'association Nyktalop Mélodie, cet événement propose des pièces d'artistes internationaux autour de la création visuelle. Venez faire le plein de films, concerts, ateliers et expositions à l'esprit singulièrement indépendant et non conformiste. Vous ne connaissez pas le VJing ? On vous dit tout : tandis que son acolyte le disc-jockey diffuse des ondes sonores, le vidéo-jockey lui, projette une animation visuelle. Voilà un échantillon de ce qu'il vous sera donné à voir et à entendre lors du festival. Alors, prêts à être secoué, charmé, étonné ?

CULTURE

FESTIVAL PHOTOGRAPHIQUE BIENNAL DE SAINT-BENOÎT

1, avenue du Champ de la Caille - **SAINT-BENOÎT**
✆ 05 49 45 18 36
www.arcimage.fr
En octobre 2021. Entrée libre.

Cette biennale de photographie, qui a su s'imposer sur le plan national, est organisée par l'association Arc'Image. Des centaines de clichés à découvrir à la Hune. Chaque année, un thème et un artiste sont mis en valeur. Des animations et des ateliers sont proposés par les photographes durant l'exposition. Tout ceci sans oublier le Grand Prix d'Auteur et le Tremplin Jeune Auteur (- de 21 ans), des concours qui récompensent amateurs et professionnels de la Région dont les clichés ont été sélectionnés par les photographes invités. A vos boîtiers m'sieurs dames !

CULTURE

FILMER LE TRAVAIL

1, place de la cathédrale ✆ 05 49 11 96 85
filmerletravail.org
Deuxième quinzaine de février. Séances de cinema : Tap Castille, Le Dietrich, Médiathèque. Pass 30 €. 1 séance : 5,50 €.

Croiser le regard artistique sur le travail avec des recherches scientifiques pour faire émerger des débats citoyens, tel est l'objectif de ce festival qui fête ses dix ans cette année. Initié par l'Université de Poitiers, l'Espace Mendès France et l'Agence régionale pour l'amélioration des conditions de travail, Filmer le travail propose des projections de films et des conférences. Travail des femmes, éducation... les sujets sont variés. Certaines séances sont sous la forme de ciné-débat en présence des réalisateurs et d'un chercheur du monde du travail. En parallèle, une compétition internationale de films, pour la plupart des documentaires, participe au succès de l'événement.

CULTURE

FÊTE DE LA MUSIQUE

✆ 05 49 30 81 97
www.poitiers.fr
Tous les ans le 21 juin. Gratuit.

Chaque année, c'est un véritable rendez-vous. Pendant la fête de la musique, on se marche un peu sur les pieds et c'est un peu la cacophonie, mais quel plaisir de voir tout ce monde en ville. Les terrasses des bars et des restaurants sont pleines à craquer, les food trucks sont de sortie. Quelques attroupements autour de musiciens amateurs et cela finit en un concert en plein air où tout le monde ose danser ! Rock, blues, danses africaines, salsa, DJ set, de belles ambiances de fête en perspective. La fête de la musique de Poitiers se termine en général par des concerts sur la grande scène de place de la mairie, alors on écoute, et on en profite. En avant la samba !

CULTURE

JOURNÉES EUROPÉENNES DU PATRIMOINE

✆ 05 49 41 21 24
www.journeesdupatrimoine.culturecommunication.gouv.fr
Mi-septembre. Gratuit.

Les Journées Européennes du Patrimoine sont l'occasion unique de découvrir les monuments auxquels vous n'avez pas particulièrement accès le reste de l'année. Lieux de pouvoir, hôtels particuliers, chapelles, moulins, abbayes, châteaux, ces journées permettent de connaître sa ville (et son département) comme sa poche. Alors, profiterez-vous de l'occasion pour découvrir la salle des mariages de l'Hôtel de Ville, entrer dans les salons de la Préfecture ou explorer le splendide Hôtel Fumé ? De nombreuses visites commentées et animations sont organisées pour l'événement.

CULTURE

AU FIL DU SON

8, place du Général de Gaulle - **CIVRAY**
www.aufilduson.com
18ème édition les 29, 30, 31 juillet 2021. Billet 1 jour ou pass 2/3 jours. Port du bracelet obligatoire. Camping.

Ce festival reggae-rock-dub-electro est désormais un rendez-vous incontournable dans la petite ville du sud de la Vienne. Durant ces trois jours de festival au bord de l'eau où l'atmosphère est des plus rurales et conviviales, une vingtaine de groupes se succèdent sur plusieurs scènes montées pour l'occasion. Les pieds dans l'herbe, ce n'est pas moins de 35 000 personnes qui ont pu entendre BigFlo et Oli, Eddy de Pretto, Ska-P, Roméo Elvis ou encore Boulevard des Airs et Manu Chao. Au fil des années, l'ambiance reste inchangée, avec des gens venus de loin pour écouter l'exquise sélection d'artistes. Des formations musicales moins connues sont aussi à l'affiche. On adore !

CULTURE

POITOU BIÈRE FESTIVAL

48, avenue de la Liberté - **BUXEROLLES**
www.poitoubierefestival.fr
Date à surveiller sur le site internet. De 2 à 12 € selon la formule. Restauration.

Le Poitou Bière Festival n'est pas un simple festival de bière, mais une culture célébrée sous le signe de la rencontre. La preuve, les bars et caves à bière partenaires ferment boutique ce week-end pour se retrouver derrière un bar commun. Une trentaine de brasseurs, locaux et nationaux, partagent ici leur passion avec des amateurs de bière curieux de dénicher des pépites gustatives. Des ateliers et animations brassicoles ainsi que des concerts le samedi soir complètent la fête. Des food trucks locaux sont présents tout le week-end. Et ce n'est pas tout ! Durant la semaine précédente, « le festival off » fait mousser les brasseurs présents dans tous les bars et caves partenaires.

CINÉMA
POITIERS FILM FESTIVAL

1, boulevard de Verdun ✆ 05 49 39 29 29
www.poitiersfilmfestival.com
Première semaine de décembre.

Depuis 2014, les Rencontres Henri Langlois (l'un des fondateurs de la Cinémathèque française) ont cédé leur place au Poitiers Film Festival. Seule l'identité du festival a changé : l'ambition des rencontres internationales des écoles de cinéma reste exactement la même : faire découvrir au public les courts-métrages des grands réalisateurs de demain en proposant une compétition internationale où de nombreux prix sont décernés. La sélection comprend une quarantaine d'œuvres choisies parmi plus de 1 000 films d'écoles du monde entier. Des soirées thématiques, ateliers dédiés aux professionnels du cinéma, séances pour les scolaires et leçons de cinéma se déroulent en parallèle de la compétition.

FOIRE
FOIRE DE POITIERS

11, rue Salvador Allende ✆ 05 49 61 23 86
www.grandpoitiers-evenements.com
En mai. De 10h à 20h (0h00 pour le village gourmand). Fête foraine de 14h à 0h00. Entrée, parking gratuits.

La Foire de Poitiers c'est avant tout 200 exposants. Des entreprises locales, artisans et artistes qui exposent durant toute une semaine au Parc des expositions. Maison, gastronomie, jardin, loisirs, artisanat, c'est l'occasion de rencontrer les professionnels. Mais la Foire de Poitiers, c'est aussi des moments de loisirs et de détente dans le village gourmand. Des concerts, des spectacles et même un vide-grenier qui rassemblent Poitevins et Poitevines en quête d'activités. Les amateurs de sensations fortes pourront s'envoyer en l'air dans la grande Fête Foraine et les petits tournoyer avec conviction sur les manèges qui leur plaisent tant. En 2021, le Canada est à l'honneur !

DANSE
FESTIVAL À CORPS

✆ 05 49 39 29 29
https://festivalacorps.com
Entre fin mars et début avril.

Créé en 1994, le festival de danse et d'expression corporelle « A Corps » organisé par le TAP, le centre d'animation de Beaulieu et l'université de Poitiers est un rendez-vous incontournable. Le temps d'une semaine, les artistes se partagent différentes scènes réparties dans toute la ville, en intérieur comme en extérieur, de jour comme de nuit. La place de l'Hôtel de Ville est d'ailleurs souvent investie, à la grande surprise des badauds. Des chorégraphes de renom ainsi que les laboratoires de création des lycées & universités présentent des pièces originales. Stages, ateliers et conférences rythment ces rencontres qui se clôturent en beauté par la légendaire A Corps Party.

FOIRE
JOURNÉE DES ASSOCIATIONS

11, rue Salvador Allende
www.poitiers.fr
Une journée tous les 2 ans en septembre. Entrée libre.

« C'est décidé. Cette année, je prends du temps pour moi et je me lance dans une activité. Poterie ? Protection des oiseaux ? Yoga ? Jujitsu ? » Les choix sont infinis et les clubs nombreux. Derrière notre ordinateur, pas facile de savoir ce qui nous correspond le mieux et il faut dire qu'à Poitiers ce ne sont pas les associations qui manquent. La ville n'en compte pas moins de 3 000. Incroyable mais vrai ! Alors pour déclencher le coup de cœur, rien de mieux que d'aller à leur rencontre. Tous les deux ans, la Ville organise un grand raout au Parc des expositions où chacune tient un stand pour se présenter à vous et parfois même propose des démonstrations de sa discipline. Incontournable !

FOIRE
LA FERME S'INVITE

11, rue Salvador Allende ✆ 05 49 91 01 15
www.lafermesinvite.fr
1 week-end par an en septembre ou novembre.

Ça caquette et ça meugle ? C'est normal, vous êtes à la ferme ! Cette rencontre annuelle entre la campagne et la ville permet de faire connaître la diversité des races, le travail des éleveurs et les métiers de l'agriculture. Des démonstrations et spectacles d'animaux, avec les races mulassières et les baudets notamment, ainsi que divers concours ponctuent le week-end. Un concours national Prim'Holstein a eu lieu en 2020. Vous vous amuserez sans doute des *speed shear*, ces concours de rapidité en tonte qui ont lieu en musique. Une ferme pédagogique est réservée aux élèves des écoles primaires de Grand Poitiers, et les enfants comme les grands s'arrêteront attendris à la nursery d'animaux.

FOIRE
MARCHÉ DE CÉRAMIQUE CONTEMPORAINE

Place du Maréchal Leclerc
http://argilites.blogspot.com
Du 18 au 19 juin 2021. Gratuit.

Sur la grand-place de la ville, potiers et céramistes exposent leurs travaux. Organisée par l'association Argilités, cette manifestation offre à voir autant de pièces sculpturales qu'utilitaires. Pour le plaisir des yeux ou pour un achat de choix, profitez d'un moment de rencontre avec les artistes et les artisans d'Art. Des démonstrations de tournage et des ateliers de modelage pour les enfants sont prévus. Craquez pour cette théière rustique, ses tasses délicatement fleuries, ce nichoir coloré, cette sculpture poétique, toutes les pièces sont uniques.

GOURMAND

SALON DE LA GASTRONOMIE

11, rue Salvador Allende ✆ 05 49 30 81 22
www.grandpoitiers-evenements.com
Novembre 2021. Entrée : 2 € (gratuit le vendredi). – de 12 ans : gratuit.

Avis aux gourmands et aux hédonistes ! A noter d'urgence dans votre agenda ! Dans ce salon dédié à la gastronomie, partez à la rencontre des spécialités régionales. Producteurs, cuisiniers et apprentis se sont donné rendez-vous au parc des expositions pour vous montrer ce qu'ils font de meilleur. Ici, on s'attroupe devant les stands pour observer les démonstrations culinaires des meilleurs chefs du territoire, là on s'informe sur les formations professionnelles liées aux métiers de l'hôtellerie-café-restauration, par là on participe à un atelier d'œnologie, là encore on s'initie à l'art de la table. Bref, le salon de la gastronomie, un moment riche d'animations et de gourmandises.

MUSIQUE

SAINT BENOIT SWING

1, avenue du Champ de la Caille - **SAINT-BENOÎT**
✆ 05 49 47 44 53 - www.stbenoitswing.fr
Fin septembre. Billetterie à l'Office du tourisme de Saint-Benoît ou sur place une heure avant.

Chaque début d'automne, ça swingue à Saint-Benoît ! L'association Bel Air Jazz organise un festival de 3 jours pour vous mettre les oreilles en joie, que vous soyez fans ou que vous ayez envie de découvrir cette musique très rythmée (le swing) apparue aux USA dans les années 30 et ses solos de virtuosité. Le festival épouse le jazz dans toute sa diversité : funky, vocal, festif, groove... Et s'exprime par les multiples artistes passés par La Hune en dix-huit éditions ! Le jazz manouche de Romane, le classique New Orleans de Tricia Evy, la célèbre organiste Rhoda Scott et les rythmes survoltés du groupe Electro Deluxe. Attention, la prochaine session nous promet encore bien des surprises !

LIVRE

LES ÉDITEURIALES

4, rue de l'Université
✆ 05 49 52 31 51
www.bm-poitiers.fr
En mars.

C'est le rendez-vous annuel des lecteurs à Poitiers. Depuis 2015, la Médiathèque François Mitterrand donne carte blanche à un éditeur, cherche à mettre en valeur son travail et à faire découvrir la diversité de son catalogue. Dans cette optique, des rencontres ont lieu avec les auteurs, avec l'éditeur lui-même dans le grand hall (le forum) de la médiathèque sous l'égide d'un journaliste modérateur. Si la littérature est sur la sellette, il s'agit aussi de parler de la relation humaine auteur/éditeur. Des événements satellites existent dans les bibliothèques de quartiers et avec les collégiens. La librairie Gibert propose ensuite à la vente les livres des auteurs invités.

RUNNIN'CITY

Cette appli permet de visiter une ville en courant, ou en marchant, sur des parcours de 10 à 15 km grâce à un audioguide intégré. Plusieurs parcours sont disponibles dans un grand nombre de villes de France. Voilà de quoi vous occuper pendant vos sorties en solo. Vous pourriez bien parcourir des kilomètres sans même vous en rendre compte ! Voilà de quoi avoir « un esprit sain dans un corps sain ».

MUSIQUE

LES HEURES VAGABONDES

✆ 05 49 55 66 00
www.lesheuresvagabondes.fr
Juillet-Août.

Des artistes confirmés ou de jeunes talents vagabondent chaque été dans les communes rurales de la Vienne, au gré des stades, des champs, des parcs, des places, au bord de l'eau... Ces concerts itinérants et gratuits (une douzaine par an en moyenne) permettent de diffuser la culture dans les campagnes et de favoriser des rencontres conviviales, inter-générationnelles, la mixité sociale. Un festival populaire donc, éclectique, au son de musiques actuelles. Johnny Clegg, Amir, Michel Fugain ou Alain Chamfort s'y sont montrés, Sanseverino plus récemment ou Cœur de Pirate... Les espaces sont sécurisés (fouille à l'entrée) et peuvent accueillir jusqu'à 15 000 personnes.

MUSIQUE

SOIRÉES LYRIQUES DE SANXAY

4, route de Poitiers
SANXAY
✆ 05 49 44 95 38
www.operasanxay.fr
Les 10, 12 et 14 août 2021. Entrée adulte : de 20 à 80 €. Tarifs jeunes -25 ans : de 20 à 40 €. Sur place : restauration

C'est tous les ans un instant magique : un opéra dans les ruines du théâtre gallo-romain de Sanxay. Il faut dire que l'acoustique y est superbe et la programmation épatante. On se sent privilégié. *Nabucco*, la *Traviata*, *La Flûte enchantée*, *Norma*, *Aïda*, la programmation est épatante. Cette année, nous aurons le plaisir de découvrir l'opéra en quatre actes de Georges Bizet : *Carmen*. Les frileux, n'oubliez pas de prendre une petite laine. Avant de vous installer sur les gradins, profitez du site, de son temple et de ses thermes. Des visites sont organisées.

EDIFICE RELIGIEUX

CATHÉDRALE SAINT-PIERRE

1, rue Sainte-Croix ✆ 05 49 41 23 76

De 9h à 19h en haute saison et de 9h à 17h en basse saison. Visite guidée (voir programmation de l'Office de tourisme).

© YANN GACHET

La demoiselle de pierre écrase sa large façade à trois portails sur un coquet parvis. La rue dite « de la Cathédrale » par laquelle vous arriverez, était au Moyen Age la voie majeure qui reliait le pouvoir royal au pouvoir ecclésiastique. Imaginez-vous les sabots des chevaux battre les pavés en escortant du Palais à la Cathédrale, certaines grandes figures de l'Histoire comme Henri II Plantagenêt ou Aliénor d'Aquitaine.

L'édifice ayant nécessité plus de deux siècles de construction (de 1155 à 1379) a reçu l'influence de deux courants architecturaux distincts. Le style gothique angevin d'abord, dont les caractéristiques s'affirment du chevet à la nef. Vous découvrirez à l'extérieur un surprenant chevet plat et à l'intérieur les sublimes voûtes bombées des trois vaisseaux de la nef. La façade occidentale quant à elle s'inscrit dans le style gothique d'Île-de-France, deux grandes tours carrées viennent encadrer trois portails élégamment sculptés surplombés d'une rosace. Et non, vous ne rêvez pas, cette dernière ressemble fortement à l'une des rosaces de Notre-Dame de Paris !

Mais ce n'est pas tout, Saint-Pierre renferme en son sein d'autres joyaux méconnus. D'aucuns vous parleront, conquis, de son gigantesque orgue de tribune Clicquot, des très anciennes stalles du milieu du XIIIe siècle, de l'immense vitrail de la Crucifixion qui jette au chevet ses pimpantes couleurs ou des peintures murales récemment mises à jour dans le bras du transept sud. A 20 mètres de hauteur, leur magnificence et leur finesse sont remarquables. Uniques en France à ce jour dans une cathédrale, elles ont conservé leurs éclats dans les tons bleus et rouges grâce à un badigeon appliqué au XVIIIe siècle. Enfin, pour parfaire votre visite, n'hésitez pas à prendre de la hauteur en vous hissant sur la dune d'Aboville de l'autre côté du Clain, afin d'admirer l'immensité de l'édifice. Vue exceptionnelle garantie !

EDIFICE RELIGIEUX

BAPTISTÈRE SAINT-JEAN

Rue Jean Jaurès ✆ 05 49 41 21 24
www.ot-poitiers.fr

1er oct - 31 mars : 14h à 16h. 1er avril - 20 juin : 14h à 18h, 21 juin - 30 sept : 10h30 à 12h30 et 14h à 18h. 3 €.

Juste à côté du musée, le baptistère Saint-Jean arbore dignement ses ans et ses ocres. Le voici, entouré de douves sanitaires, le plus ancien monument chrétien d'Europe, construit pour l'essentiel au Ve siècle, mais dont les parties les plus anciennes datent du IVe siècle, époque de Saint-Hilaire, premier évêque de Poitiers. Le lieu abrite une rarissime piscine baptismale octogonale utilisée pour le baptême par immersion jusqu'au VIIIe siècle. Ses belles peintures murales romanes et gothiques rappellent qu'il a par la suite été transformé en église paroissiale. Une collection de sarcophages mérovingiens provenant de la région est présente à l'intérieur. A ne rater sous aucun prétexte !

EDIFICE RELIGIEUX

CHAPELLE SAINT-LOUIS

1, rue Louis-Renard

Ouverte uniquement pendant les expositions et Journée Européennes du Patrimoine.

Suite à la construction du collège royal en 1604, les Jésuites accolèrent au bâtiment cette chapelle. La première messe fut célébrée le 1er janvier 1614. Sa façade à l'ordre colossal dorique en fait l'un des joyaux de l'architecture classique de la ville. Aujourd'hui, elle a perdu sa vocation religieuse et ne se visite que lors d'événements culturels. Vous y découvrirez sa nef unique, large, à voûtes d'ogives, cantonnées de chapelles et d'un transept peu saillant, ainsi que le retable monumental du chœur, construit en pierre et marbre noir, doré et peint. Inaccessible au visiteur, la sacristie, adjointe en 1664 à la chapelle, est remarquable par ses boiseries en chêne sculptées.

EDIFICE RELIGIEUX

ÉGLISE SAINT-JEAN-DE-MONTIERNEUF

27 bis, place Montierneuf
✆ 05 49 41 23 76

De novembre à fin avril : 9h-18h. De mai à fin octobre : 9h-19h. Gratuit. Visite guidée : voir office de tourisme.

Le « moutier neuf » – nouveau monastère – a été érigé dans la seconde moitié du XIe siècle sur décision du duc d'Aquitaine Guillaume VIII. Confiée à l'ordre de Cluny, l'abbatiale fut consacrée par le pape Urbain II en personne en 1096. Passez la façade du XVIIIe siècle et découvrez la triple nef et son chœur gothique surélevé par de larges baies. Quelle luminosité ! A l'extérieur, son chevet, avec ses arcs-boutants de style gothique rayonnant, est un véritable joyau architectural. Levez les yeux ! Ne trouvez-vous pas que les clochetons ressemblent à ceux de Notre-Dame ?

EDIFICE RELIGIEUX

ÉGLISE SAINT-PORCHAIRE

47, rue Gambetta
✆ 05 49 41 23 76
Ouvert toute l'année. Tous les jours de 9h à 19h. Gratuit. Visite guidée : voir office de tourisme.

Prosper Mérimée a sauvé son clocher-porche. Ce clocher en saillie dans la rue piétonne gênait. Mais Monsieur l'Inspecteur des monuments historiques était là ! Car, même si cette église reste l'une des plus méconnues de la ville, ce clocher-porche roman, carré, est emblématique du pouvoir religieux et compte dans le patrimoine poitevin comme une exception. Il faut dire qu'il renferme la cloche de l'Université, Anne, qui fut installée en 1431 pour annoncer les assemblées de notre grande Université. On pénètre dans une église large, à double nef gothique (ce qui est rare !). Trois piliers cylindriques sans ornement les séparent tels des palmiers offrant à l'ensemble une belle légèreté.

EDIFICE RELIGIEUX

ÉGLISE SAINTE-RADEGONDE

17, rue du Pigeon Blanc ✆ 05 49 41 23 76
https://visitpoitiers.fr/
Ouvert toute l'année. Tlj de 9h à 17h ; Gratuit. Visite guidée : se renseigner auprès de l'Office de tourisme.

Si vos jambes vous amènent à fouler le parvis de justice, sachez que Radegonde, reine des Francs, fondatrice du 1er monastère de moniales en Gaule, et sainte patronne de la ville, a d'abord été enterrée dans l'église Sainte-Marie-hors-les-murs, élevée ici même en 587, ouvrant la voie à de nombreux pèlerinages. Aujourd'hui, c'est dans la crypte de l'église éponyme, consacrée en 1099, que fidèles et curieux découvrent le sarcophage en marbre noir de la sainte. Entrez par le clocher-porche roman de cette église mystique à nef de style gothique angevin, poursuivrez par le chœur surélevé et rehaussé de décors peints datant du XIXe siècle avant de vous engouffrer dans la crypte.

EDIFICE RELIGIEUX

EGLISE SAINT-HILAIRE-LE-GRAND

26, rue Saint-Hilaire ✆ 05 49 41 21 57
https://visitpoitiers.fr/
Décembre à fin mars : 9h-17h30. D'avril à novembre : 9h-19h. Gratuit. Visite guidée : voir office de tourisme.

Avec son allure de basilique paléochrétienne, Saint-Hilaire est d'une beauté architecturale inouïe. Vous contemplerez l'indescriptible charme de ses perspectives savantes, la multiplication de ses colonnes de pierre, ses voûtes formant une file de coupoles sur sa nef reconstruite en 1875. Consacrée en 1049, Saint-Hilaire était entièrement recouverte de peintures murales au XIe siècle, et leurs vestiges laissent imaginer leur richesse. Avant de quitter ce joyau chrétien, ne manquez pas la petite crypte qui abrite les reliques de Saint-Hilaire, premier évêque de Poitiers.

EDIFICE RELIGIEUX

ÉGLISE NOTRE-DAME-LA-GRANDE

Place Charles de Gaulle ✆ 05 49 41 23 76
https://visitpoitiers.fr/
Ouverture : de 9h à 19h. Entrée libre. Polychromies : les soirs à 22h30 en été, et pendant les vacances de Noël à 18h.

© YANN GACHET

Que ce soit votre première rencontre avec elle ou que vous arpentiez son parvis depuis des années, vos yeux ne peuvent s'en détacher. Rassurez-vous, elle nous provoque la même extase à chaque fois que nous nous rendons au marché ! Elle est sans conteste le plus beau fleuron du patrimoine de la ville. Notre-Dame-la-Grande, cette magnifique église romane, magistralement restaurée lors d'importants travaux exécutés de 1992 à 2004, est avant tout célèbre pour sa façade sculptée au début du XIIe siècle. Surpris par sa beauté, la qualité et la richesse de son ornementation, vous y découvrirez d'abord une frise représentant des épisodes de l'histoire sainte, de la tentation d'Adam et Eve jusqu'à la Nativité. Au-dessus, apôtres, évêques et pape sont répartis de part et d'autre de l'unique baie centrale. Au sommet, dans une mandorle, le Christ en gloire, entouré des symboles des 4 évangélistes, domine l'ensemble. Composée d'une nef centrale flanquée de deux collatéraux très élevés selon un schéma fréquent dans l'architecture romane poitevine, l'église se prolonge par une travée sans transept portant le clocher, et par un chœur à déambulatoire et chapelles rayonnantes construit sur une crypte. L'intérieur offre des décors muraux datant des années 1850. Seules les peintures de la voûte du chœur et celles de la crypte du XIe siècle sont authentiquement romanes. Les onze chapelles situées côté nord et dans le chevet de l'église datent des XVe et XVIe siècles. De style gothique flamboyant ou renaissance, elles présentent de belles voûtes d'ogive pour les premières ou des plafonds à caissons pour les autres. Régulièrement durant l'été ou pendant les vacances de Noël, un spectacle nocturne de polychromies habille la façade et nous la présente sous un autre jour. Un grand plaisir à ne pas rater pour les petits et les grands. Coup de cœur assuré !

EDIFICE RELIGIEUX

L'HYPOGÉE DES DUNES

✆ 05 49 41 21 24

Se visite lors des Journées nationales de l'archéologie (juin) et des Journées européennes du patrimoine (septembre).

© VILLE DE POITIERS

Mise au jour par le Père Camille de la Croix en 1878, cette chapelle souterraine a été édifiée au cœur d'une nécropole de la ville antique de Lemonum pendant le Haut Moyen Age (VIe-VIIe s.). Reconnue pour la richesse de son décor sculpté et de ses inscriptions, elle est l'un des plus célèbres témoins de l'art et de la pensée religieuse du haut Moyen Age en Occident. Fermé à la visite pour sa préservation, le site ouvre exceptionnellement ses portes deux jours par an. Pour en savoir plus, allez au Musée Sainte-Croix. Dans la section baptisée « D'un empire à l'autre. Premiers temps chrétiens en Poitou », on découvre un très bel ensemble de moulages et de sculptures restaurées de l'hypogée.

DEMEURE / HÔTEL PARTICULIER

HÔTEL FUMÉ

8, rue René Descartes

✆ 05 49 45 45 00

Ouvert du lundi au samedi de 8h à 17h30. Gratuit.

Tous ceux qui ont usé leur pantalon sur les bancs de la faculté d'histoire vous le diront, l'Hôtel Fumé vous donne l'impression d'être privilégié. Vous êtes dans l'une des universités les plus anciennes d'Europe. De style gothique flamboyant, la façade se termine par d'admirables lucarnes. Passez la porte, c'est spendide. Ce castel urbain a appartenu en 1474 au maire de l'époque, maître Pierre Fumé, qui occupait le fond de cour. Son fils François, en 1514, construisit sur rue. La communication entre les deux bâtiments est assurée par un balcon en encorbellement, une galerie aux colonnes torsadées et une tourelle d'escaliers. Devinette : une licorne vous surveille. Vous l'avez trouvée ?

DEMEURE / HÔTEL PARTICULIER

HÔTEL RUE VICTOR HUGO

3, rue Victor Hugo

A admirer de l'extérieur.

C'est notre *Flatiron* poitevin ! Construit à partir de 1869, cet hôtel particulier à la façade biseautée est une curiosité architecturale. En choisissant le bon angle, on croit presque à un décor de cinéma. Comment cette construction a-t-elle pu voir le jour ? En 1864 et 1868, la rue Impériale (rue Victor Hugo) a été percée pour relier la préfecture à l'hôtel de ville, et il était alors hors de question de toucher à la physionomie de l'hôtel d'Yversay situé juste derrière le bâtiment. Cet hôtel particulier a donc dû s'adapter et se faire une place (à sa manière) dans la cité. Offrant sa façade à l'une des artères principales de la ville, il dévoile un splendide décor d'imitation Renaissance.

FORTIFICATIONS / REMPARTS

LES REMPARTS MÉDIÉVAUX

Œuvre du Duc Jean de Berry (XIVe siècle), l'enceinte s'insère dans un ensemble débuté au XIIe siècle à l'initiative d'Aliénor d'Aquitaine, poursuivi jusqu'au XVIe siècle. De ces 6,5 kilomètres de fortifications subsistent quelques frêles vestiges. Prenez-vous pour Chateaubriand et allez méditer à l'ombre de ces témoignages du passé : la belle tour crénelée de Vouneuil (rue des Remparts), la tour Aymar de Beaupuy (Pont Achard), les restes du château de Jean de Berry à la confluence du Clain et de la Boivre, la tour Bénisson (sous la pénétrante). N'oublions pas non plus la tour du Cordier, le rond-point à la porte de Paris, et les remparts du Parc de Blossac, réédifiés en 1786.

MUSÉE

MUSÉE D'ART POPULAIRE

37, avenue de Châtellerault - **MIGNÉ-AUXANCES**

✆ 06 05 39 01 11

De juin à oct : tlj 10h-12h et 14h-18h30. D'oct à fin mai : tlj : 14h-17h30. Préférez appeler. Adulte : 5€. Enfant : 2€.

Entre Poitiers et le Futuroscope, vous avez, c'est sûr, déjà remarqué l'avion qui trône sur le musée. Monsieur Ribeiro (fils) a hérité d'une passion que lui a transmise son père, le goût pour la recherche insatiable d'objets autrefois ordinaires, véritables curiosités du quotidien. Il s'est alors lancé dans une chasse au trésor minutieuse. Dans les trois grandes salles, il est question de métiers disparus, de progrès mécanique et technique, de mode et de guerres aussi. Monsieur Ribeiro peut être fier d'avoir mis à la disposition de tous l'une des plus grandes collections privées de France : un musée d'art populaire pour tous les passionnés d'Histoire et d'histoires.

MUSÉE

MUSÉE SAINTE-CROIX

3 bis, rue Jean Jaurès ✆ 05 49 41 07 53
www.poitiers.fr
De mi-juin à mi-sept : du mar au dim : 10h-18h. De mi-sept à mi-juin : du mar au ven : 10h-18h ; sam, dim : 13h-18h.

Il a reçu le label « Patrimoine du XXe siècle ». C'est d'abord une découverte architecturale que le musée Sainte-Croix, inauguré en 1974, propose. Avec ses murs bruts de décoffrage, parfois cannelés, toujours rugueux, le musée brutaliste du poitevin Jean Monge, à demi enterré, n'est pas sans rappeler le style de Le Corbusier. Occupant l'emplacement de l'ancienne abbaye Sainte-Croix, il réussit à s'intégrer dans ce quartier historique... si bien qu'il garde en son cœur les vestiges de murs des Ier et IIe siècles de l'antique *Limomum*. Dans ses multiples sous-sols et demi-étages, vous découvrirez des collections d'archéologie régionale : de saisissants portraits gravés de l'époque magdalénienne, des outils de pierres taillées au néolithique, des témoignages de l'âge du bronze, des tombes à char de l'âge du fer, des collections issues de nécropoles poitevines témoignant de l'importance de *Limonum* durant l'antiquité. Quant aux sarcophages sculptés et au fameux décor de stuc de Vouneuil-sous-Biard, ils illustrent les productions de l'antiquité tardive et du Haut Moyen Age. Une série de sculptures témoigne du rayonnement passé des ateliers romans du Poitou.

Le département des beaux-arts propose un parcours de la peinture ancienne, dès le XIVe siècle, avec de l'art vénitien, des œuvres des écoles du Nord, pour finir par des œuvres monumentales italiennes et françaises. Vous rencontrerez alors le fameux dragon de bois *La Grand'Goule*. Pour comprendre l'histoire de la ville, arrêtez-vous devant l'œuvre de François Nautré qui en 1619, a réalisé « le Siège de Poitiers par l'Amiral de Coligny en 1569 ». Néoclassicisme, orientalisme romantique, ingrisme, académisme, symbolisme sont représentés par des œuvres monumentales du XIXe siècle. Elles voisinent avec de magnifiques sculptures d'Auguste Rodin et surtout de Camille Claudel dont le fond détenu par ce musée représente la seconde collection publique de France.

SITE ARCHÉOLOGIQUE

DOLMEN DE LA PIERRE LEVÉE

Rue du Dolmen
Accès libre.

Doit-on cette large dalle de pierre à la Fée Mélusine, à Sainte-Radegonde ou à Pantagruel qui l'aurait, selon Rabelais, placée là pour former une table afin de festoyer ? Ce ne sont là que des légendes ! Le dolmen était en fait une chambre funéraire érigée il y a près de 5 000 ans. Elle était alors recouverte de terre et de pierres et formait un tumulus. Le dolmen, situé sur le tracé de l'antique voie romaine, s'inscrit de nos jours dans un tout autre parcours... celui initiatique des fameux « bitards », confrérie estudiantine se référant à Rabelais.

PALAIS

PALAIS DES COMTES DE POITOU-DUCS D'AQUITAINE

Place Alphonse Lepetit
✆ 05 49 30 81 96
Ouvert tous les jours de 8h à 22h. Gratuit. Visites guidées de la tour Maubergeon sur réservations.

© VILLE DE POITIERS

Considéré comme un chef-d'œuvre de l'art médiéval, c'est dans ce palais, reconstruit au XIIe siècle, qu'Aliénor d'Aquitaine réunissait sa cour. La célèbre salle des pas perdus a été réédifiée par la famille Plantagenêt peu avant 1200. Au XIVe siècle, Jean de Berry fit rénover la tour Maubergeon, donjon de l'ancien château ainsi que le mur sud de la grande salle sur lequel viennent s'inscrire trois splendides cheminées. Devenu palais de justice après la Révolution française, il est désormais propriété de la ville et sa salle des pas perdus transposée en place publique.

JE VISITE MA VILLE

GUIDÉ C'EST ENCORE PLUS INTÉRESSANT !

VISITE GUIDÉE

3D POITIERS EVOLUTION

✆ 05 49 41 21 24
www.poitiers.fr
Application mobile gratuite à télécharger sur Apple Store, Google Play, Windows store.

De votre canapé ou en vous baladant dans les rues de la ville, plongez au cœur de l'histoire de Poitiers grâce à cette application. En préambule, visionnez un petit film parfaitement illustré qui retrace l'histoire urbaine de la ville de l'antiquité à nos jours. Puis, sur la carte, sélectionnez un lieu à explorer : la place du Maréchal Leclerc, la rue Magenta jusqu'à son intersection avec la rue du Maréchal Foch et projetez-vous dans l'époque de votre choix pour profiter d'une visite panoramique en 3D. Des commentaires enrichiront vos connaissances. Un bel outil pour découvrir des restitutions inédites des monuments les plus emblématiques de Poitiers comme son gigantesque amphithéâtre !

VISITE GUIDÉE

TERRA AVENTURA

www.terra-aventura.fr
Gratuit. Télécharger l'application Tèrra Aventura sur Google Play ou App Store. De 7 à 77 ans.

Vous êtes amateurs de chasse au trésor ? Vous allez adorer Tèrra Aventura et sa quinzaine d'aventures à découvrir sur le département de la Vienne. Ca vous tente ? Alors, téléchargez l'application Tèrra Aventura, choisissez une aventure en fonction de votre localisation et c'est parti ! Marchez sur les traces des « Poï'z », recueillez des indices sur le terrain, répondez aux énigmes et trouvez leurs caches. Ces petits personnages ont chacun leur dada : Zéfaim la gastronomie, Zigomatix les sites gallo-romains, Zilex la Préhistoire. Une activité ludique pour découvrir le patrimoine du territoire. En route pour Châtellerault, Chauvigny, Lusignan, Gençay et bien d'autres communes de la Vienne !

VISITE GUIDÉE

VISITES GUIDEES

45, place Charles de Gaulle ✆ 05 49 41 21 24
www.visitpoitiers.fr
Programme : voir le site de l'Office du tourisme. Adulte : 5,50 €. Gratuité sous certaines conditions. Visite guidée.

Pour connaître Poitiers et son histoire sur le bout des doigts, suivez le guide ! Depuis 1985, nous avons la chance d'être labellisés « Ville et Pays d'art et d'histoire ». Qu'est-ce que cela veut dire ? Eh bien que nous profitons d'une politique de valorisation et d'animation du patrimoine particulièrement riche ! Chaque mois, le service Patrimoine de Grand Poitiers concocte un agenda de visites de la ville. Avec les guides-conférenciers agréés, partons à la découverte des monuments, des quartiers et découvrons la vie des grands personnages qui ont marqué Poitiers. Pensez à vous munir d'une pièce d'identité dans le cadre de la visite d'un lieu public (palais de justice, hôtel de ville).

VISITE GUIDÉE

LES MIDIS DU MARDI AU MUSEE

✆ 05 49 41 07 53
www.poitiers.fr
Le mardi de 12h30 à 13h. Programme sur le site internet ou le Facebook du musée. Gratuit.

Les midis du mardi ou comment déguster l'art pendant sa pause déjeuner au musée. Pour tout savoir sur une œuvre exposée ou découvrir un tableau sorti exceptionnellement des réserves, le Musée Sainte-Croix propose des visites rapides pour croquer l'art à pleines dents. Au menu : « Visite décalée », « Œuvre-sandwich » casse-croûte en main, « Musicales du mardi », « Visites sur le pouce ». Les formules sont variées, savoureuses et originales. 30 minutes pour sortir de sa routine et prendre un bon bol d'art. Vous en reprendrez bien plusieurs fois par mois ?

VISITE GUIDÉE

GUIDE AUDIO DE POITIERS

✆ 05 49 41 21 24
www.ot-poitiers.fr
Application mobile gratuite à télécharger sur Apple Store, Google Play, Windows store.

L'application pour connaître le patrimoine de Poitiers et de Chauvigny sur le bout des doigts ! 5 parcours audioguidés sont proposés : le quartier épiscopal, sur les traces d'Aliénor d'Aquitaine et de Sainte Radegonde ; le quartier Montierneuf vers la rue de la chaîne ; le quartier Saint-Hilaire jusqu'au Parc de Blossac, un parcours dédié à Poitiers - Ville moderne pour partir à la découverte de l'architecture contemporaine. Et avec le cinquième, direction Chauvigny et ses châteaux médiévaux. Choisissez un parcours, l'application vous géolocalise pour vous aider à vous diriger d'un monument à l'autre. En trois minutes, les guides conférenciers vous éclairent sur notre incroyable patrimoine.

EN REMONTANT LE CLAIN

En suivant une partie du cours du Clain, profitez d'une balade qui combine richesses patrimoniales, créations artistiques et cadres de verdure.

Le périple commence avec la contemplation de l'Eglise Saint-Jean-de-Montierneuf. L'immense échafaudage au chevet de sa restauration fait poser un nouveau regard sur cet édifice majestueux qui date du XIe siècle. Vous saviez que Montierneuf signifiait Monastère neuf ? Le chemin se poursuit jusqu'au Jardin des Plantes, créé en 1869 ! Au-delà d'une invitation au calme et à la contemplation avec sa large variété de plants, sa grotte et sa serre tropicale, le jardin botanique est une véritable source de documentation vivante. Elle était destinée aux étudiants de médecine lorsque la faculté se situait encore un peu plus haut. Changement d'univers quelques mètres plus loin avec les fresques murales sous le pont de la Voie André Malraux. Ces pieds de béton sont devenus des supports d'expression à l'art des graffeurs. Un véritable régal pour les yeux ! Juste en face, l'imposante façade aux innombrables fenêtres de la nouvelle Cité Judiciaire, ancien Lycée des Feuillants, impose le respect. Magnifique de jour comme de nuit ! De l'autre côté du Boulevard Chasseigne, le nouvel espace paysager propose un cheminement piéton sécurisé et agréable. On poursuit le long du Clain en profitant de l'aménagement des berges, jusqu'au Pont Joubert, l'un des plus anciens de la ville. Fraichement rénové il a retrouvé son aspect médiéval et invite à enjamber le Clain. On en profite pour jeter un oeil sur l'autre rive. Du haut de son promontoire, Notre-Dame des Dunes nous observe. L'œuvre monumentale en bronze, de 6,30 mètres, étend son bras en signe de salut et de bénédiction dans la direction exacte de l'Hôtel de ville. La promenade se poursuit jusqu'au jardin des sens. Comme son nom l'indique, il a été conçu pour éveiller les sens. Certaines plantes stimulent l'odorat, d'autres le goût, d'autres le regard ou encore le toucher et même l'ouïe, oui oui ! Les plus courageux sont invités à suivre la Promenade des cours et à emprunter la passerelle flottante pour terminer le parcours sur l'îlot Tison. Le grand espace de verdure des poitevins qui a retrouvé son esprit guinguette d'antan.

SITE URBAIN

PLACE DE LA LIBERTÉ

Place de la Liberté

Un terrain de pétanque idéal.

Nommée place du « Marché-Neuf » au début du XIIe siècle, la place était un poumon économique de la ville. En 1307, elle devient place du Pilori pour la raison que vous imaginez. Lors de la prise Poitiers en 1346 par les Anglais, le quartier est incendié et le déclin économique de la place commence. La Révolution y installe sa guillotine. Elle doit son nom actuel au général Breton qui, le 5 octobre 1822, meurt en criant « Vive la Liberté » après avoir voulu renverser la monarchie. C'est en sa mémoire que la place est rebaptisée et que la loge maçonnique y fait ériger en 1903 une statue de la Liberté éclairant le monde, copie réduite de l'œuvre de Bartholdi offerte à la ville de New York.

SITE URBAIN

LA RUE DE LA CHAÎNE

Rue de la Chaîne

Très pentue et escarpée, cette rue pittoresque est bordée de vieilles demeures médiévales à pans de bois. Ce nom lui a été attribué pour deux raisons supposées : au Moyen Âge, les condamnés la montaient péniblement et à grand bruit avec leurs chaînes aux pieds ; autre version, toujours à la même époque, on étendait chaque soir une grande chaîne de part et d'autre de la rue, afin d'empêcher les assaillants de pouvoir accéder au cœur de la ville. En descendant vers la première rue à droite, la rue Saint-Germain aligne de ravissants hôtels particuliers (XVe et XVIe siècles). Dans ce quartier piétonnier, l'église Saint-Germain abrite l'auditorium du Conservatoire national de Région.

PARC / JARDIN

PARC DE BLOSSAC

Entrée place de l'Appel du 18 juin 1940, rue de la Tranchée et rue du Grand Chêne ✆ 05 49 41 39 37

www.poitiers.fr/c_229 883_Parc de Blossac.html

De nov à fin fév : 7h-21h (jardin anglais : 8h-17h). De mars à fin oct : 7h15-22h30 (jardin anglais : 7h15-22h).

© VILLE DE POITIERS

Entrez par l'élégante promenade à la française avec ses arbres taillés « en rideau » et humez ce modeste parfum de jardin du Luxembourg. Laissez-vous guider vers la fontaine au jet d'eau et ses cataractes assourdissantes, où il ne sera pas rare de voir quelque bambin faire voguer un radeau de fortune. Poussez vers les remparts et profitez de la vue panoramique sur la vallée du Clain. Mais revenez impérativement sur vos pas pour flâner dans le petit jardin à l'anglaise avec ses ponts, ses statues, sa ménagerie… Il vous restera encore le jardin de rocaille et le théâtre de verdure, et si vos petites pattes fatiguent sur ces presque dix hectares, foncez au Kiosque boire un coup !

PARC / JARDIN

JARDIN DES SENS

15, Pont Saint-Cyprien ou entrée rue Joseph Meister

✆ 05 49 85 11 66

www.poitiers.fr

Ouvert toute l'année. Gratuit. Visite guidée sur rendez-vous auprès du CPIE Seuil du Poitou. Animaux non autorisés.

Sourd au bruit qui gronde sur les grands axes avoisinants, ce jardin écologique et pédagogique est situé dans l'enceinte de l'ancien hôpital Pasteur, à proximité du Clain. Conçu par les architectes paysagistes Gilles Clément et Marie-Cécile Allard, il se divise en une partie structurée avec des allées, un bassin, une petite forêt de bambous, un tout petit théâtre de verdure, et une prairie sauvage ou croissent et s'invitent selon leur bon gré, des végétaux divers et variés et des insectes nomades. C'est dans ce jardin en mouvement que vos cinq sens seront sollicités par l'odeur de la menthe-coq, le bruissement des feuilles ou de l'eau, que vous toucherez des espèces piquantes ou poilues…

PARC / JARDIN

PARC FLORAL LA ROSERAIE

11, Rue Salvador Allende ✆ 05 49 41 39 37

www.poitiers.fr

Nov à fin fév : 8h - 17h. Mars à fin oct : 7h45 - 20h15. Animaux en laisse. Mobilier de pique-nique. Jeux pour enfants.

La Roseraie, inaugurée en 1978, est le parc des férus de botanique avec ses 6 000 espèces plantées. Les tableaux végétaux s'y succèdent. Des mises en scène esthétiques conduisent notre promenade tantôt vers une roseraie où l'on ne peut s'empêcher de fourrer son nez dans le velours de toutes ces reines parfumées, tantôt vers une table gourmande florale, un jardin éphémère, un agréable labyrinthe, un recoin forestier, et un étang bucolique tapissé de nénuphars, où coassent des grenouilles et dérivent avec lenteur canards et poules d'eau. Sur les cartels, il est possible de flasher des QR code pour connaître le profil des plantes et leur adaptabilité dans votre jardin. Quelle bonne idée !

PARC / JARDIN

ÎLOT TISON

Chemin de Tison

Animations estivales. Accès libre toute l'année.

© YANN GACHET

Beaucoup d'anciens avaient appris à nager à Poitiers-plage à l'époque des guinguettes où le bal enflait les amourettes du dimanche au bord de l'eau. C'était un peu comme chez Laurette, c'était bien... Eh bien, c'est fait ! Les lieux, dont la scierie était devenue une friche industrielle, ont été réaménagés pour offrir de jolies promenades dans une prairie toute fraîche ou en barque sur le Clain, des pique-niques sur l'herbe ou sous le préau en cas de pluie (structure de la scierie conservée) équipé de nombreuses tables, de la danse aussi. On peut aussi faire des balades en canoë-kayak ou en paddle ! Rigolo et pratique la passerelle flottante qui relie la Promenade des Cours à l'îlot.

SITE NATUREL

LA VALLÉE DES LEGENDES

Route de Passelourdain

SAINT-BENOÎT

Ouvert toute l'année. Gratuit. Téléchargez l'appli mobile «La vallée des légendes».

Gare aux trolls et autres farfadets ! Dans ce sentier thématique qui relie la commune de Saint-Benoît à celle de Ligugé (ou l'inverse – question de point de départ), ils se sont réfugiés. Sur votre smartphone, téléchargez l'appli qui tiendra en haleine les petits avec des énigmes. Un conseil pour privilégier un retour en pente : partez de la base de canoë-kayak de Saint-Benoît, faufilez-vous entre les jambes du viaduc. C'est parti, pour la Vallée des légendes, une belle balade en forêt et une attraction phare : la faravelle ! Un bac à chaîne pour traverser le Clain et poursuivre votre promenade vers le Domaine de Givray où des jeux et un parcours d'accrobranche attendent petits et grands.

SITE DE DÉCOUVERTE

LA RIVE DROITE DU CLAIN

Rue de l'Hôpital des Champs

Tables de pique-nique. Accès libre rue de l'Hôpital des Champs, rue de la Vincenderie et avenue de Paris.

Direction Porte de Paris. Voici une promenade sur la rive droite du Clain. Cette balade relie le cimetière de l'Hôpital des Champs à l'avenue de Paris. Saviez-vous que la rue de l'Hôpital a pris son nom après une épidémie de peste, vers 1520, et que pour éviter la contagion, les malades ont été soignés « dans les champs ». C'est donc à travers de vertes prairies humides que vous vous promènerez et emprunterez trois passerelles piétonnes, l'une enjambe une frayère, l'autre le bras de la Doue, la dernière, celui du Clain. Vous admirerez les sculptures des falaises calcaires du Porteau et si le courage vous en dit, grimperez en haut pour découvrir une superbe vue sur la vallée du Clain.

SITE NATUREL

LES GROTTES DE LA NORÉE

2, rue de l'Ermitage - **BIARD**

✆ 05 49 41 30 30

Ouvert juillet et août du mardi au dimanche : 13h30-18h30. Réservation conseillée. Adulte : 5,80 €. Tarif réduit 3,80 €.

Poitiers regorge de coins méconnus du grand public et ces grottes en sont l'exemple. Situées à cinq minutes du centre-ville au cœur la vallée de la Boivre, ce sont les seules cavités naturelles du département ouvertes à la visite. Suivez le guide et partez à la découverte des merveilles de Mère Nature. Parcourez les 150 mètres de galerie souterraine, admirez les diverses formes sculptées. L'éclairage met en valeur de drôles de concrétions. Voiles, draperies, effets de cascades pétrifiées se mêlent aux stalagmites. Ne ratez pas la salle du macaroni. A découvrir en famille et couvert d'une petite laine ! En sortant, une autre merveille vous attend : les sentiers de la vallée de la Boivre.

ZOO

LES BOIS DE SAINT-PIERRE

SMARVES ✆ 05 49 41 64 70

www.poitiers.fr

Zoo : avril à oct : 10h-12h15 / 14h-18h45 (mer, sam, dim, fériés et vac sco : tlj), autres jours et oct à avril : 16h45.

Les bois de Saint-Pierre – et non « le bois de Saint-Pierre » comme on l'entend souvent – sont à une dizaine de minutes de Poitiers en voiture. C'est la sortie idéale en famille. 248 hectares pour se balader à pied, en vélo, en poussette, à trottinette et même à dos de poney, à travers les grandes allées boisées parsemées de jeux pour les enfants. Quel plaisir de pique-niquer dans les grandes prairies avant de poursuivre la promenade vers le parc zoologique regroupant près de 46 espèces d'animaux. Vous pourrez rendre visite aux petites et grandes bébêtes gratuitement et sachez que, pendant les vacances scolaires, des animations (soin et nourrissage des animaux) sont proposées aux enfants.

ANIMAUX

TERRE DE DRAGONS

Route du Fond-d'Orveau - **CIVAUX** ✆ 05 49 91 80 00
www.terre-de-dragons.com

Fermé en janvier. Horaires variables. Voir le site internet. Adulte : 16 €. Enfant (de 3 à 11 ans) : 12 €. Restauration.

En pleine quête de l'existence des dragons, le Professeur Sheppard a disparu ! Partez sur ses traces sous l'incroyable dôme tropical de Civaux. Du courage et de la curiosité, il vous en faudra pour explorer cet éden botanique riche de 300 animaux jusqu'au laboratoire secret du Professeur. Par tout temps et toute l'année, en route pour l'expédition ! Pendant plus de 2h30, récoltez de précieux indices en parcourant les salles du parc pour retrouver Sheppard. De nombreuses rencontres vous y attendent ! Tortues Matamata, piranhas, caméléons multicolores, anaconda et autres reptiles. Etes-vous prêts à marcher au-dessus des alligators ? Avis aux petits et aux grands aventuriers !

FORTIFICATIONS / REMPARTS

CHÂTEAU DE MONTHOIRON

1, chemin du château - **MONTHOIRON** ✆ 05 49 86 28 44
www.vinci-monthoiron.com

Ouvert tlj pendant les vacances de Pâques, La Toussaint et l'été. Ouvert week-ends et jours fériés en mai et juin.

La Tour Forteresse de Monthoiron s'avère être l'unique témoignage architectural de Léonard de Vinci, en atteste un codex découvert à la bibliothèque nationale madrilène par le castélologue Nicolas Faucherre. Visitez ce lieu hors du commun en famille sans plus attendre, 1h30 de parcours avec des énigmes pour les enfants dès 5 ans ! Costumés, les enfants partent à la découverte de l'édifice et de Léonard de Vinci à travers un parcours d'énigmes de qualité, trésor à la clé. Nouveauté au château, une attraction pour les plus de 3 ans dans le département, le Secret de Karmanor. C'est le nouveau parcours 100 % BRIQUES LEGO® dans le parc ombragé du Château où vous pourrez aussi pique-niquer.

CHÂTEAU

CHÂTEAU DE TERNAY

9, rue du Château - **TERNAY** ✆ 05 49 22 97 54
www.chateau-de-ternay.com

Visites guidées sur rdv. Durée : 2h. Gratuit jusqu'à 12 ans. Adulte : 10€. Enfant (12 à 18 ans) : 6€. Jeu d'énigme : 4€.

© CHÂTEAU DE TERNAY

Dans la campagne loudunaise, cet élégant château des XVe et XVIe siècles, construit par le chevalier Bertrand de Beauvau est une merveille. Depuis plus de 300 ans, il appartient à la famille de Ternay et ce n'est autre que le châtelain en personne qui vous servira de guide lors de votre visite. Grâce à ses anecdotes savoureuses, vous plongerez dans l'histoire du lieu et aurez accès à ses secrets. Installé dans un parc de 45 ha, l'édifice se démarque par son donjon hexagonal, sa cour d'honneur délicieusement ornée, sa chapelle dentelée, sans oublier l'étonnant fossé, village troglodyte, où vous participerez au jeu d'énigme du « Chevalier inconnu », pour tout connaître de l'art héraldique.

PARC ANIMALIER / FERME

LA VALLÉE DES CERFS

Chez Mairine - **LUCHAPT** ✆ 06 85 55 31 06 - La D28 entre L'Isle-Jourdain et Mouterre-sur-Blourde.
www.cerfcheval.com

Visites de la ferme d'avril à novembre sur réservation. Randonnées équestres. Détails des tarifs : voir site internet.

Bienvenue à la ferme de Anne et Patrick van Aubel. Sur 54 hectares, ils élèvent des Aubrac, des brebis Charmoise et plus original, des cerfs. C'est le premier élevage bio en France. Une quarantaine de cerfs, biches et faons y sont élevés de manière extensive. Le couple héberge aussi ânes, chevaux, poneys et volailles. Pour les découvrir, trois parcours (d'1h à 1h45) et un musée du cheval de trait ont été imaginés. La randonnée peut se faire à pied comme à dos d'âne, ce qui devrait amuser vos petits. Des promenades à cheval ou en carriole sont possibles. Terminez par une dégustation des produits de la ferme. De la mi-septembre à la fin octobre, c'est la saison du brame : un beau spectacle.

PARC D'ATTRACTION

CENTER PARC DOMAINE DU BOIS AUX DAIMS

26, route des Trois Moutiers - **MORTON** ✆ 08 91 70 16 00
www.centerparcs.fr

Cottages Comfort, Premium ou VIP. Réservation téléphonique du lundi au vendredi : 9h à 19h ; samedi : 9h à 17h.

Ce week-end : pause nature et bulle de bien-être ! Il faudra choisir entre dormir dans un cottage moderne ou profiter d'un hébergement insolite dans les arbres. Le parc abrite un Cœur animalier de 10 ha. On peut y observer la vie des cerfs, renards, blaireaux, sangliers... Ne soyez pas non plus étonné de vous retrouver nez à nez avec un daim. Ils se promènent ici en liberté. A vélo ou à pied, rendez-vous aux nombreuses activités proposées pour les enfants et pour les grands comme les espaces *Aqua Mundo*, le spa, l'accrobranche, le tir à l'arc... et tant d'autres.

PARC ANIMALIER / FERME

LA VALLÉE DES SINGES

Le Gureau - **ROMAGNE**
✆ 05 49 87 20 20
www.la-vallee-des-singes.fr
Horaires d'ouverture variables : voir site internet. Gratuit jusqu'à 3 ans. 20,5 € adulte. 14 € enfant (3 à 12 ans).

© SÉBASTIEN LAVAL

Les primates y sont rois. On déambule à leurs côtés, tellement proche qu'il faut bien penser à ranger ses petites affaires. Ils sont là, dans les sentiers ombragés, tout près de vous, virevoltant de branche en branche. Pour mieux les connaître, la journée est rythmée par les nourrissages comme celui des makis catta que l'on aurait presque envie de caresser. Plus de 450 primates du monde entier évoluent sur les 18 hectares du parc. On admire la force de Yaoundé, le mâle gorille, la trépidante vie des bonobos, le plus grand territoire d'Europe de chimpanzés. La Vallée des Singes est un parc hors du commun qui a même créé le Conservatoire pour la Protection des Primates. Une visite extra !

PARC D'ATTRACTION

DÉFIPLANET'

La Bocquerie - **DIENNÉ** ✆ 05 49 45 87 63
www.defiplanet.com
Fermé en janvier. Horaires parc à thème variables selon saisons (voir site). Adulte : 14 €, enfant (3 à 13 ans) : 8 €.

Voici un parc naturel singulier ! En famille et avec votre guide « Petit Sabot », vous explorez différents villages du monde, leurs habitats, leurs coutumes, leurs animaux. Puis, vous pénétrez dans une forêt magique où lutins et farfadets vous font prendre conscience de votre empreinte carbone et vous apprennent moult choses sur la faune et la flore, de quoi tenir en haleine les plus jeunes. Pour compléter la visite, des activités sportives sont en option : piscine, accrobranche avec une maxi tyrolienne, équitation, VTT, tir à l'arc... Et pour une immersion totale, optez pour un hébergement insolite et passez la nuit perché dans les arbres ou à l'abri d'un escargot géant !

PARC D'ATTRACTION

FUTUROSCOPE

Avenue René-Monory - **CHASSENEUIL-DU-POITOU**
✆ 05 49 49 11 12
www.futuroscope.com
Tous les jours, vacances scolaires, mai, juin. Fermé : janvier. Horaires d'ouverture et fermeture variables, voir site.

Plus de 40 attractions différentes vous attendent dans ce parc à la trentaine rayonnante. Sous l'eau, sur terre ou dans le ciel, accrochez-vous à votre siège, c'est parti pour un séjour dynamique au cœur des nouvelles technologies de l'image. Les nouveautés promettent de fortes émotions comme la première attraction au monde en 5D. Enfilez votre casque de réalité virtuelle. Asseyez-vous dans la voiture de Sébastien Loeb. Accélérations, virages, sauts : ça décoiffe ! Vous préférez prendre de la hauteur ? Rendez-vous dans l'espace avec Thomas Pesquet : un voyage hautement immersif 400 km au-dessus de la Terre. On ne peut pas non plus tout vous raconter, alors à vous d'aller tester !

RANDONNÉE À CHEVAL - EN ÂNE

LA BELLE ÂNÉE

Puy Godet - **JAZENEUIL** ✆ 06 83 56 06 76
www.bellanee.fr
50€ la 1/2 journée accompagnée, 35€ la 1/2 journée en autonomie, 52€ la journée, 102€ les 2 jours, 202€ les 4 jours.

Qu'ils sont câlins les ânes de la Belle Anée ! Après vous avoir montré comment placer le bât sur le dos de l'animal pour porter la fameuse ânée (votre barda, votre pique-nique et les petites jambes fatiguées), Estelle vous indiquera le parcours à suivre pour randonner avec votre âne sur les chemins de Jazeneuil, Coulombiers, Lusignan, Saint-Sauvant et Curzay-sur-Vonne, le temps d'un après-midi, d'une journée ou de quelques jours. Le soir, choisissez entre les différents campings, chambres d'hôtes et gîtes sélectionnés par Estelle. Votre compagnon, lui, dormira à la belle étoile dans un enclos préparé. Le lendemain, longe en main, c'est reparti ! Un moment privilégié à partager en famille.

S'AMUSER - SORTIR

LABYRINTHE VÉGÉTAL

Bréhus - **ROMAGNE** ✆ 05 49 87 45 27
www.labyrinthe-vegetal.com
D'avril à la fin octobre. Horaires variables : voir le site internet. Adulte : 11€. Enfant : 8 €. Gratuit jusqu'à 5 ans.

C'est parti pour une superbe sortie en famille ou entre amis, très ludique, sur le sentier des pas perdus ! Quatre labyrinthes dont trois permanents s'offrent à vous dans ce parc. Plongez dans leurs dédales, amusez-vous à vous y égarer et à résoudre les énigmes. Tenterez-vous le fameux « Laby' Maïs », un labyrinthe infernal dans un dédale d'épis, le « Laby'arbustes » composé de 15 000 arbustes d'essences locales, le « Laby'bois » ou le « Laby Gazon » ? Ferez-vous confiance au fil d'Ariane pour vous guider yeux fermés et nu-pieds dans un parcours sensoriel qui mettra vos sens en éveil ? Deux circuits de karting à pédales, l'un accessible à partir de 3 ans, promettent de bons moments.

HÔTEL

BEST WESTERN LE BOIS DE LA MARCHE

1, allée des Cerfs - **FONTAINE-LE-COMTE** ✆ 05 49 53 10 10
www.leboisdelamarche.fr

Ouvert toute l'année. Chambre simple à partir de 64 € ; chambre double à partir de 74 €. Petit déjeuner buffet : 12 €.

Promenons-nous dans le bois… celui de la Marche s'avère très confortable, garanti sans loup-garou ! Calme, luxe et volupté : on prend soin de vous avec style. Toutes les chambres de l'hôtel se suivent et ne se ressemblent pas. Récemment rénovées avec beaucoup de goût, leurs formes et couleurs sont très diversifiées. L'établissement met à votre disposition un sauna, un court de tennis, une piscine extérieure chauffée, un bar à la réception, un autre dans le restaurant et le must : un parc boisé de 13 hectares pour se dégourdir les jambes… Un endroit luxueux et convivial.

HÔTEL

CHÂTEAU DE DISSAY

111, place Pierre d'Amboise - **DISSAY** ✆ 05 49 11 11 11
www.chateaudedissay.com

Un séjour au château ! De 120 € à 400 € la nuitée pour 2 personnes. Petit déjeuner : 25 €. Restauration. Hammam.

Le château de Dissay, une merveille patrimoniale pour un séjour de rêve. Ses dix chambres se situent dans le corps même de l'édifice construit au XVe siècle par Pierre d'Amboise, évêque de Poitiers, et quelquefois dans ses tours. L'établissement est haut de gamme. Chaque chambre est unique. La décoration réalisée avec le mobilier d'époque associé à une pointe de modernisme et tout le confort nécessaire pour passer une nuit de châtelain. Le petit déjeuner est servi dans la belle salle dédiée, sur la terrasse de la cour ou dans l'intimité de votre chambre. Aussi, le château possède un spa pour vivre des moments 100 % bien-être et détente, ainsi qu'un restaurant à la cuisine gastronomique.

HÔTEL

HÔTEL CENTRAL

35, place du Maréchal Leclerc ✆ 05 49 01 79 79
www.hotel-central-poitiers.com

Chambre double dès 60 € ; chambre triple dès 70 €. Soirée étape à partir de 90 € (dîner, nuit et petit déjeuner). Wifi.

Vous êtes au cœur du centre-ville, sur la place de la mairie, dans un quartier animé ne manquant ni de restaurants ni de cafés, voici un hôtel plein de charme. Bénédicte et Emmanuel Wender proposent un hôtel confortable et un accueil très plaisant à leurs clients grâce à des chambres doubles ou familiales, toutes confortables, récemment rénovées et relookées. La plupart des chambres offrent une vue sur la place de l'Hôtel de Ville. N'ayez pas peur de la localisation : l'insonorisation est parfaite. Les chambres sont équipées d'une connexion Internet gratuite, d'une télévision LCD, d'un téléphone direct et d'un sèche-cheveux. Le petit déjeuner est servi en chambre.

HÔTEL

HÔTEL DE L'EUROPE

39, rue Carnot ✆ 05 49 88 12 00
www.hotel-europe-poitiers.com

4 catégories de chambres de 58 € à 145 €. Petit déjeuner : 10,90 € (5,45 € enfants de 6 à 11 ans). Soirée étape : 105 €.

Cet ancien relais de poste du XIXe siècle a été repris en juin 2016. Les nouveaux propriétaires, anciens viticulteurs en Anjou y ont apporté une ambiance chaleureuse en aménageant un salon cosy vous permettant de vous lover dans des fauteuils et de profiter d'un coin bibliothèque. Le petit déjeuner se prend sous une verrière de 1850 dont la vue sur le grand jardin vous ravira. A l'extérieur, une table de ping-pong vous tend les bras tout comme le terrain de pétanque et les fauteuils installés à l'ombre des tilleuls. L'hôtel compte 87 chambres réparties dans trois corps de bâtiments d'époques différentes. De nombreuses chambres ont déjà été rénovées dans un style épuré, gai et plein de peps.

HÔTEL

HÔTEL MERCURE

14, rue Édouard-Grimaux ✆ 05 49 50 50 60
www.mercure.com

Accueil 24h/24. 50 chambres. Chambre double : 98 € à 165 € ; suite : 225 € à 280 €. Petit déjeuner : 16 €.

L'établissement a ouvert ses portes en 2012 dans une ancienne chapelle de Jésuites, à 800 m de la gare. Un hôtel à la beauté singulière, chargé d'histoire, doté d'une âme attachante et rare. Vous y dormirez dans des chambres atypiques, juste sous le clocher de l'édifice et les croisées d'ogives. Si ce n'est pas le cas, les autres chambres vous envoûteront par leur cachet de toute façon. Plusieurs types de chambres (certaines en duplex) sont à votre disposition. Toutes uniques, elles sont lumineuses, hautement épurées et confortables et décorées dans des tons clairs et doux. Un bien joli écrin ! Cet endroit majestueux est attenant au restaurant Les Archives, une autre adresse incontournable.

HÔTEL

KYOTEL

26, avenue de la Fraternité ✆ 05 49 36 29 40

Du lundi au jeudi : 8h-18h. Fermé pendant les vacances sco. 2 chambres doubles de 30 € à 40 €. Petit déjeuner : 5 €.

Voilà un véritable bon plan ! Profitez du confort d'une chambre d'hôtel 3 et 4 étoiles pour un prix imbattable. Aménagées dans l'esprit du groupe Accor, les deux chambres de l'hôtel d'application du lycée hôtelier Kyoto de Poitiers profitent d'une entrée indépendante, rue des Jacobins, derrière l'établissement scolaire. Ce sont les étudiants de la classe de BTS Management en Hôtellerie et Restauration hébergement qui vous accueilleront. Situé dans un quartier calme à 10 minutes en voiture du centre-ville, l'hôtel propose des petits déjeuners servis en chambre ou en salle. Les gourmands pourront, en réservant, se rendre pour le déjeuner ou le dîner dans le restaurant d'application du lycée.

ET POUR DORMIR ?

CHAMBRE D'HÔTE

LA MAISON DE MARC

12, rue Bourbeau ✆ 06 18 54 68 99
www.lamaisondemarc.com
3 chambres dès 95 €/nuit. 1 appartement dès 125 €/nuit (2 nuits mini). Petit déjeuner et taxe inclus. Wifi, télévision.

A 10 minutes de la gare, en plein cœur du centre-ville de Poitiers, tout proche des restaurants et des boutiques, ce n'est pas Marc que vous trouverez dans cette grande maison, mais Emma, votre hôte à l'agréable accent british. C'est elle qui vous accueillera dans l'une de ses spacieuses chambres délicatement décorées. Vous vous sentirez comme chez vous grâce à ses petites attentions et à sa gentillesse. Vous apprécierez les salles de bain modernes et leurs peignoirs douillets. Lors du petit déjeuner, vous apprécierez les produits locaux sélectionnés, et la touche anglaise des scones faits maison par la charmante hôtesse, à déguster en salle ou en terrasse.

CHAMBRE D'HÔTE

LA MAISON DE LA LIBERTÉ

12, place de la Liberté ✆ 06 61 24 20 83
www.maisondelaliberte.com
4 chambres (2 nuits min). Appartement de 48 € à 130 €. Pas de petit déjeuner. Appartement de 2 à 4 pers. Wifi gratuit.

Architecte d'intérieur, Charlotte a le goût des belles choses. Dans sa jolie demeure du XVIIIe siècle, en plein cœur du centre historique, elle propose quatre appartements d'hôtes de charme et indépendants avec cuisine équipée. La liberté, c'est le voyage ! Que vous preniez lit pour deux nuits ou pour une semaine, un grand explorateur donnera thème à votre chambre. Le tout a été rénové avec grand goût, du parquet aux lits en alcôve, du mobilier aux dorures des boiseries. Et si votre expédition est familiale, vous aurez la chance de vous installer dans l'un des appartements de l'Hôtel Jeahan de Beaucé, une splendide demeure du XVIe siècle, derrière l'hôtel de ville. Du cachet et du confort !

RÉSIDENCE - CLUB

BED & CROUS

13, rue Théodore Lefebvre ✆ 05 49 44 52 31
www.crous-poitiers.fr
Tarifs mensuels (hors aide au logement) à partir de : chambre : 375.50 €.

Vous êtes saisonnier, ou stagiaire et vous cherchez un logement à moindre coût, adressez vous au CROUS de Poitiers. Le CROUS propose des locations de logements à des tarifs très attractifs dans des chambres (avec sanitaire et douche), des studios ou en coloc, pour une nuit ou pour un ou plusieurs mois. Vous avez le choix entre 14 résidences installées en cœur de ville, sur le campus et sur la Technopole du Futuroscope, toutes accessibles en transports en commun. Profitez des espaces communs pour faire connaissance avec les résidents. Des équipements tels que des lave-linge et sèche-linge sont aussi à votre disposition. Tout pour profiter d'un séjour à moindre coût !

AUBERGE DE JEUNESSE

AUBERGE DE JEUNESSE

1, allée Roger Tagault ✆ 05 49 30 09 70
www.hifrance.org
Tlj : 7h à 10h et 18h à 22h. 140 lits. Camping (max 16 places) en juil-août. Dortoir dès 16 €. Petit déjeuner : 4,50 €

L'unique auberge de jeunesse de la ville se situe dans le quartier de Bellejouanne, au sud-ouest de Poitiers. Elle fonctionne avec le réseau FUAJ et nécessite une carte d'adhérent. Elle accueille toute l'année des groupes, des familles et des individuels. Ici, tout est très propre et rénové. Le très vaste parc fermé et sécurisé qui enveloppe l'auberge est un véritable espace de décompression. Les enfants sont les bienvenus avec des réductions selon leur âge. En dessous de 3 ans ; c'est gratuit pour les enfants. La pension complète est proposée, il suffit de demander. Non loin de là, vous trouverez boulangerie, médiathèque, gymnase et une piscine municipale quasi mitoyenne.

INSOLITE

VILLAGE FLOTTANT DE PRESSAC

Étang de Ponteil - **PRESSAC** ✆ 05 86 16 02 25
www.village-flottant-pressac.com
Fermé du 1er déc au 15 fév. Cabanes dès 89€ (basse saison) - 130€ (haute saison). Piscine. Restauration atypique.

En barque vous rejoindrez votre cabane en bois pour la nuit. Bercé par l'étang, vous vous endormirez comme un bébé dans ce logement insolite. Au matin, vos petits déjeuners vous seront livrés. Lavabo et toilettes sèches, l'essentiel pour un brin de toilette. Déconnectez, entouré de canards, de libellules et d'oiseaux. Ce village est flottant, mais pour ceux qui n'ont pas le pied marin et qui souhaitent salle de bain et kitchenette, lodges et tentes safari vous attendent sur la terre ferme. Ici le temps s'arrête. Pêche, piscine, vélo, bain nordique, la journée est à vous.

INSOLITE

LES LODGES DU VERGER INSOLITE

Domaine de Givray - **LIGUGÉ** ✆ 05 49 55 97 19
www.liguge.fr
Fermé du 31 octobre au 31 mars. Lodge 6 places dès 143 € / nuit. Lodge 8 places dès 167 € / nuit. Voir site internet.

Un hébergement insolite en pleine nature à une dizaine de minutes de Poitiers. Au cœur du Domaine de Givray, à l'orée du bois, du parcours ludique de la Vallée des légendes et du parc d'accrobranche, les 3 lodges de la commune, dont l'un pouvant accueillir jusqu'à huit personnes, vous attendent pour un séjour au vert. Confortable et de bois vêtus, chacun abrite une kitchenette équipée. Les enfants seront ravis d'observer les moutons du champ voisin et de profiter des jeux installés tout près, tandis que les parents s'installeront au calme de la terrasse couverte.

JE ME RÉGALE

Petits plats et grands mets, les restaurateurs de Poitiers et des communes alentour ont des arguments pour ravir toutes les papilles. Celles des fins gourmets avec des adresses gastronomiques qui promettent des moments succulents autour de plats fins, créatifs et audacieux. Celles des gastronomes attachés au patrimoine culinaire des différentes régions françaises, adeptes de cuisine simple et savamment équilibrée. Les papilles des curieux aussi, avides de nouvelles découvertes gustatives, prêts à embarquer pour un tour du monde des saveurs. Celles des personnes pressées désireuses de manger vite certes, mais bien ! Celles aussi de ceux qui préfèrent le cocooning de leur intérieur pour apprécier les préparations des traiteurs et food trucks, de plus en plus souvent livrées à domicile. Pour régaler toutes ces papilles, on peut compter sur la qualité et la fraîcheur des produits locaux très régulièrement invités à la table ainsi que sur le savoir-faire et la créativité de nos chefs cuisiniers. Vous avez l'eau à la bouche ? Il ne vous reste plus qu'à faire votre choix avant de passer à table. Bon appétit !

GASTRONOMIQUE

LES ARCHIVES

14, rue Edouard-Grimaux ✆ 05 49 30 53 00
www.lesarchives.fr

Du dimanche au jeudi : 12h à 14h et 19h à 22h ; vendredi et samedi : jusqu'à 22h30. Menus : 28 € à 54 €.

Pendant cinquante ans, cette chapelle néogothique édifiée en 1852 a abrité les archives départementales avant que la magnificence de son architecture ne lui soit rendue au travers du plus atypique, du plus spacieux et du plus beau restaurant du centre-ville. Tout est grandiose : la salle immense avec ses tapis moelleux, plantée de colonnes contemporaines, les alcôves au balcon pour les dîners romantiques en altitude, le déambulatoire et ses grilles en fer forgé et surtout, l'éclatement des mille saveurs en bouche, concoctées sous vos yeux, avec des produits régionaux et de saison et de surcroît, la possibilité de profiter de ce superbe cadre l'après-midi dans le salon de thé.

GASTRONOMIQUE

L'ESSENTIEL SELON PIERRIC CASADEBAIG

188, Grand'Rue ✆ 05 49 46 79 71
www.lessentiel-poitiers.fr

Du lundi midi au samedi soir. Menus de 32€ à 46€. Formule du midi : 20€. Samedi midi : 25€. Réservation recommandée.

Pour découvrir la beauté du vieux Poitiers et une cuisine de qualité, allez à l'Essentiel ! Direction la Grand'rue et si c'est aux beaux jours, pensez à réserver une table en terrasse pour admirer la vieille bâtisse moyenâgeuse dans laquelle s'est installé le chef Pierric Casadebaig. Issu de prestigieux établissements étoilés, il a travaillé aux côtés des chefs Troisgros et Lameloise. Dans ce décor épuré, il nous transmet une cuisine travaillée à partir de produits locaux. Les goûts sont francs et les cuissons parfaites. On n'ira pas par quatre chemins : c'est bon. Foncez !

GASTRONOMIQUE

LE CARRÉ D'ART [S]

42, rue du moulin à vent
✆ 05 49 31 29 90

Du mardi au samedi : 12h-14h et 19h-22h. Réservation recommandée. Carte : 20 € environ. Formule du midi : 14,90 €.

Ici dès que vous passez la porte, de la décoration à l'assiette, tout est mis en oeuvre pour vous faire passer un beau moment artistique. Des tubes de peinture au mur, des pinceaux, des palettes de couleurs sur la table, ce lieu porte très bien son nom. Dans l'assiette, le chef manie son art avec passion et dextérité et on est conquis dès la première assiette sur la table. Le midi, il faut absolument réserver, car l'établissement ne sert que 28 couverts. Un velouté de butternut avec de la faisselle de chèvre du Poitou, c'est l'occasion de découvrir des produits locaux. C'est aussi l'un des rares lieux où le burger fait partie du menu de midi, donc n'hésitez plus, vous serez conquis !

GASTRONOMIQUE

LA TABLE DU CLOS

10, rue du Champ de Foire - **CHASSENEUIL-DU-POITOU**
✆ 05 49 52 86 66
www.ribaudiere.com

Tj : 12h15 à 13h30 et 19h15 à 21h30. Bar : 10h à minuit. Menus de 35 € à 65 €. Formule du midi : 21 €.

A deux pas du Futuroscope et à quelques km de Poitiers, le rendez-vous est pris pour aller déjeuner ou dîner au Château. Ici, le charme opère dès le passage des grandes grilles en fer. Cette « Table remarquable » d'Alain Ducasse vous propose de découvrir une cuisine qui allie la tradition et la créativité. Vous êtes ici pour affaire, pour un tête-à-tête intime ou en famille, le restaurant vous proposera des formules qui s'adapteront à vos attentes. Vous avez envie de chocolat, alors laissez-vous tenter par leur fondant au chocolat, caramel. Vous profiterez de votre délicieux mets dans une salle à manger lumineuse donnant sur le parc, dans l'un des salons privés ou sur la terrasse.

GASTRONOMIQUE

LA CHÊNAIE

La Berlanderie - **CROUTELLE** ✆ 05 49 57 11 52
www.la-chenaie.com

Ouvert du mardi au samedi de 19h à 21h ; du mardi au dimanche de 12h à 14h. Menus de 21 € à 51 €.

Voici une maison qui a du cachet et qui se trouve entourée d'un magnifique parc de deux hectares planté de chênes tricentenaires. Le savoir-faire est le maître mot de ce haut lieu gastronomique, et le chef, André Chenu, vous concoctera de pures merveilles. Des plats d'inspiration régionale, travaillés avec une grande finesse. Vous trouverez amusant, dans la partie ancienne, grâce à une fresque en trompe-l'œil, d'avoir l'impression de manger dans une cave. Mais en toute saison, testez la très grande véranda qui fait corps avec la nature. Et si vous êtes chanceux, vous pourrez peut-être apercevoir les cabrioles d'un chevreuil ou la course agile de trois écureuils mascottes de l'endroit.

GASTRONOMIQUE

LE VINGELIQUE

37, rue Carnot
✆ 05 49 55 07 03

Du mardi au samedi : 12h à 14h et 19h30 à 22h. Formules midi : 13,30 €, menu à 30 € et 59 €. Terrasse.

En centre-ville, Le Vingélique est un classique, un restaurant semi-gastronomique spacieux dont le plafond mosaïque ne vous laissera pas de marbre. Piquons votre curiosité en vous conseillant de goûter les oursins tiédis à la brouillade d'œufs, le ris de veau poêlé à la crème de foie gras, et de finir en beauté avec le soufflé chaud au Grand Marnier et son sorbet orange. Les assiettes sont colorées et le service efficace. Prendre son repas à l'intérieur est plaisant assurément, mais le prendre en terrasse est ici un privilège, tant l'endroit est joli, vaste, bien à l'abri des murs et du bruit de la rue, où achèveront de vous séduire un petit bassin d'eau et des arbres.

© ANTOINE PAILLARD

© ANTOINE PAILLARD

GASTRONOMIQUE

MOULIN DE LA NORÉE

5, rue de l'Ermitage - **BIARD**
✆ 05 49 46 76 57
www.moulindelanoree.fr
Midi du mardi au dim : 12h-14h ; Soir : vendredi : 19h-21h30 ; samedi : 19h-22h. Menus : 31 € et 42 €. Midi : 18,50 €.

Pas besoin de faire beaucoup de kilomètres pour vous retrouver au cœur d'un cadre bucolique. Au milieu des bois, le vieux moulin à farine a été magnifiquement restauré. Quel plaisir de profiter de sa grande terrasse. On y entend couler la Boivre voisine. Dans les grandes salles du restaurant, on profite des pierres apparentes de la bâtisse tandis que l'ancienne roue se dévoile sous nos pas. La cuisine est délicate. Les produits frais sont magnifiés. Les assiettes colorées et le service attentionné. Au rez-de-chaussée, côté bar, des afterworks sont organisés une fois par mois. Ambiance assurée. En repartant, profitez des bois pour une balade digestive ou pour visiter les grottes à proximité.

© ANTOINE PAILLARD

© MOULIN DE LA NORÉE

© ANTOINE PAILLARD

BISTROT - BRASSERIE

AUBERGE CHEZ CUL DE PAILLE

3, rue Théophraste-Renaudot
✆ 05 49 41 07 35

Ouvert du mardi au samedi de 12h à 14h et de 19h à 22h. Menus de 24 € à 34 €. Formule du midi : 16 €.

Incontournable, cette auberge aux murs couverts de signatures d'artistes, tradition depuis 1957 ! Et il s'en est assis du beau monde ici, de Brassens à Ferrat, en passant par Aubert. C'était l'époque où l'ancien théâtre battait son plein. La cuisine est rustique, à l'image du lieu, traditionnelle, saisonnière et saine. Les multiples entrées et desserts à partager remplissent la salle de convivialité ! Vincent Tillet, le chef, vous mettra le gosier en goguette avec les « retours du marché » les samedis à midi, cuisinés sur le pouce avec ses petites trouvailles de Notre-Dame.

BISTROT - BRASSERIE

L'AUBERGE DE L'ABBAYE

2, rue de l'abbaye - **NOUAILLÉ-MAUPERTUIS**
✆ 05 17 84 41 06
www.auberge-abbaye-nouaille.fr

Du mardi au samedi : 12h-14h ; ven et sam : 19h-22h. Menus le week-end de 14,90€ à 24,90€. Formule midi : 13€. Terrasse.

© AUBERGE DE L'ABBAYE

Voilà une bonne adresse à seulement 10 minutes de Poitiers, à quelques pas de la magnifique abbaye fortifiée de Nouaillé-Maupertuis. Dans l'auberge de Kevin Laporte, les saveurs du sud et d'Asie sont à l'honneur dans les assiettes du chef. L'établissement est chaleureux et la décoration moderne. L'ardoise est courte, bon marché et se renouvelle très souvent ; les produits sont frais et les vins sélectionnés avec soin. Notre coup de cœur : la terrasse. Un espace cosy où un coin salon de jardin promet des instants conviviaux. L'été, le chef sort de sa cuisine pour préparer de bons petits plats devant vos yeux. Et certains soirs des menus thématiques sont élaborés !

BISTROT - BRASSERIE

LE BATEAU IVRE

399, avenue Jacques Cœur ✆ 05 49 41 33 33
bateau-ivre.fr

Du lundi au samedi : 12h à 14h30 et 19h à 22h. Menus de 35 € à 45 €. Menu enfant : 9 €. Formule du midi : 13 €

Avec une nouvelle carte tous les deux mois, des produits frais de saison, des plats façonnés maison... comment résister à la tentation de venir s'enivrer ici au moins six fois par an, quitte à ce que la barque chavire ! Cette ancienne ferme abrite un restaurant à tendance bistronomique où chaque midi un plat du jour est accordé avec le vin du moment. Savoureux et recherchés, les plats possèdent leur touche d'originalité : d'abord crème de champignons, œuf poché et Kadaïf frit, émulsion café, puis selle d'agneau, wakamé, boulghour aux rutabagas et son jus d'agneau et enfin le dessert des desserts : le champagne gourmand du Bateau Ivre. Stop ! La carte ne se raconte pas, elle se déguste !

BISTROT - BRASSERIE

LE BIS

4, rue Saint Nicolas
✆ 05 49 50 77 91

Du mardi au sam : 12h-14h ; du mardi au jeu : 19h-22h ; ven. et sam. jusqu'à 23h. Menu à 25€. Formule midi : 14€.

Tous les prétextes sont bons pour aller manger au Bis. Le midi parce que le rapport qualité-prix y est parfait, et le soir, parce rien que de voir la carte de Laurent Touillet, on en a l'eau à la bouche. Avec son bar et ses tables en bois, ses ampoules suspendues, le restaurant est convivial. L'équipe est toujours au top, souriante, attentionnée. Le chef prend soin de vos papilles avec une cuisine élaborée qui rassasie les estomacs et promet de belles surprises gustatives et visuelles. Côte de cochon, filet de bœuf, gambas snackées, sans oublier les incontournables ris de veau que le chef décline en fonction des saisons, on se régale. Le soir, le resto se prolonge en bar. A bon entendeur !

BISTROT - BRASSERIE

LE BISTROT DE L'ABSYNTHE

36, rue Carnot
✆ 05 49 37 28 44

Du mardi au samedi de 12h - 14h et de 19h - 22h. Formule midi : 10 €. Menu : 22 €. Terrasse.

« C'est ma santé… », nous annonce une affiche à l'entrée, vantant les mérites de la mythique boisson. Baudelaire ou Rimbaud ne l'auraient pas renié ! Derrière la façade olive, annonciatrice du plaisir défendu de la fée verte, Madame Barillot vous attend. Ce petit restaurant du genre bistrot lyonnais a pignon sur rue en ville. Connu pour sa nourriture irréprochable et traditionnelle, comme les escargots en pots de grès ou les rognons de veau au vinaigre et l'incontournable parfait glacé à l'absinthe, rien ne peut vous décevoir. Vous regarderez les fontaines à absinthe. Mieux, vous goûterez, dans les règles de l'art, à la cuillère, au périlleux breuvage. Vous sentirez-vous poète en sortant ?

BISTROT - BRASSERIE

BISTROT DU BOUCHER

31, rue Carnot ✆ 05 49 03 37 02
www.bistrotduboucher.fr
Du lundi au dimanche : 12h-14h et 19h-21h45 ; vendredi, samedi jusqu'à 22h30. Formule midi : 13,50€. Vente à emporter.

A tous les amateurs de bonne viande rouge, voilà l'adresse où il faut aller ! Regroupant des restaurateurs indépendants, l'enseigne nationale met en avant une charte qui rime avec produit frais, satiété et gaieté ! Tout est bien : le cadre, l'accueil, la rapidité du service et la qualité… Ce qui lui a valu l'obtention du titre de Maître restaurateur. Une fois confortablement installé, faites votre choix : longe d'os à moelle rôtie, foie gras, tartares de bœuf haché variés, pavé Bistrot à la plancha ou blanquette de lotte… la carte est alléchante. En dessert, difficile de résister à « la tentation du pâtissier » (fondant, crème brûlée, puits d'amour). Adresse très conseillée !

BISTROT - BRASSERIE

LE BISTRÔ DE SAINT BENOIT

6, rue du Square - **SAINT-BENOÎT**
✆ 05 49 31 92 70
www.bistro-saintbenoit.com
Midi : du mardi au vendredi : 12h à 14h. Soir : du mercredi au samedi : 18h-22h. Formule midi : 18,90€.

Et au milieu, coule le Miosson. C'est par sa grande et agréable terrasse que vous accéderez au Bistro (chic) de Saint-Benoît. Samuel Colin et Christophe Huet ont imaginé un établissement moderne et lumineux se prêtant facilement à la détente que ce soit en extérieur ou dans le bel espace-bar aux fauteuils de cuir qui nous accueille pour un verre, une planche de charcuterie, de fromage ou même quelques spéciales Gillardeau pour les amateurs d'huîtres. Côté restau, ris de veau, risotto, magret de canard, et de belles pièces de viande sont servis. Bienvenue au Bistrô !

BISTROT - BRASSERIE

LE COMPTOIR À MOUSTACHES

21, rue Carnot ✆ 05 49 37 29 51
www.lecomptoiramoustaches.com
Du lundi au samedi de 11h à 14h et de 18h à 0h. Carte : 15 € environ (burger. Menu enfant : 8 €. Formule du midi : 14 €

« Ici, tout est frais, tout est maison et ça… vos moustaches s'en souviendront ! » Rassurez-vous, nul besoin d'en porter pour s'y installer. Cuisine ouverte, verrières, tables en bois et chaises en métal : ambiance citadine décontractée. Ici le burger est roi, même s'il laisse sur la carte la place à quelques plats alléchants. La spécialité de la maison ? Le Moustache Burger avec son pain brioché et sa mayonnaise à l'estragon « maison pour de vrai », insistent-ils. Les assiettes sont généreuses, mais gardez une place pour le dessert : la Mousse-taches liégeoise, le pain perduche… difficile de choisir… à moins que vous ne craquiez pour tous avec les moustaches gourmandes du chef !

BISTROT - BRASSERIE

BISTRO DES SAVEURS

2, Grand Rue - **LIGUGÉ**
✆ 05 49 11 39 10
Du lundi au vendredi : 9h à 14h, vendredi soir : 19h à 21h30. Samedi : groupe uniquement. Formule du midi : 13,50 €.

© ANTOINE PAILLARD

© ANTOINE PAILLARD

Sympa ce petit bistro à quelques minutes à pied de l'abbaye de Ligugé ! Le joyeux Thomas Daout est aux fourneaux. Bar le matin, restaurant le midi, cet établissement est ouvert le vendredi soir pour des plats à la carte et des planches à partager. Le chef joue avec les saveurs quelquefois asiatiques, souvent méditerranéennes. Il revisite les grands classiques pour le plaisir de nos papilles. Les burgers et leurs frites maison font l'unanimité comme le tartare de bœuf au couteau, le tout à prix raisonnable. A l'arrière, comme sur une place de village, on profite de la terrasse. Il y flotte comme un petit air de vacances… Oh, mais après tout, la plage de Ligugé n'est pas si loin…

BISTROT - BRASSERIE

NEW

CAVOK

11, rue Lebascles
✆ 05 49 01 74 00

Du lundi au samedi : 12h-14h et 18h30-22h30. Carte : 15 € environ. Menu enfant : 8 €. Plat du jour : 8,90 €. Terrasse.

© PAULINE BELTRAN

© PAULINE BELTRAN

« Ceiling and visibility OK », le Petit Futé a testé et validé le CaVok, ce nouveau bistrot qui a surgi du confinement et a atterri sur la place du Maréchal Leclerc. La carte est réduite et vous assure une cuisine maison maîtrisée comme ce très moelleux burger « CaVok » à la sauce fromagère entouré du bon pain de la Boulange de Jules, le voisin de la rue Magenta. A l'intérieur, une déco moderne saupoudrée de notes « jungle » et trois espaces sur différents niveaux si vous avez envie de prendre de la hauteur. On aime particulièrement l'esprit convivial des grandes tables en bois pour partager une planche de charcuterie. Ciel dégagé ? Soleil au zénith ? Profitez de la fraîcheur de la terrasse.

BISTROT - BRASSERIE

LA CUISINE DE COMPTOIR

92, avenue du plateau des Glières ✆ 05 49 30 06 76
www.cuisine-comptoir-poitiers.fr

Du mardi au samedi de 12h à 13h30 et de 19h à 21h30. Menus de 24,90 € à 28,90 €. Formule midi : 12,90 €. Terrasse.

Une table qui offre un service en tabliers noirs très aimable et des plats bistronomiques issus de délicieux produits locaux sélectionnés avec amour par le chef Olivier Leclerc qui ne manquera pas de vous parler des producteurs avec qui il travaille. Les assiettes sont colorées, les viandes sont tendres et fondantes, les sauces fines, et les frites inégalables. Chaque produit, pour l'entrée comme pour le dessert, est sublimé et travaillé avec amour dans une ambiance bistrot où les habitués aiment se retrouver. Une des meilleures adresses de Poitiers pour un excellent rapport qualité-prix. Parlez-en autour. Toutefois attention, les réservations sont conseillées. C'est la rançon du succès !

BISTROT - BRASSERIE

LE CLAIN D'OEIL

30, rue Sylvain Drault
✆ 05 49 31 60 01

Ouvert du mardi au samedi de 12h15 à 14h et de 19h15 à 23h. Menu unique à 29 €. Formule du midi : 14 €. Terrasse.

Agréable surprise que ce petit restaurant à deux pas de la place du Marché Notre-Dame. L'opération séduction commence dès la terrasse où l'on peut s'installer et profiter d'un recoin de tranquillité. Vous êtes chez Anne et Julien, en couple dans la vie comme au travail ! Elle en salle, lui en cuisine. Ambiance familiale et décontractée. Après avoir exercé en Australie, à Londres et à La Réunion, le chef a posé ses valises à Poitiers pour nous faire déguster ses petits plats. Les menus changent tous les jours, mélange de cuisine traditionnelle et de saveurs du monde. Végétaliens et végétariens y trouveront leur bonheur. La spécialité du lieu ? Le camembert rôti ! Difficile de sourciller !

BISTROT - BRASSERIE

LA JAVETTE

10, avenue de Shenzhen - **CHASSENEUIL-DU-POITOU**
✆ 05 49 92 20 85
www.lajavette.fr

Ouvert du lundi au mercredi de 12h à minuit. Du jeudi au samedi de 12h à 2h. Carte : 15 € environ. Plat du jour : 10 €.

La Javette : c'est l'établissement branché de la Technopôle. Musique d'ambiance, déco tendance, la Javette est élégante et décontractée. Demoiselle dynamique, elle s'active pour que votre pause déjeuner soit rapide et que votre afterwork soit enjoué. Et dans la bonne humeur, m'sieurs dames ! Des cuisines ouvertes, sort de la popote plutôt brasserie (pizza - rôtisserie - burger et plat du jour) et du grand bar central, des cocktails que l'on a très envie de déguster sur la terrasse tout en pointant ou en tirant sur le terrain de pétanque. Une pointe de java et un soupçon de buvette, voilà la bonne recette pour se consacrer à la fête à deux pas du Futuroscope.

BISTROT - BRASSERIE

LE KIOSQUE DU PARC DE BLOSSAC

Rue Léopold Thézard
✆ 05 49 11 57 75
De Pâques à La Toussaint, tous les jours 10h à 22h. Hiver merc sam 14-18h, dim : 10-18 h Formule midi : 12,90 €.

Pour le déjeuner, le dîner ou juste un café, la pause est appréciée de tous. A l'ombre des grands arbres, on aime se détendre tout en se restaurant. Le midi, le choix se porte, selon la température extérieure, plutôt sur les 4 salades ou sur la formule plat et dessert. Le soir, c'est moules/frites à volonté, cuites à la plancha, ou planches à partager. Et le dimanche, on aime y bruncher !

Cerise sur le gâteau, un tour de Rosalie est offert après le repas. Mais nul n'est à l'abri d'une douce langueur, surtout si vous êtes installé dans les salons du jardin.

BISTROT - BRASSERIE

LA GAZETTE

1, rue Gambetta
✆ 05 49 61 49 21
Du lundi au vendredi de 12h à 14h30 et de 19h à 22h30 ; Plat du jour le midi : 9,50 €

© LE GAZETTE

Quel que soit le moment de la semaine, La Gazette ne vous fera jamais défaut ! Un cocktail en terrasse en sortant du travail ? Un bon plat de penne aux morilles et crème de foie gras un soir ou un brunch après le footing du dimanche ? Ici, tout se mélange : les corps de métier, les générations, les saveurs exotiques et traditionnelles. Si votre cœur balance entre un Bo Bun d'hiver et un boudin basque, pas d'autre alternative que celle de revenir jusqu'à avoir dégusté tous les plats de la carte. Dans cette brasserie aux murs de pierres apparentes dominée par un lustre de bouteilles de verre suspendues, l'ambiance est chic mais sans chichis et l'équipe dédiée au service n'y est pas pour rien.

BISTROT - BRASSERIE

L'ÎLE JOUTEAU

5, chemin de Tison
✆ 09 74 71 40 39
www.lilejouteau.fr
De mai à oct. Du mar. au ven : 11h30-23h30 ; sam : 15h-0h ; dim : 11h30-18h. Carte environ 17 €. Formule midi : 14,50 €.

© PETIT FUTÉ

Située à seulement deux pas du centre-ville, l'île Jouteau dans son écrin de verdure vous accueille le long du Clain, le midi comme le soir. Ce restaurant mixe une cuisine de qualité et esprit guinguette. Ici vous aurez le choix entre le menu du jour ou la carte. Testez le Burger Jouteau (pain - steak haché - sauce au foie gras - balsamique - oignons frits - tomates confites - roquette - burrata - piment d'Espelette) servi avec des frites. Vous pouvez aussi y passer pour manger simplement une glace ou prendre un thé. Géré par l'association d'insertion Tremplin, ce restaurant mérite définitivement le détour et n'hésitez pas à louer une de leurs barques pour aller faire un tour sur le Clain.

BISTROT - BRASSERIE

PETIT BOUCHON AUTHENTIQUE

17 bis, rue du commerce
CHASSENEUIL-DU-POITOU
✆ 05 49 31 28 93
https://resto.petitbouchon.fr/notre-restaurant.php
Du lundi au samedi : 12h-14h et 19h-22h. Menus de 22€ à 27€. Menu enfant : 9,90€. Formule du midi : 13,90€. Terrasse.

Une belle surprise que ce restaurant à deux minutes du Futuroscope. Sur ses murs, de grands portraits, ceux de producteurs locaux. Au Petit Bouchon, pour pouvoir jouer les stars dans votre assiette, les produits sont sélectionnés avec rigueur. Et pour remporter le casting, ils ont l'obligation d'avoir été cultivés avec amour par des producteurs du coin, d'être bio par-dessus le marché ! La carte est celle d'une brasserie : salades, pâtes, poissons, tartares, mix grill, plat du jour. Le restaurant pousse le bouchon jusqu'à proposer une cave aux vins bio et naturels.

BISTROT - BRASSERIE

LA MANGEOIRE

55, place Charles de Gaulle
✆ 05 49 38 77 91
lamangeoire-poitiers.com
Du lundi au samedi : 12h-14h ; du mercredi au samedi : 19h-22h. Carte : 14 € environ. Plat du jour : 9 €. Terrasse.

© LA MANGEOIRE

De la Mangeoire, on ne ressort pas la faim au ventre. La cuisine de Florent Dubois est extrêmement généreuse. La spécialité de la maison ? La tartine. Garnie et copieuse, pictave, italienne, parisienne ou bretonne, elle a déjà fait la renommée de la Mangeoire à Orléans. Quelle chance que le chef ait eu l'envie de reproduire son concept à Poitiers. Tables à carreaux, déco brocante, le bistrot est charmant tout comme son accueil. Sur la carte, les tartines jouent des coudes avec les plats à l'ancienne, les salades et les excellents risotti. Encore un petit creux ? Les colossaux desserts clôtureront votre repas. Une table qui deviendra vite votre cantine tant pour ses plats que sa convivialité.

BISTROT - BRASSERIE

LA TABLE DU BOIS

1, allée des cerfs - **FONTAINE-LE-COMTE** ✆ 05 49 53 10 10
www.leboisdelamarche.fr
Tous les jours : 12h à 14h et de 19h à 21h30. Menus de 25 € à 42 €. Formule du midi : 16 € (entrée, plat, dessert).

Bienvenue dans cet écrin de verdure pour le déjeuner ou le dîner, dans un parc de 13 hectares. Accueilli dans une salle avec des baies vitrées couvrant une grande partie des murs de la salle, vous aurez l'impression de manger dehors. Le mobilier est élégant et le service excellent. Voici un personnel de salle à votre écoute et aux petits soins. La piscine chauffée est accolée à la terrasse et elle est ouverte aux beaux jours pour la clientèle du restaurant. En cuisine, c'est bon et bien réalisé. La carte du menu de midi offre un choix entre 3 entrées, 3 plats et 3 desserts, tout le monde trouvera son bonheur avec un tel choix. Le menu est différent d'une semaine à l'autre.

CUISINE VISUELLE

Envie de faire vos propres sushis ou de devenir un pro du poulet yassa ? L'appli Cuisine visuelle devrait vous y aider ! Elle permet d'apprendre une multitude de recettes de cuisine du monde grâce à des cours vidéo. C'est assez simple et même les débutants aux fourneaux devraient s'y retrouver. Il suffit d'un peu de concentration et de rassembler tous les ingrédients, puis le tour est joué.

BISTROT - BRASSERIE

ROOFTOP

6, rue de la Marne
✆ 05 49 47 99 76
www.rooftop-poitiers.com
Lun au ven : 12h-14h. Soir : mar au jeu : 18h-22h. Ven, sam : 18h-0h00. Brunch dim midi. Formule midi : 16€. Menu 29 €.

© LE ROOFTOP

Changement de propriétaire au Rooftop. Matthieu et Benjamin prennent les manettes du Skybar ! Dans ce grand établissement, c'est 3 en 1, et c'est souvent entre amis. Sur la terrasse du théâtre, on sirote un cocktail accompagné de tapas maison. Puis, direction la grande salle de restaurant, DJ aux platines pour accompagner votre repas. Deux options : prendre de la hauteur sur l'estrade, ses grandes baies vitrées et sa vue sur le coteau des Rocs ou, pour plus d'intimité, derrière le bar, près du mur végétalisé. La carte est alléchante, de saison, les produits bien travaillés et les assiettes élégantes. En fin de soirée, le DJ monte le son. A vous le dancefloor ou le bar pour un dernier verre.

BISTROT - BRASSERIE

TOQUÉ !

44, rue de la Cathédrale ✆ 05 49 62 19 33
www.bistro-toque.com
Du mardi au samedi le soir ; du mardi au vendredi le midi. Formules midi : 10,60 € à 25 € ; menus du soir : 25 € à 29 €.

Toqué !, si ce n'est pas un gastro, ça y ressemble ! Sur l'ardoise de ce confortable bistrot aux touches de rouge, la carte change en fonction des inspirations – multiples – du chef, Grégory Delhaie et de son second, Kevin Tournat, et les associations de saveurs ne vous raviront pas moins que l'extrême délicatesse de la décoration dans l'assiette. Le riz au lait est ici un dessert recherché, mais le croustillant cacao, selon nous, n'a pas grand-chose à lui envier. On aime surtout l'amusant concept du mètre de crème brûlée à partager à deux. Douze verrines pour six parfums différents s'alignent devant vos yeux sur un mètre de support en bois. A tester absolument !

JASMIN CITRONNELLE

32, rue Gambetta
✆ 05 49 41 37 26
https://jasmincitronnelle.eatbu.com
Du mardi au samedi : 12h-18h30. Réservation recommandée. Formule midi : 14,50 € (plat et thé). Plat et dessert : 16,50 €

Niché au fond d'une impasse, Jasmin Citronnelle est un salon de thé où l'on adore se retrouver l'après-midi pour déguster des scones dans une ambiance *so british* ; mais c'est aussi, le midi, un lieu tout à fait atypique à ne surtout pas rater. Depuis trente ans, l'établissement conserve son âme et ses spécialités comme son gâteau au fromage blanc : un délice ! Chaque saison, Sandrine Lebon propose au menu crumbles, aumônières, tartes et salades réalisés à partir de produits locaux. Goûtez la *chicken pie* mariée au thé noir Pleine Lune : ravissant ! Le service est soigné et la décoration, à l'intérieur comme sur la terrasse, délicate. Un petit coin de paradis en plein cœur de la rue Gambetta.

BISTROT - BRASSERIE

THE ROOF

11, rue de la Demi Lune
✆ 05 49 31 34 60
www.poitiers.theroof.fr
Du mardi au samedi : 12h-14h. Menus de 9,40 € à 17,40 €. Planches le soir : 17h à 22h en semaine, 17h à 20h le week-end.

© ALEX AUTEXIER

Le concept est extra : associer une Maison de l'escalade à un restaurant de qualité. Voici un lieu atypique où l'on se régale dans une ambiance sympathique. Dans cet ancien hangar joliment rénové, Sabrina et Edouard, également coachs de la salle, vous accueillent. Aux fourneaux, Julien Morchoisne travaille des produits locaux et de saison. Plat végétarien, appétissante assiette du jour se partagent l'ardoise avec de bons burgers. Végé, poisson, bœuf, accompagnés de frites et de ketchup maison, il y en a pour tous les goûts. Conseil d'ami : gardez une place pour les copieux desserts. On se régale à chaque fois ! Du sport, une ambiance au top et de la bonne cuisine, que demander de plus ?

VÉGÉTARIEN

GRAND OURS

Halle du Marché Notre-Dame
✆ 09 81 78 04 30
Mardi au samedi : 9h à 18h. Service chaud : 12h00 et 14h30. Formule du midi : 14 €, du jour : 9 €

Graou ! ! Attention vous n'êtes pas face à n'importe quel ours, ce spécimen est végétarien. Il s'est installé sous les halles Notre-Dame, mitonne une cuisine 100 % bio et maison et s'est lancé un défi : prouver à tous ceux qui disent que manger sans viande revient à manger triste qu'ils ont tort. Et ça marche ! La cuisine est créative, colorée, les goûts surprenants et les trompe-l'œil parfois déroutants comme ce steak de betterave qui nous a régalés. Au comptoir, sur les tabourets, dans l'effervescence du marché, pour le petit déjeuner, le déjeuner, le goûter et même à emporter, l'ours a toujours une chouette idée. Le samedi, un brunch végan est même proposé.

BISTROT - BRASSERIE

RESTAURANT DU CONFORT MODERNE

185, rue du faubourg du Pont-Neuf ✆ 05 49 46 08 08
www.confort-moderne.fr
Fermeture : 15 juillet - 15 août. Du lundi au vendredi : 12h-14h et soirs de concert. Menus de 14 € à 18 €. Terrasse.

Dans un style totalement industriel, le restaurant de la scène musicale alternative poitevine propose une très belle cantine créative. Un lieu idéal pour déjeuner et pour dîner les soirs d'événements ! La carte évolue chaque semaine au gré de la saison et des produits locaux. Pendant la belle saison, vous aurez la joie de manger dans leur joli jardin, entouré d'œuvres artistiques. Le lieu est aussi très agréable pour une pause thé ou café après avoir visité une exposition en cours ou avoir fait un tour à la Fanzinothèque située dans la même cour.

BISTROT - BRASSERIE

LA SERRURERIE

28, rue des Grandes-Ecoles
✆ 05 49 41 05 14
www.laserrurerie.com

Service toute la semaine de 12h à 14h30 et de 19h à 22h30. Formule du midi : 12,5 €.

© LE SERRURERIE

Il y a toujours du monde à la Serrurerie : des étudiants, des familles ou des anciens qui lisent leur journal. On y aime la décoration industrielle, ses carreaux de ciment, sa verrière, son mobilier chiné comme ses porte-manteaux du milieu du XXe siècle et surtout, on aime observer les mille et un souvenirs (poussiéreux c'est vrai !) là, dans la bibliothèque. La salle du bas est un peu bruyante. Eh oui ! Y'a de la vie à la Serrurerie, mais pour un dîner en tête à tête préférez l'étage et sa salle aux graffitis. Dans l'assiette, cuisine traditionnelle française revisitée (poulet de Challans, boudin basque) et saveurs d'ailleurs (tataki de saumon, pad thaï ou fish & chips). Une valeur sûre !

INSOLITE

LE BONHEUR EST DANS LE THÉ

7, rue CarnotImpasse Saint-Nicolas
✆ 05 49 41 44 48
www.lebonheurestdansle the.fr

Ouvert du mardi au samedi de 12h à 14h. Réservation recommandée. Menus de 11,50 € à 14,50 €. Terrasse. Vente à emporter.

Une terrasse dans une impasse, une parenthèse de verdure. A l'intérieur de ce petit salon de thé qui, le midi, propose quelques plats travaillés par Benjamin Trottereau, une ambiance cosy. Dans les assiettes, le jeune chef opte pour une cuisine traditionnelle. Les plats sont cuisinés sur place avec des produits sélectionnés chez des producteurs locaux. A noter que le jeudi, les propositions sont végétariennes. Mais la grande spécialité du lieu reste les desserts. Pâtissier de formation, le chef a suivi ses cours à l'école Ferrandi. A savourer avec une bonne tasse de thé !

BISTROT - BRASSERIE

RESTAURANT DU STADE POITEVIN

rue de la Devinière
✆ 06 14 80 63 20

Ouvert du lundi au vendredi de 12h à 14h. Réservation recommandée. Formule : 10,90 € (plat - dessert).

Adeptes de tennis, ce restaurant va matcher pour vous ! N'hésitez pas à pousser la porte du club house, il est ouvert à tous et le dépaysement est assuré. Vous êtes sur le campus et pourtant dans la végétation luxuriante d'une terrasse. Vous aviez la tête dans votre quotidien et vous vous laissez cueillir par le suspens d'une partie âprement disputée. Vous vouliez manger vite et bon. Vous êtes à la bonne adresse. Au menu un plat et des desserts du jour cuisinés à partir de produits frais. Le truc en plus : cuisine et service sont assurés par des jeunes en difficulté.

VÉGÉTARIEN

LE TRAIT D'UNION

122, rue des Quatre-Roues ✆ 09 81 18 10 46
www.le-trait-dunion-poitiers.eatbu.com

Du mardi au samedi : 11h45-14h et 19h-22h. Carte : 14 €. Formule du midi : 14,50 €.

© PAULINE BELTRAN

Julien et Aurélien Letiers sont frères. Tous les deux cuisiniers. Mais sur leur piano, ils jouent des accords bien différents. Tandis que le premier s'attache à une cuisine traditionnelle, l'autre mitonne à la mode végétarienne. Posé au bord de l'eau avec une irrésistible vue sur le Clain, leur restaurant est le trait d'union entre deux univers culinaires et rassemble, autour de la même table, tous les palais. Les pizzas, les burgers et les plats de la semaine dans leur « panier des chefs » se partagent la carte. Une cuisine généreuse, un accueil sympathique, une décoration moderne, cet établissement a tout pour plaire. Et cela sans compter sur son cadre bucolique et son agréable terrasse.

ZOOM

OÙ BRUNCHER ?

Ah le brunch ! Ce repas hybride entre gros petit déjeuner et déjeuner avant l'heure. On se fait plaisir en combinant avec gourmandise du sucré et du salé. Sortez bruncher à Poitiers…

Le 16 Carnot *(rue Carnot)* Buffet à volonté, plats à profusion et surprises au rendez-vous. Chaque semaine on varie les plaisirs au rythme des arrivages de produits frais : viennoiseries, crêpes, fruits frais, tiramisu, salades, quiches, saumon fumé, charcuterie, pizza, huîtres… La réservation est conseillée ! Dimanche de 12h à 14h30. 25 € pour les adultes. 15 € pour les enfants.

Grand Ours *(Halles du marché)* Le meilleur des préparations végétaliennes dans une assiette : cake butternut, Falafel et sauce tahini, Tarama végétal… ! Rendez-vous sous les halles du marché Notre-Dame pour déguster des plats sains et créatifs. Samedi jusqu'à 15h. 11 €.

Factory *(rue du Marché Notre-Dame)* Un brunch à la mode américaine, ça vous tente ? Burger brioché, pancake sucré, expresso ou déca et jus d'orange. Et pour les lève-tard fans du breakfast, vous avez jusqu'à midi pour déguster viennoiserie, café ou thé et jus d'orange à seulement 5,50 €. Du mardi au samedi, de 9h à 12h. 6,90 €

Rooftop *(rue de la Marne)* Bruncher en dominant la ville ? Beau programme ! Rendez-vous au-dessus du TAP pour savourer un brunch complet. Le choix à la carte est également possible ! Dimanche de 11h à 14h30. 21 €

La Serrurerie *(rue des Grandes-Ecoles)* La Serrurerie… on ne se lasse pas de sa décoration et de ses formules au choix : viande ou poisson. Les deux sont accompagnées de brioche perdue et riz au lait ou compote et arrosées de boissons froides et chaudes. Dimanche et jours fériés, de 11h30 à 15h. 21 €.

Kiosque du Parc de Blossac *(Parc de Blossac)* En plein cœur du parc de Blossac, prenez place à l'ombre des arbres, pour profiter d'un brunch gargantuesque : toasts, mignardises, salades fraîches tartes maison, saucisses, pancakes, œufs… Dimanche de 12h à 15h, de Pâques à La Toussaint. 23 €, 10 € de 5 à 10 ans, 5 € moins de 5 ans.

La Gazette *(rue Gambetta)* Brunch fraîcheur avec son saumon fumé ou brunch bûcheron avec saucisses et lard ? A vous de choisir. Chaque formule comprend boissons, pommes de terre, cake, pancake, riz au lait… Week-end et jours fériés de 11h30 à 15h. 21 €. Terrasse.

JE ME RÉGALE

CUISINE DE NOS RÉGIONS

CUISINE RÉGIONALE

LES BONS ENFANTS

11 bis, rue Cloche Perse
✆ 05 49 41 49 82
Du lundi au samedi : 12h-13h15 et 19h-21h15. Réservation impérative. Menus de 24€ à 29€. Formule du midi : 14,50€.

C'est une valeur sûre pour faire vivre le Poitou à des amis ou à des collègues de passage. Ce charmant restaurant a acquis une très bonne réputation intra-muros et au-delà. Les fresques murales ornent naïvement les murs de cette salle minuscule et discrète derrière sa façade verte encombrée d'affiches. Pensez à réserver si vous voulez être certain de goûter le farci poitevin, la belle part de foie gras ou les ris de veau au cognac ! La cuisine, familiale et copieuse respecte les valeurs du terroir : produits frais et de saison du marché et pain fait maison. Vous n'aurez plus d'appétit lorsque le plateau de fromages fera son entrée... Pourtant, vous n'y résisterez pas, et on vous comprend !

FOODVISOR

Vous êtes au régime et ne savez plus quoi avaler au restaurant ?
Pas de panique, l'application Foodvisor le fait pour vous.
Elle reconnaît les nutriments de vos aliments en un simple scan grâce à l'objectif de votre smartphone. L'appli calcule même les calories à votre place ! Pour éviter de renvoyer un plat en cuisine, prenez-le en photo chez votre voisin de table et « foodvisorer-le » avant de commander.

SUD-OUEST

LE COMPTOIR DU SUD-OUEST

27, rue Carnot
✆ 09 83 47 82 45
Ouvert du lundi au jeudi de 10h à 19h ; le vendredi et le samedi de 10h à 21h30. Plat du jour entre 8€ et 10€

Exclusivement réservé à votre pause déjeuner, à emporter ou à livrer ! Poussez la porte rouge basque de cette épicerie fine et gourmande spécialisée dans les produits du Sud-Ouest. Charcuterie et fromage, pruneaux d'Agen, confiture de Dordogne, foie gras des Landes et même aligot : ici, on aime ce qui est bon, pourvu que ce soit estampillé Sud-Ouest ! Le midi, le Comptoir propose un plat du jour et un dessert aux saveurs du Sud. A vous piquillos, seiche, axoa de veau et cassoulet landais, saucisse de Toulouse. De quoi prendre des forces ! Avec cet établissement, les sympathiques Carole Amilien et Stéphanie Fayaud contribuent largement à la convivialité de la rue Carnot. On *egin* !

SAVOIE

LE MONTAGNARD

1, plan de la Celle
✆ 05 49 41 37 57
Ouvert du lundi au samedi de 19h45 à 22h. Menus de 13,50 € à 27 €. Carte : 18 € environ.

Sur le versant sud-est de notre promontoire, à dix minutes à pied du parking de l'Hôtel de Ville, il est un restaurant savoyard. Reconstitution d'un chalet en bois où des oignons pendent au plafond, où les murs sont investis par un râtelier à chèvres, un collier de mulet, une luge... qui occuperont votre curiosité. Si l'hiver on se jette sur les délicieuses et conviviales raclettes et fondues, sachez que l'été, on peut se régaler de gambas cuites sur pierre chaude accompagnées de gratin savoyard et que c'est absolument savoureux, dans le babillage souriant et chaleureux du patron. Pour le dessert, sautez sur la tarte aux myrtilles et son avalanche de neige sucrée. Une adresse à ne pas rater.

CRÊPERIE

LE ROY D'YS

51, rue de la Cathédrale
✆ 05 49 88 81 47
Ouvert du mardi au jeudi de 12h à 14h30 et de 19h à 22h ; le vendredi et le samedi de 12h à 15h et de 19h à 23h30.

Cap sur le Finistère ! Le Roy d'Ys est un pub breton, un vrai de vrai ! Que ce soit par la décoration, le mobilier ou encore la carte des crêpes, galettes et fish & chips, en fermant les yeux (et après quelques bolées de cidre) on se croirait presque en Cornouaille ! Manque juste l'océan. Qu'importe, puisqu'au coin de la cheminée ou sur la terrasse de la rue piétonne, on apprécie les suggestions gourmandes dans un cadre authentique. Le troisième mercredi du mois, profitez aussi de l'Irish Session pour déguster une Guinness sur fond de musique celtique. Très convoitées, les tables sont souvent vite réservées. Les Bretons ne seront pas déçus, et les Poitevins non plus !

CORSE

A CASA

14, place Charles VII
✆ 05 49 55 39 30
Du mardi au samedi : 12h-14h et 20h-2h. Formule du midi : 14€. Soir : à la carte. Bar dans la cave du restaurant.

Sur le mur, Napoléon veille à ce que les spécialités de l'Ile de beauté soient dans votre assiette et que vos verres soient remplis de bons vins corses. Dans la salle, c'est Jean-Baptiste, jeune restaurateur à l'accent du pays qui est aux petits soins et qui vous séduira par son amour des produits importés de son île. A la carte, des saveurs de voyages et de vacances : un risotto au poulpe, des cannelloni, un cochon moelleux (coup de cœur) et le surprenant veau tigre, race endémique de la ferme de Jacques Abbatucci, le tout bercé par les chants corses. Le midi, laissez vous tenter par le menu proposé. Originalité du lieu : un bar a été aménagé dans la cave pour profiter d'un dernier verre.

CUISINE D'AFRIQUE DU NORD

NOTRE DAME DE PIQUE

185, Grand'Rue ✆ 05 49 37 93 11
www.notredamedepique.fr
Du lundi au samedi : 12h-14h et 19h-22h30 ; dimanche : 12h-14h. Formule du midi : 11,50 €. Vente à emporter.

Si une envie de tajine de poulet aux citrons confits et olives surgit, précipitez-vous dans l'antre de la cuisine nord-africaine en plein cœur de Poitiers. A peine la porte franchie, vous êtes déjà au Maroc ! Le restaurant impressionne par son immensité et son décor magnifiquement travaillé. Côté marmite, en plus d'être généreusement servis, les plats sont délicieux. Pour conclure sur une petite note sucrée, la carte des desserts propose un assortiment de pâtisseries orientales et le traditionnel thé à la menthe que l'on aime partager. Si vous êtes en groupe, vous pouvez privatiser la salle du sous-sol pour votre fin de soirée. Un beau voyage culinaire assuré au pays des Mille et Une Nuits.

ITALIEN ET PIZZERIA

CASA GIOVANNI

298, Avenue de la liberté - **BUXEROLLES**
✆ 05 49 88 51 05
www.casa-giovanni.fr
Ouvert du lundi au samedi de 9h30 à 19h30.

A peine assis à la table de Giovanni, on a l'impression de faire partie de la famille. Il y a de la vie dans cette épicerie italienne où l'on choisit son déjeuner au comptoir. Parmigiana d'aubergine, saltimboca, ravioles : difficile de faire un choix. Nous avons complètement craqué pour les lasagnes. Fermez les yeux, humez, écoutez l'accent de votre hôte. Dès la première bouchée, vous serez transportés sur la route des vacances. Les goûts sont authentiques, la cuisine est généreuse. En dessert, comment résister au tiramisu de la casa ? Vous l'avez compris, nous sommes complètement fans, d'autant plus que l'on peut rentrer à la maison les bras chargés de bons produits et de plats cuisinés.

ITALIEN ET PIZZERIA

MAMAMIA !

38, rue de Magenta
✆ 05 49 52 59 32
www.mamamiatrattoria.fr
Du mardi au samedi : 11h45-14h et 18h45-22h ; dim : 18h30-22h. Plat du jour : 9,9€. A emporter. Ubereats, Deliveroo.

© MAMAMIA

Ma Mamia ! Pour un peu on se croirait en famille ! L'accueil est chaleureux et la bonne humeur des serveurs et cuisiniers vite contagieuse. Dans cette pizzeria et restaurant italien à la décoration très soignée et chaleureuse, on aime faire plaisir dans les plats et dans les verres. On s'applique à travailler des produits frais, de saison, issus des circuits courts sans oublier les spécialités importées d'Italie. Ici, on vient et on revient autant pour les plats que pour les hôtes ! Pour prolonger le voyage, poussez la porte d'à côté. Une coquette épicerie-traiteur vous proposera moult charcuteries, fromages, pâtes fraîches bio, sauces et autres délices de la botte. Avis aux gourmets.

ITALIEN ET PIZZERIA

LE PALAIS DE LA PIZZ'

25, avenue Jacques Coeur ✆ 05 49 44 61 79
www.lepalaisdelapizz.fr
Ouvert du mardi au dimanche de 18h45 à 22h. Carte : 13 € environ. Chèque Restaurant. Vente à emporter.

Qui l'eût cru ? Derrière une façade aux allures orientales (quel rapport nous direz-vous ?), se cache une merveille de pizzeria. Une toute petite et c'est seulement à emporter. Croyez-nous, pour en avoir une, il faut réserver de bonne heure. Dans le quartier, tout est une histoire de palais... de la bière... du kebab. Mais là, il s'agit bien de celui de la Pizz, celle cuite en famille au feu de bois, réalisée à partir d'une pâte maison et de produits locaux ou importés d'Italie et surtout, de qualité. La carte est gigantesque. Il faudra revenir plusieurs fois pour tester la Margarita Parme Parmigiano ou les originales à base de crème de truffe, de cèpes. Rien que d'y penser... on a faim.

ITALIEN ET PIZZERIA

LA PETITE ROQUETTE

21, place Charles de Gaulle ✆ 05 49 55 00 73
www.lapetiteroquette-pizzeria.fr
Du dimanche au mer : 12h-14h et 19h-22h ; du jeudi au sam : 10h-15h et 19h-23h. Formule : 15 €. A emporter. Ubereats.

Commande faite au comptoir, bipeur en main, on s'installe autour des tables en Formica. A la Petite roquette, c'est à la bonne franquette. L'ambiance est détendue, preuve en est la grande fresque murale réalisée par l'artiste graveur Spé, au rez-de-chaussée. On vous laisse découvrir... La cuisine est ouverte, les pizzas réalisées et cuites sous vos yeux, dans un grand four à sole rotative. A la carte, une bonne quinzaine de recettes dont la pizza éponyme pour laquelle nous avons complètement craqué avec mozzarella de bufflonne, jambon cru, parmesan, vinaigre balsamique et roquette, ça va de soi. Retrouvez aussi des bases blanches à l'huile d'olive et quelques *frenchies* à la crème fraîche.

CAMBODGIEN

CHEZ NGIM

29, route de Parthenay ✆ 05 49 88 05 01
www.chez-ngim.fr

Du lundi au mercredi : 12h-14h ; du jeudi au samedi : 12h-14h et 19h-22h. Midi : de 13,40 € à 16,90 €. Vente à emporter.

Il est à la Demi-Lune un restaurant cambodgien que l'on apprécie autant pour sa décoration, son accueil que la qualité de ses assiettes. Ici, pas de buffet. Ngim et Leang ont imaginé un restaurant à la décoration soignée pour vous faire découvrir leur pays : le Cambodge. De belles photos des mystérieux temples d'Angkor, des statuettes, des vases... c'est parti pour un voyage culturel et gustatif. En Cuisine, Ngim mixe les saveurs d'une cuisine traditionnelle transmise par sa mère. Les produits sont de saison et locaux. Les plats sont parfumés. Le Bo Bun, incontournable et terminez sur des nems au chocolat. Un dessert aussi riche que délicieux, pour les calories on repassera !

CUISINE ASIATIQUE

LA PETITE RYU

28, rue Edouard Grimaux
✆ 09 72 95 03 64

Ouvert du lundi au vendredi de 11h30 à 14h et de 18h30 à 21h. Carte : 9 € environ. Plat du jour : 9 €. Vente à emporter.

Une vraie petite perle en centre-ville. Dans la petite *ryu* (école) du goût de Dao, on est d'abord charmé par le décor : des murs vert bambou, des tables et des chaises d'écolier sur lesquelles vous viendrez, s'il reste de la place, vous asseoir pour profiter de ce mini lieu. Si l'endroit est complet, vous repartirez les bras chargés de délices d'Asie. Sur sa carte, de savoureux plats faits maison et plutôt rares dans les parages. Jetez-vous sans hésiter sur les soupes *phô* ou sur les plats coréens comme le bibimpab et le japchae, des nouilles sautées aux patates douces. Ne ressortez pas sans avoir goûté à l'un des desserts de Dao. Ses *dorayakis* et ses *mochis* sont un délice.

JAPONAIS

HYOGO

54, allée du Haut Poitou - **CHASSENEUIL-DU-POITOU**
✆ 05 49 46 44 01
www.hyogo.fr

Du lun. au jeu : 11h45-14h30 et 18h30-22h ; ven. et sam : jusqu'à 22h30. Formule du midi : 11,50 €. Vente à emporter.

Dans la zone commerciale de Chasseneuil, ce restaurant japonais est une très belle surprise. Une décoration épurée, un accueil sympathique, ici, pas de buffet, mais bien un véritable service à table. Sushis, makis et sashimis se partagent la carte aux côtés des onigiris (boulettes de riz fourrées), et des ramens, ces bols de nouilles servies dans un bouillon maison. Chez Hyogo, les plats sont tirés à quatre épingles et le poisson sélectionné avec beaucoup d'attention. Le midi, le restaurant propose un assortiment de mets sélectionnés dans des bentos, mais la spécialité de la maison est sans aucun doute le volcan roll. Servis par dix, ils arrivent sur la table dans une farandole de couleurs.

JAPONAIS

WASABI

11, rue du Chaudron d'Or ✆ 05 49 52 21 16
www.wasabi-poitiers.com

Du lundi au samedi : 12h-14h30 et 18h-23h. Formule midi : 11,80 €. Terrasse. A emporter. Livraison : La Poit à Vélo.

Qui ne connaît pas cette pâte verte qui fait pleurer si on a le malheur de la confondre avec de l'avocat ? C'est ce condiment japonais qui a inspiré le nom du restaurant. Au Wasabi, l'accueil est chaleureux. Sur la terrasse ou dans les deux salles à la décoration épurée, Su et Li proposent une cuisine minute comme le veut la tradition japonaise. On trouve bien sûr sur la carte les grands classiques : sushis, makis et sashimis, mais aussi quelques originalités comme le maki mille-feuille ou des sushis brûlés au chalumeau. Pour ceux qui ne sont pas fans de poisson cru, le restaurant a prévu, en plus des traditionnelles brochettes, le donburi, un bol de riz agrémenté de viande.

JAPONAIS

LE YAKIDO

135, rue de la Tranchée ✆ 05 49 60 40 19
www.yakido.fr

Ouvert toute l'année. Du mardi au dimanche de 12h à 14h et de 19h à 22h. Carte : 14 € environ. Vente à emporter.

Avec ses drôles de hottes aspirantes au-dessus de chaque table, le Yakido est le plus ancien des restaurants japonais de Poitiers. Il propose un grand choix en termes de popote du Soleil-Levant : sushi (boulette de riz vinaigré et poisson cru), yakitori (petites brochettes aux saveurs variées), makis (si ça tourne mal, prenez le maki !). Originalité du lieu, le korean barbecue (voilà à quoi servent les hottes !). A vous de faire griller votre viande de bœuf ou de canard sur la table. Un bon rapport qualité-prix et un service familial sympathique. Si vous n'avez pas à assurer le retour derrière un volant, nous vous conseillons le saké chaud pour accompagner le repas.

VIETNAMIEN

AU P'TIT VIETNAM

13, rue des Cordeliers ✆ 05 16 52 18 09
auptitvietnam.fr

Ouvert du lundi au samedi de 11h30-14H et de 18h-21h30. Menus de 2,50 € à 6,90 €. Vente à emporter. Livraison Deliveroo.

Vite ! Poussez la porte et commandez avant que ce petit restaurant vietnamien ne soit complet... Ici, tout est bon et vous avez l'embarras de choix pour goûter à la cuisine vietnamienne. Ce n'est pas un problème, vous pourrez y retourner plusieurs fois, car en plus d'être bons, les plats ne sont pas chers. Si vous ne connaissez pas encore cette cuisine, il est temps d'aller à la découverte des bò bún, des bánh mí, des nems, de la brioche farcie cuite à la vapeur et bien d'autres mets succulents. C'est dans la petite salle cosy à l'étage que le mélange des cultures opère : dans l'assiette un plat vietnamien et face à nous une superbe vue sur le Palais de Poitiers.

AMÉRICAIN
MANHATTAN CAFÉ
26, place Alphonse Lepetit ✆ 05 49 31 40 95
Ouvert du mardi au jeudi de 8h à 23h, le vendredi et le samedi de 8h à minuit.

Welcome to the recoin ricain ! La brasserie qui emprunte son nom à l'un des quartiers les plus emblématiques de New York vous rendra heureux si vous êtes fan de burgers. Ils sont servis à toutes les sauces et leurs pains passent par d'étonnantes couleurs (au fait, c'est Emile, rue Carnot qui les fait). Le burger végétarien vaut incontestablement le détour ! En dessert, craquez pour le carrot cake, c'est un régal. Les assiettes sont copieuses et les produits frais. La carte des cocktails est intéressante, autant que le canapé Chesterfield que vous ne manquerez pas de repérer à peine entré ! L'endroit est agréable. On peut même y prendre son American breakfast le matin ! A nous les pancakes !

CUISINE D'AMÉRIQUE ET CARAÏBES
CARIBOU CAFÉ
7, rue de la Regratterie ✆ 05 49 00 43 66
www.cariboucafe.fr
Du mardi au samedi de 12h-14h et de 18h30-22h, du jeudi au samedi de 12h-14h et de 18h30-23h.

Bon plan petit creux ! Vous connaissez déjà le Caribou pour sa cuisine : sa célèbre salade à l'érable et son Surf and Turf. Désormais, en plus de sa restauration traditionnelle, le spécialiste de la cuisine québécoise lance les poutines à emporter. A toute heure, venez chercher votre portion. Des frites, du fromage cheddar en grains et de la sauce brune, telle est la recette originale, mais pour plus de fun, des variantes ont été mises à la carte. Troquez le cheddar contre de la mozzarella, de la tome, du chèvre, du blue cheese ou de gouda et déposez dessus quelques toppings à la viande (saucisse fumée, hot-dog, bœuf, canard...) ou aux légumes (oignons, champignons, poivrons).

NEW
CUISINE AFRICAINE
GNAMA
17, rue du moulin à vent ✆ 06 36 70 62 65
www.gnama.fr
Du lundi au vendredi : 10h30 - 21h ; samedi : 9h30 - 21h30. Menus de 12 € à 14 €. Petit bol : 8 € ; Grand bol : 10 €.

Gnama s'est d'abord fait connaître sur les marchés en proposant des apéritifs antillais. Samoussas bien relevés de bœuf, de légumes, accras de morue, nems, beignets de crevette en ont régalé plus d'un. Aujourd'hui, elle a posé ses valises rue du Moulin à vent dans une petite boutique colorée où elle nous accueille avec le sourire ! Elle y sert, en vente à emporter, un concept de bols extrêmement copieux contenant une base de riz ou d'attiéké (semoule de manioc), une viande ou un poisson, et une sauce mafé, yassa, curry coco, rappelant les saveurs d'Afrique de l'Ouest ou des Antilles. Ne passez pas à côté de ses jus de fruits maison. Gingembre, bissap et l'étonnant baobab sont des délices !

IVOIRIEN
MANDE MASSA
62, avenue du Plateau des Glières
✆ 05 49 89 09 80
Du mardi au samedi : 11h30-15h et 18h-23h ; dimanche : 16h-23h. Carte : 8 € environ. Menu enfant : 5€. Vente à emporter.

© ANTOINE PAILLARD

© ANTOINE PAILLARD

Cap sur l'Afrique de l'Ouest au Mande Massa ! Lumineux, aéré et décoré avec goût avec ses peintures murales, il est une véritable fenêtre ouverte sur la cuisine ivoirienne. Ici tout est fait minute et avec grand sourire. On sera ravi de partager avec vous les saveurs des plats à la carte et de vous expliquer les différents accompagnements que sont l'aloco, l'attieké, la frite de patate douce ou le chikwangue. Petit secret : le vendredi et le samedi, le tchep (du poisson servi avec du riz assaisonné) en fait craquer plus d'un. Côté spécialités, ne ratez pas le choukouya (mouton) ou la soupe de tripes ! Le samedi soir, des artistes se produisent. Ambiance assurée ! Alors bienvenue chez vous !

ANTILLAIS

LE POIDOU

201, avenue de la Liberté, - **BUXEROLLES**
✆ 06 26 04 85 73 - www.poidou.fr

Ouvert du mardi au samedi de 11h à 15h et de 18h30 à 22h30 ; le dimanche de 11h30 à 15h. Menus de 12,50 € à 14,50 €.

© LE POIDOU

On est toujours les bienvenus « chez l'Antillais » ! Accueillis avec une plaisanterie, on vient pour la cuisine authentique « comme chez grand-mère » et pour faire le plein de bonne humeur. Entre madras, coquillages et musique créole, Michel assure comme un chef son « devoir de service public ». Pour lui, la cuisine c'est du partage. Partage d'un plat et des histoires colorées qui l'accompagnent, petite dégustation supplémentaire comprise pour un partage encore plus large. Et « i bon ! » Partage de son savoir-faire avec une cuisine ouverte de l'autre côté du comptoir qui garantit la continuité des conversations. Partage d'un bon moment pour repartir avec le soleil créole dans le cœur.

LIBANAIS

BEYROUTH

41, rue Carnot ✆ 05 16 52 76 95
www.restaurant-beyrouth.fr

Du lundi au samedi : 12h-14h30 et 18h30-23h ; dimanche : 18h30-23h. Menus de 18,50 € à 22,50 €. Formule midi : 10,50 €

Poussez la porte de ce restaurant et vous voilà transporté immédiatement en orient. Du sol au plafond, en passant par le mobilier et la belle boiserie, le nouveau décor de ce restaurant libanais vous offre un dépaysement total en plein cœur du centre-ville de Poitiers. Une fois la carte du menu en main, tout vous fait envie, pas de soucis, laissez-vous tenter par un des différents mezzés proposés par le chef. Ce plat traditionnel de la gastronomie libanaise offre un ensemble de plats vous permettant de découvrir un florilège de saveurs et de textures. On le déguste à l'aide de pain pita servi à volonté. Le restaurant possède aussi un service traiteur, alors pensez à vos événements !

RÉUNIONNAIS

AUX 974 SAVEURS

Place Charles-de-Gaulle
✆ 07 67 38 23 82

Du mardi au vendredi : 9h30-14h ; samedi : 8h-14h30. Livraison La poit à vélo. Formules de 9,50€ à 13,50€.

Jaïna cuisine, avec des produits frais et bio, des recettes de famille qu'elle a ramenées de Saint-Paul. Maxime l'épaule comme un chef ! Ici, les saveurs métisses et les plats colorés de La Réunion dansent le séga dans nos ventres qui gargouillent. Achards de légumes, bonbons piments, rougail saucisse, brèdes, gâteaux de patate douce... La carte change tous les jours : des formules (de Ti marmite à Gros marmite) ou plats traiteur, chauds ou froids. Les livraisons sont possibles. Un petit coin pour déjeuner sur place. Pour les boissons, de la bière Dodo ou ces drôles de sodas Cot. Et la gentillesse des Réunionnais n'est pas que légendaire, croyez-nous ! *Retrouv banna pou manz un bon cari !*

TURC

L'ISTANBUL

14, place Charles-de-Gaulle ✆ 05 49 41 02 78
www.listanbul.fr

Ouvert du lundi au samedi de 7h à 1h30 ; le dimanche de 14h à 1h30. Menu enfant : 6,50 €. Plat du jour : 8,50 €.

A l'arrière de l'église Notre-Dame, c'est comme un petit quartier en soi, populaire et animé, où s'alignent des bistrots qui colonisent le trottoir et la place l'été, où vous déambulerez dans l'odeur enivrante des tilleuls dont le pollen fait une mousse épaisse, vert jaune, dans les rigoles des caniveaux. C'est ici que vous trouverez à manger turc et goûterez les traditionnelles feuilles de vigne farcies au céleri, un köfte de bœuf, des aubergines farcies et l'assiette kebab servie avec son blé. Qu'il est agréable de manger là, sur la terrasse, face à l'animation du marché ou à l'intérieur, sous l'éclairage-araignée et dans le jaune orangé de jolis carreaux de ciment, au milieu des habitués.

IGOURMAND

Vous avez décidé de devenir végétarien mais vous ne savez pas quoi cuisiner ? L'appli iGourmand pourrait vous redonner goût à la cuisine car elle va vous apprendre à préparer de plats 100 % végétariens. Vous allez même découvrir que la cuisine veggie peut être savoureuse, variée et parfumée. Voilà une belle façon de surprendre vos amis carnivores en les invitant à dîner !

SUR LE POUCE

LA CYCLERIE CAFÉ

60 bis, Boulevard Pont Achard ✆ 06 99 54 90 87
www.la-cyclerie-cafe.com/
Ouvert le lundi et du mercredi au samedi. Horaires : voir site internet. Plat du jour : 8,50 €

Le grand planisphère sur le mur nous invite au voyage. On s'imagine déjà à bicyclette, cheveux au vent (ou dans le casque), sur les routes de campagnes. La cyclerie est conviviale. On y vient boire un café, une bière, se requinquer avec un ravito et… faire réparer son vélo ! Côté en-cas, on prend place sur le mobilier tout de fer et de bois. Attaché à son terroir, Philippe nous fait partager les productions locales qu'il chérit : pesto végétal, lasagnes végétariennes, risotto au quinoa, tajine de poulet ou encore un parmentier de canard. D'excellents plats préparés par la ferme Bidaud et réchauffés sur place. Bière et jus de pomme du coin pour accompagner cela. Une vraie bonne surprise !

SUR LE POUCE

FACTORY

31, rue du Marché Notre-Dame ✆ 05 49 37 12 72
Du mardi au samedi : 9h à 21h30 Menus à partir de 9,50€. Vente à emporter.Brunch de 9h à 12h. A empoter.

Changement de propriétaire au Factory ! Maxime Bonnaud prend les rênes du coffee shop. Le concept reste inchangé : des gâteaux et des boissons gourmandes, une restauration rapide de qualité. La vitrine interpelle par ses douceurs sucrées colorées : muffins Oréo, cheesecake au Kinder Bueno, cupcakes à la mûre, à la guimauve et aux cacahuètes… et les brownies, hum ! Ils sont tous fabriqués maison. Pour les pauses salées, composez votre formule. Les frites sont maison et les burgers, salades et bagels sont réalisés à partir de produits locaux. Il en existe aussi des versions « végi ». A déguster en continu de 11h à 21h30, sur place ou à emporter. Ambiance sympa toute de briques et de bois !

SUR LE POUCE

AU MI - SA GA BOU

74, avenue du 8 mai 1945
✆ 06 18 65 09 38
Ouvert du lundi au vendredi de 10h30 à 18h30. 1er et dernier samedi du mois : 10h30 à 18h30. Boutique de créateurs.

© PAULINE BELTRAN

SAlon de thé, GAlerie d'art, BOUtique de créateurs ? Le Mi - Sa Ga Bou, c'est un peu tout ça à la fois. Imaginé par Marie Rousseau, ce lieu atypique est un endroit où art et création riment avec bons moments et bons petits plats. Sur les tables chinées, vous dégusterez des produits locaux au milieu de pièces de créateurs (bijoux, tableaux, objets de décoration). Les places sont comptées, alors mieux vaut réserver ou prendre à emporter. A tester absolument : les bocaux de la Ferme Bidaud, la tarte maison végétarienne de Marie, les cookies d'Art & Gourmandise, et le mardi, le fameux carrot cake d'Hiba. Une originalité dans ce quartier ! Pour couronner le tout, l'accueil est chaleureux.

SUR LE POUCE

SWEET TIME & COMPANY

84, rue de la Cathédrale ✆ 09 84 12 12 02
www.sweettimecie.fr
Ouvert du mardi au samedi de 9h30 à 18h30. Menus de 7,50 € à 11,50 €. Terrasse. Vente à emporter.

Le petit Sweet Time est devenu grand. L'établissement s'est déployé mais conserve son esprit douillet. Prenez une pause douceur dans un décor aux couleurs acidulées. Derrière les fourneaux, selon ses trouvailles du matin au marché, Luce élabore de délicieuses tartes salées, soupes et salades colorées à déguster sur place ou à emporter. Son credo : du frais et du gourmand ! En dessert ou pour le goûter, accompagnés d'un thé de la Compagnie coloniale *made in Dissay*, les gâteaux sont à tomber. Les recettes changent chaque jour. Moelleux et cheesecakes vous feront craquer, à moins que vous ne vous laissiez tenter par un milk-shake à composer vous-même ! Une incontournable cantine cosy !

À EMPORTER

A LA MEXICANA

201, rue du Faubourg du Pont neuf ✆ 06 86 10 05 41
Mar. au ven : 10h30-14h30 ; sam : 8h-14h30. Marchés : mer. Montmidi, jeu. Mignaloux, dim. Couronneries. Traiteur.

Aïe, aïe, aïe ! Si vous ne les connaissez pas encore, il est temps de venir déguster les spécialités mexicaines cuisinées par Andréa. Après nous avoir fait découvrir les danses traditionnelles sud-américaines dans son ancienne vie d'artiste, c'est désormais une cuisine colorée et typique qu'elle nous partage. Avec son époux, Fabrice, elle vous donne rendez-vous sous les Halles Notre-Dame pour grignoter sur le zinc, prendre à emporter, mais aussi sur plusieurs marchés. Tacos, enchiladas, *carne en su jugo, cochinita pibil, pollo en mole poblano*, empanadas : c'est savoureux et copieux. L'adorable couple propose aussi quelques produits d'épicerie. Offrez-vous un voyage gustatif à Mexico !

BAR À PÂTES

NEW

LA FABRIQUE A PATES

7, rue Carnot
✆ 09 54 08 74 12
www.lafabriqueapates.fr
Ouvert du lundi au samedi de 9h à 19h30. Vente à emporter.

© PAULINE BELTRAN

Leur amour de l'Italie les a amenés à troquer leur boulangerie contre une épicerie italienne. Derrière leur devanture bleue électrique, il flotte un parfum d'Italie. La vitrine regorge de fromage et de charcuterie, les étagères de vin, d'huile d'olive, de panettone… Mais ce qui nous intrigue le plus, c'est ce qui se passe derrière la verrière. En cuisine, Emmanuelle fabrique ses pâtes. Tagliatelles, spaghetti, fusilli, rigatoni, des pâtes fraîches qui s'accommodent de la sauce de votre choix, à emporter ou à déguster sur place sur les tables de la terrasse. Des raviolis et d'excellentes lasagnes vous raviront aussi. N'oubliez pas de goûter les desserts au bon lait entier. Viva Italia !

CAFÉTÉRIA

RESTAURANT UNIVERSITAIRE RABELAIS

5, rue de la Devinière ✆ 05 49 44 53 80
www.crous-poitiers.fr/restaurant/r-u-rabelais/
Fermé de début juin jusqu'à fin août. Du lundi au vendredi : 11h30 à 13h30. De 3€30 (étudiants) à 7€77 (passagers).

Ce RU vous ferait presque regretter de ne plus être étudiant. L'accueillant personnel vous propose des plats en tout genre à des prix imbattables. On se régale vraiment. Au rez-de-chaussée se trouve le pôle italien, un bar, une sandwicherie. A l'étage, on vous propose un menu complet équilibré avec buffet d'entrées, plat du jour et carte des desserts. C'est à se demander s'il n'y a pas trop de choix ! Bref, à Rabelais, on peut s'autoriser un repas gargantuesque sans se ruiner. Et pour les plus pressés, testez donc le tout nouveau distributeur de pizza à l'extérieur !

SUR LE POUCE

L'ENVERS DU BOCAL

16 ter, impasse de la Regratterie
✆ 09 53 42 32 15
Ouvert le mercredi et le jeudi de 12h à 22h ; le vendredi et le samedi de 12h à 23h ; le dimanche de 14h30 à 20h.

S'il y a un endroit à Poitiers que l'on peut qualifier de lieu culturel, c'est bien l'Envers du Bocal ! Les plats, boissons et conserves sont les vecteurs d'une philosophie de vie. Manger bio et boire sain, en prenant part à l'économie locale. Une invitation à découvrir les micro-brasseries du coin, à déguster des vins naturels. Et aussi échanger, partager et s'ouvrir au monde et aux autres. Les histoires d'Aurélien, plasticien, Noé, musicien, et Hélène, qui œuvre dans le social, se font échos et nourrissent le lieu. Le mobilier de récup' retravaillé par Aurélien s'offre comme un musée. Tous les mois, une nouvelle programmation culturelle éclectique est proposée. Ici règne un esprit !

À EMPORTER

MEXIKALI

54, rue de la Marne
✆ 06 30 03 48 45
Du mardi au samedi : 12h à 15h et 19h à 22h30. Carte : 8,50 € environ. Chèque Restaurant. Terrasse. Vente à emporter.

Oh la bonne idée ! Des tacos mexicains, des vrais et au maïs ! Pour goûter l'*autentica cocina mexicana* de Mariana et de Pierre, rendez-vous dans leur petit établissement de street food. A votre disposition quelques tablées sinon ce sera à emporter. Direction le Mexique ! Trois plats au choix : tacos, quesadillas et burritos que vous accompagnerez de bœuf, de porc ou de poulet pibil ou al Pastor (notre préféré cuit sur la broche à l'ananas). Tous sont cuisinés dans le respect des recettes familiales de Mariana. Servis avec l'une des sauces, plus ou moins fortes, mais toujours faites maison, c'est un délice. N'hésitez pas pour le dessert : le budin de la grand-mère est incontournable.

FOOD TRUCKS

FB-FOODTRUCK

✆ 06 69 42 38 38
www.fb-foodtruck.fr
Du lundi au samedi : 11h45-14h et de 18h30-21h. Dimanche : 18h30- 21h. Emplacements du foodtruck : rdv sur le Facebook.

Il a la frite et pas n'importe laquelle ! La bintje belge cuite dans deux bains de graisse de bœuf. Dans son camion aux couleurs du plat pays, Frédéric Brousse a pensé à tout, même au cornet avec une zone dédiée à la sauce pour ne pas s'en mettre plein les doigts. Mayo, poivre, aïoli, samouraï et son best-seller sucré salé Hannibal, dur de choisir. Vous prenez bien quelque chose avec ça ? Parce que si FB est l'acronyme de Frite Belge, il est aussi celui de Frite Burger. Laissez-vous tenter par le Ch'ti au maroilles ou par quelques spécialités. Fricadelle, poulycroc et mitraillette sont également à la carte. Plusieurs food trucks sillonnent le Grand Poitiers, sans doute près de chez vous !

FOOD TRUCKS

PAPA PIADINE

34, Route de Nieuil ✆ 06 79 44 84 51
www.papapiadine.fr
Lundi, vendredi : midi et soir ; du mardi au jeudi, samedi : midi. Emplacements : voir site internet. Vente à emporter.

C'est à bord de leur caravane aux allures vintage que Stéphanie et Thierry élaborent piadines salées et sucrées. Ce petit pain plat – spécialité italienne – toasté à la plancha, nous régale. Il faut dire que le couple en parle avec amour et sélectionne avec beaucoup d'attention chacun des ingrédients. Qu'ils soient italiens (Taleggio, Fontina, Porchetta) ou régionaux, les produits sont tous issus de l'agriculture biologique ou raisonnée. Mais revenons à nos galettes, car si nous devions vous en conseiller deux (pour être repu), nous choisirions la marque de fabrique de Papa : la *Bêêle Mère* au chèvre pour la touche locale et la *Parrain* au jambon de Parme pour la tradition italienne.

KEBAB

L'ISTANBUL FOODTRUCK

✆ 06 01 17 88 40
www.foodtruck-istanbul-poitiers.fr
Du lundi au samedi de 11h à 14h sur la Place Charles de Gaulle et le dimanche de 11h à 14h sur la Place de Provence.

Sur la place du marché Notre-Dame, Sibel et Murat nous font découvrir une recette familiale bien gardée, celle du kebab artisanal… Du pain frais tous les matins, de la viande de boucher préparée et façonnée par leurs soins, des sauces maison et des frites, voilà tout ce que l'on a pu savoir du précieux secret de préparation. C'est simple, mais tellement bon ! De 7 à 77 ans, seul ou accompagné, on le déguste chez soi, en terrasse ou sur les mange-debout du « foodturc ». L'accueil et le service sont excellents, de l'enthousiasme et du dynamisme de Sibel naît une très bonne ambiance autour du camion : on rit, on échange des anecdotes, et on repart avec l'un des meilleurs kebabs de Poitiers !

FOOD TRUCKS

POIS CHIC

✆ 05 49 87 13 05
www.poischic.fr
Présent derrière l'église Notre-Dame le mercredi et le jeudi de 17h30 à 21h. Absent de mi-décembre à mi-mars et en août.

Deborah et Andy ont commencé à sillonner les routes avec une glacière et un barnum. C'est aujourd'hui dans une rigolote petite roulotte anglaise vert et jaune, qu'ils proposent leur nourriture végétarienne maison. Ils forment, avec la préparation qu'ils ont concoctée préalablement, des falafels, à la presse israélienne. Ceux-ci, à base de pois chiches cultivés en Charente, pourront se consommer seuls avec différentes sauces (houmous, tzatziki, piment) ou dans des wraps-falafels agrémentés de crudités saisonnières. Des burgers végans sont aussi au menu. Pour la soif, il y a des jus de fruits de chez Gargouil. C'est bon ! Et l'accueil est à l'anglaise : charmant !

SUR LE POUCE

NEW

LA SOUPIERE

5, rue Leopold Sedar Senghor
✆ 09 67 44 02 07
www.leffetbocal.fr
Ouvert du mardi au samedi de 11h30 à 14h. Salon de thé de 15h à 18h. Formule du midi : 15 €. Vente à emporter.

© PAULINE BELTRAN

© ANTOINE PAILLARD

Direction Montmidi ! Bienvenue dans la joyeuse épicerie zéro déchet de Maryse et Mathilde. Un havre de paix où vous ne trouverez que gentillesse, bons conseils, et produits locaux. Un lieu où désormais, vous pouvez vous installer le temps d'un repas ou d'une tasse de thé, un lieu d'échange et de partage aux meubles chinés, et à la tapisserie fleurie. En cuisine, c'est Laura qui officie. La cuisinière britannique concocte de bons plats avec les produits de l'épicerie. L'ardoise est simple (soupe – plat végétarien ou non – dessert gourmand). Les légumineuses sont souvent les vedettes. Le 0 déchet étant le *leitmotiv* de la maison, les plats sont servis dans des contenants consignés. On adore !

PIZZAS

LE DON CAMILLO

23, place Charles VII
✆ 06 67 92 38 78
Ouvert tous les jours de 10h à 23h30. Carte : 10 € environ. Vente à emporter.

© DON CAMILLO

Il règne un parfum du sud sur la place Charles VII ! A côté de ses voisins corses, Frédéric Lancereau s'affaire devant son four à pizza et croyez-nous, il sort des délices de ce petit local à la façade bleue. Au Don Camillo, la pâte est fine. Le chef garde sa recette, mais sachez que la farine vient du plus vieux moulin du Poitou à Lathus Saint-Rémy. Les garnitures sont fraîches et marinées maison. Le rapport qualité-prix est très bon et l'on vous sert toujours avec sympathie ! Quelques places sont disponibles en terrasse et à l'intérieur, mais il propose surtout de la vente à emporter. Filez vite, car le crocodile de la place est un fin gourmet. Il ne laissera aucune chance à votre repas.

NEW

FAST-FOOD

CHIEN CHAUD

9, rue de Magenta ✆ 06 23 50 70 78
www.chienchaud.fr
Du lundi au jeudi : 12h-22h ; vendredi et samedi : 11h-2h. Ouvert le dimanche l'été. Terrasse. Vente à emporter.

Chaud ! Chaud ! Pour un hot-dog, il n'y a pas d'heure. Dès son ouverture, il y avait foule devant la vitrine de Chien Chaud, les petits pains - saucisses partaient... comme des p'tits pains. Il faut dire que Camille et Antoine se sont attachés à n'y mettre que de bonnes choses. Les Kacks au porc, au poulet, au bœuf ou veggie ont été imaginées par la boucherie Huet, tandis que les pains proviennent de la boulangerie Emile (rue Carnot). Nature, aux herbes ou au parmesan, à chaque pain sa recette. A l'heure où nous écrivons, 8 recettes aux sauces bien travaillées sont affichées, et quasiment toutes testées. En accompagnement, pensez au coleslaw ou aux croquettes de pommes de terre.

SALADERIE

DÉLICE SO NATUREL

22, rue Magenta
✆ 05 49 13 00 38
Du mardi au vendredi : 11h30-14h. Jeudi : 19h-21h30. Horaires plus larges l'été. Menus de 8,50€ à 12€. Vente à emporter.

So frais, *so* bio, *so healthy*, *so* fait maison... ces salades-là sont *so* appétissantes. C'est dans la rue Magenta que ce bar à salades (à emporter) a fait des poke bowls sa spécialité. Un poke quoi ? Mais oui voyons, un poke bowl, prononcez « Pokaï », cette spécialité hawaïenne se démocratise sur les cartes de nos restaurants. Une base de riz ou de quinoa, des crudités ou des légumes de saison au choix, une protéine (nous vous recommandons le poisson mariné), des graines, une sauce : c'est copieux, équilibré et gourmand. Complétez le joli bol exotique par un dessert *so sweet*, une spécialité du lieu à base de fromage blanc et de fruits frais. L'hiver, le bowl devient chaud. *So* tendance !

SANDWICHERIE

LE FOURNIL DE BIARD

2, rue Annet-Segeron - **BIARD**
✆ 05 49 00 96 59
Ouvert du lundi au samedi de 6h à 20h30. Plat du jour : 9,90 €. Terrasse. Vente à emporter.

Renommés à l'ouest de la ville pour leur célèbre Gramadou (une baguette avec une pointe de crème fraîche parsemée de saumon, de pesto, de champignons... une quinzaine de parfums au total), Sophie et Julien Croisy ont ouvert une nouvelle boulangerie-pâtisserie artisanale à côté de l'aéroport. La différence ? Un accès encore plus simple et la possibilité d'y prendre son p'tit déj ou son déjeuner. Le nouveau Fournil de Biard est spacieux et joliment aménagé. On peut s'y lover dans un canapé à moins que vous ne préfériez un mange-debout ? Burger, salade, croque-monsieur ou plat du jour à consommer sur place ou à emporter. C'est bon et fait maison. N'oubliez pas votre Pétrisane en repartant !

LE DOS DE LA FOURCHETTE

15, rue des Cordeliers
✆ 05 49 61 24 94
Lundi au vendredi : 12h-18h. Sans résa. Plat : 9 €. Dessert : 3€60. Livraison : La Poit à vélo.

Dans la cour des cordeliers, il est une petite cantine, qui le midi, permet de manger français, bon et rapide. Les habitués se succèdent aux tables après être allés chercher plateau et plats au comptoir. Le principe ? Une cafétéria : des entrées, trois plats (deux viandes - un poisson) réchauffés minute, des desserts. Le tout cuisiné maison par Yann Ribler qui n'y va pas avec le dos de la... fourchette pour proposer du bon et du frais. Bref, de la cuisine française de saison, parfois revisitée et toujours servie copieusement. L'été, on apprécie la terrasse isolée, les tartes et les salades du chef. Et si vous êtes trop pressés, il est possible de prendre à emporter.

COULOMBIERS

AUBERGE DU CENTRE-POITOU

39, rue Nationale - **COULOMBIERS** ✆ 05 49 60 90 15
www.centre-poitou.com
Du mardi au samedi : 12h-14h et 19h30-21h ; dimanche : 12h-14h. Menus de 34 € à 92 €. Formule midi : 19 € sauf dimanche.

« Si tu veux bien manger, va à Coulombiers ! » Cette ritournelle, servie par de nombreux Poitevins, chérit une cuisine tout à la fois fine, authentique, locale et inventive. C'est dans cet ancien relais de poste de 1870, transmis depuis cinq générations, que le très talentueux chef Mathias Martin nous régale de ses plats délicats. En terrasse ou près de la cheminée, à cette table raffinée, tout est fait maison et avec des produits du terroir. Ici, la nature guide la carte. Les menus Clothilde, Diane ou Aliénor séduisent les papilles tout autant que les pupilles. De mi-décembre à mi-février, venez vous délecter des plats cuisinés à la truffe fraîche du Poitou. Un coup de coeur !

VOUNEUIL-SUR-VIENNE

LA BELLE ÉTOILE

79, route de Chauvigny - **VOUNEUIL-SUR-VIENNE**
✆ 05 49 85 10 44
Tlj de 12h à 14h, vendredi et samedi 19h-21h. Mercredi soir, jeudi soir et week-end sur réservation. Menu : 29 €.

Ne vous laissez pas influencer par la façade de cet hôtel-restaurant, mais plutôt par le bon accueil des propriétaires, Aurélie et Bertrand Biraud. Dans l'assiette, des légumes du jardin et des produits issus en grande partie de productions locales. L'ardoise change toutes les semaines en fonction des trouvailles ou des envies des chefs. L'agriculteur voisin est en train de faucher son blé ? Pourquoi ne pas imaginer une recette à partir de foin ? Ici, c'est l'esprit familial qui prime. Les assiettes sont copieuses, savoureuses et bien présentées. Profitez de votre repas pour déguster la barber's beer, bière brassée à Vouneuil-sur-Vienne, imaginée par le coiffeur du village.

AVAILLES-LIMOUZINE

LA CHATELLENIE

1, rue du Commerce - **AVAILLES-LIMOUZINE** ✆ 05 49 84 31 31
www.lachatellenie.fr
Du mardi au samedi midi et soir. Menus de 20€ à 75€. Formule du midi : 20 €. Formule Bistrot : 14 €.

Suivez-nous à Availles-Limouzine, non pas au château, mais dans l'ancien relais de poste qui aujourd'hui, tenu par Emilie et Thomas Fournier, nous offre un charmant hôtel trois étoiles et une table fort appréciés. En cuisine, le chef travaille des produits locaux qu'il sélectionne avec soin et exclusivement en fonction des saisons. Les assiettes sont colorées et élégamment dressées. Vous les dégusterez dans une salle lumineuse entre tommettes, murs en pierre et cheminée ou l'été, à l'extérieur, dans l'agréable patio. L'accueil est aimable et convivial ! A retenir si vous êtes adepte des automobiles : le circuit du Vigeant se trouve en effet à 6 minutes de l'établissement !

GASTRONOMIQUE

LA BERGERIE

1, rue du Rocher - **NIEUIL-L'ESPOIR**
✆ 05 49 60 10 10
www.restaurant-poitiers.fr
Du mardi au dim. le midi : 11h45-13h30 ; du jeudi au sam. le soir : 18h45-21h30. Menus de 32€ à 46€. Formule midi : 19€.

© LA BERGERIE

Encornet farci ou émincé de langouste et pavé de cabillaud à la sauce sétoise, filet de bar à la plancha, c'est le Sud qui s'exprime dans les assiettes de Natacha Bercovici. Dans son ancienne bergerie, à dix minutes de Poitiers, la très chaleureuse Natacha, propose des plats colorés aux multiples saveurs. La signature du chef ? Des sorbets plus surprenants les uns que les autres accompagnent chaque plat (sorbet à la roquette, sorbet de patate douce, au safran…). L'été, au soleil sur la terrasse, face à l'étang et entre les palmiers, l'hiver, auprès de la cheminée d'époque, on apprécie la qualité du service et l'accueil de la patronne à l'accent chantant. Courez-y !

BLANZAY

LES DROLES

12, rue du Cèdre - **BLANZAY** ✆ 05 49 97 48 26
https://restaurantlesdroles.business.site
Du mercredi au ven : 10h-15h ; du jeudi au sam : 18h-0h ; dim : 10h-16h. Formule midi : 15€. Dimanche : menu à 29€.

Lorsque l'on pousse la porte de cet ancien pub anglais à l'allure sans prétention et que l'on découvre la cheminée réconfortante, les bibliothèques chargées de livres de grande cuisine, l'accueil charmant et très professionnel de notre hôte, notre curiosité est vite attisée. Même s'il souhaite jouer la carte de la simplicité, loin des palaces, il est quelque chose qu'il a du mal à nous cacher : son talent. Dans les cuisines de ce restaurant, il est un homme qui s'amuse avec les produits pour créer de drôles de surprises avec sa cuisine buissonnière qui se joue des contraintes. Chef reconnu en Suisse, Eric Gauvin propose un retour à l'essentiel, des formules efficaces où le produit est roi !

ITEUIL

AU GARDON FRAIS

57, route de l'Ancienne-Gare - **ITEUIL** ✆ 05 49 55 00 04
www.augardonfrais.eatbu.com
Du mercredi au samedi : 12h-14h et 19h30-21h30 ; dimanche : 12h-14h. Menus de 23 € à 46 €. Formule du midi : 13 €.

Au gardon frais, la cuisine, c'est une affaire de famille. Véritable institution, cette ancienne guinguette née d'après guerre vous propose de découvrir une cuisine traditionnelle excellemment revisitée grâce au savoir-faire de Jean-Philippe Bonnaudeau, maître cuisinier de France, et de son fils Xavier Bonnaudeau, membre de l'Académie nationale de Cuisine qui a repris les fourneaux en 2007. Tables nappées, service très aimable, cadre bucolique en terrasse, au Gardon frais, le temps s'arrête. Au menu : spécialité de friture de petits poissons, pied de porc farci et sa purée de mogettes, soufflé de cacao… il sera difficile de venir à bout des excellentes mignardises. Régalez-vous !

PLEUMARTIN

L'ATELIER DES SAVEURS

43, place de l'hôtel de ville - **PLEUMARTIN**
✆ 05 49 19 54 89
Du mercredi au dimanche : 12h à 14h ; vendredi et samedi : 19h à 21h. Menus de 23 € à 33 €. Formule du midi : 12,50 €.

En passant la porte de cet établissement, vous vous demanderez bien où est la salle de restauration. Casseroles, lustres à pampilles et même luge suspendus au plafond, vitrine regorgeant de carafes, services à vaisselle empilés, tables en bois d'époques variées, nul doute, vous êtes dans une brocante. Et pourtant, si vous observez bien, vous verrez que les tables sont dressées. Alors, installez-vous pour déguster la cuisine tantôt *frenchy*, tantôt marocaine du chef Zouheir Bouchanne. Le concept est séduisant ! Les assiettes sont bonnes ! L'accueil aux petits soins. Dans l'atelier des saveurs, le temps s'arrête et l'argenterie est de sortie. Et si elle vous plaît, vous pourrez repartir avec !

DISSAY

L'Ô DISSAY

111, place Pierre d'Amboise - **DISSAY** ✆ 05 49 11 11 11
www.chateaudedissay.com
Ouvert TLJ de 12-13h30 et de 19-21h (fermé le lundi et mardi en basse saison) Formule midi 30 €. Soir : 2 menus dès 55 €

Dans ce restaurant gastronomique, le Chef Christophe Poard et sa brigade vont vous faire vivre une véritable odyssée culinaire. Composée au fil des saisons, cette cuisine vous délectera les papilles et ne cessera de vous étonner. Le Hareng Givré autour de la betterave vous entraînera dans un très beau voyage entre terre et mer ! C'est avec le sourire que vous serez reçu dans la majestueuse salle élégamment meublée, dominée par une gigantesque tapisserie d'Aubusson. Pendant les beaux jours, prenez un verre dans la cour du château avant de rejoindre votre table. N'hésitez pas à mentionner en réservant si vous venez pour une occasion spéciale, car le Chef saura vous réserver une jolie surprise.

SAVIGNY-SOUS-FAYE

LE SAVIGNOIS

2, rue du Lavoir - **SAVIGNY-SOUS-FAYE** ✆ 09 82 57 71 84
lesavignois-savignysousfaye.eatbu.com
Ouvert du jeudi au dimanche le midi et le soir. Réservation impérative. Menu découverte : 37€ ; Menu dégustation : 48 €.

Quelle belle surprise que cette adresse-là ! Vous y serez chaleureusement accueillis par l'accent chantant de Cyrielle et David. Le couple a redonné vie à l'établissement en proposant une cuisine 100 % maison dans laquelle les influences méridionales se mêlent aux produits locaux. Les intitulés des plats vous mettront l'eau à la bouche et leur dégustation vous ravira. Sur la carte des vins, vous découvrirez de petits producteurs (pour la plupart du Sud) en agriculture raisonnée ou bio. A table, vous serez gâtés par de sympathiques attentions et aurez certainement le plaisir de rencontrer le chef en fin de repas. Excellent et charmant ! Pensez à réserver, car le lieu est prisé.

SÈVRES-ANXAUMONT

TRES MARIAS

2, place Paul Dezanneau - **SÈVRES-ANXAUMONT**
✆ 05 49 44 64 78
Ouvert tous les jours de 12h à 15h ; du mardi au samedi de 20h à 1h. Menus de 18 € à 30 €. Formule du midi : 13 €.

Si vous avez une envie de Portugal, rendez-vous à Sèvres-Anxaumont. Sur la place de l'église, le drapeau rouge et vert flotte au vent et les Tres Marias vous accueillent pour un voyage au pays de la morue et du porto. C'est un petit bout du Portugal qui s'offre à vous. Photos de Porto sur les murs, échanges en langue portugaise en cuisine et dans la salle, vous voilà transporté au pays du fado. Accueil sympathique et familial et ici on vous propose toujours de vous resservir. Soupe, *bacalhau* (morue) déclinée de toutes sortes, poulpe, excellent cochon de lait et chips maison, les plats (à partager) sont généreux et si la morue est parfois salée, l'addition ne le sera pas du tout !

POUANÇAY

LE TRESOR BELGE

1, allée du Jardin Secret - **POUANÇAY** ✆ 05 49 98 72 25
www.tresorbelge.com
Du mercredi au dimanche midi et soir. Réservation impérative. Menus de 35 € à 75 €. Terrasse. Sur réservation.

On ne va pas vous faire le coup de l'histoire belge, mais quand même. Imaginez-vous au cœur de la campagne en pensant à votre prochain repas, persuadés que vous allez tomber sur une auberge de cuisine régionale. Et paf, sans prévenir, vous voici au Trésor belge pour un dîner ou un souper. Vous découvrez une carte où le meilleur des saveurs du Plat Pays est à portée de papilles. C'est André Willemsen qui vous présente la carte : croquettes aux crevettes grises, sublime waterzooi de poulet, sans oublier le bleu Grevenbroecker (excellent fromage belge), et la fameuse crêpe Suzette. A moins que vous ne craquiez pour le menu au Homard… Alors, elle n'est pas belle notre histoire belge ?

JE FAIS MON MARCHÉ

Une rubrique pleine d'odeurs et de saveurs ! En parcourant ces pages, vous allez tour à tour rendre visite à des producteurs passionnés dans leur ferme et rencontrer leurs vaches, chèvres ou escargots. Parfois vous jureriez être au bord de la mer tellement la fraîcheur du poisson vous rappelle les embruns. Chez les maraîchers, vous renouez avec des légumes oubliés et êtes emporté par une ronde de couleurs. Et là... vous sentez la bonne odeur du pain cuit au feu de bois ? Que dire des autres douceurs qui nous invitent à un tour du Poitou ? Aux côtés des chocolats, miels et confitures, on se laisse tenter par des macarons, un scofa ou un tourteau. Et pour pousser tout ça, vins, bières et rhums sont aussi présents. Pour voyager dans d'autres contrées, des commerçants proposent aussi des spécialités minutieusement sélectionnées en provenance d'autres régions. Tous ces bons produits se retrouvent directement chez les producteurs qui vous feront partager leur passion, ou sur les marchés, lieux de convivialité. Ils sont également présents dans les commerces de proximité en circuits très courts ou même directement chez vous lors de tournées à l'ancienne ou de livraisons à domicile.

CONSERVES

MAISON CLOCHARD

La Maison Neuve - **SANXAY**
✆ 06 77 70 73 59
www.maison-clochard.fr
Produits disponibles à la Maison du Terroir, à L'Effet Bocal et autres boutiques de producteurs.

© MAISON CLOCHARD

Petit, alors que ses cousins accompagnaient leur grand-père à la pêche, Alexandre restait aux fourneaux avec Georgette, sa grand-mère paternelle. C'est à elle qu'il doit la recette originelle de ses terrines. Chacune de ses créations porte le prénom de ses aïeux, en hommage. Respectueux de la tradition artisanale et du savoir-faire de l'époque, il s'approvisionne en local et imagine de délicieuses recettes à la bière, aux girolles, à l'ail vert... Côté plaisirs sucrés, Alexandre confectionne des Clochettes du Poitou (son surnom quand il était petit) ! Les fruits à coque qu'il torréfie et enveloppe de sucre et de chocolat sont un délice. Difficile de s'arrêter quand on a commencé...

BOUCHERIE

SAVEURS LIMOUSIN

14, Grand rue - **SMARVES** ✆ 05 49 47 89 70
smarves.boucheriegallet.com
Du mardi au samedi : 8h-12h45 et de 15h30-19h30 ; le dimanche : 8h30-12h30. Commandes possibles sur le site internet.

Au sud de Poitiers, les frères Gallet doivent à leurs bons produits toute leur renommée. A Smarves, dans sa grande boucherie, Nicolas propose une délicieuse viande limousine sélectionnée avec soin et un rayon charcuterie-traiteur particulièrement bien étoffé. Les andouillettes bien relevées, les cuisses de dinde au romarin et au citron, les canettes aux trompettes de la mort, et le jambon maison (sans nitrite), vous aiguiseront l'appétit. Chaque semaine, des lots de viande sont proposés sur place ou envoyé aux clients par SMS. Pratique si vous voulez commander ! Si vous passez par Iteuil, sachez que c'est le frère de Nicolas, Mickaël, qui tient la boucherie. Même qualité au rendez-vous.

BOUCHERIE

BOUCHERIE FOUCHER

1, Place du 8 mai 1945
SAINT-BENOÎT
✆ 05 49 88 44 10
Ouvert du mardi au samedi de 8h à 13h et de 15h30 à 19h.

Nous en avons trouvé et nous sommes heureux de la partager. Avec son goût prononcé, la viande maturée trône dans la cave du sympathique Denis Foucher. Et ce n'est pas tout. Dans cette petite boucherie du bourg de Saint-Benoît, on a également déniché de la viande parthenaise label rouge. Avis aux amateurs de tendresse ! De nombreuses préparations bouchères sont réalisées sur place : farci poitevin, boudins noirs, pâté de campagne. L'été, les brochettes et les saucisses aromatisées imaginées font un tabac. Echalote, raisins secs, escargots, poulet au citron, basque, le boucher adore imaginer tout un tas de recettes. Il existe même une saucisse farcie à l'anguille et au colin.

BOUCHERIE

BOUCHERIE NORMAND

10, rue Carnot ✆ 05 49 41 04 65
boucherie-normand.fr
Ouvert du mardi au samedi de 7h30 à 12h45 et de 16h à 19h15. Ouvert toute l'année sauf jours fériés.

Il existe une boucherie à cette adresse depuis 1890. Edouard Normand et son frère, issus d'une lignée de bouchers convaincus et connaisseurs (7e génération), ont repris la boutique en mai 2016. Ce sont des bouchers abattants. Ils proposent des viandes et de la charcuterie provenant de bêtes sélectionnées sur pied chez leurs amis éleveurs. Privilégiant les circuits courts, ils s'y fournissent en vaches, porcs, veaux et agneaux. Vous apprécierez chez ces artisans la qualité exceptionnelle des produits et le conseil. Dans chaque boucherie, le rayon traiteur est bien achalandé. Les frères Normand possèdent deux autres établissements à Vouillé et à Montamisé. On vous aura prévenu !

CHARCUTERIE

BOUCHERIE HUET

64, rue du Centre - **MIGNÉ-AUXANCES** ✆ 05 49 51 52 26
www.boucheriehuet-migne.com/Huet
Ouvert du lundi au samedi de 6h à 20h. Le magasin de Biard ouvre de 8h30 à 20h du lundi au samedi.

La réputation de Monsieur Huet n'est plus à faire. Au magasin de Migné ou à Biard, les boucheries sont énormes ! Vous y retrouverez de la parthenaise label rouge, de la limousine grand cru, du veau label rouge élevé sous la mère, ou de l'agneau du Poitou-Charentes. Vous aurez le choix entre des pièces détaillées prêtes à se jeter dans votre panier ou une commande personnalisée à la coupe avec l'un des bouchers. La spécialité du lieu : des offres promotionnelles hebdomadaires proposant des lots (à acheter, pas à gagner). Parfait pour les barbecues ! Fruits, légumes et fromages sont en rayon pour compléter votre panier. L'astuce pour les pressés : préparez votre commande en ligne !

CHARCUTERIE

CHARCUTIER HENAUD

21, Rue des Hauts Montgorges
✆ 05 49 52 28 32
Ouvert du mardi au jeudi de 7h30 à 13h ; le vendredi et le samedi de 6h à 13h30.

De la cochonnaille, en veux-tu en voilà ! M. et Mme Rodriguez ont repris la charcuterie Henaud en 2009 et ici, un bon produit pousse l'autre, préparé ou cuisiné dans le laboratoire de Poitiers-Montgorges. Côtes de porc, rôtis, filets mignons, petit-salé, boudins noirs ou blancs, pâtés, andouillettes... voilà ce que devient M. Cochon où-tout-est-bon, qui habita jadis les beaux départements de la Vienne, des Deux-Sèvres ou de la Vendée, et qui poussa son groin dans des auges saines. Les plats traiteur sont aussi à l'honneur et on salive devant un flanc de potimarron, des bouchées à la reine aux ris de veau, un farci poitevin tout tout tout vert, un couscous, une paella... Commandes possibles.

CHARCUTERIE

CHARCUTERIE POINT

Marché Notre-Dame
✆ 05 49 41 18 29
Ouvert du mardi au samedi de 7h à 13h.

Les Point sont incontournables à Notre-Dame, et c'est d'abord une affaire de famille. Trois générations de fils se transmettent la passion de la viande depuis 1978, c'est tout un savoir-faire qui transparaît dans leurs produits. Avant même les premières lueurs du jour, des capuchons blancs déposent d'entières carcasses qui seront découpées avec précision et travaillées avec talent pour vous en offrir le meilleur. Dans ce même souci de qualité, Laurent Point agrandit son activité avec l'ouverture d'une charcuterie : terrines, pâtés, rillettes et plats cuisinés sont faits maison. Il propose même un service de livraison à domicile. Allez-y les yeux fermés, c'est une valeur sûre, Point final.

VIANDES - VOLAILLES

LA FERME BIDAUD

9, chemin de l'Eglise-Andillé - **ROCHES-PREMARIE-ANDILLE**
✆ 05 49 42 57 94
www.la-ferme-bidaud.fr
Mer. au ven : 15h- 18h30. Sam. en déc : 10h-13h. P'tits bocaux : à la ferme, Effet bocal, Cyclerie Café, Mi-Sagabou.

Pour les fêtes, mieux vaut réserver dès mi-novembre sa volaille. A Andillé, les pintades, les canards gras, les dindes et les chapons de la ferme de Séverine et Thierry Bidaud sont très prisés. Elevées en plein air avec les céréales cultivées sur place, les volailles ont sacrément bon goût. Dans la boutique de la ferme, poulets, canettes et canards sont entiers et transformés. A vous rillettes, grillons, grattons et boudins ! Et pour vos réceptions, votre pause déjeuner, pour manger bon, simple et local, Séverine Bidaud confectionne des P'tits bocaux de plats cuisinés. Tajine de poulet au quinoa, parmentier de canard, canard en boule (de sésame)... ces petits plats sont savoureux. Un régal.

EPICERIE

AMANDINE

Place Charles de Gaulle
✆ 05 49 41 16 55
www.epicerie-fine-amandine.com
Ouvert du mardi au samedi de 7h30 à 13h30. Livraison possible (www.panier-fruits-legumes.com : Les paniers fraîcheur).

© PAULINE BELTRAN

Sous les Halles, chez Amandine, Pascale et Muriel vous proposent mille et un trésors gustatifs. Des fruits secs en pagaille, des loukoums, des olives, des noix de Grenoble, des gâteaux apéritifs originaux, de nombreuses épices du monde entier... Et aussi des produits frais régionaux comme des poivrons farcis, de l'anchoïade, des pâtes fraîches italiennes, de la pâte de pistache et bien d'autres gourmandises à venir chercher. Un délice tant pour nos yeux que pour nos papilles. Les tarifs sont en adéquation avec le marché et la qualité des produits excellente. Rendez-vous donc, toujours avec le sourire, sur l'étal aux mille couleurs d'Amandine. Pensez à apporter vos bocaux !

VOLAILLER

DOMINIQUE RAVEL

Place Charles de Gaulle
✆ 05 49 88 33 99
Ouvert du mardi au samedi de 7h à 13h.

Dès sept heures du matin, une délicieuse odeur de poulet rôti se dégage de chez Dominique Ravel, et attire de nombreux gourmands. Cela fait déjà dix ans que ce volailler est au petit soin pour sa clientèle, il propose de volailles élevées en plein air par des petits éleveurs indépendants du coin. Les poulets sont de Challans ou Lavausseau, les canards des Deux-Sèvres, les œufs d'Availles-Limousine... Sur l'étal, on trouve uniquement de la viande blanche, au détail ou en grosses pièces, car M. Ravel est l'un des derniers volaillers à préparer ses produits à la demande avec leurs abats (gésier et foie). Vous l'aurez compris, chez lui tout est affaire de savoir-faire, proximité et qualité !

BIO

LA FERME SAINT SYLVAIN

5, chemin de la Plaine - **MAZEROLLES**
✆ 05 49 91 54 75
www.plantes-medicinales-bio.fr
Commandes via le site internet.

© LA FERME SAINT SYLVAIN

C'est dans la Ferme Saint-Sylvain, en bord de Vienne, sur ses 17 hectares de terres familiales, bercé par l'image des jardins de fleurs de sa grand-mère, que Gilles Maupin cultive des plantes médicinales biologiques. Menthe poivrée, thym citron, mélisse, ronce, noisetier... : plus de 40 variétés aux bienfaits divers et variés sont cultivées et transformées à la ferme. Des plantes pour se faire du bien et pour remettre la pendule à l'heure, comme aime le rappeler Monsieur Maupin. Ces plantes à infuser sont à retrouver au Pois tout vert et sur le site Internet de la Ferme. Leurs vertus y sont détaillées, s'appuyant sur les usages traditionnels des plantes en herboristerie.

CUEILLETTE

GARGOUIL

Chantegrolle - **CHARROUX** ✆ 05 49 87 50 23
www.gargouil-pommes.fr
Du mardi au samedi : 9h30-12h30 et 14h30-18h30. Egalement dans les magasins de producteurs (voir site internet).

Depuis 2011, les vergers de Chantegrolle sont labellisés écoresponsables, c'est-à-dire qu'ils font l'objet d'une agriculture raisonnée. Eric Gargouil s'astreint à cette politique ancestrale depuis 3 générations pour proposer non seulement des fruits à croquer (pommes, poires, coings) mais aussi des jus naturels, artisanaux, sans colorants ni conservateurs ni sucres ajoutés (jus de pomme, pomme-citron, gingembre... jus de raisin ou jus pétillants) ainsi que des gelées, des compotes, des vinaigres de cidre ou de framboise, des pommes séchées selon ses propres recettes... Sachez que la gelée de coing a été médaillée d'or au concours général à Paris en 2018 comme le jus de pommes en 2016.

EPICERIE FINE

LE COMPTOIR DU SUD-OUEST

27, rue Carnot
✆ 09 83 47 82 45
Ouvert du mardi au samedi de 9h à 19h. Livraison possible (le midi).

Le matin, vous y trouverez les habitants du quartier venus chercher des légumes de la Folie Bergère à Nouaillé-Maupertuis et des fruits de saison en provenance d'ici et de là-bas. Là-bas, c'est le Sud-Ouest, le pays de la convivialité. C'est un peu de ce pays-là que Carole Amilien et Stéphanie Fayaud ont voulu apporter, au cœur de la rue Carnot. Dans leur épicerie, on trouve du cassoulet landais, des pruneaux d'Agen, de la confiture de Dordogne, de l'axoa de veau, du foie gras des Landes, du vin sélectionné, sans oublier les salaisons du Pays basque et de nombreux fromages du pays. Le midi, les filles concoctent des plats traiteur à emporter. Une épicerie gourmande sympathique et conviviale.

EPICERIE FINE

COMTESSE DU BARRY

37, place Charles de Gaulle
✆ 05 49 13 80 40
www.comtessedubarry.com
Ouvert du mardi au samedi de 9h30 à 19h30.

Non d'un canard ! Mais qui est cette comtesse qui attire fins gourmets et aficionados du Sud-Ouest dans sa boutique ? L'invention du bloc de foie gras en conserve ? C'est elle ! Les plats cuisinés en conserve ? C'est elle aussi ! Place du marché, tenue par la charmante Fabienne Mathias, la boutique est un lieu incontournable pour qui veut garnir ses placards de bons petits plats sans colorants ni conservateurs. De quoi constituer des repas, de l'apéritif au dessert. A vous le foie gras truffé et le baba au rhum de la Comtesse. Désormais, il est possible de goûter lesdits plats en terrasse le midi et de s'extasier face à la beauté de Notre-Dame à toute heure de la journée devant un café.

PRODUCTEUR

LE JARDIN DU COIN

2, route de choué - **CELLE-LÉVESCAULT** ✆ 05 49 42 51 30
www.lejardinducoin.fr
Boutique à la ferme sur rdv. A retrouver sur les marchés et dans la magasins de producteurs (voir site internet).

Dans leur jardin, Karine et Laurent cultivent et récolent à la main des fleurs et des plantes aromatiques qu'ils transforment pour créer de délicieux et de surprenants produits. Souhaitant partager leur petite production familiale, ils se sont pris au jeu et depuis, rien n'arrête leur créativité. Sauge, menthe, mélisse, serpolet, estragon, thym, romarin, sureau, rose, bleuet, souci... parfument le jardin. Certaines plantes sont transformées fraîches, d'autres sont séchées pour donner naissance à d'excellentes tisanes et sels aromatisés. Animés par le pouvoir aromatique des plantes, ils multiplient les recettes d'huiles d'olive, vinaigres, gelées et sirops. Etonnant et succulent !

© ANTOINE PAILLARD

© ANTOINE PAILLARD

EPICERIE

LES PANIERS FRAICHEUR

5 bis, avenue du 8 mai 1945 ✆ 07 69 41 02 66
www.panier-fruits-legumes.com

Livraison du mardi au samedi jusqu'à 20h - offerte dès 15 € à Poitiers, 30 € Grand Poitiers, 50 € hors Grand Poitiers.

Quel plaisir de découvrir notre commande quand le livreur sonne à notre porte ! En s'associant à plusieurs commerçants des Halles Notre-Dame et à des producteurs régionaux, Les paniers fraîcheur nous livrent de bons produits dans tout le département, sur notre lieu de travail ou à domicile. En quelques clics, on passe commande sur le site au rayon primeur, boucherie et poissonnerie (livrées sous vide au kg), boulangerie, crèmerie, épicerie fine. Le plus : un service à domicile au même tarif que sur l'étal. Du local donc, mais aussi une grande variété de fruits et légumes qui viennent d'ici et d'ailleurs. Le site propose même des paniers thématiques. Difficile de s'arrêter quand on y a goûté.

© ANTOINE PAILLARD

© ANTOINE PAILLARD

© ANTOINE PAILLARD

FROMAGERIE - CRÈMERIE

JÉRÉMIE CHOSSON

5, rue du marché Notre-Dame
✆ 05 49 45 12 77
www.fromageriejeremiechosson.fr
Mardi au vendredi : 9h30-19h30 ; sam : 8h30-19h30. Restauration à emporter midi en semaine. Livraison : La Poit à Vélo.

© ANTOINE PAILLARD

© ANTOINE PAILLARD

Les Poitevins vous le diront : « Pour les fromages, allez chez Jeremie Chosson ». Pour vous, l'artisan crémier – fromager sélectionne la crème de la crème. Dans sa jolie boutique où tout est pensé avec élégance, chaque fromage, parfaitement affiné, vous sera décrit avec amour. Vous y trouverez tous les classiques, mais aussi les excentriques comme ce Cœur de Neufchâtel aux griottes et éclats de pistache, ou cet Irish porter affiné à la bière. Des goûts qui feront un effet bœuf sur un plateau de fromages à partager en bonne compagnie. Testez les préparations gourmandes : gougères, panna cotta salée, et les casse-croûte à base de fromage à emporter le midi, sans oublier les Box raclette !

PRODUCTEUR

HUILERIE LIDON

32, rue des Petits Clos - **CHAUVIGNY**
✆ 05 49 46 45 27
Vente à la ferme le vendredi de 14h à 18h. Visite guidée (45 min, gratuit). Sur rdv du lundi au samedi.

Leur scénario est bien huilé ! Il faut dire que Roselyne et Jean-François Lidon usent d'huile de coude pour leur exploitation. 60 hectares de tournesols et de colza qu'ils transforment en ce précieux nectar doré : l'huile. Ce sont 10 000 litres qui sont embouteillés chaque année. Elle est extraite par première pression à froid, la méthode traditionnelle qui permet de conserver les éléments nutritifs essentiels. Quand on goûte l'huile de tournesol, c'est comme si on croquait dans une graine. Les huiles Lidon ont du caractère ! Venez vous faire une idée lors d'une visite guidée pour comprendre sa fabrication. Faites vos emplettes et donnez plus de saveurs à vos préparations culinaires.

FROMAGERIE - CRÈMERIE

LE PRÉ JOLY

La Robichonnière - **SAINT-GERVAIS-LES-TROIS-CLOCHERS**
✆ 06 04 49 58 47
www.leprejoly.fr
100% Bio. Ouvert le mercredi et le vendredi de 16h à 19h. A retrouver aussi dans de nombreux magasins de producteurs.

Avec un nom pareil, pas étonnant qu'elles donnent un aussi bon lait les 85 vaches de monsieur et madame Joly. Alimentées en pâture et en foin, elles sont chouchoutées au quotidien dans cette ferme familiale. Aujourd'hui, ce sont 380 000 litres de lait qui sont transformés en délicieux produits bio. Il y a bien entendu la crème fraîche, le beurre, mais ce qui fait la renommée de la ferme ce sont ses bons fromages au lait cru : Robichon, Joly tomme… et par-dessus tout, ses riz au lait et ses yaourts au chocolat. Attention, difficile de résister une fois qu'on les a goûtés. Les produits sont à découvrir dans les magasins de producteurs, mais également directement à boutique de la ferme.

FROMAGERIE - CRÈMERIE

FROMAGERIE TAILLEFER

2, rue de la garenne - **BEAUMONT SAINT-CYR**
✆ 09 83 81 85 83
Du lundi au samedi : 8h-12h et 16h-19h ; dimanche : 8h-12h. CB non acceptée.

Colorés ! Enrobés d'ail et de fines herbes, d'épices mexicaines, de paprika ou de fleurs séchées, les fromages frais de Madame et Monsieur Taillefer font l'unanimité à l'heure de l'apéritif. Les biquettes ont quitté la ferme Taillefer depuis quelques années, mais le savoir-faire est toujours là. Des litres de lait du Gaec des Trois Villages à Leigne-les-Bois, une pincée de sel de l'île de Ré, une recette affinée avec le temps et voilà chabis, bûches nature et cendrées, crottins et pyramides pour garnir nos plateaux. De bons fromages à retrouver en direct à la ferme, sur les marchés, mais aussi dans les assiettes de restaurants locaux comme le Binjamin ou le Château de la Ribaudière.

FROMAGERIE - CRÈMERIE

LA CRÈMERIE DES HALLES

Place Charles de Gaulle
✆ 05 49 41 12 38
Ouvert du mardi au samedi de 7h à 19h.

Didier Bouffet tient la Crèmerie des Halles depuis treize ans et il est toujours aussi heureux de prendre poste chaque matin. Ce qui lui importe le plus c'est de servir et conseiller au mieux sa clientèle, et c'est bien normal ! 70 % des fromages qu'il propose sont à la coupe : sélectionnés avec son affineur Chistian Jagnier, ou bien, pour certaines références, directement choisies dans les hâloirs. Grâce à son commerce, Didier valorise le savoir-faire et le talent de plus d'une centaine de producteurs. Le samedi matin c'est l'effervescence devant le bel étal en bois, alors c'est toute la famille qui s'affaire : Didier, sa compagne Christine et leur fils. Bref, la crème des fromagers !

FROMAGERIE - CRÈMERIE

LAIT GOURMAND DE LA MOULIERE

Logerie - **BONNEUIL-MATOURS** ✆ 06 81 72 08 07
Ferme : mar 17h-18h30. A domicile à Jardres, Poitiers, Buxerolles, Montamisé, Jaunay Clan + emplacements (voir Facebook)

A l'ancienne ! C'est avec son camion que Mélanie va de marché en marché et de maison en maison livrer son bon lait de vache cru et bio. Les 50 vaches sont nourries dans la ferme familiale avec le fourrage de l'exploitation. Dans nos contenants ou dans les bouteilles (1 litre) ou seaux (3 ou 5 litres) consignés de la ferme, on récupère le lait issu de la traite du jour à boire au naturel ou à incorporer dans nos préparations culinaires. On redécouvre son goût, on renoue avec ses saveurs. La conservation ? Trois jours en l'état – une semaine si on le fait bouillir !

FROMAGERIE - CRÈMERIE

FROMAGERIE DE BLANZAY

Villaret - **BLANZAY** ✆ 06 77 54 86 01
www.fromagerie-blanzay.fr
Samedi : 10h-12h ou sur rdv. Fermé juillet et août. Marché Notre-Dame à Poitiers le samedi : 8h-13h (côté restaurants).

C'est dans la ferme familiale, à Blanzay, que Grégoire Masse a débuté sa production de fromage... de vache et il faut dire que dans le département, elles sont rares. Avec le lait de ses vingt vaches normandes, il imagine d'étonnants produits bio qui se font remarquer sur les étals par la variété de leurs couleurs et de leurs formes. Son secret ? Une alimentation naturelle pour un lait de qualité additionné à une dose de folie. A la bière, au vin, au poivre, aux herbes, à la carotte, à la cannelle, à pâte molle, en tome, bleu, plus ou moins affinés, les fromages du sympathique Grégoire nous ravissent. Le best-seller ? Cet étonnant marbré, mélange de chèvre et de vache. A tester absolument !

MARCHÉS - HALLES

BIENVENUE A LA FERME

2133, route de Chauvigny - **MIGNALOUX-BEAUVOIR**
✆ 05 49 44 74 74
www.vienne.chambre-agriculture.fr
Du samedi 5 juin au samedi 28 août dans tout le département. Programme sur le site internet. Gratuit.

© CHAMBRE D'AGRICULTURE DE LA VIENNE

Ce sont des événements dans les communes qui les reçoivent ! A Loudun, Chauvigny, Vouillé, Montamisé, Poitiers, Montmorillon, Vivonne... 29 marchés de producteurs « Bienvenue à la ferme », organisés par la Chambre d'agriculture de la Vienne, vous raviront les yeux et les papilles de juin à fin août. Les producteurs fermiers et les artisans boulangers-pâtissiers s'y donnent rendez-vous pour faire déguster, en toute convivialité, leurs bons produits. On flâne, on goûte, on achète « à la source », on rencontre ceux qui pétrissent le pain, font pousser les légumes, affinent le fromage, et on s'installe autour de grandes tablées pour déguster nos trouvailles sur place. Régalez-vous !

FROMAGERIE - CRÈMERIE

LA FERME DU MARAS

Le Maras - **CHAUVIGNY**
✆ 05 49 46 41 79
Du lundi au samedi : 9h-13h et 17h-18h30. Pour assister à la traite rdv à 17h30. Marché Notre-Dame Poitiers, Chauvigny.

Cette exploitation de 85 hectares qui appartient à la même famille depuis 35 ans est gérée par Emmanuelle et son cousin Arnaud qui y élèvent 160 chèvres laitières. Ces animaux, affectueux, curieux et fragiles, vivent à la chèvrerie toute l'année, dans un espace lumineux, aéré et spacieux. Il est possible d'assister à leur traite chaque soir à 17h30. Nourries exclusivement avec le fourrage cultivé à la ferme (foin, luzerne, trèfle), les chèvres donnent un bon lait qui fait de bons fromages, vendus à tous les stades de maturation : fromages frais à la faisselle, bûches, chabichous, crottins, tomme… PS : la bûche a reçu la médaille d'or au concours des saveurs de Nouvelle-Aquitaine !

POISSONS - FRUITS DE MER

AU P'TIT PÊCHEUR

Marché Notre-Dame
✆ 05 49 88 32 87
Le mardi, jeudi, vendredi et samedi de 5h à 13h à Notre-Dame. Présent à Buxerolles le jeudi et à Vouneuil le vendredi.

© AU P'TIT PÊCHEUR

Attention : changement de propriétaire au P'tit Pêcheur et ce n'est autre qu'une employée de longue date, Célia Deriquehem, qui tient désormais la barre ! Rassurez-vous, rien n'a changé ou presque… Dans vos assiettes, il y aura toujours du poisson de saison et de qualité, car oui, Au P'tit Pêcheur on ne travaille qu'avec des p'tits bateaux ! De Noirmoutier ou du Guilvinec, issu d'une pêche responsable et raisonnée, le poisson est sauvage, souvent de ligne, parfois ikéjimé et toujours frais. Fumaisons et salaisons complètent le banc derrière lequel l'équipe est tout sourire. Elle vous conseille des recettes et vous prépare le poisson pour que vous n'ayez plus qu'à l'enfourner. Extra !

POISSONS - FRUITS DE MER

PISCICULTURE DU TALBAT

La Fontaine du Talbat - **CHAUVIGNY** ✆ 05 49 46 13 16
www.pisciculturedutalbat.fr
Ouvert du lundi au vendredi de 10h à 12h et de 14h à 17h30. CB non acceptée.

C'est au bout de la route que dans les grands bassins de la pisciculture, s'agitent des salmonidés de toutes tailles. La réputation de la truite fumée du Talbat n'est plus à faire. Médaillée d'argent en 2015 au Concours général agricole, son goût fleuri vient de son salage au sel de Guérande, de sa fumaison au bois de hêtre et d'un secret de fabrication bien gardé (les producteurs restent muets comme des carpes). De l'atelier de transformation sortent des truites marinées, des rillettes de truite… Pour ceux qui l'aiment nature, les éleveurs iront directement les pêcher dans les bassins. On ne peut faire plus frais ! Sur la route du retour, admirez la splendide vue sur la citadelle.

NEW

ALSACE

LE NID DE CIGOGNES

10, rue du marché
✆ 05 86 30 07 63
Ouvert le lundi de 11h à 19h ; du mardi au vendredi de 10h à 19h ; le samedi de 9h à 19h.

Une cigogne dans le Poitou me direz-vous ? C'est incroyable, mais pourtant vrai. L'échassier s'est implanté dans l'une des belles boutiques de la ville. Sous les arches du palais, elle vous propose le meilleur de l'Alsace. Outre les pains d'épices, knepfle, tartes flambées, elle offre, parmi ses 900 références, tous les ingrédients pour réaliser votre choucroute. Mais vous pouvez tout aussi bien commander celle de la maison. Au fond de la boutique, bières, pinot noir et gewurz s'exposent. L'endroit fait aussi salon de thé et petite restauration. Venez y déguster de généreuses tartes maison, gâteaux aux épices et bretzels. Une boutique chaleureuse où l'on se sent bien… comme dans un nid.

EPICERIE

MAM'ZELLE PERSIL

3 bis, Rue du parc - **LIGUGÉ**
✆ 06 08 96 22 94
Marché Notre-Dame le samedi matin. Marché des Couronneries le dimanche matin. Produits disponibles à L'envers du bocal.

Et si vous exploriez une alimentation vivante ? Persil, basilique, coriandre, estragon… Mam'zelle Persil transforme herbes en tous genres en pesto, pâté végétal, crackers, tartinade et tapenade. Mam'zelle Persil, c'est Mathilde Yonnet. Son but ? Vous faire du bien avec ses recettes vitalisantes et crues. Pour accompagner vos pâtes, votre riz ou simplement sur du bon pain, c'est un délice. La plupart des recettes sont végétaliennes, mais rien ne vous empêche de tartiner un poisson ou une viande avant cuisson. Pour conserver tous les pouvoirs nutritifs des aliments (bio), ces mélanges ne sont ni chauffés ni stérilisés. A conserver au frais donc. Faites-vous du bien !

PÂTES

LA FABRIC' D'ALICE

9, rue de la Voûte - **SENILLÉ-SAINT-SAUVEUR** ✆ 06 83 49 06 24
www.lafabricdalice.fr
Le vendredi : 16h à 19h. Présents aux marchés de Sénillé et de Saint-Sauveur. Points de vente : voir site internet.

La Fabric' c'est avant tout l'histoire d'un couple. Après 10 ans passés dans le secteur bancaire, Nicolas a décidé de reprendre une exploitation céréalière dans la belle campagne châtelleraudaise. Quelque temps plus tard, Alice l'a rejoint et PÂTES ! L'atelier est né. Constituées à 100 % de blé dur, les variétés de pâtes artisanales aux couleurs et formes appétissantes sont un véritable faire-valoir de leur production agricole raisonnée. Ils nous régalent du champ à l'écuelle et accueillent une fois par semaine les clients chez eux, à la ferme directement. Dentelles au curry, clochettes aux cèpes ou encore tracteurs (natures) pour les enfants, les arômes et épices sont naturels.

BISCUITS

SERENITY BISCUITS

1, place du bourg - **VICQ-SUR-GARTEMPE** ✆ 06 61 57 57 61
www.serenitybiscuits.com
Jeudi, vendredi : 10h-12h30 et 14h30-17h30 ; samedi : 10h-12h30 + boutiques de producteurs. Livraison possible.

Catherine Pigeonnat façonne sereinement ses biscuits sucrés et salés. Dans sa biscuithèque, on retrouve des lamelles au Pouligny-Saint-Pierre, aux olives... et une gamme de sablés et de galettes croustillantes. Savoureux carrés au bon goût des noix d'Availles et du miel de Dissay, dur de garder les sachets entiers plus de quelques jours. Son secret ? S'approvisionner chez les producteurs locaux pour créer de nouvelles recettes. Il parait même que la Bière des Pirates du Clain est de la partie. Pour vos événements, les biscuits sont personnalisables. Rendez-vous sur son site internet, dans des magasins de producteurs à Poitiers et ses alentours et dans son laboratoire à Vicq-sur-Gartempe.

BOULANGERIE

LE FOURNIL DE BIARD

3, rue des Alisiers - **BIARD**
✆ 05 49 58 30 25
Ouvert du lundi au mercredi, le vendredi et le samedi de 7h à 13h30 et de 15h30 à 19h30 ; le dimanche de 7h30 à 13h.

Ne sortez pas de cette boulangerie sans votre Gramoudou ! C'est bon, c'est mou et c'est doux ! Imaginez une baguette avec une pointe de crème fraîche parsemée de saumon, de pesto, de champignons... une quinzaine de parfums à déguster à l'apéritif ou à la place de votre jambon beurre. Chaud ou froid : les avis sont partagés, mais le plaisir reste entier. Sophie et Julien Croisy travaillent les farines La Pétrie et leur fameuse Pétrisanne. Pain bio, au son, aux noix... à chacun son style. Les gourmands ne manqueront pas les petits choux, une autre spécialité de la maison, sans oublier LE gâteau que le pâtissier ne peut pas enlever de la carte sans que ses clients crient au scandale : le rêve.

BOULANGERIE

LA GRANGE À PAIN

17, place Charles-de-Gaulle
✆ 05 49 41 05 57
Ouvert du lundi au samedi de 8h à 19h.

C'est dans une maison à colombages qui flanque l'église Notre-Dame que José Rafael pétrit la pâte depuis 20 ans pour la plus grande satisfaction de nos ventres. Vous trouverez chez lui, outre des viennoiseries au beurre Poitou-Charentes AOP, du pain et des baguettes, une spécialité de madeleines au chocolat noir ou au lait, aux éclats de framboise... ainsi que des madeleines gargantuesques d'environ 25 cm ! Des cannelés pourront aussi vous tenter et 46 parfums de macarons se disputeront l'emballement de vos papilles. On pourrait aussi vous conseiller le sandwich auvergnat pour la pause de midi, gavé d'olives, de tomates, de jambon de pays et de dés de bleu.

PAINS - GÂTEAUX - CHOCOLATS

LE FOURNIL D'ÉLINA

36 bis, rue de Ligugé - **SAINT-BENOÎT**
✆ 05 49 46 63 57
www.lefournildelina.fr
Ouvert du mardi au samedi de 8h à 12h45 et de 15h30 à 19h30 ; le dimanche de 8h à 12h45.

© PAULINE BELTRAN

Dans cette boulangerie, le mot « artisanal » prend son sens. Devant vous, les pains au levain sont enfournés dans le four à bois et l'odeur qui s'en dégage vous mettra l'eau à la bouche. Traditionnel, de campagne, façon Elina, Polka, mais aussi spécial au kamut, au petit épeautre... ils sont façonnés avec des ingrédients issus de l'agriculture biologique et ont un goût exquis. Les pâtisseries sont exquises, gourmandes et sans conservateurs ! Le plus : les délicieuses pizzas à emporter, et si vous voulez goûter un gâteau des Rois original, testez la brioche aux pralines. Un commerce de proximité qui fabrique des produits de qualité. A retrouver aussi place Charles de Gaulle à Poitiers.

PAINS - GÂTEAUX - CHOCOLATS

GOULIBEUR

10, rue Victor-Grignard ✆ 05 49 41 34 75
www.goulibeur.com
Entreprise du Patrimoine Vivant. Ouvert du lundi au vendredi de 9h à 18h.

Pour la déguster, la tradition veut que l'on casse d'un coup de poing cette fameuse galette poitevine pur beurre. Forte de plus de quarante ans d'existence, la maison Goulibeur fait perdurer avec panache la recette de son incontournable broyé du Poitou pour lequel elle a obtenu le label « Entreprise du patrimoine vivant ». Sans cesse à la recherche de nouvelles recettes, toujours à partir de ses 5 ingrédients naturels, Goulibeur innove et propose d'autres saveurs au citron, au cacao, à la noix, au cognac, mais aussi une gamme salée à la tomate ou au fromage de brebis. La boutique vend, outre l'exquise galette, des produits régionaux comme le saucisson au bison ou les vins du Haut-Poitou.

MIEL - CONFITURE

CRYSTAL-GOURMET

Rue Auguste-Sutter - **JAUNAY-MARIGNY**
✆ 05 49 47 96 18
www.caramel-a-tartiner.fr
Ouvert du lundi au vendredi de 9h à 16h.

Intérieur spacieux et épuré pour cette épicerie fine dédiée aux fins gourmets. Sur les étagères en bois, les pots de caramel au beurre salé et à la fleur de sel à tartiner sont déclinés en de multiples saveurs : broyé du Poitou, macarons... Toutes ces recettes sont concoctées dans l'atelier qui jouxte la boutique au gré des gros cuiseurs en alu et de la trémie. Gourmands, humez ! Laissez-vous intriguer par l'autre spécialité de la maison : des confitures au thé, réalisées à partir de fruits cuits et infusés dans le thé. Une gamme bio a vu le jour, promettant, elle aussi, de nombreux instants gourmands. Le magasin vend aussi du thé, de la farine bio, sans gluten et divers produits régionaux.

MIEL - CONFITURE

LES POTS GOURMANDS

Le Grand Pommier - **SENILLÉ-SAINT-SAUVEUR**
✆ 05 49 20 11 56 - lespotsgourmands.com
Lundi et vendredi de 14h à 18h. Autres jours sur réservation au 06 47 13 70 98.

On s'en lèche encore les babines rien que d'y repenser. Abricot safran ? Fraise mara des bois ? Cerise gingembre ? Melon au broyé du Poitou ? Nous vous prévenons, le choix va être difficile. Vous êtes dans l'atelier de la championne de France des Confituriades 2016, Orianne Lauer. Dans ses chaudrons en cuivre, respectant des méthodes traditionnelles et manuelles, elle fait mijoter sucre et fruits pour obtenir des gourmandises plus savoureuses les unes que les autres. Devant vos yeux, dans sa blouse rose, elle concocte des recettes à partir de fruits sélectionnés principalement auprès de producteurs régionaux. On ne veut pas vous influencer, mais en 2018, sa gelée pomme-raisin a été primée.

CONFISERIE - DRAGÉES

RANNOU-MÉTIVIER

30, rue des Cordeliers
✆ 05 49 30 30 10
www.rannou-metivier.com
Ouvert le lundi de 13h45 à 19h ; du mardi au samedi de 9h à 19h.

Des sœurs Chartier qui en 1872 les fabriquaient déjà aux frères Bertrand (5e génération) qui le perpétuent, toujours en gardant secrète sa recette (hé hé !), le célèbre macaron de Montmorillon promène son goût amande dans toutes les bouches fines, et se décline à l'envi, selon les saisons, en de multiples parfums. On se régale aussi, ici, avec les octogones ou les bonnes mémés, le broyé du Poitou ou le macaroné. Et c'est sans compter avec les 50 sortes de chocolats. On a un faible (un gros !) pour les griottes au cognac ! La maison est sélectionnée parmi les meilleurs chocolatiers de France ; qu'on se le dise ! Elle vend aussi du thé et du café moulu à la convenance du client.

PAINS - GÂTEAUX - CHOCOLATS

EMILE BOULANGERIE FINE

19, rue Sadi Carnot
✆ 05 49 88 10 32
Du lundi au samedi : 7h30 à 20h. Jours fériés : 8h30 à 12h30. Le dimanche en fonction des fêtes. Déjeuner sur place.

Chez Mathieu Laurin, la farine, c'est une histoire de famille de meunier châtelleraudais depuis 1793. Disons qu'il est tombé dedans quand il était petit. Sur le mur, le portrait d'Emile, son arrière-grand-père, tel un certificat d'excellence. Les farines sont sélectionnées pour leur qualité. Bio ou label rouge, elles font naître des pains savoureux. Le best-seller : Emile, un pain aux graines pour tous vos plats. L'accueil est irréprochable comme les pâtisseries. Tartes, cakes, éclairs déclinés au Nutella, au spéculos, à la framboise et notre péché mignon à la pistache, chaque pièce est délicieusement travaillée. Guettez les éditions limitées ! Vos papilles ne pourront que vous en remercier.

CHOCOLATIER

CHOCOLATERIE BENOIT

23, rue des Cordeliers
✆ 05 49 88 75 71
benoit-chocolatier.fr
Ouvert du mardi au samedi de 9h30 à 19h.

Toutes les occasions et les *non-occasions* sont bonnes pour en déguster. Voilà plus de dix ans, après avoir travaillé dans de grandes maisons parisiennes, que Benoît Labelle a ouvert sa propre boutique pour notre plus grand plaisir. Passez la porte. Personne ? Vous entendrez vite des pas dans l'escalier. Il est dans l'atelier, à l'étage. Profitez-en pour découvrir toutes les gammes. Comme des objets précieux, les bouchées sont déposées au centre de la boutique, sous verre. Les saveurs sont étonnantes : praliné associé au broyé du Poitou, ganache au pineau des Charentes, basilique chicorée, citron vert menthe, pouce d'épine. Oh ! Et les noix merveilleuses... une merveille.

PAINS - GÂTEAUX - CHOCOLATS

TOURTEAUX JAHAN

1, rue Bessie Coleman
✆ 05 49 53 02 40
Ouvert du lundi au samedi de 9h à 12h et de 14h à 19h.

Le tourteau fromagé est la spécialité locale par excellence. De petite taille et tout rond, il a hérité son nom du patois poitevin « tourterie » qui signifie « gâteau ». Composé de caillé de vache, d'œufs et de farine, il est très difficile de le réussir. Sa croûte noire peut sembler inquiétante en apparence, mais elle n'a absolument pas goût de brûlé ! Au départ, c'est un gâteau raté, un oubli dans un four. Il s'avéra qu'une fois découpé, une espèce de miracle avait eu lieu puisque le hasard avait donné une préparation savoureuse. On apprécie depuis, à la fin des repas, au petit-déjeuner ou au goûter son moelleux, sa saveur à peine sucrée, son goût frais en bouche.

PÂTISSERIE

LE CHARDON BLEU

5, place des Alisiers - **MIGNALOUX-BEAUVOIR**
✆ 05 49 00 02 02
Le lundi, le mardi, le jeudi et le vendredi de 7h30 à 13h et de 15h30 à 19h30 ; le week-end de 8h à 13h.

N'ayez pas peur de vous y piquer. Ces chardons-là sont des petites douceurs dont on ne peut plus se passer pour les grandes occasions... ou à n'importe quel moment si vous êtes gourmands. La bûche de Noël, le gâteau d'anniversaire de votre sœur ou une grosse envie de vous faire plaisir, toutes les raisons sont bonnes pour revenir à la maison avec un gâteau aux trois chocolats (notre coup de cœur). Il faut dire que le Royal et la forêt noire se défendent aussi, tout comme les tartes et les gâteaux aux mousses de fruits. Légères, elles fondent en bouche, un délice. Vraiment, ces desserts sont sublimes. Ils sont à retrouver en boutique et sous les halles Notre-Dame le samedi matin.

PÂTISSERIE

LE SCOFA

LIGUGÉ
Boutique de l'abbaye 2, place A. Lambert à Ligugé 86240 - Tél : 05 49 55 21 12 tous les jours sauf le lundi

Le Scofa est un mille-feuille dont les feuilles sont en pâte meringuée et sur lesquelles sont disposées une crème et des amandes hachées. Fabriqué, entre autres, par les moines de l'abbaye de Ligugé sous forme carrée et en nombreux formats allant de la portion individuelle à de grands gâteaux à partager pour jusqu'à 15 personnes. Sa composition paraît riche, mais il ne contient que 300 calories pour 100 grammes, soit moins qu'une pâtisserie classique. Son nom est un acronyme qui évoque sa recette : sucre, crème, œufs, farine et amandes. A noter, qu'il se conserve bien au frais une quinzaine de jours et qu'il peut également se congeler. Il s'agit vraiment d'un gâteau à partager.

PÂTISSERIE

LE TRIANON

38, place De Provence ✆ 05 49 47 76 66
Ouvert du mardi au samedi de 8h30 à 13h et de 14h30 à 19h ; le dimanche de 8h à 13h.

Voilà près de soixante ans que la vitrine orange du Trianon attire les gourmands du quartier des Couronneries et les aficionados du marché du dimanche pour ses délicieuses viennoiseries et ses belles pâtisseries. Monsieur et Madame Lemius ont depuis quelques années laissé place à David Sauvaget, leur apprenti, qui continue de perpétuer le savoir-faire de la maison avec brio. Dans la vitrine, chocolats, mendiants, macarons rivalisent aux côtés des gâteaux. A déguster absolument ? Le *Concerto*, une merveille de mousses au chocolat. Difficile de résister face à tant de gourmandises. En saison, les glaces et les sorbets artisanaux font leur apparition. Une adresse incontournable dans le quartier.

PÂTISSERIE

FINK

18, rue du marché Notre-Dame
✆ 05 49 88 74 75
www.fink-chocolatier.fr
Ouvert le lundi de 15h à 19h ; du mardi au samedi de 9h30 à 19h. Ouvert les dimanches et les lundis en décembre.

© FINK DEPUIS 1828

© FINK DEPUIS 1828

Depuis 1828 ! C'est l'une des meilleures chocolateries de la ville. Dans ses vitrines, les créations sont disposées toute en délicatesse et régalent petits et grands. Dans les chics coffrets rouge et noir, vous composerez des assortiments de bonbons de chocolats aux pralinés maison et aux ganaches originales. Détachez le ruban, fermez les yeux, savourez. Et pour parfaire notre connaissance du CHOCOLAT et appréhender les différents arômes de LA fève, Fink a imaginé une bibliothèque de tablettes. Dans ses nouveaux murs, le chocolatier pousse le vice avec d'alléchantes pâtisseries. Laissez-vous tenter par ce macaroné à la framboise ou les fameuses bûches de Noël. Sur place ou à emporter !

PRODUITS DU TERROIR

LA NATURE ET DES COUVERTS

46, rue de Chauvigny - **SAINT-JULIEN-L'ARS**
✆ 06 86 46 15 03
magasin-producteur.com
Mardi, mercredi, vendredi, samedi : 8h30 à 13h et 15h30 à 20h ; jeudi : 8h30 à 13h. Plats à emporter entre 6 € et 8 €.

© LA NATURE ET DES COUVERTS

C'est une épicerie qui plaira à coup sûr aux futés. Certains connaissent déjà Catherine Etrillard pour son safran. Dans sa boutique, la très accueillante safranière a eu l'idée de rassembler moult producteurs. Fruits et légumes pour beaucoup issus de l'agriculture bio, lait, volaille, agneau, canard, limousine, escargots, fromage de chèvre, truite fumée, miel, farine, tisanes, cosmétiques, artisanat... En un mot le paradis des locavores ! Et pour ceux qui n'ont pas le temps de cuisiner, Catherine propose des plats à emporter concoctés à partir des produits de la boutique.

BIO

TOMATES ET POTIRONS

27, route d'Anxaumont - **SÈVRES-ANXAUMONT**
✆ 06 14 47 35 34
Devant le magasin de producteurs La baie des champs : vendredi de 14h à 17h30 ; samedi de 9h à 12h30.

Vous le verrez œuvrer au beau milieu de ses choux le long de la route d'Anxaumont, ou peut-être sera-t-il en train de chouchouter ses pieds de tomates dans l'une de ses deux serres installées sur les terres du producteur de porc la Baie des champs. Thomas Portron nous régale dans quelques restaurants de Poitiers de ses très bons légumes bio. A la main, sans engrais, ni tracteur, il cultive une cinquantaine de légumes différents, des exotiques patates douces et cristophines, aux variétés anciennes de panais, de carottes oranges, jaunes et rouges sang, ou encore des élégantes betteraves chioggia roses et blanches. A découvrir devant le magasin de producteurs de La baie des champs.

BIO

FERME BIO 86

20 bis, route du Margouillet - **MIGNALOUX-BEAUVOIR**
✆ 06 95 45 84 35
www.fermebio86.com
Janv : vendredi : 16h-18h30. De mi-avril à fin déc : vente au détail mar, mer, ven : 16h-18h30. Panier le jeu : 17h-19h.

Pour vous rendre dans le champ de Mathieu, suivez ses petits panneaux, du rond-point de la route de Chauvigny à la route du Margouillet, puis empruntez, à pied, le chemin de terre. Il est là, tout près, et vous attendra, aux horaires prévus, sous son petit abri, légumes déployés ! Vous ne trouverez chez lui que des produits bio. Mathieu est un passionné. Il aime à dire qu'il cultive la vie. Une reconversion l'a conduit vers son rêve d'enfant, travailler la terre, devenir paysan. De ces terres en friche, il tire le meilleur, des fruits et des légumes aux multiples variétés pour préserver le patrimoine naturel, la biodiversité. La vente se fait en direct alors rendez-vous au champ !

CUEILLETTE

LES JARDINS DE PURNAUD

lieu dit Purnaud - **SAINT MARTIN LA PALLU**
✆ 06 01 07 23 57
Samedi : marché Notre-Dame à Poitiers et marché de Châtellerault. Dimanche : marché de Neuville-de-Poitou.

Il y a foule tous les samedis matin devant l'étal des Jardins de Purnaud au marché Notre-Dame. Oh ! ça ne paye pas de mine, quelques tables alignées derrière les halles, côté restaurant, sur l'esplanade. Alexis y vend sa production de légumes cultivés à Saint-Martin-la Pallu tandis que son frère David est au marché de Châtellerault. Sur les marchés, leur réputation n'est plus à faire ! Il faut dire qu'en plus d'être avenants et de bien connaître les goûts de leurs clients, leurs légumes sont très bons et toujours extrêmement frais. Leur secret ? Il paraît qu'ils les cultivent avec la lune. Ils n'ont pas de label Bio, mais c'est tout comme. Allez-y les yeux fermés, c'est bon pour la santé !

CUEILLETTE

O POTAGER FAMILIAL

Route de Marigny-Brizay - **OUZILLY**
✆ 06 81 36 59 81 - www.opotagerfamilial.com
Du mer au ven : 16h-20h ; sam : 10h-13h. Hiver : mer au ven : 15h-19h. + Marchés et magasins de producteurs du 86.

Que ce soit dans leur boutique à Ouzilly, tout près de Châtellerault, sur les marchés du département comme ceux de Poitiers Bel Air, Saint-Benoît, Vivonne, Fontaine-le-Comte... mais aussi dans les magasins de producteurs comme l'Eau à la Bouche, les légumes de la famille Godu, nous ravissent les papilles, et cela depuis trois générations ! Eh oui, O potager familial, vous l'aurez compris, c'est avant tout une histoire de famille. Aujourd'hui, ce sont Béatrice, James et leur fils Jérôme qui seront ravis de vous faire déguster leurs pommes de terre, leurs betteraves, leurs tomates, leurs fraises, mais aussi leurs melons et leurs asperges. Il faut dire que la terre est sableuse à Ouzilly !

BIO

YOVO BIO

4, chemin du grand pré ✆ 06 10 92 44 18
www.yovobio.com
100% Bio. Samedi matin : Marché Notre-Dame. Mercredi, dimanche : marché des Couronneries. Vente via le site internet.

Les ananas de Monsieur Gelin ! Il y en a toujours un morceau à goûter à l'improviste, derrière le marché Notre-Dame. Leur goût est incomparable. Nous n'en avons jamais mangé d'aussi bons, d'aussi sucrés. Tombé amoureux du Togo où il s'était rendu pour un reportage alors qu'il était photographe, Jean-Luc Gelin a renoué avec le métier de son père : vendeur de fruits. Il a signé un fermage, passé un accord gagnant-gagnant avec des agriculteurs et y fait pousser, sans aucun pesticide, ces ananas allongés au goût extraordinaire. Ses avocats, ses mangues et ses agrumes nous ravissent aussi les papilles. Laissez-vous séduire par les cacahouètes, gingembre, noix de coco râpée torréfiée. Un délice !

PRODUCTEUR

L'EAU À LA BOUCHE

57, avenue du Plateau des Glières
✆ 05 49 50 84 65
www.vergers-chezeau.fr
Ouvert du lundi au vendredi de 9h30 à 19h30 ; le samedi de 9h à 19h ; le dimanche de 9h30 à 12h30.

© L'EAU À LA BOUCHE

Leur grand-mère vendait déjà des pommes à la ferme. On peut dire qu'ils sont tombés dans une cagette quand ils étaient petits. Vincent et Simon Baille-Barrelle continuent de développer le verger familial de Chezeau labellisé « verger écoresponsable ». A la ferme, aux Roches-Prémarie, on vient faire soi-même sa cueillette de fraises et de pommes. Et à Poitiers, dans leur magasin L'Eau à La Bouche, ils proposent des fruits sains, raisonnés ou bio (pommes, pêches, fraises...), toujours de saison, et un large choix de produits régionaux : cochonnaille, pâtes, farines, confitures, fromage à la coupe, sacs de blé, tournesol, et même des *slow* cosmétiques. Qualité et traçabilité !

EPICERIE EN VRAC

L'EFFET BOCAL

5, rue Léopold Sédar Senghor ✆ 09 67 44 02 07
Accès en bus par les lignes 12 et 14 (arrêt Montmidi).
www.leffetbocal.fr
Ouvert du mardi au vendredi de 10h à 13h et de 15h à 19h ; le samedi de 10h à 19h. Programme des ateliers sur le site.

© SÉBASTIEN LAVAL

Dans leur épicerie zéro déchet, Maryse et Mathilde transmettent avec joie une autre culture de la consommation. Ici, on remplit ses bocaux et ses sacs en tissu de bons produits de producteurs. Crèmerie, épicerie sèche, fruits et légumes de saison, poulet et charcuterie, pains, les produits locaux ont ici la part belle. Les filles défendent les circuits courts et les produits locaux de qualité. Petit à petit, on s'aperçoit que finalement rien ne nécessite un emballage, pas même vos produits d'entretien et d'hygiène. On trouve même des accessoires indispensables pour changer ses habitudes comme ces gourdes en inox. Et si vous oubliez vos emballages, on vous en prête un gratuitement !

EPICERIE

LE BAUDET

17, place Henri-Barbusse ✆ 06 42 62 03 60
www.lebaudet.fr
Lundi : 18h30-20h30 ; mardi, mercredi et vendredi : 10h30-12h30 et 18h30-20h30 ; jeudi : 10h30-12h30 ; samedi : 9h-13h.

C'est une nouvelle espèce en Pictavie. Une bébête qui vous conduira dans un pays où les habitants sont des consommateurs responsables et mettent la main à la pâte. C'est au Forum Rivaud, que les coopérateurs du Baudet ont installé leur épicerie d'un autre genre. Ici, on trouve de tout : du frais, des conserves, des produits laitiers, d'entretien... du bio, du local, du vrac, du raisonné. Pour tous une vérité : ils sont vendus entre 20 % et 40 % moins chers qu'ailleurs. Comment en profiter ? En devenant coopérateur du lieu et en s'impliquant dans son fonctionnement en donnant 3h de son temps par mois. Un jour client, un jour bénévole, rentrez dans la communauté de consom'acteurs baudéenne !

BIO
BIOCOOP LE POIS TOUT VERT

7, place Charles de Gaulle
✆ 05 16 83 83 14
www.biocooplepoistoutvert.fr
Ouvert du lundi au samedi de 9h30 à 19h30.
-10% pour les étudiants sur présentation de la carte.

© BIOCOOP LE POIS TOUT VERT

C'est notre biocoop locale ! Dans ses 6 supermarchés de Poitiers et Châtellerault, on voit la vie en bio ! Dans ces coopératives, producteurs et consommateurs ont leur mot à dire et établissent une charte pour faire respecter leurs valeurs (non au transport aérien, produits équitables et environ 30 % de produits locaux). On y trouve tout : céréales en vrac, légumes, produits laitiers, ménagers, compléments alimentaires. Une question ? Vous serez aimablement conseillé. Aujourd'hui, la bio est à la portée de tous et propose même un label « nos prix engagés ».

BIO
LA BAIE DES CHAMPS

27, route d'Anxaumont - **SÈVRES-ANXAUMONT** ✆ 06 21 53 37 15
Mercredi et vendredi : 14h-17h30 ; samedi : 9h à 12h30. Porc frais sur commande une semaine à l'avance.

Voilà un magasin de producteurs où les amateurs de cochonnaille se réjouiront de dénicher les bonnes viandes, charcuteries et conserves de la Baie de Champs. Depuis 100 ans, la famille Debien élève des porcs en agriculture raisonnée et en IGP Porc du Sud-Ouest. Nés sur site, 5 000 porcelets sont nourris avec les céréales de la ferme. En boutique, on trouve de la viande fraîche et des recettes imaginées par Juliette sous forme de pâté ou de filet mignon séché (un régal). Ne repartez pas sans un saucisson (que vous aurez du mal à garder entier jusqu'à la maison) et du jambon de Bayonne, transformé à côté de Pau. Dans la boutique, d'autres producteurs s'exposent... Testé et approuvé !

PRODUITS GOURMANDS
MAISON DU TOURISME ET DU TERROIR

33, place Charles de Gaulle ✆ 05 17 84 23 23
www.boutique-terroir.com
Du lundi au vendredi de 9h à 19h ; le samedi de 10h à 19h. 15 juillet à fin août : ouvert tous les jours de 9h à 20h.

C'est le lieu incontournable pour tout nouvel arrivant à Poitiers ou dans la Vienne. Ici, c'est la caverne d'Ali Baba des produits locaux : bières, vins, pâtes, huiles, savons, émaux de l'abbaye de Ligugé, thés, bijoux de créateurs... Vous cherchez un cadeau original en souvenir de votre visite ? Vous le trouverez ici. La maison du Tourisme et du Terroir vous propose également des billets à des tarifs préférentiels pour les attractions dans le Vienne. Les hôtesses d'accueil sauront vous conseiller pour vos visites afin de découvrir notre beau département.

PRODUCTEUR
PLAISIRS FERMIERS

1, rue Gustave Eiffel ✆ 05 49 52 41 78
www.plaisirs-fermiers.fr
Du mardi au jeudi de 10h à 13h30 et de 15h à 19h ; le vendredi et le samedi de 9h à 19h. Drive. Huîtres le samedi matin.

Vous ne rêvez pas ! C'est bien un tracteur qui trône devant le magasin de producteurs de la zone commerciale Poitiers Sud. Un indice pour vous expliquer la démarche des 6 exploitations agricoles à l'origine de la boutique de vente directe de produits fermiers. « Du producteur à l'assiette » et une charte éthique partagée par tous : c'est ce que l'on vous propose ici. Une centaine de producteurs locaux apportent leurs bons produits : fruits, légumes extra-frais de saison, crèmerie, boucherie, charcuterie et traiteur fabriqués à 90 % sur place, épicerie salée, sucrée, cave, et même coin bien-être. Et tout cela au juste prix ! Pour ceux qui le souhaitent, le « marché en ligne » offre un drive !

EPICERIE
LA TOURNÉE DES SAVEURS

1, place des alisiers - **MIGNALOUX-BEAUVOIR** ✆ 06 24 89 41 84
www.latourneedessaveurs.net
Livraisons en points relais ou à domicile. Marchés et tournée à l'ancienne : voir site. Boutique à Mignaloux.

Vous aimeriez qu'on déniche et sélectionne pour vous des produits locaux, proposés par des agriculteurs respectueux de la nature, des produits artisanaux. Vous rêvez que saucisses, fromages, légumes frais, conserves, bières, pâtes, savons... vous soient proposés sur le marché de votre village, ou lors d'une tournée à l'ancienne avec le camion de l'épicerie qui klaxonne devant votre porte, ou en commandant en 1 clic et en vous faisant livrer dans un point relais, ou encore dans une boutique de producteurs et de créateurs. Avec son épicerie itinérante et sa boutique installée à Mignaloux-Beauvoir, Cindy vous permet de manger sain, local et tisse des liens dans une tournée de saveurs !

DOMAINE
AMPELIDAE

32, rue Alphonse Plault - **JAUNAY-MARIGNY** ✆ 05 49 88 18 18
www.ampelidae.com
Ouvert du mardi au samedi de 15h à 18h30 ; le jeudi et le samedi de 10h à 12h30.

Chaque année en octobre, le lancement du Blanc d'hiver d'Ampelidae est un événement ! Il faut dire que dans la région, c'est une star. Ampelidae est le plus grand producteur de vins bio du Val de Loire. Ses vignobles s'étendent sur les collines poitevines, morcelés sur une trentaine de kilomètres autour de Marigny-Brizay. La qualité de ces breuvages contemporains est la démonstration que l'alliage de la bio, de la science et des nouvelles technologies est possible... et fait des merveilles. PN1328, K, S, C, à chaque vin son initiale : Pinot Noir (premier vin du domaine), « Kbernet », Sauvignon, Chardonnay, sans oublier le Fié gris (la spécialité locale). Amis hédonistes, bonne dégustation !

DOMAINE
ISABELLE SUIRE

12, rue des Perrières - **BERRIE**
✆ 05 49 22 92 61
www.isabellesuire.fr
Du lundi au samedi : 9h-17h30. Portes ouvertes : 1er week-end de décembre. En vente à la Maison du Tourisme à Poitiers.

Une véritable curiosité que la cave de cette vigneronne. En effet, à Berrie, il est possible de traverser le village sous la roche, à travers les cavités. C'est dans l'une d'elles que la famille d'Isabelle Suire vinifie son vin depuis des années. Aujourd'hui, c'est elle qui est aux commandes. Elle nous invite à découvrir son vin AOP Saumur qu'elle a fait grandir au cœur de sa cave troglodyte déjà habitée au VIIe siècle. On y voit encore le puits de lumière présent au-dessus du foyer de l'époque. Très chaleureuse, Isabelle Suire vous fera déguster ses vins blancs, rouges et pétillants issus des cépages de chenin et de cabernet franc. Attention ! Réservation obligatoire.

ALCOOL
ROZO SPIRIT

www.rozospirit.com
A déguster : PLB, Curicaume, Relax, Zinc, la Rhumerie, Confort moderne. A emporter : Rocinante, le Chai, la Mexicana...

Cécile Baybaud, alias Cisou, connaît les effluves de la potion magique depuis qu'elle est petite. Sa jeunesse martiniquaise puis guyanaise, entre une mère qui expérimente des punchs et liqueurs et un père qui se prête à la dégustation, a profondément ancré son goût pour les spiritueux. Pas étonnant que plusieurs rencontres et dégustations plus tard, la jeune femme élabore ses propres recettes. Leur particularité : des rhums blancs infusés, sans sucres ajoutés. Le parfum provient exclusivement de la macération des fruits, fleurs et épices rigoureusement sélectionnés et savamment combinés. Vous pouvez même découvrir sa gamme créative depuis chez vous, lors d'une dégustation privée.

DOMAINE
DOMAINE DE LA RÔTISSERIE

2, bis rue de la Croix l'Abbé - **JAUNAY-MARIGNY**
✆ 05 49 52 09 02
www.domainerotisserie.com
Ouvert du lundi au vendredi de 8h30 à 12h et de 14h à 18h ; le samedi de 9h à 12h. Le dimanche, sur rdv. Visite sur rdv.

© ANTOINE PAILLARD

© ANTOINE PAILLARD

Drôle de nom pour un domaine viticole ! On vous explique : au XIXe siècle, les gens du village venaient faire cuire leur repas dans les deux fours qui se trouvent sur la propriété. Aujourd'hui, le domaine est connu pour son Haut-Poitou. C'est Mickaël Baudon, le petit-fils, qui gère l'exploitation familiale. Sur ses 27 hectares de vignes, il cultive des cépages de Gamay, Chenin, Pinot noir, Chardonnay, Cabernet franc, Sauvignon (médaillé d'or en 2019 au concours Interloire) et désormais Vieux Viognier. Contactez Mickaël pour une visite guidée (en semaine de préférence ou bien le samedi matin) et terminez le parcours par une dégustation des vins à la cave. Une bonne adresse à découvrir !

DOMAINE

DOMAINE LA TOUR BEAUMONT

2, avenue de Bordeaux - **BEAUMONT SAINT-CYR**
✆ 05 49 85 50 37
www.domainelatourbeaumont.fr
Du lundi au vendredi : 9h30-12h et 14h30-19h (18h en hiver). Le samedi : 9h30-12h et 14h30-18h. Fermé les jours fériés.

© LA TOUR BEAUMONT

Pierre Morgeau est la 5e génération de viticulteurs à la tête du domaine de 30 hectares. Il l'a repris en 2009 après une formation en Bourgogne. Son souhait ? Mettre en avant la qualité des appellations Haut-Poitou. Pour l'amour d'un vin fin et fruité, il produit entre autres un Sauvignon blanc, un Fiè gris (notre star locale, médaillé d'or au concours des vignerons indépendants en 2020), un Gamay, un Haut-Poitou rosé et cette année, il vous fera même découvrir un vin nature, un Cabernet franc sans sulfites. Certifié Haute valeur environnementale, notre viticulteur travaille d'arrache-pied avec la LPO pour enherber ses vignes pour préserver la faune. Rendez-lui visite au domaine !

CAVISTE

PLAISIRS DU VIN

146, avenue du 8 mai 1945 ✆ 05 49 11 36 39
https://poitiers.plaisirsduvin.com
Ouvert du mardi au vendredi de 10h à 12h15 et de 14h15 à 19h15 ; le samedi de 9h30 à 12h15 et de 14h15 à 19h15.

Ici, c'est écrit : « On ne boit pas pour oublier, on boit pour s'en souvenir ». Le vin est avant tout un plaisir, une émotion qu'Alexandre vous fera partager. Plaisirs du vin, ce sont 16 magasins, 8 000 références et un collège de dégustation qui siège à Agen. Dans la boutique, on met un point d'honneur à sélectionner ce qui se fait de mieux dans chaque appellation, des produits sains, souvent bio. Le très aimable Alexandre est un passionné et se fera un plaisir de vous faire découvrir ses coups de cœur comme La Pie Colette des Côtes de Duras et La Nine du Minervois. Un bon rayon de spiritueux complète le magasin. Chaque mois, un vigneron ou une maison de distillation présente ses délices.

CAVISTE

LA CAVE MILENYS

55, avenue du 8 Mai 1945 ✆ 05 49 88 30 37
www.lacavemilenys.com
Ouvert du mardi au samedi de 10h à 12h30 et de 14h30 à 19h30. Ateliers dégustations sur réservations.

Le magasin Intercaves a laissé place à la cave indépendante Milenys. Son propriétaire, Mickaël Huchet, est toujours dans les murs. L'occasion pour lui de mettre en avant de petits vignerons qui lui sont chers, de belles découvertes, mais aussi de grands noms. Derrière sa façade vitrée, la boutique propose près de 300 vignerons, des bouteilles à tous les prix, mais aussi un grand nombre de cubis. Côté bières, le rayon est bien fourni. Vous aurez même la possibilité de louer des fûts. Grâce aux conseils de Mickaël, les produits de l'épicerie « Ducs de Gascogne » se marieront à merveille avec la bouteille que vous déciderez d'ouvrir ou d'offrir. Les initiations œnologiques sont prisées !

BIO

CANON

44, rue Ferdinand Foch
✆ 07 66 86 47 61
Mar : 15h-20h ; mer : 10h30-20h ; jeu., ven : 10h30-21h30 ; sam : 10h-20h. Bar à vin jeudi et vendredi : 18h-21h30.

Pourquoi voir le verre vide quand on peut le boire plein ? Quand Antoine Sauvignon sélectionne une bouteille, elle est canon ! Dans sa petite cave installée tout au bout de la rue Magenta, sur ses étagères fabriquées dans le Fablab des Usines de Ligugé, il met à l'honneur des vins artisanaux, biologiques, issus d'une vinification sans intrants. Ses expériences professionnelles passées lui ont ouvert des portes qui lui permettent de proposer des vins qu'il est difficile de se procurer ailleurs. En fin de semaine, pensez à réserver pour profiter du bar à vin. Régulièrement, il convie des vignerons pour des dégustations. Des planches de produits locaux accompagnent votre canon !

CAVISTE

LE CHAI

29, avenue Jacques-Coeur
✆ 05 49 38 02 95
Du mardi au samedi : 10h30-12h30 et 16h-19h. Soirée dégustation vendredi soir : gratuite. Cours de dégustation : 35€.

Du vin, du vrai ! Avec de Vrais vignerons pour le faire ! Bref, du vrai vin fait par de vraies gens ! Tel est le credo de Florian et Gilles, les deux tenanciers du Chai. Férus de leur métier, ils ne souhaitent dans leur cave que du vin réalisé par des vignerons aussi passionnés qu'eux. Ici, chaque bouteille a son histoire. Spécialistes des vins biologiques, biodynamiques ou naturels et des vieux alcools, ils ont un faible pour les vins de Loire et du Languedoc. Si vous n'y connaissez rien en vin, pas d'inquiétude, ils sauront vous conseiller tout en respectant vos goûts et votre budget. Retrouvez régulièrement des dégustations à thème et des cours d'œnologie.

MICRO-BRASSERIE

LA CHINCHÉE

Le Bourg
LA FERRIÈRE-AIROUX
✆ 06 88 96 50 76
Bières en vente à la brasserie, le vendredi de 15h à 19h.

Un sacré personnage et des bières de tempérament ! Nathanaël a des valeurs et y est fidèle au quotidien. Pour créer ses bières, il préférera toujours du malt bio, sans en faire un argument commercial. Au gré des saisons et de ses envies, vous trouverez dans ses bières du sureau ou du houblon sauvage qu'il aura cueilli. Son goût pour les choses saines et authentiques se retrouve dans chacune de ses créations. Ses bières sont équilibrées et pleines de saveurs. Les breuvages sont d'autant plus précieux qu'ils sont réduits à l'échelle de sa production artisanale. Rendez visite à Nathanaël dans sa brasserie et découvrez les coulisses de la fabrication. Un conseil : prévoyez du temps !

MICRO-BRASSERIE

BIÈRES DE MONTMORILLON

23 bis, rue des Métiers - **MONTMORILLON**
✆ 06 66 73 84 26 - www.bieresdemontmorillon.fr
Visite de la brasserie sur rendez-vous. Gratuit. Boutique. Location de tireuse.

Quelle histoire ! Saviez-vous que la brasserie de Montmorillon date de 1843, qu'elle était implantée à Saulgé et qu'elle était la plus vendue de la France libre pendant l'occupation allemande avant de fermer dans les années 60 ? Nous non plus. C'est François Guillon, le jeune entrepreneur qui a décidé de redonner aux Montmorillonnais leur bière, qui nous l'a appris. Il n'a pas réussi à remettre la main sur la recette d'origine (elle ne serait probablement plus à notre goût aujourd'hui) mais il espère lui rendre ses lettres de noblesse. Désormais, la brasserie produit de la bière bio. Cinq pour être précis et quelques éphémères au fil des saisons. Il vous attend de pied ferme à la brasserie !

CAVES - MAISONS DES VINS

ROCINANTE

176, Grand-Rue
✆ 06 58 07 98 27
www.cave-rocinante.fr
Du mercredi au samedi : 18h30-0h. Halles Notre-Dame : du mercredi au samedi : 10h-14h. Ateliers de dégustation.

© YANIS BAYBAUD

« C'est à boire qu'il nous faut », mais attention, pas n'importe quel vin, Renée et Cisou y prêtent leur nez avec passion. Sommelière diplômée pour l'une, passionnée pour l'autre, elles aiment dans leur sympathique petite cave faire découvrir des vins naturels, bio dynamiques, œuvres de petits vignerons de France et de Navarre. Chaque bouteille est sélectionnée avec beaucoup d'attention. Cave à vin ET cave à manger, Rocinante vous régalera de tapas et de plats mijotés maison. Empanadas, pâtés artisanaux, fromages et charcuterie espagnole bien choisis accompagneront votre breuvage tout comme le grand sourire et le rhum infusé de Cisou. En selle pour de bonnes dégustations !

MICRO-BRASSERIE

PIRATES DU CLAIN

Avenue de la Plage - **LIGUGÉ** ✆ 07 82 17 11 58
www.piratesduclain.org
Vente directe à la brasserie le vendredi et le samedi après-midi de 14h à 18h30.

Prêts à embarquer pour un surprenant voyage ? Bienvenue Avenue de la Plage, dans ce décor de cinéma où une vieille embarcation s'est échouée. C'est ici que trois drôles de pirates ont décidé de faire escale pour brasser des breuvages aux goûts exotiques. Leurs cales regorgent de bières aux noms évocateurs : Diabolito, Libertalia, Jolly Roger, Bourre-pif… Les acolytes ne plaisantent pas lorsqu'il s'agit de sélectionner les ingrédients et ils débordent d'imagination pour créer des recettes originales, dans le respect des règles artisanales. Pour pleinement apprécier la saveur de ces bières, il faut absolument rencontrer l'équipage et visiter la brasserie. Alors, à l'abordage !

MICRO-BRASSERIE

LA MANUFACTURE DE BIÈRES

146, avenue du 8 mai 1945 ✆ 06 78 91 00 72
www.lamanufacturedebieres.fr
Ouvert le vendredi de 17h à 20h30 ; le samedi de 15h à 20h30. Location de tireuses.

5 copains, 1 passion, 1 brasserie. Nico, Blaise et Pierre se sont connus au lycée. C'est à cette période qu'ils créent un club de dégustation de bières artisanales et un blog vite réputé, guide-biere.fr. Rejoints par Benjamin et Shari, ils concrétisent leur rêve de créer une brasserie après avoir longtemps brassé en itinérants. Leurs recettes sont le fruit d'une effervescence collective tout en restant fidèles à leur identité : des bières de caractère (comme les personnages mythologiques qui prêtent leur nom aux différentes gammes), fortement houblonnées. Allez donc rendre visite à ces militants de la bonne mousse ! Le lancement des nouvelles bières est fêté en musique à la brasserie.

ASIE

ASIA STORE

26 bis, avenue du 8 mai 1945
✆ 05 49 37 35 60
Ouvert du mardi au samedi de 14h30 à 19h.

Vous aimez voyager, vous êtes au bon endroit. Poussez la porte. Les parfums qui vous arrivent au nez proviennent d'Asie et d'Afrique. Les rayons sont bien approvisionnés en piment, chou chinois, coriandre, menthe, boissons maltées, riz basmati en sachet de 10 kg, manioc, bananes plantain, en viande sous vide et toutes sortes de sauces épicées pour agrémenter vos préparations. Vous tomberez sur quelques curiosités de type croupion de dindonneau ou encore groin de cochon. Le rayon des surgelés propose des samoussas, des nems et même de l'igname congelée. Des cuit-vapeur en osier ou bambou sont en vente pour que vous puissiez y faire cuire vos propres raviolis à la crevette. A vous de jouer !

PROCHE ET MOYEN-ORIENT

ARARAT MIX MARKET

22, place des Trois-Cités
✆ 09 86 55 58 46
Ouvert du jeudi au mardi de 10h à 13h et de 14h à 19h.

En Arménie, Ararat est la montagne sacrée. C'est en référence à cet endroit qui leur est cher que le couple Anush et Haykaz Avetisyan ont ouvert leur petite épicerie sur la place. Dans les rayons, des produits incontournables comme le basturma (saucisson de bœuf), le soudjouk (saucisson épicé) et le lavash (pain traditionnel). De la bière, du vin et des cognacs arméniens sont disposés en haut des étagères. On y trouve également de nombreux produits turcs, géorgiens et russes (que parlent couramment les propriétaires) : bonbons au kilo, glaces que les enfants du quartier adorent, graines de tournesol à foison et blé sous toutes ses formes. A vous les nouvelles recettes !

ASIE

GÉRARD LEVAN

place Charles-de-Gaulle ✆ 06 77 64 23 02
Du mardi au samedi de 9h à 20h. Lundi après-midi uniquement pour les commandes. Plat du jour autour de 9€.

M. Levan et sa femme sont les spécialistes de la cuisine vietnamienne du marché Notre-Dame. Beaucoup le savent. Le samedi matin, on y trouve souvent une queue phénoménale alors mieux vaut se lever tôt ou commander pour n'avoir qu'à récupérer ses succulents nems. Une recette familiale que l'on adore et qui peut facilement devenir votre petit rituel du week-end ! Bouchées vapeur, riz cantonnais, canard laqué, tout est fait sous vos yeux. Le midi, quelques chaises vous permettent de manger sur place. Ne ratez pas le jour de la très bonne soupe Pho, une autre des spécialités du lieu. Ambiance conviviale et produits de qualité pour un prix raisonnable, une vraie affaire de famille qui marche.

PROCHE ET MOYEN-ORIENT

ISHTAR

Place Charles-de-Gaulle
✆ 07 82 23 90 81
Marché Notre-Dame samedi matin, du mardi au vendredi de 18h à 22h. Marché des Couronneries le dimanche matin.

Sur le marché, le camion rouge et jaune vous attend. Sur lui, la porte d'Ishtar et ses briques émaillées couleur lapis-lazuli évoque l'âge d'or de la cité de Babylone. Arrivée en France en 2009, cette famille a apporté avec elle les saveurs d'Irak et du Moyen-Orient où l'on se régale d'épices (pas trop fortes pour nos palais). Devant vous, ils réalisent le pain qu'ils garnissent de falafels (100 % pois chiches), de viandes marinées ou hachées. Oh et il y aussi les kebbas libanais tellement parfumés, les sambousseks, chaussons au fromage ou à la viande et puis les salades (taboulé, houmous ou l'irakienne et sa sauce à la grenade), sans oublier le biryani, un délice de plat à base de riz.

OCÉAN INDIEN - PACIFIQUE

AUX 974 SAVEURS

Place Charles-de-Gaulle
✆ 07 67 38 23 82
Du mardi au vendredi : 9h30-14h ; samedi : 8h-14h30. Livraison La poit à vélo. Formules de 9,50€ à 13,50€.

Jaïna cuisine, avec des produits frais et bio, des recettes de famille qu'elle a ramenées de Saint-Paul. Maxime l'épaule comme un chef ! Ici, les saveurs métisses et les plats colorés de La Réunion dansent le séga dans nos ventres qui gargouillent. Achards de légumes, bonbons piments, rougail saucisse, brèdes, gâteaux de patate douce... La carte change tous les jours : des formules (de Ti marmite à Gros marmite) ou plats traiteur, chauds ou froids. Les livraisons sont possibles. Un petit coin pour déjeuner sur place. Pour les boissons, de la bière Dodo ou ces drôles de sodas Cot. Et la gentillesse des Réunionnais n'est pas que légendaire, croyez-nous ! *Retrouv banna pou manz un bon cari !*

PRODUITS DU MONDE

BOA ESPERANÇA

1, promenade des Cours ✆ 07 81 43 22 86
www.boa-esperanca.fr
Ouvert du mardi au samedi de 9h à 12h30 et de 14h à 19h. Fermeture en août.

Toutes voiles déployées, cette épicerie de quartier n'essuie de tempête que l'opiniâtre bonne espérance de faire découvrir à tous les produits portugais. Epicerie fine sous forme de boîtes de conserve au joli design (sardines, poulpes, anguilles, calamars...), vins du Dão ou de l'Alentejo, l'incontournable *bacalhau* séchée et salée, portionnée en pavés (ou entière !), charcuterie et fromages de brebis frais, mais aussi objets d'artisanat en liège très originaux (parapluies, chapeaux, tongs...) ainsi que des CD, des livres d'histoire et de culture lusophones, des recueils de poésie bilingues (Pessoa vous invite au lyrisme, dans le texte !) Voilà l'alléchant achalandage de Jorge !

JE SORS JE ME CULTIVE

Découvrir, partager, s'ouvrir aux autres, échanger, se divertir, s'instruire... passer de bons moments tout simplement est essentiel. Jeunes et moins jeunes, nous avons tous besoin de ces temps si précieux. Sortez boire un verre dès que vous le pouvez, sans oublier d'expérimenter les boissons locales. Allez discuter autour d'une tasse de thé ou de café. Sortez danser entre amis dès que l'occasion se présente. Découvrez de nouveaux artistes et partagez les rires et les émotions qu'offrent les spectacles vivants sur les grandes scènes ou celles plus intimistes. Vibrez au rythme de toutes sortes de musiques, actuelles, jazz, variétés... Des lieux renommés, comme le Confort Moderne, ou nouveau, telle l'Arena vous accueillent. Et n'oubliez pas d'expérimenter, de créer de vos mains, d'apprendre, de lire, en un mot de grandir ! Poitiers vous offre ce large accès à la convivialité et à la culture, quels que soient votre âge, vos goûts et vos centres d'intérêt. Alors, en solo, en famille ou entre amis, on ne saurait trop vous conseiller de sortir et de profiter !

COFFEE SHOP ET SALON DE THÉ

LE BONHEUR EST DANS LE THÉ

7, rue Carnot Impasse Saint-Nicolas
✆ 05 49 41 44 48
www.lebonheurestdanslethe.fr
Ouvert du mardi au samedi de 14h à 18h. Terrasse.

© LE BONHEUR EST DANS LE THÉ

Benjamin est le nouveau propriétaire du Bonheur est dans le thé. C'est dans la charmante impasse Saint-Nicolas que le jeune pâtissier vous attend pour vous faire découvrir ses pâtisseries maison. Cake au citron intense, crumble, cheesecake, moelleux au chocolat végan, broyé du Poitou aux différentes saveurs, tartes aux fruits, cannelés, régalez-vous de ses gourmandises. Son secret ? Quelques notes d'huiles essentielles. Accompagnez cela d'un bon thé de La compagnie coloniale ou d'une tasse de café (à piston) et vous serez au comble du bonheur. Un havre de paix !

CAFÉ - THÉ - TISANE

L'AUTRE JASMIN

7, bis rue des Grandes Ecoles
✆ 05 49 41 37 26
Ouvert du mardi au samedi de 11h à 14h et de 15h à 19h.

A l'instant Thé où vous passerez la porte de l'Autre Jasmin, une sensation de bien-être opérera immédiatement. La douce odeur qui se dégage de la centaine de boîtes de thé alignées sur la bibliothèque, les plantes suspendues et la décoration choisie par Sandrine n'y sont pas étrangères. Dans cette annexe du salon de thé Jasmin Citronnelle, on saura trouver le thé bio qui vous conviendra le mieux, qu'il soit blanc, vert, noir, en fleur ou millésimé. Théières et tasses compléteront votre collection comme cette grosse « baigneuse » potelée de 2,5 litres ! D'autres objets de décoration (presse papier, coussins, loupe...) sont à dénicher pour une déco unique à la touche british ! Prenez le temps.

COFFEE SHOP ET SALON DE THÉ

LE MOULIN À CAFÉ

200, Grand-rue
✆ 05 49 41 23 94
Ouvert le lundi de 15h à 19h ; du mardi au vendredi de 9h30 à 19h ; le samedi de 9h à 19h.

C'est une institution dans la Grand'Rue. Le Moulin à café est le rendez-vous des amoureux du petit noir. On s'y ravitaille en grains torréfiés par Monsieur Guillon. En face, place aux thés Dammann Frères, aux tisanes, aux rooïbos, aux matés. Pour s'équiper, machines à café et théières sont au fond, alignées à côté des couteaux japonais bien affûtés. L'hiver, on adore s'y réfugier pour se réchauffer avec une tasse. Sur la carte, une multitude de thés et de cafés, classés en fonction de leur pays d'origine. Les arômes sont détaillés. Côté thé, vous avez l'embarras du choix. Nous avons aussi une faiblesse pour le chocolat chaud à l'orange. En sortant, passez par l'épicerie bien achalandée.

COFFEE SHOP ET SALON DE THÉ

SWEET TIME & COMPANY

84, rue de la Cathédrale ✆ 09 84 12 12 02
www.sweettimecie.fr
Ouvert du mardi au samedi de 10h à 18h30. Livraison : commandez sur la Poit' à vélo. Terrasse.

On est bien à Sweet time ! C'est doux, cocooning, acidulé, enveloppant... Vous pouvez vous installer dans les fauteuils confortables sous la farandole de lustres dès le petit déjeuner pour déguster les gâteaux maison de Luce et les viennoiseries de chez Emile. Nous avons apprécié la subtilité du thé noir miel orange de la Compagnie coloniale. A tel point qu'on a eu envie de revenir à l'heure du goûter et faire face à un choix cornélien : fondant noix de coco ou cake pomme-amande-épices, accompagné d'une bière locale ? Oh, surprise divine, une fois le gâteau terminé, un ange apparaît au fond de l'assiette et nous sourit. C'est bien vrai, ici tout est « fait avec amour » et ça se savoure !

COFFEE SHOP ET SALON DE THÉ

T' THÉ OU CAFÉ ?

4, rue Magenta
✆ 06 51 54 53 90
Ouvert le lundi de 14h à 19h ; du mardi au samedi de 10h à 19h. Wifi gratuit. Terrasse. Sur place ou à emporter.

Un endroit sympa où prendre votre petit-déjeuner en centre-ville avant de commencer la journée ou pour un rendez-vous de travail. Oranges pressées, smoothies détox aux fruits et légumes, une gamme de bubble tea et des sucreries (même sans gluten) constitueront une excellente base à votre pause sucrée/salée. Le must reste cependant l'énorme cappuccino qu'on aurait du mal à finir si l'on n'était pas aussi gourmand. Pour les amateurs de thés, vous y trouverez une très belle proposition de thés. Une très jolie salle vous attend à l'étage avec une décoration réussie, qui donne une ambiance très cosy à la pièce. Petite touche originale grâce aux balançoires posées sur des rails !

CAFÉ PHILO - LITTÉRAIRE

LE BIBLIO CAFÉ

71 bis, rue de la Cathédrale
www.bibliocafe.fr
Ouvert du mercredi au lundi de 10h à 20h. Wifi gratuit. Terrasse. Animations. Concerts.

Le Biblio Café tenu par Alexis, Aude et Hugues, anciens libraires, est un de ces endroits attachants où l'amitié et l'ouverture vers l'autre ont un sens particulier. Nos hôtes désiraient allier détente et lecture, voilà un pari réussi ! Tous les livres sont neufs ou d'occasion et vous pourrez les « déguster » sur place ou à emporter en les achetant. Dans les rayons, des livres d'art, d'humour, d'écologie et même de l'érotique. Des BD, des mangas, des jeux... le tout dans un décor rétro et lumineux. Mais rien de figé ici : des lectures, de la musique irlandaise en acoustique et voilà la magie qui prend. Venez vous faire offrir le café le dimanche de 11h à midi et voyez par vous-même.

BAR - CAFÉ

CAFÉ DES ARTS

5, place Charles de Gaulle
✆ 05 49 41 14 61
Ouvert du lundi au samedi de 8h30 à 2h. Café-philo tous les mercredis de 19h à 21h (20 pers max).

C'est un lieu de rendez-vous où on aime papoter. L'hiver, sur fond de musique jazzy, on y déguste un thé, un café, une bière. C'est cosy. La discussion avec des inconnus y est facile. Les tables bistrot y sont serrées. L'été, la vitrine est ouverte. Devant elle, les habitués profitent de l'agitation de la place, parfois munis d'un livre ou d'un calepin. De l'autre côté de la rue, au chevet de l'église, qu'il fait bon de prendre un verre avec son sandwich ou après le marché, sur la terrasse ombragée. Le mercredi, les adeptes des cafés-philo se retrouvent pour échanger sur la vie et qui sait, peut-être qu'un jour, une idée évoquée au « caf-art » sera une grande idée de demain.

PUB

CLURICAUME

24, place Charles de Gaulle ✆ 09 86 19 19 89
http://cluricaumecafe.fr
Ouvert toute l'année. Du mardi au samedi de 12h à 2h. Terrasse. Animations. Concerts.

Ah, le Cluricaume... bien plus qu'un simple bar, une institution ! Ce petit pub de tradition irlandaise, aux murs tapissés d'affiches de concerts, a une atmosphère très conviviale, familiale même. L'été, sa grande terrasse sous les platanes déborde d'amateurs de bières. Mark, le taulier irlandais, et son équipe de *beer geeks* aiment échanger et faire découvrir de nouvelles pépites à leurs clients fidèles. Récemment, le Clu (comme disent les habitués) est même devenu un *brew pub* avec une micro-brasserie « Beoir » (« bière » en gaélique) installée dans la cave ! Ici on déguste et on parle de bière... beaucoup, on écoute des concerts... de rock surtout ! C'est ça l'esprit du Cluricaume !

BAR À BIÈRE

CHEZ ALPHONSE

12, place Alphonse Lepetit
✆ 06 18 99 12 84
Ouvert du mardi au samedi de 16h à 1h. Le Petit Alphonse : mêmes horaires + le samedi dès 10h30. Happy hours. Terrasse.

© CHEZ ALPHONSE

Ce bar tenu par le fringuant Jean-Baptiste Dubreuil ouvre ses portes à l'heure du goûter. Rendant hommage au juriste poitevin Lepetit, ayant prêté son nom à la place qui l'héberge, l'établissement est un de ces endroits de convivialité à la mode qui propose des bières belges et des bières locales. Chaque semaine, une nouvelle bière ou brasserie est mise à l'honneur et rend le choix facile aux indécis. Chez Alphonse, on aime l'ambiance, le chien du proprio et la caravane plantée dans le bar proposant des planches de charcuterie et de fromage. Et bonne nouvelle, le petit frère du bar a ouvert ses portes à deux pas sur la place pour vos réservations de groupe et une terrasse sans véhicules.

MUSIQUE - SPECTACLE

L'ENVERS DU BOCAL

16 ter, impasse de la Regratterie
✆ 09 53 42 32 15
Mercredi, jeudi : 12h-22h ; vendredi, samedi : 12h-23h ; dimanche : juin à oct : 15h30-21h30, oct à juin : 14h30-20h.

L'Envers du Bocal se revendique comme un lieu pluriel. Et il l'est ! Noé, Aurélien et Hélène, respectivement musicien, plasticien et travailleur social, ont souhaité créer un bar-conserverie d'un genre nouveau. Offrir un espace de convivialité propice à l'échange et à la dégustation de produits en conserve chinés localement. Le lieu est agrémenté de mobilier de récup' et d'objets détournés pour un rendu unique et original. L'étage est une véritable salle d'expo à laquelle l'endroit de La Regratterie, salle réservée aux artistes locaux juste en face, fait écho. De nombreuses soirées concert, débat, bœuf trad, lecture, spam ou match d'improvisation sont à l'affiche.

ET SI ON PRENAIT UN VERRE ?

BAR À BIÈRE

LE PALAIS DE LA BIÈRE

250, rue du Faubourg-du-Pont-Neuf ✆ 05 49 46 28 31
www.le-plb.fr
Du lundi au vendredi de 12h à 2h ; samedi de 16h30 à 2h. Happy hour tlj de 18h à 19h et le jeudi de 21h à 22h.

Il flotte sur la très grande terrasse-cabane comme un air de vacances. A l'intérieur, ce ne sont pas moins de 150 bières bouteille qui nous tendent les bras et 15 bières à la pression (Waow !) qui coulent des robinets en laiton alignés sur le comptoir, et qui varient en permanence. Stéphane a valorisé les brasseries artisanales et locales comme celles de la Manufacture de bière à Poitiers, de la Chamoise des Deux-Sèvres ou bien encore de la Débauche d'Angoulême. Ici, on joue aussi aux fléchettes électroniques, au billard, et il y a des concerts sur l'estrade, des scènes ouvertes aux improvisations... mais aussi, des soirées jeux de société. Allez-y, le PLB, c'est une institution !

BAR À BIÈRE

CHEZ MOE'S

5, avenue Gustave Eiffel - **CHASSENEUIL-DU-POITOU**
✆ 05 49 88 59 64
Ouvert du lundi au jeudi de 11h à 14h30 et de 16h30 à 21h ; le vendredi de 11h à 21h ; le samedi de 16h30 à 21h.

Ouh Pinaise ! Les amateurs de bières, de rock et des Simpson vont adorer cet endroit. Installé dans un hangar de la Technopôle, Chez Moe's vous promet rock, alcool, fish and chips et... fricadelle. Et à en juger par le portrait de la mamie qui a délivré la recette à Tony et May (les patrons – eh oui ! Désolé, ce n'est pas le vrai Moe que vous trouverez derrière le comptoir), c'est rock'n'roll ! 180 bières, dont neuf pressions, se partagent la carte. Vous pourrez même goûter celles de la maison, brassées sur place (à droite en entrant). A gauche, la cave offre plus de 200 références du breuvage, de vins et de spiritueux. Avis aux amateurs, nous, on valide ! D'OH !

BAR - CAFÉ

LM CAFÉ

82, rue Carnot ✆ 05 49 41 04 33
www.lmcafe.fr
Ouvert du lundi au vendredi de 7h45 à 12h30 et de 16h30 à 20h30.

A chaque quartier, chaque village son troquet où l'on parle de tout, parfois de rien, autour d'un verre et de quelques amuse-gueules. Lieu d'échange et de partage, c'est un endroit qui devient ce que ceux qui le fréquentent veulent qu'il devienne. Rue Carnot, voilà presque 20 ans qu'Odile et James Lay sont les chefs d'orchestre du LM Café. La note sonne juste, intelligente. L'orchestre ? Ce sont des clients qui s'approprient le zinc pour une soirée ou un moment d'échange. Tables rondes autour de l'emploi, l'économie, l'écologie... de la vie ! On y apprend aussi les rudiments de la langue des signes. Allez vous frotter à la conversation de James à l'occasion d'un petit café : passionnante !

BAR À COCKTAIL

MOULIN DE LA NORÉE

5, rue de l'Ermitage - **BIARD** ✆ 05 49 46 76 57
www.moulindelanoree.fr
Ouvert du jeudi au samedi de 16h à 2h ; le dimanche de 16h à 23h30. Terrasse. Animations.

Amateurs de cocktails, c'est dans cet ancien moulin magnifiquement restauré que nous vous conseillons de venir déguster les subtiles créations de Geoffrey et Lou. Derrière le comptoir, ils agitent leurs shakers savamment dosés et concoctent de délicieux cocktails aux saveurs millimétrées. Passionnés, ils sauront autant vous faire apprécier les classiques du genre que le fruit de leurs recherches comme ce Bison Futé, savoureux mélange de Chartreuse et de Zubrowka associé à la menthe fraîche, à la passion et au jus de pomme. Certaines essences sont même récoltées par leurs soins dans le jardin du Moulin. Quel plaisir de profiter de la terrasse du bar et de la Boivre qui coule à ses pieds !

BAR À BIÈRE

LA MANUFACTURE DE BIÈRES

146, avenue du 8 mai 1945 ✆ 06 78 91 00 72
www.lamanufacturedebieres.fr
Ouvert le vendredi de 17h à 20h30 ; le samedi de 15h à 20h30. Visite de la brasserie le premier samedi du mois à 14h.

Quoi de mieux que d'aller à la source pour déguster des bières artisanales ? Enfin, à la brasserie ! Prenez place en terrasse ou dans l'espace bar de style industrialo-urbain en compagnie d'Achille, Amalthée, Déméter, Iphigénie et des autres personnages de la mythologie qui prêtent leur nom aux bières houblonnées de la Manu. Un petit menu « tartines » en accompagnement ça vous dit ? Le premier samedi de chaque mois, rendez-vous à 14h pour visiter la brasserie et déguster 3 bières autour d'un thème. Et chaque mois, un événement festif et/ou gastronomique (DJ set, repas à la bière...) vous est concocté. Quand on vous dit que la bière c'est de la convivialité !

BAR À VIN

ROCINANTE

Halles Notre-Dame
✆ 06 58 07 98 27
www.cave-rocinante.fr
Ouvert du mercredi au samedi de 10h à 14h.

Qu'il est agréable, marché fait, de faire escale au Rocinante ! Ici, les pinchos vous font de l'œil. Au cœur des halles, on prend place au comptoir et l'endroit devient vite le rendez-vous des copains. Côté boisson, du vin naturel essentiellement, celui de petits vignerons sélectionnés avec soin par la sommelière Renée et sa joyeuse acolyte Cisou. On se laisse conseiller, et l'on accompagne cela de tapas maison (les croquetas valent le détour) ou d'un plat cuisiné préparé devant nos yeux. Et si une envie subite d'huîtres ou d'empanadas vous prend, rien ne vous empêche de les commander à côté et de les déguster au Rocinante. Convivialité, on vous dit ! Il flotte ici comme un parfum d'Espagne.

BAR - CAFÉ

LA TAVERNE DU GEEK

7, rue de l'Éperon

Mardi et mercredi de 16h à 1h ; du jeudi au samedi de 16h à 2h ; dimanche de 16h à 0h. Organisation de tournois.

C'est le premier lieu du genre à Poitiers. Vous êtes dans l'antre du Geek. Qu'est-ce donc que cet énergumène ? Un fan de jeux vidéo pour sûr, mais aussi de toute la culture qui s'y rapproche (animés, mangas, super-héros...). Bref, tout ce qui touche au virtuel et à l'imaginaire. Amis de lycée, Etienne et Armand ont créé le bar de nuit dont ils rêvaient. Sur place, des consoles (PlayStation, Wii, Xbox) et des ordinateurs sont en accès libre. On y joue entre amis ou en ligne (avec ses codes d'accès), mais pour tous une même règle du jeu : commander au bar ! Sur les murs vos personnages préférés. En peu de temps, le bar est devenu le repère des aficionados des claviers et des manettes !

BAR À VIN

AU WC

4, place Charles De Gaulle
✆ 07 87 79 35 19

Dimanche, lundi : 16h-0h. Basse saison : du mardi au samedi : 16h-2h. Haute saison : du mardi au samedi : 10h-2h.

Les WC, Wine and Coffee est l'endroit parfait pour un début de soirée entre amis ! L'été, on apprécie la terrasse très conviviale et l'hiver, l'ambiance insolite d'un bar qui fut les anciennes toilettes publiques de la ville. On s'installe sur des chaises hautes, autour de bidons d'huile, entouré de sérigraphies dénichées par Nico, le gérant. Aux WC, on se sent comme à la maison. Autour, d'un verre de vin, d'une bière ou d'un cocktail bien agréablement servi, on s'enjaille. Pour accompagner cela, de nombreuses tapas maison sont proposées. L'été, des chefs d'autres restaurants de la ville font goûter leur cuisine sur la terrasse. Chouette ! Attention, l'endroit est prisé et les places rares.

BAR À BIÈRE

LE ZINC

196, Grand rue ✆ 05 16 83 45 05
www.lezincdepoitiers.fr

Ouvert du mardi au samedi de 18h à 2h. Animations. Concerts. Happy hour de 18h à 20h.

Depuis son ouverture, le Zinc ne désemplit pas. Outre l'impressionnante carte de bières (85 références) et de spiritueux dont la réputation n'est plus à faire, vous pouvez déguster des assiettes de saucissons et de fromages. Le tout déniché chez de petits producteurs régionaux. Côté décor : des luminaires en métal, des tables et des tabourets en bois viennent habiller le lieu. Et puis cerise sur le gâteau, deux beaux escaliers de pierre en colimaçon vous accompagnent jusqu'à une cave voûtée médiévale où groupes de rock-folk-métal et troupes de théâtre viennent s'essayer à une acoustique unique. Ici, tout le monde se parle, se rencontre. Une belle adresse qui ne cesse de faire parler d'elle !

BAR - CAFÉ

LE BAFFALOU

2, rue de la Croix blanche
✆ 06 34 12 47 21
www.lebaffalou.fr

Mar.-mer : 17h-1h, jeu.-ven : 17h-2h, sam : 15h-2h, dim : 15h-23h. Jeux/jour/pers : 2 €. Pass à l'année : 20 €.

© ANTOINE PAILLARD

© ANTOINE PAILLARD

C'est un concept qui réjouira toute la famille. Avec sa façade bleu électrique et ses étagères débordant de jeux de société, le Baffalou est LE bar à jeux de la ville. Vous y découvrirez la plus grande table française de Schuffleboard, un jeu de palet qui vous demandera de l'adresse. Vous êtes plus partie de cartes, dés, jeu de stratégie ? Plus de 400 références sont proposées, et cela dès le plus jeune âge. Vous ne connaissez pas les règles ? Florent et Alexis sont là pour vous les expliquer. Et pour encore plus de convivialité, ne ratez pas le mercredi soir les soirées quizz du Baffalou. Notre conseil pour le week-end, venez avant 21h pour être sûr de trouver une table. A vous de jouer !

TOUT UN SPECTACLE !

ACTIVITÉ ARTISTIQUE

BEAULIEU DANSE

10, boulevard Savari ✆ 05 49 44 80 40
www.centredebeaulieu.fr
Accueil lun au vend : 10h-12h30 & 14h à 18h30. Tarif entrée selon situation. Le Joker : 3,30 €. Abonnement possible.

« On a l'air bête que l'on danse ou pas, alors autant danser ! » C'est avec ce proverbe japonais que Beaulieu Danse annonce sa nouvelle saison. Vous aimez la danse ou vous êtes curieux de découvrir cet art, c'est par ici que cela se passe. Venez découvrir une équipe passionnée qui propose des créations artistiques, des ateliers de pratique, des rencontres avec les artistes… Beaulieu Danse veut mettre la danse à la portée tous : jeunes et moins jeunes de tous milieux sociaux. Différents tarifs sont proposés afin d'ouvrir la salle de danse à tous et une nouveauté cette année, le tarif Voisin-Voisine. C'est un tarif réduit pour les habitants du quartier de Beaulieu à Poitiers.

ARTS

LE MOUTON NOIR

20, place Montierneuf
✆ 06 62 03 15 53
www.galerie-mouton-noir.fr
Ouvert du jeudi au dimanche de 15h à 19h.

L'atelier galerie du Mouton Noir, ouvert depuis décembre 2010, est un espace à double vocation. C'est d'abord un atelier, celui du photographe et galeriste Brno Del Zou. Il y réalise ses prises de vue et anime le lieu en collaboration avec sa compagne, la photographe Miwa Ohara. Du jeudi au dimanche, le Mouton Noir devient un espace d'expositions temporaires. On y apprécie les photographies de Brno, celles d'artistes locaux comme Daniel Clauzier, et d'autres oeuvres venues de loin, parfois même du Japon. Le Mouton noir est espace de partage entre le public et les artistes contemporains. Les thématiques sont essentiellement consacrées à l'humain dans toutes ses dimensions. Bonne découverte.

ART & CULTURE

GALERIE 170

170, Grand-rue
✆ 05 49 39 41 31
www.galerie170.com
Ouvert du mardi au samedi de 14h à 19h.

Françoise Marcireau est une ancienne prof d'histoire passionnée d'art, qui ingurgite du papier glacé à longueur de temps, curieuse de tout. Elle propose à l'œil du flâneur – ou du connaisseur – de l'art contemporain. Elle met en avant de nouveaux talents lors d'expos collectives (1 à 2 par an) ou des artistes réguliers plus connus. Jérôme Delépine nous convainc assez avec ses huiles « à la Turner », lors de notre passage. Mais on aime bien, après le péril du minuscule escalier en colimaçon, la salle du bas où s'enchevêtrent les permanents, les chouchous, comme Eric Straw et ses sculptures de carton ou Bérénice Fourmy et ses personnages pierre et bois qui dégagent douceur, sérénité et poésie.

ART & CULTURE

LE MIROIR

✆ 05 49 30 21 90
www.lemiroirdepoitiers.fr
Expositions temporaires à Poitiers. Lieux variables. Entrées libres. Programmation sur ses pages internet et Facebook.

Arts décoratifs, mode, artisanat, design, graphisme, bd, photographie, vidéo… les expositions du Miroir dialoguent entre les arts et les formes, reflétant et interrogeant toutes les composantes du monde contemporain qu'elles soient sociales, historiques, politiques ou esthétiques. Artistes, créateurs, penseurs et historiens de divers horizons sont invités à venir nourrir les expositions programmées dans l'année. En attendant d'intégrer ses murs, certainement en 2022, dans la nouvelle salle d'art visuel imaginée dans l'ancien théâtre, Le Miroir s'offre une dernière exposition dans la chapelle Saint-Louis, un temps fort sur les relations entre l'art et l'informatique à découvrir en 2021.

ART & CULTURE

GALERIE SAINTE-CROIX

50 bis, rue Saint-Simplicien
✆ 06 77 53 49 82
www.dominiquemaltier.com
Ouvert sur rendez-vous.

La Galerie Sainte-Croix n'est pas l'arrière-boutique du Musée Sainte-Croix, mais une galerie indépendante tenue par Dominique Maltier. Créateur, sculpteur sur métal, on sent que l'homme fourmille d'idées, que ses mains le disputent à sa tête bricoleuse, inventive, sans doute envolée vers des cieux multi-merveilleux où nous n'avons pas toujours accès. Il affectionne les consoles, qu'il fabrique avec le partenariat d'artisans régionaux. Ses meubles, pour lui, représentent un espace scénique où il fait évoluer les formes et la lumière. Il est aussi marchand d'art et revend des pièces d'art ancien ou moderne ce qui ne l'empêche pas de donner de la place quelquefois à des expositions temporaires.

CAFÉ-CONCERT

LE GRAND CAFÉ

1, rue Neuma Fechine Borges ✆ 05 49 45 47 90
www.crous-poitiers.fr
Fermé pendant les vacances scolaires. Du lundi au jeudi : 10h-20h30 ; vendredi : 10h-15h30 ; samedi : 11h45-14h.

Ne passez pas à côté de la programmation du Grand Café ! Au cœur de la Maison Des Etudiants, juste à côté de la grande salle de spectacle (800 places quand même !), il est un des lieux qui bouge le plus sur le campus. Dans cet endroit cosy, c'est une centaine de spectateurs que l'on accueille à chaque spectacle. Une vingtaine d'événements sont prévus à l'année, sans compter les concerts organisés par diverses associations. Sur la scène, les disciplines et les univers ne se ressemblent pas : slam, concert, lecture… Il y en a pour tous les goûts. L'accent est mis sur les artistes émergents locaux. C'est ainsi que l'on a pu y découvrir Hacride ou Colours in the street.

CAFÉ-CONCERT
LA GUINGUETTE PICTAVE

6, chemin de Tison
✆ 06 01 03 03 70
Ouvert 7j/7 de Pâques à La Toussaint. Voir programme des concerts sur la page Facebook.

On est fier d'être poitevin quand des lieux comme celui-ci sortent de terre. Sur l'Ilot Tison, au bord du Clain, la Guinguette Pictave est *The place to be*. En famille, en couple, entre amis, chacun trouvera à la Guinguette une activité pour lui. Les enfants se dégourdiront les pattes dans le parc tandis que les parents profiteront d'un moment de détente lors d'un concert sous la grande halle éclairée de guirlandes ou d'un verre, les pieds dans le sable, à l'espace plage. La grande halle accueille aussi des marchés de créateurs, l'occasion de découvrir des artisans locaux. Pour l'apéro, des paniers pique-nique sont proposés. Côté restauration, des food-trucks sont présents midi et soir.

CAFÉ-CONCERT
LE MANA

1, rue de la Tardiverie - **BIARD**
✆ 07 70 04 44 09
Ouvert en fonction des événements (voir le Facebook). Entrée libre. Restauration.

Au Mana, on aime les gens. On aime les voir rire, s'amuser, danser, jouer à la pétanque, au palet... On aime les voir se prélasser dans les chaises longues de la plage de sable fin. On aime les voir vibrer lors des concerts. On aime que les enfants se distraient en plein air. On aime voir les grands déguster une bière locale et qu'ils se régalent d'un bon Bo Bun, et de la cuisine du monde de Chez Na Dej'. Le Mana, c'est l'histoire de Nadège, cheffe du foodtruck éponyme, et de son mari, Matthieu, qui cherchaient un lieu pour garer leurs véhicules et qui ont eu la chouette idée de transformer un hangar en guinguette pour y proposer plein de spectacles et d'animations pour égayer nos soirées.

CAFÉ-THÉÂTRE
LES PLANCHES

24, rue du Bois d'Amour ✆ 09 86 70 67 07
www.airjump.fr
Spectacles généralement en fin de semaine. Programmation : sur le site ou le Facebook. Réservation : billetreduc.com

Voilà un petit nouveau dans le paysage poitevin, un café-théâtre où humoristes, chanteurs, musiciens et magiciens arpentent les planches dans une salle intimiste. 97 places pour s'amuser, 97 places pour rigoler, 97 places pour être ému, 97 places pour profiter, en fin de semaine, d'un moment de détente en toute convivialité. Vous prendrez plaisir à découvrir des artistes du cru ou d'ailleurs, de belles découvertes qui vous feront sourire et, disons-le, beaucoup rire. Des spectacles pour enfants complètent la programmation et le premier jeudi de chaque mois, place au Before Comedy Club, une scène ouverte pour découvrir les artistes qui se lancent et qui sait, peut-être, les stars de demain ?

CINÉMA
CGR LE CASTILLE

24, place du Maréchal Leclerc ✆ 08 92 68 85 88
www.cgrcinemas.fr
7j/7. Entrée : 8,50 €. Tarif réduit : 7,20 €. Étudiants ou moins de 18 ans : 6,50 €.

Sur sa façade se détache l'écusson de la famille de Castille et des blasons de Poitiers et du Poitou. Cette salle, qui existait déjà en 1931, portait ce nom en souvenir du café qu'elle a remplacé. Aujourd'hui, le lieu accueille à la fois le cinéma grand public CGR et le TAP Castille (art et essai). Côté CGR, cinq salles, dont une accessible aux personnes à mobilité réduite, équipées en son dolby stéréo diffusent les « hits » cinématographiques qui font l'actu. Les amateurs de blockbusters états-uniens, de bonnes comédies françaises et de cinéma 3D pour les enfants (et leurs parents) seront ravis. A noter, et c'est très appréciable, que certains films sont diffusés en V.O.

CINÉMA
CINÉMA LE DIETRICH

34, boulevard Chasseigne ✆ 05 49 01 77 90
www.le-dietrich.fr
Ouvert tous les jours. Tarif plein : 7,5 € ; Moins de 14 ans : 4 € ; Dispositif «Joker» : 3 € ; Carte 10 places : 55 €

L'ombre de la mythique héroïne de *l'Ange bleu* plane-t-elle sur cette ancienne écurie ? Ouvert dans les années 50, devenu cinéma associatif en 1984, le Dietrich propose des films de toutes nationalités, rares, pointus, exigeants et décalés, des curiosités du 7e art, des films de genre... qui se démarquent par leur audace, leur intelligence ou leur inventivité artistique. Romances punk, drames expérimentaux... la plupart sont en VOST. La programmation mensuelle se joue dans une salle de 138 places, certains soirs en présence de réalisateurs ou d'intervenants, car oui, au Diet', on aime à causer après une toile. Pour cinéphiles ou désireux d'aller au-delà du cinéma donc !

CINÉMA
MEGA CGR BUXEROLLES

Rue des Frères Lumière - **BUXEROLLES** ✆ 05 49 38 10 75
www.cgrcinemas.fr/buxerolles
7j/7. Entrée : 10,20 €. Tarif réduit : 8,30 €. Étudiants ou moins de 18 ans : 7,50 €. Plein tarif salle ice : 15 €.

Douze salles et plus de 2 000 places, c'est à s'y perdre ! Signalons la salle Premium Ice à la pointe de la technologie, avec immersion visuelle par panneaux latéraux : waow ! Le Mega CGR est le lieu de référence pour venir voir un film d'action ou bien toutes les comédies à la mode. Des acteurs/réalisateurs sont parfois présents à l'occasion de la sortie de leur film. Surprenant, le lieu propose aussi des concerts privés au cinéma, des documentaires et des retransmissions d'opéras très appréciées du public. Les salles sont climatisées, et nous ne sommes pas gênés par les têtes devant nous. C'est un lieu grand public bien situé près du bowling et des restos.

CINÉMA
TAP CASTILLE

24, place du Maréchal Leclerc ✆ 05 49 39 50 91
www.tap-poitiers.com
Ouvert tous les jours et les jours fériés. Tarifs de 3€ à 7,50€. Tarif carte cinéma 10 séances : 55 €.

Trois salles en sous-sol, équipées en numérique, pour se faire une toile de qualité, en français ou en version originale sous-titrée, sans l'odeur du pop-corn et la douce musique des paquets de bonbons : waow ! Cinéma Art et Essai classé « Recherche et Découverte », « Jeune Public » et « Patrimoine et Répertoire », le Tap Castille propose des films d'auteur (cinéastes confirmés ou jeunes auteurs), organise quelquefois des séances avec des réalisateurs. On apprécie vraiment de trouver encore une petite plaquette papier des programmes, qu'on aime à étudier avec convoitise, peinards dans notre lit, avant l'égoïste et si délicieux voyage dans un ailleurs de pellicule.

CONCERT
LA QUINTAINE

Rue de la Gare - **CHASSENEUIL-DU-POITOU** ✆ 05 49 11 37 05
www.laquintaine.fr
Par téléphone : du mar au ven : 14h-18h. Ouverture au public : mer, ven : 15h-18h + soirs de spectacles. De 3€ à 35€.

Avec son look résolument moderne, industriel même (acier, béton brut et verre), la jeune salle festive et culturelle de La Quintaine, avec sa belle acoustique, propose une programmation éclectique et atypique qui se veut dédiée aux découvertes en famille. La recette pour une belle programmation ? De belles têtes d'affiche, quelques soirées de chanson, de l'humour, de la danse, pas mal de théâtre et surtout beaucoup de cirque. Le chanteur Tété, le comédien Jacques Gamblin, l'accordéoniste Richard Galliano, les incontournables Yannick Jaulin et Jérôme Rouger s'y sont produits. Sachez aussi que cette salle de 340 places modulables devient, à l'occasion, salle d'expos, de repas dansants...

CONCERT
AUDITORIUM SAINT-GERMAIN

5, rue Franklin
✆ 05 49 30 20 22
www.conservatoire.poitiers.fr

L'Auditorium Saint-Germain, installé dans l'église éponyme, est immanquablement situé face au Conservatoire à rayonnement régional de Poitiers. D'une capacité d'accueil d'environ 200 spectateurs, il offre une très belle acoustique et son cadre est solennellement intime. Sa programmation est aussi riche que l'endroit est spectaculaire. La scène est souvent occupée par des musiciens extraordinaires qui délivrent des pièces classiques, jazz, contemporaines, métisses... A la sortie de leur cours, les élèves du conservatoire n'ont qu'un pas à faire pour aller les écouter, quand ils ne s'y produisent pas eux-mêmes, lors de « levers de rideaux » pendant la saison de concerts Prima la Musica.

CONCERT
LES SOIRÉES DE LA MONTGOLFIÈRE

rue des frères Montgolfier ✆ 05 49 58 05 52
http://lablaiserie.centres-sociaux.fr
Places sur le site de la Blaiserie et sur le site Digitik. Entrée entre 3€50 et 34€ selon concerts et réductions.

Qu'elles sont chouettes les soirées de la montgolfière : un peu de théâtre et surtout beaucoup de chanson française. Une fois par mois, on aime se retrouver dans la petite salle intimiste et alternative du centre socioculturel de la Blaiserie. Les années passées, on a eu plaisir d'écouter Olivia Ruiz, les Ogres de Barback, les Têtes Raides... En 2021, des artistes aux univers très différents monteront sur scène : des compagnies de théâtre qui interrogent les sujets de société, Rom Sucar et ses reprises de musiques trad tsiganes et la désormais célèbre chanteuse folk Pomme.

CONCERT
LE CONFORT MODERNE

185, rue du Faubourg du Pont-Neuf ✆ 05 49 46 08 08
www.confort-moderne.fr
Ouvert du lundi au vendredi de 12h à 18h, les soirs de concerts et les WE d'expositions. Tarifs selon la programmation.

Pas possible de rater l'entrée, ils ont mis des couleurs à vous décrocher les yeux sur le mur du voisin ! Le Confort Moderne est un ensemble de salles qui est installé depuis un moment maintenant comme un lieu important de la scène culturelle poitevine. C'est une espèce de laboratoire de création de musiques actuelles et d'art. Sur 8 500 m² fleurant bon le parpaing et la poutre métallique, vestiges de l'ancien magasin d'électroménager dont il prit la place voici plus de 30 ans, Le Confort Moderne offre une grande salle d'expos, une salle de concert de 800 places, un « club » de 200 places, une librairie, un restaurant désormais... Soyez curieux, vous ne serez pas déçu !

ENFANTS
LES DIMANCHES DU LOCAL

16, rue St Pierre le Puellier ✆ 05 49 62 84 83
www.lelocal.asso.fr
Accueil tel du lundi au vendredi : 9h-12h et 14h-19h. Spectacle à 16h. Tarif plein 6€, réduit 4€ et carte jocker 3,50€.

Le Local - Maison de quartier du centre-ville de Poitiers, propose chaque mois, lors d'un dimanche, un spectacle spécialement dédié aux plus jeunes. C'est l'occasion de passer un agréable après-midi en famille et pour les enfants une opportunité de découvrir le monde grâce aux regards pleins d'humour et de poésie que lui portent divers artistes. Ceux-ci échangent ensuite avec bienveillance des questions-réponses avec les enfants en partageant avec eux le goûter offert après le spectacle. Une porte ouverte vers le monde de la culture et du spectacle : les petits en raffolent, les parents adorent voir briller les étoiles dans leurs yeux. Réservation fortement conseillée.

JAZZ

LE PINCE OREILLE

11, rue des Trois Rois ✆ 05 49 60 25 99
www.lepinceoreille.fr

Ouvert du jeudi au samedi de 19h à 2h. Le restaurant sert à partir de 19h00. Concert dès 22h.

La spécialité de cet endroit ? La musique jazzy pratiquée devant vous par de bons musiciens et le tout dans une ambiance très détendue. Le jeudi soir c'est jam session (bœuf, en français), dès 22h. Soul, punk, hip hop et jazz s'entremêlent. Si vous jouez un peu, profitez des instruments à disposition et improvisez avec d'autres, des amis où ceux que vous rencontrerez sur place. Le vendredi et le samedi, ce sont généralement des concerts qui sont organisés et l'entrée y est parfois libre ou à des tarifs abordables. Vous pouvez aussi vous restaurer sur place et vous régaler avec de la très bonne cuisine française traditionnelle. En plus du bar à vin, vous pourrez y boire différents rhums.

MUSÉE

ESPACE MENDÈS-FRANCE

1, place de la Cathédrale ✆ 05 49 50 33 08
https://emf.fr

Ouvert du mardi au vendredi 9h-12h15, 13h30-18h30 ; week-end 14h-18h30.

A l'Espace Mendès-France, la science est l'affaire de tous ! Tout est question d'approche pour rendre intéressant, voire captivant, un sujet qui de prime abord peut paraître opaque. Que sait-on des mammouths ? Et des pyramides ? Quelles avancées en matière de connaissances sur la santé ? Et le développement durable ? Que sait-on de Toumaï ? Pourquoi la terre est ronde ? Peut-on réparer le cerveau ? Des expositions et des conférences organisées tout au long de l'année, dans et hors les murs, participent à développer la culture scientifique de tous les publics. Il suffit juste d'être un peu curieux pour mieux comprendre le monde complexe et mouvant dans lequel nous évoluons.

SPECTACLE

LA HUNE

1, avenue du champ de la caille ✆ 05 49 37 77 88
www.ville-saint-benoit.fr/hune/spectacles/

Programmation sur le site : www.ohelahune.com. Billetterie sur place, à l'Office de tourisme rue Gauvin ou en ligne.

La Hune constitue un espace culturel d'exception à Poitiers. Cette salle de spectacles municipale située à Saint-Benoît est appréciée pour la qualité et la polyvalence de ses équipements. Chaque saison, La Hune accueille des artistes locaux, des événements de proximité, des manifestations nationales et des artistes de renommée nationale. En partenariat avec la mairie de Saint-Benoît, l'association Organisation Hune Evénements (OHÉ) assure une partie de la programmation de qualité et ouverte à tous. D'autres événements y sont organisés directement par le service culturel de la ville, par des productions privées ou par les nombreuses associations sancto-bénédictines ou poitevines.

SPECTACLE

MAISON DES PROJETS - LA ROTATIVE

48, avenue de la Liberté - **BUXEROLLES** ✆ 05 49 01 05 89
www.maisondesprojets-csc86.org

Lundi 14h à 18h, mardi de 14h à 18h30 ; du mercredi au vendredi de 9h à 12h30 et de 14h à 18h30 ; le samedi de 9h à 12h.

A la Rotative, ça bouillonne ! La salle de spectacles de la Maison des projets vous offre une programmation éclectique. Les shows pour enfants côtoient les chanteurs de gospel, les humoristes, les interprètes, les conférences gesticulées et les ciné-concerts. Des soirées slam sont animées par l'association l'Astre en Moi. Les slameurs ont trois minutes pour déclamer un texte de leur composition sans musique. On peut assister à du théâtre d'improvisation par la LUDI. Des matchs, des catchs, des enchères... où les acteurs se jettent dans l'arène. On y rit beaucoup. On adore.

THÉÂTRE

THÉÂTRE AU CLAIN

67 bis, chemin de la grotte à Calvin ✆ 06 03 90 09 95
www.tacpoitiers.fr

Jours et horaires variables. Programmation mensuelle en ligne. Entrée : 6 €. Enfants 3-12 ans : 5 € + goûter offert.

Une chose est sûre c'est que le TAC se mérite. Enfoncée dans les méandres des chemins qui bordent le Clain, la jolie bâtisse surprend car on a l'impression d'arriver « chez quelqu'un ». Violoniste, conteuse et marionnettiste, Evelyne Moser ouvre plusieurs fois par semaine sa petite scène intimiste pour laisser des lectures, concerts et performances originales se produire chez elle. En plus de la programmation adulte, des spectacles pour les tout-petits et des ateliers parents-enfants de fabrication de marionnettes ou de découverte des instruments se déroulent l'après-midi. Le TAC est un endroit idéal pour se laisser surprendre et discuter ensemble autour d'un godet après les représentations.

THÉÂTRE

THÉÂTRE AUDITORIUM DE POITIERS

6, rue de la Marne ✆ 05 49 39 29 29
www.tap-poitiers.com

Fermeture annuelle en juillet et août. Tarifs réduits -16 ans, demandeurs d'emploi, carte Culture. Tarifs abonnements.

Ce cube jaune est un iceberg urbain : tout se passe en dessous (jusqu'à 18 m de profondeur). Mais la descente mène vers les hauteurs ; dans l'un des meilleurs auditoriums d'Europe où la musique classique captive vos oreilles et dans le théâtre où sont donnés des pièces, des spectacles circassiens, des concerts aussi. Chaque place est conçue pour être une place de choix et l'acoustique est irréprochable. Certains spectacles peuvent avoir lieu devant le grand escalier. Le TAP offre de multiples accès à la culture, parfois gratuits (concerts-sandwichs, siestes musicales...).

DISCOTHÈQUE

GEORGE SAND

25, rue Saint-Pierre-le-Puellier
✆ 05 49 55 91 58

Ouvert le mardi et le mercredi de 0h30 à 4h ; du jeudi au samedi de 0h à 7h. Entrée gratuite. Animations.

Le Georges Sand (GS pour les locaux) a bonne presse. Gratuit, intimiste, au personnel accueillant, il est un agréable compromis entre le bar et la boîte de nuit. Plusieurs options s'offrent à vous : vous asseoir confortablement dans le petit salon à droite de la porte ou vous lancer sur la piste de danse, à gauche. Celle-ci est un peu étroite mais très lumineuse. Au sol, des plaques de verres sont posées, sur lesquelles se reflètent diverses couleurs fluorescentes. L'ambiance est jeune et branchée. Le jeudi est réservé aux soirées étudiantes. Les vendredis et samedis sont des soirées à thème : cocktails, caliente et même « open mix » pour tester vos talents de DJ !

DISCOTHÈQUE

LA TOMATE BLANCHE

5, chemin de Tison ✆ 05 49 41 20 24
www.latomateblanche.fr

25 ans minimum. Discothèque ouverte du jeudi au samedi : 23h à 7h. 10 € avec conso. Restaurant : du jeudi au samedi.

Fini le temps où vos talons s'enfonçaient dans les sols boueux du parking de la Tomate. Désormais, la boîte de nuit profite de beaux extérieurs grâce à l'aménagement de l'Ilot Tison. La Tomate, c'est le repère des plus de 25 ans. Ici, on danse jusqu'au bout de la nuit. Deux salles sont à disposition : l'une réservée aux fans des années 80' 90' et l'autre, aux amateurs de musiques actuelles et électro. Le gros plus de l'établissement : une grande terrasse qui favorise discussions et rencontres. Parmi les incontournables du lieu : le samedi Karaoké pour tester vos talents de chanteur et l'*afterwork* du jeudi soir connu pour sa fontaine de chocolat attire beaucoup de monde. Pensez à réserver.

ART SELFIE

Une appli de Google Arts et Culture amusante et instructive ! Prenez un selfie et effectuez une recherche parmi les milliers d'œuvres pour savoir laquelle vous ressemble. Sachez cependant que selon l'expression que vous avez l'œuvre varie. Vous pouvez aussi bien ressembler à un portrait de Van Gogh qu'à une des muses de Picasso. Mais la ressemblance est toujours frappante !

DISCOTHÈQUE

WALLABY'S PUB

3, rue du Plat d'Étain ✆ 05 49 55 17 58
www.wallabys.fr

Du lun au mer : 18h-2h ; jeu, ven : 18h-3h ; sam : 15h-3h Karaoke, beer pong, billard, soirées étudiantes, matchs.

Dans son impasse, tout près de la place du Maréchal Leclerc, il est désormais un lieu incontournable de la vie étudiante poitevine. Réparti sur différents niveaux, entièrement vêtu de bois, ce grand pub australien ne cesse de se moderniser pour répondre à une clientèle jeune et festive. Et on peut dire qu'il y a de l'ambiance ! Tandis que les aimables barmans s'affairent pour préparer de bons cocktails, les danseurs envahissent la grande piste. Ici, il y en a pour chacun : tournois de beer-pong (pour ceux qui ont un Sam !), soirée karaoké le mardi avec 29 000 titres au choix (de quoi se casser la voix !), retransmission de matchs de football ou de rugby ou DJ pour briller sur le dancefloor !

DISCOTHÈQUE

THE ROOM CLUB

37, boulevard du Grand Cerf ✆ 06 76 02 89 85
www.room-club.fr

Ouvert du jeudi au samedi de 0h à 7h. Ouvert veilles de jours fériés. Entrée : 10 € (avec consommation).

Quel est le point commun entre Kavinsky, Bon entendeur, Etienne de Crécy et JoeyStarr ? Ils sont tous déjà passés au Room. Installé dans le quartier de la gare, le club à la façade en inox rouillé a réussi à se faire un nom parmi les salles du Grand Ouest. Une grande rampe d'accès permet de patienter à l'intérieur, bien au chaud, en attendant de prendre son ticket d'entrée. La salle est grande avec ses 6,50 m sous plafond, agréable. La déco est sobre et classe, avec ses grands lustres en inox perforé. Côté programmation, en plus des soirées classiques où les musiques actuelles sont de mises (techno - house - hip-hop - rap), des DJ sets et des concerts sont organisés une à deux fois par mois.

DISCOTHÈQUE

LA GRAND'GOULE

46, rue du Pigeon blanc ✆ 05 49 50 41 36
www.lagoule.fr

Du mercredi au samedi de 0h à 6h. Entrée : 10 € avec consommation ; Gratuit tous les soirs pour la gente féminine.

La Goule tire son nom du mythique animal poitevin à la bouche démesurée. Cette boîte de nuit est une institution poitevine ! Un véritable repère d'étudiants qui font la fête jusqu'au bout de la nuit. Ouverte depuis 1965, elle a su conserver un succès intact en proposant de nombreuses soirées à thème à tous ceux qui rêvent de se coucher au soleil levant. Avis aux amateurs de soirées festives donc ! Installée dans une maison de ville, construite sur trois étages, elle offre deux pistes (une généraliste, l'autre plutôt années 80) et trois bars, le tout accessible à pied facilement depuis les restos et bars situés au cœur de Poitiers. Pratique en cas de soirée arrosée !

POTERIE - CÉRAMIQUE

ATELIER CERAMICS D.

36, rue Ferdinand Foch ✆ 06 25 55 87 02
www.atelierceramics.com
Ateliers adultes mercredi 19h30-22h et jeudi 10h-12h30 et de 14h à 16h30 ; ateliers enfants le mercredi de 18h à 19h30.

Par amour pour la porcelaine, Delphine Millet, diplômée en architecture d'intérieur et danseuse, est devenue céramiste. Elle s'est installée dans ce bel atelier du centre-ville, rue Foch. Et ce sont désormais ses mains qui dansent sur le tour pour donner vie à de beaux bols, d'excentriques vases, des photophores, des luminaires aériens... On sait qu'elle a réalisé un grand lustre pour le fumoir du restaurant Les Archives. Ses œuvres sont visibles à son atelier où elle donne aussi des cours loisirs et en petit comité aux adultes et aux enfants. Sachez que la terre, les outils, les émaux... vous seront fournis et que vos créations seront cuites dans le four de l'atelier.

LOISIR CRÉATIF

DALBE - MAISON GRASSIN

47, rue de la Marne ✆ 05 49 88 01 68
www.poitiers.dalbe.fr
Ouvert le lundi de 14h à 18h ; du mardi au samedi de 10h à 13h et de 14h à 18h45.

« La peinture à l'huile, c'est bien difficile, mais c'est bien plus beau que la peinture à l'eau ! » En tout cas pour l'une comme pour l'autre, il faut du matériel de qualité. Affiliée à l'enseigne Dalbe, la Maison Grassin, créée en 1909 par André Grassin, est l'une des plus anciennes boutiques de la ville. Plus d'un siècle à approvisionner une fidèle clientèle en peinture, aquarelle, papiers, pinceaux, toiles, mais aussi en ouvrages dédiés aux loisirs créatifs, et même en produits d'entretien (eh oui, car quand on bricole, il arrive que l'on salisse !). L'autre spécialité de la maison, c'est l'encadrement. Et là encore, vous trouverez ici un savoir-faire remarquable !

DESSIN

LES BEAUX-ARTS, ÉCOLE D'ARTS PLASTIQUES

26, rue Jean Alexandre ✆ 05 49 30 21 90
www.lesbeaux-arts-eap.grandpoitiers.fr
Autre lieu : ancien Collège Jules Verne à Buxerolles. Imp. Eric tabarly. Tel. 05 49 51 42 03.

Pour exercer votre sens créatif ou celui de vos enfants, inscrivez-vous (les) à l'une des disciplines artistiques de l'Ecole d'arts plastiques. Dessin, peinture, techniques mixtes, gravure, sculpture-volume, photographie, histoire de l'art, 36 cours hebdomadaires sont accessibles à partir de six ans. Pas besoin d'être un pro, vous êtes là pour vous initier ou approfondir vos connaissances. Parallèlement à ces inscriptions annuelles, des stages ponctuels sont organisés pour les élèves et les non-inscrits. On y découvre des techniques et des artistes. A vos pinceaux !

LOISIR CRÉATIF

DO WHAT YOU LOVE - LOVE WHAT YOU DO

179, Grand'Rue ✆ 09 86 36 22 28
www.dwul.fr
Ouvert du mardi au samedi de 10h30 à 14h et de 15h30 à 19h. Ateliers créatifs.

Faire ce que l'on aime, c'est le plus important ! Alors pour aimer ce que vous faites, Janie Le Borgne a ouvert une boutique de créateurs où vous aussi, vous pourrez exercer vos talents. Accessoires, objets de décoration en tissu, bois et papier sont à votre portée. Dans la boutique, on retrouve la carterie poétique d'Apolline, les bijoux en crochet de Sara, les caleçons de Janie, les luminaires en dentelle de papier de Clotilde Toulier. Et vous savez quoi ? Vous pouvez en fabriquer vous-même puisque tous les mois, chaque créateur propose un atelier créatif. Quelle chance !

ACTIVITÉ ARTISTIQUE

LE CONSERVATOIRE

5, rue Franklin ✆ 05 49 30 20 20
www.poitiers.fr
Inscriptions dans le cadre du guichet unique (fin août-début septembre). Tarifs détaillés sur le site internet.

Laisser s'exprimer son corps, ses émotions et donner à voir du beau en interprétant et en laissant sa créativité parler au travers de compositions personnelles par la danse, la musique ou le théâtre. Du travail au Conservatoire de Grand Poitiers il en faudra et de la pratique sera nécessaire pour donner le meilleur de soi-même et prendre du plaisir. Amateur ou confirmé, on intègre le cycle qui nous correspond, et cela dès le plus jeune âge. Classé à « rayonnement régional », le Conservatoire compte plus de 1 400 élèves. Il assure une présence accrue dans les différents quartiers de la ville par des interventions en milieu scolaire et une collaboration avec les maisons de quartiers.

ASTRONOMIE

ESPACE MENDÈS FRANCE

1, place de la Cathédrale ✆ 05 49 50 33 08
https://emf.fr
Du mardi au vendredi 9h à 12h15 - 13h30 à 18h30 ; WE 14h - 18h30. Fermé les lundis et dimanches hors périodes scolaires.

En plus des expositions et des conférences pour mieux comprendre la science en général, l'espace Mendès-France propose des ateliers pluridisciplinaires. Le planétarium – et les 4 000 étoiles projetées sur le dôme – permet à tous de s'immerger 1h30 dans l'espace et d'observer les mouvements des astres. Les plus jeunes poursuivent l'expérience avec une séance « astronomes en herbe ». Après la tête dans les étoiles, ils sont invités à des ateliers qui se pratiquent les pieds sur terre : créer un jeu vidéo 3D, fabriquer son pain, du papier recyclé, enquêter grâce à l'ADN, piloter un drone. Les thèmes sont multiples, mais la meilleure façon d'apprendre reste l'expérimentation et l'amusement.

DISQUAIRE

PLEXUS RECORDS

172, Grand-rue ✆ 05 49 30 41 22
plexusrecords.blogspot.com
Ouvert du mardi au samedi de 11h à 19h. Fermeture annuelle d'1 mois. Périodes variables.

Ici, c'est la caverne d'Ali Baba de la très recherchée galette en plastique noire. On trouve des vinyles neufs et surtout des vinyles d'occasion en 33 ou 45 tours. Tous les genres (mais peu de variété française et de musique classique) sont répertoriés dans des bacs en bois. Vous trouverez votre bonheur à tous prix, parfois chers pour les pressages d'époque (mais la rareté se paie). Sont vendus des disques pressés au Japon que le disquaire va chercher lui-même, de musique japonaise – ou pas – dont la qualité de son est remarquable. Pour faire tourner la galette, vous pourrez aussi acheter du matériel Hi-Fi d'occasion. Le magasin assure les réparations. Des DJ sets sont organisés en boutique.

COURS DE MUSIQUE

SYRINX

51, boulevard de la Digue ✆ 05 49 44 00 00
www.ateliers-musicaux-syrinx.fr
Ouverture de l'accueil du lundi au jeudi de 14h à 18h et le vendredi de 14h à 17h.

Cette école de musique associative permet aux élèves de tous âges et tous niveaux de gagner en autonomie sur l'instrument de leur choix en suivant des cours ou des ateliers, voire les deux en même temps. Les enfants entre 2 et 7 ans peuvent s'inscrire à des ateliers d'éveil musical ou instrumental pendant lesquels ils peuvent être initiés à l'opéra de manière ludique, par de la mise en scène de figurines. Si vous avez toujours rêvé d'apprendre le violoncelle mais que vous n'y connaissez rien, lancez-vous ! Il s'agit d'une vraie alternative aux écoles de musique académiques. Vous ne repartirez pas avec un diplôme mais avec la satisfaction d'une activité à votre portée.

SONGKICK

L'appli Songkick scanne votre bibliothèque musicale (Spotify, iTunes…) et vous donne la liste des prochains concerts des artistes que vous écoutez, et qui auront lieu autour de vous. Il suffit d'activer l'option géolocalisation et les infos concerts tomberont toutes seules sur votre écran au fur et à mesure que les dates de concerts de vos artistes préférés se confirment.

DISQUAIRE

TRANSAT

185, rue du Faubourg du Pont Neuf ✆ 06 60 70 44 97
transat.confort-moderne.fr
Ouvert du lundi au vendredi de 12h à 18h. Également ouvert certains soirs de concerts. CB non acceptée.

Lionel, le disquaire, n'a pas attendu le retour du vinyle pour ouvrir sa boutique. Ce passionné de musique alimente sans cesses ses bacs, aussi bien avec des incontournables chinés d'occasion qu'avec des nouveautés distribuées par des labels indépendants et étrangers. Dans sa boutique installée au Confort Moderne, il en a pour tous les goûts, bien que le style de prédilection affiché par l'enseigne donne une large place aux musiques alternatives : rock, punk, new wave, métal… Même si le matériel audio d'occasion n'est pas l'activité principale de la boutique, il y a parfois à la vente des platines ou des amplis vintage entièrement révisés qui ne demandent qu'à reprendre du service.

HOBBIES

LA REGRATTERIE

58, rue de la Longerolle - **MIGNÉ-AUXANCES**
✆ 07 66 11 60 85
www.laregratterie.fr
Mercredi, vendredi, samedi de 14h à 18h.

Avis aux bricoleurs, aux artisans et aux artistes ! Dans leurs locaux à Migné-Auxances, tels des regrattiers des temps modernes, Aurélie, Jonathan, Olivier récupèrent des matériaux en tous genres à la déchetterie et auprès d'entreprises partenaires pour enrichir leur matériauthèque et vous proposer le tout à des prix « solidaires ». Invendus, chutes, fin de stocks, ils sont triés et rangés dans des boîtes étiquetées. Bois, ardoises, carrelage, peinture, visseries, tissus... ici, tout se récupère et se transforme ! Des initiations (soudure, travail du bois, à la forge) sont organisées et une galerie (rue de la Regratterie) présente des pièces uniques réalisées à partir de matériaux recyclés.

HOBBIES

LES USINES

Avenue de la Plage - **LIGUGÉ**
www.lesusines.fr
Programme des ateliers, information co-working à découvrir sur le site internet. Open ateliers : mardi soir de 19h-22h

Un lieu rare où s'expérimente le « travail autrement ». En 2011, quatre acolytes rachètent la friche industrielle de la filature pour y construire un espace transversal de travail. Mettre des gens en lien et des réseaux en commun, voilà le credo de l'association AY128 qui développe coworking, accueil d'entreprises et propose les samedis des ateliers « Partage de savoirs » pour les particuliers. WordPress, e-textile, modélisation, handicap et impression 3D, objets connectés, sound design, de nombreuses thématiques sont abordées. Et pour découvrir le fablab et ses machines, pas besoin d'adhérer. Rendez-vous le mardi de 19h à 22h pour les open ateliers. Vous allez en apprendre des choses !

LIBRAIRIE
LA BELLE AVENTURE

12 et 15, rue des Grandes Ecoles
✆ 05 49 41 64 14
www.labelleaventure.fr
Ouvert du mardi au samedi de 10h à 19h. Commandes possibles.

Que vous aimiez la lecture ou pas, cette librairie indépendante pour les enfants ne peut pas vous laisser insensible. En poussant les portes, vous rentrez dans une atmosphère colorée et chaude où les livres deviennent de vrais aimants. C'est une caverne d'Ali Baba pour les enfants comme les parents. Vous y serez accueilli par des libraires formidables qui sont toujours de très bons conseils. Elles vous accueilleront aussi lors des rencontres organisées avec les auteurs ou si vous décidez d'inscrire vos adolescents au club de lecteurs. Pour les grands, la littérature, les sciences humaines, les arts... c'est au 12 ! Poussez jusqu'au fond de la librairie pour découvrir leur jolie verrière.

LIBRAIRIE
CULTURA

1, espace Colette-Ouvrard - **CHASSENEUIL-DU-POITOU**
✆ 05 49 30 80 90
www.cultura.com
Ouvert du lundi au samedi de 9h à 20h.

Le magasin des livres, de la musique, et de la papeterie pour toute la famille ! L'établissement est vaste, et tout est bien rangé. Les nouveautés sont mises en avant. Tout donne envie... Les livres de cuisine, les romans, les albums jeunesse... Un coin « loisirs créatifs » a été créé et l'équipe propose des ateliers pour apprendre à bricoler ! Cultura vous propose aussi un service billetterie de spectacles et de concerts. Pour la rentrée scolaire, retrouvez les manuels de vos enfants et ils vous commanderont les pièces manquantes. Un accueil chaleureux vous y attend par toute l'équipe même quand il y a beaucoup de monde. Rayons DVD, jeux vidéo, papeterie, livres... tout y est !

LIBRAIRIE
LA BRUYÈRE VAGABONDE

31, rue Edouard-Grimaux
✆ 05 16 34 47 57
Ouvert du mardi au samedi de 10h à 19h.

En poussant la porte de La Bruyère Vagabonde vous rentrez dans un lieu où vous aurez du mal à en sortir. C'est Véronique qui vous y accueille autour de beaux livres sur le thème extensible de la nature, littérature, livres pour la jeunesse et les voyages. Pendant les beaux jours, vous pourrez profiter de la petite terrasse cachée pour prendre un thé, essayez le thé des fées. Un nom de thé qui va si bien à ce lieu magique. Véronique accueille aussi dans sa librairie des ateliers et des auteurs qui viennent présenter leur livre. Vous y êtes bien sûr convié à ces moments de rencontres au biais de la newsletter ou le site Facebook de la librairie. Poussez la porte et laissez-vous transporter !

LIBRAIRIE
ESPACE CULTUREL E.LECLERC

93, route de Gençay
✆ 05 49 42 20 39
www.e-leclerc.com
Ouvert du lundi au samedi de 9h à 20h30.

Dans ce grand espace culturel, vous allez trouver tout ce que vous cherchez ! Commençons par une importante collection de livres dans tous les domaines : jeunesse, littérature, voyage, etc. Vous y trouverez aussi un large choix de CD et DVD, de jouets pour petits et grands et un espace achalandé de loisirs créatifs et de papeterie. Si vous avez un doute ou vous hésitez sur votre achat, n'hésitez pas à vous rapprocher d'une superbe équipe de conseillers à votre service. Pour parfaire ce lieu, retrouvez une billetterie pour les places de concerts et un espace Technologies.

BD
BULLES D'ENCRE

63, rue de la Cathédrale
✆ 05 49 62 32 16
www.bullesdencre.org
Ouvert le lundi de 14h à 19h ; du mardi au samedi de 10h à 19h.

Tout passionné de bande dessinée qui se respecte a passé un nombre incalculable d'heures dans cette fourmilière du 9e art. A écouter le patron, qui tient solidement le gouvernail depuis 1996, on se croirait déjà un peu dans une BD. Il a des airs de loup des mers, grand, costaud, impressionnant... Mais n'hésitez pas à lui demander conseil, il tombe toujours juste ! Il met à votre service son savoir encyclopédique. Bulles d'Encre est aussi réputée pour faire venir des auteurs lors de séances de dédicaces qui n'ont rien à envier au festival d'Angoulême ! Outre les éternels Tintin, Corto et Astérix, la librairie s'est également dotée d'un rayon manga des plus fournis. Un endroit incontournable !

BD
LA FANZINOTHÈQUE

185, rue du Faubourg du Pont Neuf
✆ 05 16 34 53 44
www.fanzino.org
Ouvert du lundi au vendredi de 12h à 18h. Adhésion : 10 € par an.

Depuis 89, la Fanzinothèque apparaît comme l'un des hauts lieux de la culture underground de la ville. Cet espace associatif, avec plus de 55 000 références, a pour mission la préservation et la diffusion de ce qui constitue depuis les années 1960 l'histoire culturelle parallèle. C'est la plus grande collection de fanzines européenne. Un fanzine, la contraction de fan et magazine. C'est une petite revue de bandes dessinées, de science-fiction, de musique, etc., rédigée par des amateurs passionnés pour d'autres passionnés. Il y en a pour tous les goûts et dans toutes les langues ! Moyennant une adhésion annuelle, vous aurez tout le loisir d'emprunter 3 fanzines pour une durée de 3 semaines.

LIBRAIRIE

FNAC

4, rue Henri Oudin
✆ 08 25 02 00 20
Ouvert du lundi au samedi de 10h à 19h30.

Rendez-vous au premier étage du centre commercial Les Cordeliers pour aller fouiller dans les rayons de la FNAC. Grosse locomotive du centre, l'enseigne rassemble livres, BD, CD, DVD, jeux vidéo, matériel son et hi-fi, etc. On adore aller feuilleter les livres, se perdre dans le rayon beaux-arts et découvrir les nombreux coffrets DVD proposés. Si vous ne trouvez pas votre bonheur, n'hésitez pas à demander aux conseillers présents à plusieurs points du magasin. Des séances de dédicaces sont régulièrement proposées pour profiter de ses auteurs préférés et faire de belles découvertes. A l'entrée du magasin, n'oubliez pas de jeter un œil sur la billetterie des spectacles !

BD

TANUKIE

5, rue de la Coix-Blanche ✆ 05 49 13 81 47
https://tanukie-poitiers.com
Ouvert du lundi au samedi de 10h à 19h. Livraison possible (à 50 km pour 20 centimes du km). Site e-commerce.

C'est la seule librairie spécialisée dans le genre à Poitiers. Logan vous y accueille. Chez Tanukie, comprenez « petit esprit de la forêt » en japonais, on ne lit que de droite à gauche. Ici, le manga est roi. Plus de six mille titres se partagent les rayons, classés par style : les *kodomo* pour les enfants, les grands classiques des pré-ados garçons : les *shônen nekketsu* comme Dragon Ball ou Naruto ; ceux pour les filles, *les shōjo*, sans oublier les mangas destinés aux adultes. Il y a même un rayon occasion pour trouver son bonheur à petits prix et la possibilité de prendre un abonnement lecture pour bouquiner sur place. Les amateurs de figurines trouveront également leur bonheur.

LIBRAIRIE

LIBRAIRIE DE L'UNIVERSITÉ

34, allée Champ Dinard
✆ 05 49 41 02 05
www.librairiedeluniversite.fr
Ouvert du mardi au samedi de 10h à 19h00. Parking.

Depuis 2014, la célèbre Librairie est installée en périphérie de Poitiers. Ne vous laissez pas influencer par son extérieur hangar en tôle, vous trouverez à l'intérieur tout le confort d'une grande librairie de 75 000 volumes. L'espace est lumineux et les rayonnages en bois grimpent en gratte-ciel. Le libraire a d'ailleurs recours à la girafe pour se saisir du livre de votre choix. La moitié de l'établissement est toujours achalandée en livres universitaires, l'autre moitié concerne des livres plus généralistes, neufs ou d'occasion, où se côtoient moult langues.

MÉDIATHÈQUE

MÉDIATHÈQUE FRANÇOIS-MITTERRAND

4, rue de l'Université ✆ 05 49 52 31 51
www.bm-poitiers.fr
Mar et jeu : 14h-19h ; mer et vend : 14h-18h ; samedi : 10h-18h. Pass médiathèque emprunt : 16 € et gratuit pour enfant

Forte d'un fonds unique, la médiathèque du centre-ville n'a de cesse d'enrichir son catalogue : livres pour adultes et enfants, journaux, revues en français, en langues étrangères, audiobooks, manuscrits et livres anciens rares, il y a de quoi faire. Mais aussi CD et DVD à emprunter et des œuvres d'art pour tapisser son salon. Dans le forum, on peut bouquiner, piquer un somme ou jouer aux échecs. Des manifestations culturelles sont souvent organisées (lectures de contes pour les tout-petits, conférences...), sans oublier la traditionnelle braderie annuelle !

RELIGIEUX

LA PROCURE SAINT-HILAIRE

64, rue de la Cathédrale
✆ 05 49 01 71 74
www.laprocurepoitiers.com
Ouvert du mardi au samedi de 9h30 à 12h30 et de 14h à 19h.

A la fois boutique en ligne et boutique en ville, la Procure part d'un grand choix de livres religieux ou traitant de la spiritualité, pour aller s'aventurer vers les terrains de la psychologie, de la littérature française, des ouvrages pédagogiques, des manuels de sciences humaines, d'histoire de l'art... On pourra également feuilleter une bande dessinée et s'attarder dans le rayon musical qui présente de nombreuses perles allant des adagios célèbres aux œuvres pour orgue de Jean-Sebastian Bach jusqu'aux, pour les amateurs, disques de rock chrétien. Vous y trouverez bon nombre d'objets : émaux, cierges, icônes, médailles ou encore statues... ainsi que quelques saveurs monastiques.

LIBRAIRIE

GIBERT JOSEPH

7 et 9, rue Gambetta ✆ 05 49 62 89 89
www.gibertjoseph.com
Ouvert le lundi de 9h30 à 12h30 et de 14h à 19h ; du mardi au samedi de 9h30 à 19h.

On se perd toujours un peu dans les différents niveaux plutôt labyrinthiques où de multiples escaliers et des demi-étages nous égarent, facétieux, alors on garde le cap ! Ici, 150 000 livres, neufs ou d'occasion ainsi qu'un ample rayon papeterie nous filent le tournis tant tout est tentant. Un dictionnaire de créole nous tente, un recueil de poèmes, un manuel scolaire nous manque... Une maison sans livres, c'est une maison sans fenêtres, nous vous invitons donc à respirer, à toucher les livres, à vous les approprier... Ils contiennent tant de jouissifs savoirs ! N'oubliez pas de passer voir la partie dédiée aux matériels scolaires, un pur bonheur pour choisir les stylos et les agendas !

FG.
FeelGood.

S'INFORMER
LE 7

10, boulevard Pierre et Marie Curie - **CHASSENEUIL-DU-POITOU**
✆ 05 49 49 47 31
www.le7.info
Parution chaque mardi.

Le 7, c'est ce petit hebdo départemental gratuit (28 pages en moyenne) qu'on chope à la volée au détour d'une rue ou dans une galerie marchande. Présent dans 650 points de dépôt, il est impossible de le manquer. Diffusé désormais à 60 000 exemplaires, jusqu'à Châtellerault, *Le 7* fait le pari de la pédagogie et aborde sans tabous des sujets d'actualité locale. Vous y trouverez le sport, la culture, l'environnement, le handicap ou l'emploi (la liste n'est pas exhaustive). Chaque semaine, il fait le portrait d'une personnalité poitevine et la parole est aussi donnée aux blogueurs locaux. Hebdo sur le papier, mais aussi quotidien sur le web, un magazine à lire absolument pour se tenir informé !

MENSUEL
AFFICHE HEBDO

2 ter, rue des Transporteurs
✆ 05 49 60 33 16
www.affichehebdo.fr
Gratuit. Site internet associé.

En début de mois, il montre le bout de son nez un peu partout en ville sur ses propres présentoirs. On le guette pour ne pas passer à côté de son précieux contenu. A l'origine, comme son nom l'indique, c'était un hebdo, mais qui est vite devenu un mensuel. Il s'agit là d'une précieuse bible qui recense toutes les sorties du mois du département sous forme de rubriques : sports et loisirs, expos, jeune public et sorties proprement dites. Très maniable et extrêmement clair avec ses titres d'événements en couleurs, on met une petite croix sur ce qui nous intéresse et y'a plus qu'à s'y rendre. Oh ! et si on le rate, tout son contenu et plus encore est disponible en ligne.

RADIO
RADIO FG POITIERS - 103 FM

www.radiofg.com

« Elle a vraiment de quoi être fière cette petite station associative née en 2000 » (Le Monde – 24/06/07) et qui rayonne désormais sur l'Hexagone (sur la FM et Internet) mais aussi à l'étranger. Musicale et indépendante, *Radio FG* joue la carte de la différence, celle d'une musique différente : la musique dite électro. Toujours en quête de nouveaux talents, *Radio FG* n'hésite pas à se tourner vers les labels indépendants, mais aussi les clubs avec lesquels elle demeure en contact permanent. Avant-gardiste elle est devenue LA radio référence de la culture electro.

RADIO
RADIO NOVA

10-12, rue Maurice Grimaud (18e)
PARIS
✆ 01 53 33 33 00
www.nova.fr

Depuis 1981, *Radio Nova* est libre, curieuse et créative. Radio musicale de référence, *Nova* révèle à ses auditeurs ce que la production musicale recèle comme trésors cachés, des musiques oubliées ainsi que des musiques nouvelles. En plus de 35 ans, Nova s'est imposée comme le média musical d'avant-garde, révélant et accompagnant de nombreux courants musicaux émergents de la fameuse sono mondiale (appelée aujourd'hui world music) à l'électro en passant par le hip-hop. *Nova* poursuit son travail de défrichage et de prescription en soutenant les nouveaux talents en leur ouvrant son antenne et les scènes de ses événements live. Ecoutez *Radio Nova* sur la fréquence 90.9 à Poitiers.

RADIO
RCF POITOU

10, rue de la Trinité
✆ 05 49 60 63 63
www.rcf.fr
Fréquence à Poitiers 94.7 FM

La Radio Chrétienne Francophone compte un réseau de soixante-cinq radios locales associatives et diffuse à Poitiers depuis 1991 sur 94.7. Son message est clair : « la joie se partage ». Et c'est au travers d'émissions spirituelles chrétiennes, mais pas seulement, puisqu'elle propose également un programme grand public généraliste de proximité, qu'elle œuvre en ce sens bienveillant. Elle propose d'approfondir des questions de société grâce à des émissions concernant la vie quotidienne, se fait la porte-parole de la culture, diffuse des informations locales, nationales et internationales, de la musique généraliste, des interviews de personnes connues ou anonymes.

PETITES ANNONCES
LA VIENNE RURALE

99, rue de la Libération ✆ 05 45 61 46 47
http://vienne-rurale.reussir.fr/public/index.php
Ouvert du lundi au vendredi de 9h à 17h. Périodicité hebdomadaire.

La Vienne Rurale, le journal hebdomadaire agricole et rural des professionnels du Département. Il est à destination des chefs d'entreprise, artisans, commerçants, agriculteurs, élus. Nombre d'articles sont rédigés par des agents de la chambre d'agriculture. Elle fait partie du groupe *Réussir* qui propose cinquante-deux titres de presse agricole départementale relayant les actualités de proximité de 72 départements. Vous pouvez retrouver le journal *La Vienne Rurale* dans les kiosques et dans votre boîte aux lettres si vous êtes abonnés chaque vendredi. Rendez-vous également sur le site Internet pour s'enrichir d'informations quotidiennes et pratiques ainsi que sur le compte Facebook du journal.

RADIO

RADIO PULSAR

1, rue Neuma Fechine Borges
✆ 05 49 88 33 04
www.radio-pulsar.org
Fréquence : 95.9 FM.

© PULSAR

La petite radio FM est née en 1983 de l'action de René Cateau et de lycéens des Feuillants. C'était la première radio associative sur Poitiers dont le but était de faire de la radio pour les jeunes et par les jeunes. Voilà maintenant plus de 30 ans que ce petit poucet remplit pleinement son rôle ! La programmation est éclectique (émissions sur l'e-sport, questions géopolitiques, etc.) et il faut être bigrement malchanceux pour tomber sur les mêmes titres un jour sur l'autre ! Pulsar, c'est de la diversité, de la fraîcheur, de l'actu locale avec l'Espace Matin et un soupçon de désinvolture ! Une radio qui a su durer en gardant son esprit d'indépendance d'origine... On ne peut qu'applaudir !

TÉLÉVISION

FRANCE 3 POITOU-CHARENTES

9, rue du Fief-des-Hausses
✆ 05 49 38 03 03
https://france3-regions.francetvinfo.fr
Antenne régionale de France 3.

Les infos régionales, c'est sacré dans les chaumières. Les yeux rivés sur le petit écran à l'heure pile, bercé par le sonal familier, tout bon Poitevin boit les reportages de sa région, aspire aux nouvelles croustillantes du jour et attend... la météo ! Deux éditions sont l'objet de tous les regards : le 19/20 et le journal de midi. La chaîne émet depuis Poitiers et fait partie de la direction régionale de *France 3 Nouvelle-Aquitaine*. Outre la Vienne, elle couvre le 16 et le 17 ainsi que le 79 et possède des rédactions locales à La Rochelle, Angoulême, Royan et Bressuire.

RADIO

FRANCE BLEU POITOU

27, boulevard Solferino ✆ 05 49 60 50 00
www.bleupoitou.com
Fréquences : 106.4 dans la Vienne et les Deux-Sèvres – 87.6 à Poitiers – 103.3 à Châtellerault – 101.0 à Niort

France Bleu Poitou à Poitiers depuis 2002. C'est une radio généraliste qui diffuse les programmes régionaux en direct de 6h à 13h et de 16h30 à 19h du lundi au vendredi, et de 7h à 12h30 le week-end. Ici, retrouvez avec plaisir un programme de proximité avec des infos régionales toutes les heures, et de nombreuses chroniques et magazines sur les loisirs, les sorties, etc. *France Bleu Poitou*, c'est aussi le sport avec le basket, le volley, les nouvelles des Chamois Niortais, etc.. Et pourquoi ne pas commencer le week-end par une énorme tranche de bonne humeur avec La bande à Karine, le samedi matin, pour découvrir des blogueurs, des libraires et d'autres talents locaux.

S'INFORMER

L'ACTUALITÉ NOUVELLE-AQUITAINE

1, place de la Cathédrale ✆ 05 49 51 56 00
https://actualite.nouvelle-aquitaine.science
La revue coûte 5,50 €. Abonnement d'un an : 22 € (étranger 35 €) ; abonnement de deux ans : 40 € (étranger 55 €).

Cette belle revue trimestrielle éditée par l'Espace Mendès-France et orchestrée par Jean-Luc Terradillos, est à chaque fois une plongée dans le territoire de Nouvelle-Aquitaine dans tout ce qu'il a de vivant, sous toutes ses facettes. La recherche scientifique y côtoie les sciences humaines et les arts. Les textes sont produits par des journalistes mais aussi des écrivains ou des scientifiques. Les photographies sont d'une grande qualité, réalisées par des professionnels de renom. Chaque été, un numéro spécial embrasse toute une thématique régionale.

QUOTIDIEN

LA NOUVELLE RÉPUBLIQUE

1 ter, rue du Moulin-à-Vent
✆ 05 49 60 36 36
www.lanouvellerepublique.fr
Quotidien.

C'est un rituel. Chaque matin, on va la chercher dans sa boîte aux lettres et on l'ouvre avec son bol de café. Certains filent aux faits divers ou vers les pages nationales. Nous, ce qui nous plaît, c'est de découvrir ce qui fait l'actualité de notre département. Politique, social, culture, urbanisme, commerces, vie associative... on se tient au fait ! Depuis son siège social de Tours, elle rayonne sur cinq départements. Au fil des années, la *NR* s'est imposée comme le 6e quotidien régional français. En 2010, la rédaction de la Vienne a fusionné avec *Centre Presse*, alors ne vous étonnez pas d'y trouver des articles similaires. Pour avoir les infos en temps réel, pensez au site internet.

JE PRENDS SOIN DE MOI

Se faire beau ou belle et se faire du bien. Joli programme ! Dans ces pages vous trouverez notre sélection de boutiques pour trouver des vêtements à votre image. Des vêtements de créateurs, des pièces en quantité limitée, des achats malins avec des friperies qui offrent une 2e vie à des vêtements pour adultes ou pour tout-petits. Une option bonne pour le portefeuille et la planète. Pour compléter votre tenue, que diriez-vous de quelques accessoires choisis avec soin ? Un sac à main, un parapluie qui concentre toute l'excellence de l'artisanat, des lunettes adaptées non seulement à votre vue, mais aussi à votre visage…
On poursuit avec des bijoux, précieux ou créatifs et fantaisistes. Ensuite, si on s'occupait de notre corps. Un massage ou un spa ça vous tente ? Nous vous avons trouvé des salons de beauté un peu particuliers, un solidaire, un autre qui accueille les enfants et un 3e réservé aux hommes. Pour la beauté de votre peau, pas de problème. Faites confiance aux plantes… ou aux ânesses ! Avec tous ces conseils, le plus beau jour de votre vie devrait vite se faire jour. Nous avons réuni les prestataires pour sa réussite. On vous le promet beau, gourmand, drôle et heureux !

CONCEPT STORE

LA BONNE IDEE

18, rue Gambetta

✆ 05 49 30 47 97

Ouvert du mardi au samedi de 10h à 19h.

© LA BONNE IDÉE

Oh la bonne idée ! Une boutique où le made in France est roi ! Marlène et Victorien prennent grand plaisir à vous parler de leur concept et des marques qu'ils ont sélectionnées. Pour vous Mesdames, du prêt-à-porter chic, intemporel et féminin, de beaux imprimés conçus et fabriqués à Paris, proposés à un tarif raisonnable. Et pour vous Messieurs, des pièces de bonne facture pour s'habiller éthique. Sur les étagères, montres, ceintures et bijoux compléteront la tenue tandis que quelques cosmétiques à petits prix vous feront de l'œil. A « la bonne idée », les nouveautés ont la part belle puisque chaque pièce est en quantité très limitée. S'habiller made in France, c'est possible à Poitiers !

CRÉATEUR

L'ATELIER D'OLYMPE

68, rue de la Cathédrale

✆ 06 71 42 03 12

www.olympeyoyo.com

Ouvert du mardi au samedi de 10h à 13h et de 14h à 18h.

Olympe a poussé le diable, chargé des cartons pleins de ses savantes créations, jusque dans cette rue de la Cathédrale qu'elle affectionne. Dans un cadre spacieux et lumineux, elle coud patiemment et méthodiquement costumes de scène pour le spectacle et vêtements bigarrés, qu'elle crée ou transforme. Elle pratique aussi les retouches. Elle vous dira combien elle aime ses tuniques qu'elle nomme intimement « Mamouchka », mais de multiples autres fringues originales attireront votre attention. Soucieuse de vulgariser la création, enthousiaste, elle reçoit désormais dans ses murs d'autres faiseurs de beau, de la modiste au tapissier, de la céramiste au peintre, en passant par le sculpteur.

HOMME - FEMME

À L'OMBRE DES MARQUES

6, rue du Chaudron d'Or

✆ 05 49 50 62 16

www.alombredesmarques.fr

Ouvert du lundi au samedi de 10h à 19h30.

A l'ombre des marques, on commence par jeter distraitement un œil sur le rayon hommes, et après, c'est la frénésie, on s'engouffre dans le rayon femmes comme des lionnes qui vont tourner en rond dans leur cage dorée, et on guette le coup de cœur. Il est bien rare qu'il ne se produise pas. Ici, de vraies grandes marques de vêtements dégriffés : un pyjama Ted Lapidus – merveilleux ! –, un manteau Chacok, un pantalon Ralph Lauren..., des parfums de couturiers, des accessoires... Pour les chaussures, la marque nantaise Ipon Vintage a bonne place – mais pas que. On vient pour le chic ou l'originalité. On vient pour l'insolite. On cherche le bon plan et on le dégote souvent.

CHAPEAUX - GANTS - FOULARDS

ACCESS HOMME

8, rue de la Regratterie

✆ 05 49 61 54 66

Ouvert du mardi au samedi de 10h à 13h et de 14h à 19h.

Installé depuis presque 20 ans dans les Cordeliers, Access a déménagé rue de la Regratterie. Ces messieurs trouvent ici matière à coiffer leur chef et à accessoiriser leurs tenues grâce à un large choix de cravates et de nœuds papillon. En soie, en liberty ou même en bois, le nœud pap fait fureur. Oserez-vous l'accompagner d'une paire de bretelles ? Affirmez le dandy chic qui est en vous et posez la touche finale sur votre tête. Que ce soit pour vous protéger du soleil, du vent ou pour affiner votre look, la chapellerie vous coiffera d'un panama, d'un Stetson, d'une casquette, d'un béret en laine... Bonne nouvelle : les articles pour dames ont fait leur entrée. A chaque tête son chapeau !

PRÊT-À-PORTER

LA BOUTIQUE ÉTHIQUE

30, rue Gaston-Hulin

✆ 05 49 31 40 05

www.boutiquethique.fr

Ouvert du mardi au samedi de 10h30 à 12h30 et de 14h30 à 19h.

La *boutikétikapourétik* le respect des êtres vivants et de la planète. Tous les vêtements, chaussures, cosmétiques, accessoires vendus ici sont bio, équitables ou faits en France dans des matières naturelles comme la soie, le cuir, le coton, le chanvre ou le bambou. Ces deux derniers végétaux par exemple, ne nécessitent que très peu d'eau tant ils sont résistants. Les cosmétiques, qu'ils soient de la marque française Zao ou locaux – fabriqués à Pindray ou à Migné-Auxances –, ne sont jamais testés sur les animaux. Les bagues sont en noix de tagua (dite ivoire végétal) et on a aimé les boucles d'oreilles en pétales de fleurs. Un lieu sain aux mains de la si tranquille Lucille.

FEMME

CAUSETTE ETC

15, rue des Vieilles Boucheries
✆ 06 61 76 98 70
Ouvert du mardi au vendredi de 10h à 13h45 et de 14h45 à 19h ; le samedi de 10h à 13h et de 14h à 19h.

Voilà une petite boutique dont on a très envie de vous parler. C'est à Paris que Typhène Tanyères sélectionne des pièces pour ravir la silhouette des coquettes. Oh pas de grandes collections et jamais les mêmes marques ! Mieux vaut passer régulièrement la porte de son boudoir pour ne pas manquer une occasion de se faire plaisir... à petits prix. Tantôt chics, tantôt casual, et pourquoi pas les deux, les vêtements sont choisis pour leur féminité et la beauté de leur couleur. Typhène aime les nuances, les demi-tons et la délicatesse. Quelques accessoires compléteront votre tenue. Voilà un lieu de vie et d'envies qui va attiser les convoitises. En causerez-vous à vos copines ?

FEMME

ET MOI...

7 bis, rue du Marché-Notre-Dame
✆ 05 49 54 37 71
Ouvert le lundi de 15h à 18h ; du mardi au samedi de 10h30 à 19h.

Chez Et moi, il y a des imprimés léopard ou à rayures, des petits hauts à pois, d'élégants pantalons à bretelles, de longues jupes pour se sentir confortable. Chez Et moi, il y a de l'originalité et de l'élégance, des robes d'été légères et fleuries, des petits hauts en coton ou en lin, à manches bouillonnées ou trompettes, des manteaux longs et chauds et de petites vestes colorées. Chez Et moi, il y a des chaussures, des étoles, et des sacs assortis, des tenues tendances à prix mini pour citadines décontractées et tout cela en couleur, je vous prie ! Chez Et moi, il y a tout pour être une femme épanouie dans ses vêtements et dans sa vie ! Alors, nous on dit : moi aussi !

HOMME

CESARE

23, Rue Bourbeau
✆ 05 49 55 90 96
Lundi 14h-19h, du mardi au samedi 10h-19h.

Messieurs, attendez-vous à être reçus comme des empereurs (sans la couronne de laurier) mais avec de grands sourires et pourquoi pas même, un petit café ! Dans cette boutique dont la réputation n'est plus à faire (certains s'y habillent parfois depuis plusieurs générations), on choie ses clients et surtout, on les conseille pour qu'ils soient au top de la mode et quel que soit leur style. Sportwear ou chic, après quelques essayages, nul doute que vous trouverez chaussures, vestes, costumes, pantalons, polos et/ou accessoires qui vous siéent. Les marques proposées dans la boutique sont haut de gamme et sélectionnées avec soin. Prêt pour un instant shopping ?

BRUIT BLANC

Vous avez tendance à faire des insomnies et avez déjà essayé de compter les moutons en vain ? L'appli Bruit Blanc pourrait bien vous aider à vous passer des somnifères. Elle aide en effet à trouver le sommeil et même à mieux dormir grâce à une multitude de sons naturels étudiés pour la relaxation et l'endormissement. Faites de beaux rêves !

FEMME

CHIC ÉTHNIQUE

2, avenue Lafayette ✆ 09 81 78 29 45
www.chic-ethnique.com
Ouvert du lundi au samedi de 9h30 à 19h30.

Une boutique indépendante haute en couleur, un univers cocooning niché au cœur d'un centre commercial. Ce magasin a cette touche d'originalité qui nous plaît. Suspendues, des gambettes aux collants fantaisie nous sautent aux yeux. On ose la couleur. Du streetwear à la tenue plus chic, on opte pour des tissus aux imprimés originaux, des pièces qui égayent notre quotidien avec éthique. Les vêtements sont conçus en Europe, en Inde ou en Asie, mais pour tous la même philosophie : le respect de la nature et des hommes. On craque pour les jupes modulables et réversibles de Moshiki, les sacs de Lila bohème, les bijoux personnalisables de Yaya factory et les tissus de la Fiancée du Mékong.

LINGERIE

GAMBETTA LINGERIE

6, rue Gambetta ✆ 05 49 41 04 98
www.gambetta-lingerie.com
Ouvert le lundi de 14h à 18h ; du mardi au samedi de 10h30 à 13h30 et de 14h30 à 19h.

Trouver un soutien-gorge adapté à sa taille, à sa morphologie et à son goût n'est pas toujours chose aisée. Dans la cabine, on hésite entre le séducteur, le fonctionnel, l'invisible ou le provocant. Heureusement, Valérie Rousseau a l'œil et le conseil précieux. Nouvelle propriétaire de la seule boutique indépendante de lingerie de la ville fondée dans les années 20, elle privilégie en rayon des marques françaises et européennes, leurs nouveautés comme leurs intemporels qui ont fait la réputation de la maison. Tout existe : pratique et confortable, chic, épuré, fantaisie, de charme... Jolie lingerie de nuit, jupons et maillots de bain sont des plus de la boutique.

HOMME

HAVANE

17, rue du Marché-Notre Dame
✆ 05 49 88 01 60
www.havane.commerces-poitiers.fr
Ouvert le lundi de 14h à 19h, du mardi au jeudi de 10h à 13h et de 14h à 19h, le vendredi et le samedi de 10h à 19h.

© HAVANE

Les hommes sont certains de trouver ici le vêtement qui convient à chaque circonstance. Polos, chemises, jeans... la très large gamme de sportwears de marques reconnues pour leur qualité (Boss, Emporio Armani, Diesel,...) occupe l'essentiel de la surface de ce beau magasin. Besoin d'un costume ? Vous avez le choix entre 250 modèles, de la taille 46 à la taille 60. Cerise sur le gâteau, une couturière attitrée s'occupe des retouches et fait presque du prêt-à-porter du sur-mesure ! Et pour continuer de soigner le sens du détail, de nombreux accessoires vous sont proposés : chaussures, chaussettes, ceintures, caleçons, cravates et même les très stylés sacs à dos Herschel.

HOMME

JURY

1, rue Sadi Carnot
✆ 05 49 41 12 06
Ouvert le lundi de 14h à 18h30 ; du mardi au samedi de 9h30 à 19h.

Dans la vitrine, des chiens en résine vous font de l'œil. Entrez. Vous serez tout de suite accueillis par le charmant Sébastien Chappe, propriétaire de ce qui est, la plus ancienne enseigne de prêt-à-porter pour homme de la ville. On vous habille ici pour la vie de tous les jours comme pour les grandes occasions. Du traditionnel pantalon velours au splendide costume bleu pour votre mariage, en passant par le polo brodé du célèbre crocodile, le chino coloré et la chemise classique ou fleurie, vous pourrez être relooké de la tête aux pieds (des pyjamas sont même dans les réserves pour qui veut son habit de nuit). Ah ! au fait, si vous craquez pour eux, les petits chiens sont à vendre.

MAROQUINERIE

LARUE MAROQUINIER

22, rue des Cordeliers
✆ 05 49 41 22 36
www.larue-maroquinerie.fr
Ouvert du mardi au samedi de 10h à 13h et de 14h à 19h.

Qui dit nouvelles chaussures, dit... nouveau sac. Qui dit nouveau manteau, dit... nouveau sac. Qui dit nouveau travail, dit... nouveau sac. On a toujours une bonne raison de craquer pour... un nouveau sac. La maroquinerie Larue est une institution poitevine. Depuis 1925, on y hume la bonne odeur du cuir. Rénovée du sol au plafond, la boutique propose de nouvelles marques comme Lancaster, Loxwood, Hexagona, Les Tropéziennes, Jump, DavidJones. Chic, sobre ou coloré, vous trouverez, c'est sûr, sac en cuir et en tissu à porter pour tous les budgets, mais aussi porte-documents, sacoches pour ordinateur, parapluie et petite maroquinerie. Envie d'évasion ? Les valises se trouvent au sous-sol !

GRANDE TAILLE

JOLIES FORMES

194, Grand'rue
✆ 06 33 81 58 58
Ouvert du mardi au samedi de 10h à 19h.

Mesdames, pour vous sentir belles avec vos formes et trouver vêtements à votre taille, Magalie a installé sa boutique dans la rue de son enfance, en face du restaurant familial, Notre dame de Pique. A l'intérieur, vous trouverez sa sélection de marques danoises et espagnoles (Yesta, Only, An Vito), et cela, du 42 au 5 XL. Du prêt-à-porter spécialement conçu pour les femmes aux formes épanouies ! Dans les rayons, des habits pour tous les jours, mais aussi des tenues plus chics. Lors de vos essais dans la confortable cabine, Magali vous aidera à jouer sur les effets de transparence, les imprimés colorés, le tout avec des coupes confortables et à des prix tout à fait corrects.

JEANS

LEVI'S® POITIERS

64, rue Gambetta ✆ 05 49 11 69 96
www.levi.com
Ouvert du lundi au samedi de 9h à 19h.

Il est essentiel dans votre dressing ! Il n'y a pas plus basique qu'un jean nous direz-vous et pourtant c'est fou le nombre de modèles que l'on trouve en boutique ! LEVI'S est arrivé à Poitiers pour le plaisir de nos gambettes.

Né au milieu du XIXe siècle aux Etats-Unis, les jeans de Levi Strauss ont connu un succès mondial et restent IN-DE-MODABLES comme le mythique 501 ! Pour elle, pour lui, taille haute, droit, skinny, bootcut, à chaque morphologie son jean. N'hésitez pas à demander conseil à l'équipe afin d'adapter le Levi's idéal à votre silhouette. Un grand choix de sportwear est également décliné au féminin comme au masculin pour compléter votre tenue. Bienvenue au temple du jean !

FRIPERIE

MAXI MINI

159, rue du Faubourg-du-Pont-Neuf
✆ 07 85 80 34 54
Du lundi au samedi : 15h-19h. Dépôt sur rdv. CB non acceptée.

Oui on sait, ce n'est pas facile de se garer dans cette rue, mais en bus, à pied, à l'occasion, allez fouiner dans cette boutique vraiment pas chère. Laurence Verceux vous renseigne très aimablement et vous aide à trouver, de la taille 34 à 46, le petit truc qui va vous faire craquer. Les étudiantes, elles, ont bien compris l'affaire et fréquentent assidûment les lieux, pour s'approprier une petite robe, une paire de Converse, un pantalon à pinces des années 90... Il y en a vraiment pour tous les goûts. Une façon d'être unique sans se ruiner et de trouver habits quand les collections du moment ne plaisent guère. L'imagination est précieuse, mesdames, quand le porte-monnaie crie famine !

CHAUSSURES

MÉTAYER CHAUSSEUR

94, rue de la Cathédrale
✆ 05 49 61 28 17
www.arivachaussures.fr
Ouvert le lundi de 14h à 19h ; du mardi au samedi de 10h à 19h.

Cela porte un nom : la calcéologie. Avouez-vous aussi les collectionner ? Alors voilà une bonne adresse : Métayer chausseur. Là-bas, elles sont *épastrouillantes* ! Il faut vous dire que déjà, la vitrine saute aux yeux avec des pompes toutes plus originales les unes que les autres. A l'intérieur paradent escarpins, bottes, sandales, derbies, baskets, sneakers pour hommes et femmes. Ce spacieux magasin familial à l'accueil agréable est spécialisé dans le semi-haut de gamme. Il privilégie l'originalité et a donc des stocks peu importants afin de préserver la rareté. Des marques comme Kickers, Mjus, Redskins, Kost, Eject, No name, Palladium... attendent que vos petons les adoptent.

OPTIQUE

UN OPTICIEN... DES CRÉATEURS

17, rue des Grandes Ecoles
✆ 05 49 88 90 09
www.unopticiendescreateurs.fr
Ouvert du mardi au samedi de 10h à 13h et de 14h à 18h. Examen de vue sur rendez-vous.

De la rue, vous pourriez vous dire : « Je n'oserai jamais ! ». Vous auriez tort car à l'intérieur se trouve un opticien qui trouvera la parfaite adéquation entre votre correction, votre visage et votre état d'esprit. Certaines paires restent classiques mais beaucoup sont colorées ou arborent des formes originales. Un point commun pour toutes : une ligne épurée mais forte en identité, celle d'un créateur. Une quinzaine d'entre eux sont représentés, pour la plupart français. Soyez à l'avant-garde de la mode et portez votre personnalité sur votre nez !

OPTIQUE

OPTIQUE DU PALAIS

3, rue Gambetta
✆ 05 49 41 21 85
www.optique-du-palais.fr
Du mardi au samedi de 10h à 19h sur rendez-vous. Optométrie (20 € la consultation), contactologie, prothèse oculaire.

© ANTOINE PAILLARD

© ANTOINE PAILLARD

C'est l'une des premières maisons d'opticiens lunetiers de la ville. Créé en 1933, le magasin est aujourd'hui tenu par Xavier Debouy. L'accueil y est parfait ! Alessia et Xavier sauront trouver LA paire à poser sur votre nez. Moderne, rétro, face interchangeable, aluminium, bois, réalisée en impression 3D, osez la couleur et les formes originales imaginées par des créateurs français et italiens, tant sur les lunettes de vue que les solaires. Le plus de la boutique : les qualités d'optométriste, de contactologue et de prothésiste oculaire de Xavier. Après un examen, il renouvellera vos verres ou vous orientera vers un ophtalmologue. Un bon plan pour changer rapidement de lunettes !

CHAUSSURES

OTZI

41, rue Gambetta
✆ 05 49 88 09 28
Ouvert le lundi de 14h à 19h et du mardi au samedi de 10h à 19h.

© SPHÉRIQUE

Vous connaissez Otzi ? C'est le premier homme retrouvé momifié dans la glace avec des chaussures. Le ton est donné. Adeptes du conformisme passez votre chemin, les autres entrez pour trouver chaussure à votre pied. Découvrez des chaussures tendances et originales, de l'escarpin déjanté aux baskets amusantes, en passant par des semelles sur-dimensionnées. De nouveaux créateurs vous y attendent de pied ferme. La seule tradition garantie ici est celle de la confection de qualité avec une majorité d'articles européens, dont un tiers italiens. En plus, l'accueil y est chaleureux et les conseils avisés. Et si vous faire le pied beau ne suffit pas, des vêtements femmes tendances vous combleront.

FEMME

MILA HOME

11, rue de la Regratterie ✆ 05 49 11 61 94
www.mila-home.fr
Ouvert du mardi au vendredi de 10h à 13h et de 14h à 19h ; le samedi de 10h à 19h.

Dans la maison de Mila, le dressing a une place de choix. La charmante petite boutique de Laura Padovani a poussé ses murs et a agrandi ses rayonnages avec des pièces 100 % *girly*, des imprimés et des matières à croquer pour adopter un look chic et décontracté. De cintre en cintre, se dévoilent de petits tops à prix doux, des pulls pour se lover, des pantalons variés, des combi pour se faire chic tout en originalité ou en basique. Bref, une panoplie de vêtements très féminins au look parisien par de petits créateurs et des marques comme La petite étoile ou Grace & Mila. Accessoirisez votre tenue grâce à la multitude de bijoux, chaussettes, baskets, et sacs sélectionnés avec goût par Laura.

HOMME

OTOKO

48, rue gambetta
Ouvert du lundi au samedi de 9h à 19h.

Elle a tout pour plaire cette nouvelle boutique pour les hommes décontractés et stylés. Un accueil relax, une déco boisée, des rayonnages aérés pour une parfaite mise en valeur de ces produits au look citadin qui feront craquer les addicts du skate. Dickies, Freeman T. Porter, The Dudes, des marques de qualité au design soigné et travaillé. Parce qu'ils sont indispensables à toute garde-robe, un bon rayon jean complète la boutique. La star du magasin reste sans aucun doute la marque au bouton en noix de coco, Faguo, dont on adore les basiques aux détails accrocheurs. Des matières confortables, des motifs modernes, de la chemise au sweat et des baskets au sac à dos !

FOURRURE

PAULENE

8, rue Gambetta
✆ 05 49 41 21 58
www.cuir-paulene.com
Ouvert du mardi au samedi de 10h à 12h30 et de 14h à 19h.

A la recherche d'un manteau douillet et très chaud pour l'hiver ? Rendez-vous chez Paulène. Ce magasin regorge de manteaux d'excellente qualité. Doudounes, peaux lainées, fourrures sont exposées sur les présentoirs aux côtés de vestes et perfectos en cuir de grandes marques comme Resdkins, Giorgio, Oakwood... De jolies robes en cuir et accessoires complètent l'ensemble. Trouvez ici votre chapka pour l'hiver prochain et la paire de gants assortie ! Les propriétaires de la boutique vous donneront également de bons conseils pour l'entretien de vos pièces afin qu'elles gardent toute leur allure. Esprit chic ou rock'n'roll, voilà une boutique qui sent bon où vous trouverez votre bonheur.

HOMME

SERGE BLANCO

17, rue du marché
✆ 05 49 38 15 15
www.sergeblanco.com
Ouvert le lundi de 14h à 19h ; du mardi au samedi de 10h à 19h.

C'est l'une des plus anciennes boutiques Serge Blanco ouvertes en France. Avant toute chose, on y aime l'accueil, toujours chaleureux, et les conseils, toujours avisés, de l'équipe. Voici une boutique intégralement dédiée au prêt-à-porter pour hommes et pour tous les gabarits. La marque imaginée par l'ancien joueur de rugby propose en effet des tailles allant du S au 6XL. Si le fameux polo de rugby est un des piliers de la maison, la marque n'hésite pas à faire des échappées vers des chemises et des pantalons colorés. Notre coup de cœur ? La doudoune végétale. Jeune, chic, colorée et décontractée, l'enseigne se démarque par une qualité et des finitions toujours au top !

PARAPLUIES - CANES

FABRIQUE DE PARAPLUIES

137, Grand-Rue ✆ 05 49 41 18 77
www.parapluie-artisanal.com
Ouvert du mardi au samedi de 10h à 12h30 et de 14h30 à 18h30. Livraison possible.

Il existe 3 fabriques de parapluies en France. Chez les François, la plus ancienne boutique de Poitiers, depuis 1882, on fabrique, on répare dans l'atelier du magasin. On déploie de grandes ailes de toutes les couleurs et de toutes les formes, souvent en tissu coton, avec des poignées en bois et une structure en fibre de carbone comme les cerfs-volants. Ils sont fabriqués sur mesure, solidement, suivant les goûts du client. On trouve aussi des parapluies pliants, des ombrelles ou des parapluies cannes adaptés à la taille de chacun. Mais l'emblème de l'auguste maison reste le parapluie de berger. Grand diamètre, baleines en rotin... A nous faire envisager d'aller regarder paître les moutons.

FEMME

YOOMIE

2, rue du Palais
✆ 05 49 47 04 85
Ouvert du mardi au samedi de 10h à 13h15 et de 14h à 19h.

En poussant la porte de chez Yoomie (côté rue du Moulin à vent), on entre dans un monde chaleureux. D'abord l'accueil souriant d'Angélique. Ensuite des univers de pôles de couleurs mis en valeur par des murs en bois blancs épurés. Les vêtements de chez Nice things, Indi & Cold, la Fée maraboutée... sont mis en scène dans une ronde d'assortiments de couleurs pour guider les choix. Angélique prend le relais pour accompagner de ses conseils bienveillants. La gamme de prix moyenne permet à chaque femme de s'offrir le plaisir de porter un beau vêtement qu'elle a peu de chances de croiser sur le dos d'une autre. Chaque modèle n'est disponible qu'en une seule taille pour garantir ce privilège.

SPORTSWEAR - STREETWEAR

TOONZSHOP

45, route de la Cassette
✆ 05 49 43 61 32
www.toonzshop.com
Horaires : sur le site internet

Entrez dans le temple du vêtement alternatif, leader dans le domaine sur le net ! Coupes atypiques, laçages à n'en plus finir, échancrures parfois osées : dans ce showroom, on affirme sa personnalité vestimentaire. Adepte du look techno-transe ou simplement amateur de vêtements originaux, foncez ! Tout n'est pas exposé. N'hésitez pas à consulter les collections sur l'ordinateur de la boutique. Vous pourrez tout essayer. Nous, nous apprécions beaucoup l'accueil en boutique et l'éthique de l'enseigne : promouvoir des créateurs indépendants du monde entier et des textiles parfois bio, mais surtout produits dans des conditions que l'on aimerait de plus en plus voir respecter.

HOMME - FEMME

PENAUD

9, rue de la République
✆ 05 49 41 17 22
www.penaud.fr
Ouvert du lundi au vendredi de 10h à 12h30 et de 14h à 19h ; le samedi de 10h à 19h.

© PENAUD

On ne vient pas chez Penaud par hasard. Installée dans la zone de la République, cette très grande boutique est à l'écart des autres commerces du genre. Pourtant, elle est bien connue des Poitevins. Au total, ce sont 150 marques qui sont exposées. Vêtements homme et femme, lingerie, chaussures et charentaises, il vous faudra un bon moment pour faire le tour de la boutique et découvrir tous les styles proposés. Comme dans les grands magasins, les articles sont triés par marques. Souriants, les vendeurs sont à l'écoute et vous aident à trouver votre bonheur. Un espace est également réservé au linge de maison. Non loin, une autre antenne du magasin est réservée aux vêtements professionnels.

MODE

VESTIBOUTIQUE CROIX ROUGE

9, rue Lavoisier
✆ 04 49 41 19 42
Ouvert du lundi au samedi de 14h à 17h. Vêtements à partir de 0,50 centimes. CB non acceptée.

Bienvenue dans cette boutique solidaire ouverte à tous ! Vous y trouverez des vêtements, des chaussures, des sacs, des livres, des jouets et d'autres accessoires. Les vêtements sont rangés par différentes catégories (homme, femme, enfants, etc.), comme dans un vrai magasin ! Deux très grandes cabines d'essayage sont à la disposition de tous les clients. Ici, les prix des vêtements commencent à 50 centimes et dépassent rarement les dix euros. Le paradis des chineurs ! Vous pouvez aussi faire don des vêtements que vous ne portez plus à cette vestiboutique.

BEAUTÉ

NATURELLE ANNE L'OR

25, rue Nelson Mandela
✆ 05 49 03 35 69
www.naturelle-annelor.com
Lundi, mardi, jeudi, vendredi de 9h30 à 12h et de 14h à 19h ; samedi de 9h à 12h. Sur rendez-vous entre 12h et 14h.

A toutes celles qui sont à la recherche d'un institut où les cosmétiques sont français et triés sur le volet pour leur composition à base de produits naturels, bienvenue chez Anne-Laure : une esthéticienne engagée et préoccupée par votre santé. Epilation, soins visage et corps, bronzage sans UV, soins anti-cellulite, massage, l'esthéticienne a beaucoup de cordes à son arc. Elle propose même des poses de vernis naturel à base de pomme de terre et nouveauté, leur version en semi-permanent. Certes, il est un peu moins résistant que les autres, mais on peut repartir avec le flacon de la même couleur en version classique pour les retouches. Idéal pour garder vos doigts de fée intacts.

BEAUTÉ

L'INSTITUT O 31

31, avenue de la République
BONNES ✆ 05 49 53 46 82
www.opheliebandry1.wixsite.com
Ouvert le lundi, le mardi, le jeudi et le vendredi de 9h à 12h30 et de 14h à 19h ; le mercredi de 9h à 12h.

Dans le salon d'Ophélie Bandry, vous n'entendrez ni le chant des oiseaux, ni le roulement les vagues, mais du jazz. L'endroit est chaleureux, tout comme elle. On y dispense tous les soins d'un institut de beauté traditionnel et même plus, puisque Ophélie est naturopathe et praticienne de Reiki. Son objectif : vous revitaliser ! L'institut est labellisé slow cosmétique. Les marques sélectionnées sont bio, françaises, et c'est ludique ! Pour votre soin du corps, choisissez la couleur qui vous inspire le plus, elle vous appliquera l'huile qui lui est associée. Ophélie propose aussi des séances de luminothérapie, des soins amincissants, de la dermopigmentation. Lâchez prise, on s'occupe de vous.

BEAUTÉ

BELLA VITA

3, rue Saint Nicolas
✆ 05 49 41 42 71
Ouvert du mardi au vendredi de 9h30 à 19h et le samedi de 9h30 à 16h.

« La vie est belle » telle est la philosophie de Sabrina et croyez-nous sur parole, après vous être fait dorloter dans son institut, vous serez du même avis. Installée en plein cœur du centre-ville, Sabrina est connue pour son dynamisme et sa sympathie, d'ailleurs lorsqu'elle nous reçoit, on se sent tout de suite chez soi. Que vous vous y rendiez pour un modelage du corps, un soin du visage, un maquillage, une manucure ou une épilation, elle saura s'adapter pour vous détendre, vous conseiller, vous choyer avec des produits exclusivement français et naturels. Accueil, écoute et conseil, Bella Vita est devenu le repère de la citadine ou du citadin qui veut se faire du bien !

BEAUTÉ

LA BAIGNOIRE

55, rue Louis Pasteur ✆ 09 84 01 23 69
www.labaignoire-poitiers.fr
Du lundi au vendredi : 10h à 20h ; samedi : 9h à 13h. Soin visage dès 54,50 €. Fish spa dès 34 €. Modelage dès 30 €.

Sautez dans le grand bain du bien-être avec La Baignoire et ses esthéticiennes en marinière ! Seul ou en duo, redessinez votre silhouette lors d'une séance d'aquabiking. Guidez par des vidéos de coaching, vous conjuguerez activité sportive et bain hydromassant. La Baignoire, c'est aussi un centre d'amincissement équipé du Cellu M6 Alliance dernière génération et certifié « Expert LPG ». Et pour les impatientes de résultat, des séances de cryolipolyse sont conseillées. Côté bien-être, en plus des soins esthétiques traditionnels, La Baignoire propose des modelages Phytomer et originalité : des séances de fish spa. Prêts à remettre le soin de vos petons entre les nageoires des Garra Rufa ?

BEAUTÉ

BEST MUM

62, avenue du Plateau des Glières ✆ 05 49 31 50 91
www.best-mum.fr
Du mardi au samedi : 9h-12h et 13h-18h. Abonnement : 8,90€/mois pour réductions sur les soins. Garderie inclue.

C'est pas parce que l'on est maman que l'on ne peut pas prendre le temps de s'occuper de soi. Jeune maman passionnée par son métier, Elodie Ancheta solutionne vos problèmes d'agenda en ouvrant son salon d'esthétique avec nounou intégrée. Désormais, vous n'avez plus aucune excuse pour ne pas vous faire épiler. Pendant que vous profitez de votre mise en beauté, Mélodie, titulaire d'un CAP petite enfance, chouchoutera bébé ou proposera aux plus grands des activités. Soyez sereines, fermez les yeux et appréciez votre soin du visage ou votre modelage. Le petit plus (et oui encore un !) : tous les produits choisis par Elodie sont bio et sans huiles essentielles ! Avis aux femmes enceintes.

COIFFEUR

L'EFFET PAPILLON

76, avenue de la Libération ✆ 07 64 00 05 68
www.leffetpapillonpoitiers.fr

Mardi, vendredi : 9h-19h ; mercredi, jeudi : 9h-18h ; samedi : 9h-12h. Tarifs modulés en fonction des ressources.

Et si grâce à quelques coups de ciseaux, un massage relaxant et des conseils en image, on oubliait les tracas du quotidien et on reprenait confiance en soi ? Est-ce que ce ne serait pas « l'effet papillon » ? Améliorer l'estime de soi par la socio-esthétique, voilà le défi que ce sont lancées Edoinise, Françoise, Eve et Elodie. Dans leur magnifique salon solidaire, où chaque activité s'exerce dans un cocon qui préserve l'intimité, elles proposent coiffure, esthétique, relooking, conseils et surtout bienveillance à toutes et tous, pour tous types de peaux et de cheveux. Ici, la discrétion est de mise et les tarifs varient en fonction des ressources. Un battement d'ailes vers le Bien-être !

COIFFURE

URBAN JUNGLE

Les usines
LIGUGÉ

Du lundi au mercredi de 9h à 19h ; jeudi et vendredi de 10h à 21h ; samedi de 9h à 12h. Couleur végétale : 45 €

C'est dans la jungle de la friche industrielle des Usines de Ligugé que Luck Martin a choisi de poser peignes et ciseaux. Dépaysement garanti ! La filature fourmille de talents alors pourquoi ne pas proposer une spécialité capillaire ? Installé dans son fauteuil, face aux miroirs en fer rouillé (on ne pouvait pas trouver mieux pour décorer pareil lieu), on profite du calme environnant et on se laisse bercer par le chant des oiseaux. Quoi de plus relaxant... du naturel donc et jusque dans les produits, car Luck a sélectionné une gamme de coloration végétale française. Hommes, femmes, bambins, bruns, blonds, et barbus sont attendus au salon puisque notre coiffeur est également diplômé barbier.

SOINS DE BEAUTÉ

EXCLUSIVE' MEN

67 ter, route de Gençay ✆ 09 81 82 92 87
www.exclusivemen.fr

Du lundi au vendredi de 9h30 à 19h30 (mercredi de 14h30 à 14h fermé, possibilité de rdv). Le samedi de 9h30 à 14h30.

Un institut de soins réservé aux hommes. Eh oui, ces messieurs ont eux aussi le droit de se faire bichonner en choisissant parmi une vaste offre de massages : doux, rééquilibrant, tonique... Ils ont même le droit de se faire épiler ! Dans l'ancienne maison d'habitation aménagée de façon très cosy, Marie-Cécile Nomen (au nom peu prédestiné) et son équipe s'appliquent à assurer le confort de leurs clients avec des salles qui invitent à la détente. La conception des lieux préserve la confidentialité des habitués et des quelque 300 nouveaux clients annuels. Un succès dû à l'excellence des massages et à l'accueil chaleureux proposés. Mesdames, si vous voulez du bien à votre homme...

COIFFURE

JÉRÉMY ET PIERRICK

14, rue des Vieilles Boucheries ✆ 05 49 38 32 16
www.jeremyetpierrick.com

Du mardi au vendredi : 10h-19h ; samedi : 10h-17h. Coupe femme dès 41 €, homme 30 €, étudiant 27 €. Acompte demandé.

Jérémy et Pierrick, deux artistes capillaires sur fond blanc (original, le piano-comptoir !) qui n'ont pas froid aux yeux. Pour eux, tout est possible et envisageable. Ils jouent des cheveux avec dextérité. Coiffeurs ambassadeurs pour L'Oréal, quand ils ne sont pas au salon, ils parcourent le monde pour distiller la French touch, balayage pour l'un, chignons savamment et élégamment coiffés/décoiffés pour l'autre. Coupes sages ou effrontées, on rentre ici les yeux fermés. Pour un chignon de mariage, une couleur acidulée ou une coupe facile à porter, on apprécie le calme du salon, la décoration épurée et le professionnalisme apporté. Osez, ils sont passionnés !

COIFFURE

RADIKAL HAIR SHOP

62, avenue des glières ✆ 05 16 08 49 36
www.radikalhairshop.com

Ouvert du mardi au vendredi : 10h à 19h, le samedi : 10h à 18h. Prise de rdv sur site. Pas de technique pour les femmes.

Non, non, vous n'hallucinez pas. Vous êtes bien dans un salon de coiffure. Si, si, c'est bien du rock que vous entendez là. C'est osé et il l'a fait ! Son premier salon, Alexandre Poupault l'a ouvert à Vouneuil-sur-Vienne. Les clients peuvent même y boire la « Barber's beer » concoctée par ses soins en se faisant couper la tignasse. Dans le salon poitevin, on retrouve la même ambiance 100 % rock'n'roll ! Spécialiste de la coupe Pompadour (celle d'Elvis) et du dégradé américain, il propose aussi des services de rasage traditionnel, coupe-chou et serviette chaude en mains. Amis bikers, amoureux du rock et des coiffures vintage, ne ratez pas cette adresse hors du commun.

COIFFEUR

ATELIER COULEURS DE SOI

182, avenue de la Libération
✆ 06 82 27 79 43

Du mardi au samedi, sur rendez-vous.

On décide souvent de changer de look à un moment charnière de sa vie. Entre les mains de Juliette Dumarçay, formée aux techniques de coupe énergétique par Pascale Gourgeau (créatrice du salon), une expérience capillaire exclusive vous attend. Cet atelier de coiffure n'est pas comme les autres. C'est un centre de revitalisation des cheveux où des soins naturels leur sont prodigués pour que le bien-être et l'harmonie retentissent dans tout le corps et l'esprit... on y travaille avec l'intelligence du vivant, selon le calendrier lunaire. Ses colorations végétales sont composées d'une base au henné et agrémentées de plantes ayurvédiques. De la nature et des ondes positives jusqu'aux pointes !

COIFFURE

FRANCK PROVOST

4, rue Henri-Oudin ✆ 05 49 13 70 68
www.franckprovost.com
Du lundi au samedi de 9h30 à 19h30. Forfait coupe femme 40€ Forfait coupe Homme 27€ Couleurs précieuses à partir de 66€.

© FRANCK PROVOST

Envie de changer de tête ? C'est ici, dans la galerie des Cordeliers, au cœur des tendances, qu'il faut venir prendre place devant le miroir magique. Une armada conviviale d'experts à votre écoute vous proposera une coupe et sa gamme de couleurs précieuses ou végétales. Les nuances sont multiples, délicates et personnalisées, reflétant le savoir-faire de la marque et ses techniques de coloration exclusives. Vous serez alors chouchoutés dans un petit salon, un espace cocooning à l'écart de la vitrine. Les femmes optent plutôt ces derniers temps pour la simplicité et le glamour, les messieurs pour un petit pointé rafraîchissant. L'hygiène de la maison est exemplaire et le sourire de mise.

COIFFURE

DIFFÉRENCE

11, rue des Cordeliers ✆ 05 49 88 24 23
www.difference-coiffure-poitiers.fr
Mar., merc : 9h30-19h ; jeu., ven : 9h-19h ; sam : 9h-18h30. Coupe femme 49,50 €, homme 31,50 €. Étudiant - 20 %.

Au XVe siècle, se tenait là le couvent des Cordeliers. Voûtes et blasons en témoignent aujourd'hui et donnent à ce salon un cachet qui ne saurait déplaire aux amateurs d'endroits insolites. Depuis presque 40 ans, peigne et ciseaux en main, on coupe, on colore, on coiffe, on *brush* et stylise avec goût pour révéler, mesdames, votre féminité. Faites confiance aux visagistes et laissez vos cheveux profiter du savoir-faire de l'équipe d'architectes du capillaire. Messieurs, vous ne serez pas en reste puisqu'à l'étage, vous vous installerez dans un fauteuil de barbier. Le salon est également institut et propose épilations, soins visage et corps, maquillage... à vous les séances de bien-être !

COSMÉTIQUES

AUX GRANDES Z'OREILLES

6, rue des vieilles vignes - **PINDRAY** ✆ 06 99 85 50 03
www.auxgrandeszoreilles.fr
Mercredi, samedi, dimanche de 14h à 19h. Boutique en ligne et à retrouver dans de nombreuses boutiques de producteurs.

En quête de cosmétiques ultra doux et zéro déchet ? Ouvrez bien grand vos z'oreilles ! Ils moussent sous la douche, sentent la lavande, l'amande douce, la menthe poivrée. Rectangles quand ils sont savons, ronds quand ils sont shampoings, les cosmétiques au lait d'ânesse frais d'Alice et Nicolas sont issus d'une saponification à froid et d'une sélection étroite de produits naturels. C'est de leur amour pour leurs ânes que leur est venue l'idée de les associer à leur vie professionnelle. Leurs douces bêtes poilues leur offrent leur lait aux vertus hydratantes et tonifiantes, eux, le transforment en savon, dentifrice solide, baume, déodorant, savon de rasage. A bon entendeur !

COSMÉTIQUES

L'AMANDIER BIO

7, rue de Magenta
✆ 09 86 20 01 29
www.lamandier-bio.fr
100% Bio. Ouvert du mardi au samedi de 10h à 19h.

Il y a tant de raisons de pousser la porte de l'Amandier Bio et cela sans compter l'accueil chaleureux et les bons conseils de Cécile Raison. Entrez, ça sent bon ! Tous les produits sont biologiques et pour la plupart français. On y trouve des crèmes de jour, de nuit, des masques pour chaque type de peau, des savons, des shampoings, du maquillage et bien d'autres éléments pour réaliser vous-même ses cosmétiques. Un bon rayon d'huiles essentielles et de compléments alimentaires naturels qui soigneront les petits bobos du quotidien. L'Amandier c'est aussi les services d'une esthéticienne pour des massages visage - mains - pieds avec la marque Dr Hauschka. Laissons-nous tenter.

COSMÉTIQUES

CELCIUS

5, rue du Palais ✆ 05 49 37 68 60
www.celciuscosmetique.fr
Ouvert le lundi de 12h à 19h ; du mardi au samedi de 10h à 19h. American Express.

Simon, maquilleur et expert beauté diplômé, quatorze ans d'expérience dans les plus grandes maisons, dispense des soins sur fauteuil. Soins du visage, des mains, du regard, maquillage... Une expertise peut vous être préalablement proposée (ainsi qu'un thé ou un café !) avec ou sans rendez-vous. S'asseoir chez Simon, n'a qu'un objectif : vous rendre heureux, vous détendre, après le travail, entre deux cours, et vous faire voyager à travers la beauté, comme il dit. Les cosmétiques utilisés sont français, formulés à froid, non testés sur les animaux, bio et/ou végan. Alors, en route pour un soin Délicatesse coutumière, un massage ou plus simplement une Embellie ?

COSMÉTIQUES

AUTOUR DES PLANTES

63, rue de Longerolle - **MIGNÉ-AUXANCES** ✆ 09 83 36 01 32
www.autourdesplantes.fr

Boutique en ligne + magasins de producteurs. Présence au marché Notre-Dame à Poitiers le dernier samedi du mois.

Sylvain et Antoine se sont rencontrés en fac de biologie. Ensemble, ils se sont lancés dans l'aventure d'Autour des Plantes. Ils cultivent 65 variétés de plantes aromatiques et médicinales, base de toute une gamme de produits : tisanes, sels aromatisés, baumes, savons, sachets senteurs et cosmétiques (crème hydratante, huile de massage…), le tout est 100 % bio et produit de façon artisanale. Nous, nous craquons pour les tisanes aux saveurs originales et aux noms évocateurs. Vous prendrez bien, selon l'humeur, une Stop'atchoum, une Nuit coquine ou une Lendemain de fête ? Lait corps, liniment, eau micellaire, huile anti-moustique… c'est bio, de qualité et local ? Que demander de plus ?

COSMÉTIQUES

LES SAVEURS D'ALEP

30, rue Edouard-Grimaux ✆ 05 16 34 82 72
www.lesavondalep.fr

Ouvert du mardi au vendredi de 11h à 14h et de 16h à 19h ; le samedi de 10h à 19h.

Ce qui arrête le regard ce sont ces nuances de couleurs en vitrine. Ce qui happe le passant c'est cette odeur douce et enivrante. Ce qui retient le client ce sont les conseils bienveillants et les invitations à découvrir de beaux produits de l'hôtesse des lieux. Il y a bien sûr les savons d'Alep, venus directement de Syrie, aux vertus curatives bien connues (acné, eczéma, psoriasis…). Il y a aussi le shampoing tout aussi naturel et les huiles de massage. Il y a encore des douceurs culinaires du Proche-Orient : des vins et tisanes, des thés à la bergamote ou à la cardamome et des épices dont les parfums vous transportent. Et le tout à des tarifs plus que raisonnables !

AMINCISSEMENT

NEW

BODY LIFT

173, Grand'Rue
✆ 09 86 32 09 04

Du lundi au vendredi de 10h à 19h30 ; le samedi de 10h à 17h. Sur rendez-vous. Massage à partir de 54 € pour 1h30.

© BODY LIFT

Pétillante, Noémi vous accueille avec son bel accent polonais dans son tout nouvel institut en plein cœur du centre-ville de Poitiers. Mesdames, que ce soit pour un massage minceur, raffermissant, un massage thérapeutique aux pierres chaudes, au bambou, ou un drainage lymphatique, repartez de chez Body lift avec une peau tonique et l'esprit zen. Comptez plusieurs séances (aux tarifs dégressifs) pour atteindre le résultat escompté – eh oui, Rome ne s'est pas faite en un jour ! Noémi aime les gens et ça se voit ! Vous passerez un excellent moment en sa compagnie. L'incontournable massage relaxant est aussi à la carte et on pourra même vous proposer de vous enduire de chocolat chaud ! Epatant !

ENTERREMENT DE VIE DE JEUNE FILLE

L'ART DU HENNÉ

✆ 06 52 18 89 81

Ouvert du lundi au samedi de 9h30 à 18h. Uniquement sur rendez-vous.

Il n'est pas nécessaire de parcourir des kilomètres pour voyager, l'évasion est quelques fois simplement à portée de main. Malika nous fait voyager grâce à ses talents d'artiste du henné. Autodidacte et dotée d'une fibre artistique très développée, elle s'est perfectionnée grâce à de longues heures de pratique. Chaque création est unique. Elle prend le temps d'échanger avec vous et en fonction de vos attentes le dessin prend forme. Elle s'inspire de vous pour vous sublimer au quotidien ou pour des occasions spéciales (mariages, fiançailles, enterrements de vie de jeune fille, etc.). Les partages, les rencontres et les échanges sont le cœur de sa motivation pour pratiquer son art.

PIERCING - TATOUAGE

DROP BY DROP

171, Grand rue ✆ 06 41 78 93 01

Ouvert du mardi au samedi de 11h à 19h. Flash à partir de 65 €.

Goutte à goutte, l'encre est jetée sous la peau. Dans la petite échoppe de Miguel et Sulik, son fils, on tatoue en famille et dans la bonne humeur. Chez ces artisans du tatouage, chaque dessin est unique. Vous pouvez apporter le vôtre, mais Miguel et Sulik se feront une joie de vous proposer leur version. Ce qu'ils kiffent ? Le style néo-traditionnel, influencé par Sailor Jerry, maître tatoueur du début du XXe siècle. Les dessins sont colorés, le trait noir des contours japonisant. Sur bras, jambes ou dos, des collaborations naissent parfois comme avec l'artiste Moolinex. Chaque semaine des flash tattoo sont proposés, alors si vous avez le coup de cœur, profitez de tarifs très attractifs.

BIJOUTERIE

BIJOUX BAUME

28, rue Magenta ✆ 05 49 41 18 19
www.bijouxbaume.com
Mardi, jeudi, vendredi : 10h30-12h30 et 14h-17h30. Rdv préférables. Possibilité de prendre des rdv à d'autres moments.

Cinq lettres rouges qui, comme un beau bijou, attirent le regard sur la façade noire. Cinq vitrines, conçues comme des écrins, véritable musée de la joaillerie. On rentre dans cette bijouterie comme dans une œuvre d'art : avec curiosité. On vous conte ici des histoires, celles de boucles d'oreilles, de bagues, de bracelets et de colliers authentifiés par les deux gemmologues du lieu. Pierres précieuses, fines et ornementales, bijoux Art nouveau, Art déco... chaque objet est unique et dévoile un délicat travail d'orfèvrerie. On vient faire expertiser ses bijoux, les vendre, choisir cette bague de fiançailles qui la fera craquer ou la faire faire sur mesure, à partir d'une pierre, d'une idée.

BIJOUX - HORLOGERIE

LE COMPTOIR DE L'OR

8, rue Gaston Hulin ✆ 06 60 73 81 47
www.achat-or-poitiers.fr
Ouvert du mardi au vendredi de 10h à 12h et de 14h à 18h30 ; le samedi de 10h à 12h et de 14h à 17h.

Certains se rendront au comptoir de Benjamin Massé pour avoir de la liquidité, d'autres pour préparer leur succession. Les fourmis viendront épargner en achetant des monnaies d'investissement ou des lingots. Premier expert à avoir proposé ses services à Poitiers en estimation, achat et vente d'or (et d'argent) lorsque son cours est parti à la hausse, il vous propose une expertise réalisée en toute confiance de vos bijoux, ménagères, monnaies anciennes, or dentaire et même de vos timbres et billets. Les philatélistes et les numismates seront ravis. On apporte nos biens. Il les estime (gratuitement et souvent au-dessus du prix du marché) et on repart avec le règlement par chèque bancaire.

BIJOUTERIE

MAUBOUSSIN

19, rue Gambetta
✆ 05 49 11 29 98
Ouvert du mardi au samedi de 10h à 12h30 et de 14h à 19h.

La marque parisienne, dans son écrin bleu canard et sous la lame de ses spots qui dardent leurs rayons crus sur les cages de verre, a quitté la place Vendôme pour coloniser la rue Gambetta, nos Champs-Elysées à nous ! C'est que Mauboussin, messieurs-dames, démocratise le luxe et s'expatrie en province pour vous faire profiter de ses ors (jaune, rose ou blanc), de ses pierres précieuses et fines, de ses sacs, lunettes, parfums, stylos, montres... Alors là, on se jette, on vous cite la montre Tourbillon pour hommes qui est une montre... à tourbillon, qui se remonte avec le mouvement du poignet, dans l'tourbillon d'la vie quoi ! On aime qu'à chaque collection soit associé un poème.

BIJOUX - HORLOGERIE

DOLITA

34, rue des Grandes-Ecoles ✆ 05 49 47 86 65
dolita-bijoux.com
Le lundi de 14h-19h ; le mardi et du jeudi au samedi de 10h30 à 19h ; le mercredi de 10h à 12h45 et de 13h45 à 19h.

Aujourd'hui la rue ne glisse plus ou presque (humour poitevin !), alors vous n'avez plus aucune raison de ne pas vous jeter sur la vitrine de cette jolie boutique. On vend ici bijoux et maroquinerie provenant à 95 % de créateurs français : des bagues, des boucles d'oreilles, des colliers et de somptueux bracelets. Ainsi trouvera-t-on de belles pièces, souvent dorées, aux motifs délicats et ciselés, où perles et pierres ont la part belle. Adepte du look bohème, ethnique, rock ou romantique, on est sûr que vous allez craquer. Côté maroquinerie, attention, il y a des sacs farceurs de chez Craie, des petits futés qui retournent leur veste comme ça les arrange. C'est rigolo. Et hop 2 en 1 !

CONCEPT STORE

LE TEMPS CERISE

154, Grand rue ✆ 06 44 98 10 34
www.letempscerise.com
Ouvert du mardi au vendredi de 14h à 19h ; le samedi de 11h à 19h.

Mademoiselle Chao, la propriétaire, qui a fait les Beaux-Arts, multiplie les petits plis savants et minutieux dans une jungle pétillante de papiers multicolores. Et c'est beau l'origami, dans cette profusion de luminaires pimpants, de boucles d'oreilles et de mobiles qui tournoient ! Vous aussi, vous avez envie d'apprendre ? Des ateliers créatifs existent ici sur programmation. En outre, la boutique propose mille petits trésors d'autres créateurs (tableaux, broches de fleurs tricotées...), vend des coupons de tissu taïwanais au mètre, des feuilles de papier japonais en fibres végétales (washi) et du thé en vrac ou en sachets, vert, wulong et noir. Charmant endroit pour un petit cadeau.

CRÉATEUR

L'ATELIER DES RÊVES

59, rue de la Cathédrale
✆ 05 49 37 30 49
Ouvert du mardi au samedi de 11h à 13h15 et de 14h30 à 19h.

C'est un voyage dans un monde onirique qui vous attend à l'atelier où de très beaux bijoux côtoient accessoires et prêt-à-porter. On adore aller y jeter un coup d'œil pour étoffer son propre coffret ou faire plaisir à une amie, une Valentine. Les collections sélectionnées par Sophie viennent d'un peu partout en France. Parfois très originales, d'autres fois plus classiques, elles ont toutes ce petit plus qui nous fait craquer comme les fabuleuses collections d'Amélie Blaise en laiton finition vieux bronze. Cerise sur le joyau : Sophie conçoit elle aussi ses petites collections inédites ! Messieurs, en aidant madame à choisir, vous pourrez tomber en pâmoison devant un nœud papillon en bois.

CRÉATEUR
DAME PIVOINE
rue de l'ancienne comédie
✆ 06 61 25 17 16
www.damepivoine.bigcartel.com
Sur rendez-vous.

Elle n'est pas seulement créatrice de bijoux. Dame Pivoine est une artiste. Dans les brocantes, elle chine de vieux bracelets, des boutons, des petits trésors d'un temps passé. Elle les décortique, les associe à des portraits d'hommes, de femmes, de l'époque victorienne, des années 20, 30, qui renaissent ainsi dans de folles compositions. Un regard insistant, une main, un visage, deviennent broches, boucles d'oreilles asymétriques et bracelets de breloques. Elle fait reculer le temps, crée des pièces uniques surprenantes, parfois dérangeantes, mais toujours poétiques. Dans son cabinet de curiosité, pour une pièce personnalisée, on peut apporter ses propres bijoux et ses portraits de famille.

CRÉATEUR
PIÈCE UNIQUE
6 bis, rue Paul Gauvin - **SAINT-BENOÎT**
✆ 05 49 37 26 11
Ouvert du mardi au samedi de 10h à 19h. Le dimanche de 14h à 18h.

Voilà une boutique qui nous ravie chaque fois qu'on y entre. Cette galerie associative d'artisans expose à la vente des objets de créateurs allant des boucles d'oreilles jusqu'aux étuis à lunettes en passant par divers supports à fixer au mur ou à poser ici et là. Tout est beau et merveilleusement assemblé, cousu, peint à la main pour que chaque pièce soit… unique. Les tissus et les cuirs sont travaillés, tout autant que des matières comme le verre et le fer. Difficile de ne pas repartir avec un petit quelque chose à offrir en cadeau ou... pour soi. Les créateurs restent chacun trois mois et assurent des permanences dans la boutique, l'occasion de les rencontrer. Parlez-en à vos copines !

CRÉATEUR
COLIBRI
2, rue Claveurier
Ouvert du lundi au samedi de 10h30 à 14h et de 14h30 à 19h.

© COLIBRI

Ces drôles d'oiseaux ont décidé de sortir de leur coquille pour se regrouper au sein d'une boutique qui fait mouche ! Plus de 25 créateurs partagent le même nid. La boutique met en valeur leurs univers dans une délicieuse harmonie : déco, vêtements, bijoux, univers enfant, bien-être, graphisme. De l'humour, de la poésie, de la coquetterie, pour les hommes, les dames et les petits. Des idées cadeaux à gogo, originales et locales. A tour de rôle, les créateurs gardent la boutique. L'occasion d'échanger avec eux et de dégoter la pièce unique. Au cours de l'année, certains quittent le nid et laissent place à de nouvelles merveilles. Vous l'aurez compris, chez Colibri, les envies se multiplient.

FANTAISIE
CLÉOPHÉE
10, rue du Palais ✆ 05 49 13 31 69
Ouvert du mardi au samedi de 10h à 13h et de 14h30 à 19h. CB à partir de 10 €.

Chez Cléophée, on vient chercher de l'originalité, une petite touche personnelle qui terminera au mieux notre tenue ; ces boucles d'oreilles de caractère, ce bracelet coloré, ce pendentif fantaisie qui fera des jalouses. Dans cette petite boutique de créateurs tenue par Emilie, les clientes n'hésitent pas à échanger et à se donner des conseils. On s'arrête souvent, très souvent, devant la devanture pour examiner les dizaines de bijoux exposés. Plaqués d'or, en argent ou exhibant de belles pierres, colliers, boucles d'oreille, bagues et bracelets oscillent entre un brin de folie et de classe. N'hésitez pas à essayer, cela n'engage à rien et c'est le meilleur moyen de succomber à la tentation.

JOAILLIER - DIAMANTAIRE
BIJOUTERIE JOAILLERIE TAILLEFER
82, rue de la cathédrale
✆ 05 49 41 42 47
Du mardi au vendredi : 9h-12h et 14h-18h ; samedi : 9h-12h et 14h-17h. Appeler pour s'assurer de l'ouverture.

Etait-il prédestiné ? Voilà 45 ans que Paul Taillefer use de son bocfil, de son triboulet et de son chalumeau pour créer des bijoux sur mesure pour nos oreilles, nos doigts, nos poignets et notre cou. Derrière sa vitrine, on le voit travailler l'or, l'argent, le platine. Ses gestes délicats réparent et transforment vos bijoux les plus précieux. D'autres pièces sont réalisées de A à Z, à partir de pierres précieuses de famille ou simplement d'une idée. Quelques essayages plus tard et la bague de vos rêves est à vous. Monsieur Taillefer a de l'or au bout des doigts.

HAMMAM

L'ORIENTAL HAMMAM

216, avenue du 8 mai 1945 ✆ 05 49 50 12 38
www.lorientalhammam.com

Ouvert le lundi de 12h30 à 20h et du mardi au samedi de 10h à 20h. Pensez à réserver à l'avance surtout pour le samedi.

Vous recherchez le dépaysement total sans aller loin de chez vous ? Ne cherchez plus, poussez la porte de l'Oriental Hammam et vous embarquerez immédiatement vers votre destination 100 % détente. Que vous choisissiez un soin visage, un soin du corps ou un forfait détente, votre voyage se poursuivra dans la salle de détente avec un thé à la menthe, offert par la maison. Vous pourrez aussi pousser votre voyage en testant la cérémonie du bain turc où vous serez recouvert de mousse parfumée et massé à travers elle. Vous pouvez aussi réserver le hammam pour un événement (anniversaire, EVJF, etc.) Ne ratez pas les soirées Afterwork pour vous détendre après une bonne journée de travail.

SPA

SPA DU CHÂTEAU DE DISSAY

111, place Pierre d'Amboise - **DISSAY** ✆ 05 49 11 11 11
www.chateaudedissay.com

Ouvert du lundi au samedi de 10h à 20h ; le dimanche de 10h à 18h. Accès au spa : 30 €.

Saviez-vous que SPA était l'acronyme de l'expression latine *Sanitas Per Aqua* (la santé par l'eau) ? Près des douves du château, ce spa occupe une dépendance, l'ancien chai. On en a d'ailleurs conservé des tonneaux en bois reconvertis en transats où se prélasser devant un jus de fruits dans la salle de repos. Espace d'eau luxueux, le spa propose une piscine chauffée à 33 °C, avec possibilité de nager à contre-courant sous le jet de l'éléphant et dans la lumière d'une très jolie verrière, un sauna mixte, un hammam avec son ciel étoilé, ainsi que quatre cabines pour les soins du corps et du visage. Et si vous en profitiez pour goûter l'excellente cuisine du restaurant du château ?

CLEAN BEAUTY

Pas évident de prendre soin de sa peau avec les bons produits ! L'appli Clean Beauty décrypte les étiquettes des cosmétiques pour vous en vous permettant de repérer les produits potentiellement toxiques pour votre organisme. Fini les heures perdues devant votre écran à googliser le contenu de vos produits pour savoir s'ils sont toxiques ou pas !

MASSAGE - RELAXATION

CENTRE D'AYURVEDA HRIDAYA'PRANA

Place du 8 mai 1945 - **SAINT-BENOÎT** ✆ 06 95 07 37 10
www.ayurveda-bien-etre.fr

Sur rendez-vous. Massage du corps entier 1h15 : 76 € ; 1h30 : 87 €. Massage des organes abdominaux 1h : 68 €.

La douce Delphine Texier s'est formée en Inde aux soins ayurvédiques. Elle vous explique comment les 5 éléments se combinent pour donner naissance à 3 grandes forces vitales : les Doshas dont l'équilibre est propre à chacun. Delphine détermine notre constitution, établit un bilan et propose des massages profonds (mais non douloureux !) appropriés à la personne. Elle détoxifie l'organisme, améliore notre circulation sanguine. Elle propose aussi des conseils en alimentation et en hygiène de vie adaptés à chacun et en fonction des saisons. Une piste pour se sentir entier !

SPA

ESPRIT ZEN

12-14, boulevard du Grand-Cerf ✆ 05 49 41 80 40
www.spa-esprit-zen.com

Lundi-vendredi : 10h-19h ; sam : 10h-17h. Pass Hammam/Sauna : 24€. Soins corps : 40€ à 100€. Aquabike : 154€ 6 séances.

Qu'il est beau le salon de Marion ! On se croirait à la maison. La douceur du bois, les tapisseries végétales, les fleurs séchées : la pause bien-être est assurée. Bienvenue dans LE spa du centre-ville. Il est petit, il est mignon et on y est bien accueilli. Un sauna, un hammam, une tisanerie, ça fait envie. Pour encore plus de détente, couplez cela avec un soin du corps. La carte des prestations est étoffée. Esthéticienne de formation, Marion propose des épilations, manucures, séances de Cellu M6, aquabike, bb glow (fond de teint durable), micro-needling, endermolift (technique anti-âge naturelle), et microblading (maquillage semi-permanent des sourcils). Laissez la zénitude vous envahir !

SPA

SPA DU CLOS

10, rue du Champ de Foire - **CHASSENEUIL-DU-POITOU**
✆ 05 49 52 52 37
www.spaduclos.com

Ouvert tous les jours, vérifiez les horaires sur le site internet du spa.

Parfaitement intégré au château du Clos de la Ribaudière (XVIIIe siècle), le spa du Clos offre un espace Wellness avec une piscine couverte chauffée à 31 °C prolongée par un bain à remous, un sauna nordique et des équipements sportifs. Dans la tisanerie, des boissons chaudes et froides sont à disposition pour se désaltérer en toute quiétude à côté de la piscine. Doté d'un hammam privatisé pour des soins orientaux, de 3 cabines de soins dont une double et d'un iyashi dôme (sauna à infrarouges), vous êtes ici confiés à des praticiennes en tunique bleu marine pour passer d'excellents moments de détente. Le peignoir et les claquettes sont fournis sur place, ainsi que les serviettes.

DÉPRESSION

AMETYS

60, route de Gençay
✆ 05 86 16 03 53
www.cabinet-ametys.fr
Ouvert du lundi au vendredi de 9h à 19h.

Ce cabinet est le premier du genre à avoir ouvert ses portes à Poitiers. Il est chargé d'intervenir en cas de souffrances psychologiques en lien avec le travail, que vous soyez en poste ou au chômage. Il s'adresse à des particuliers ou à des groupes en entreprise. Des consultants psychologues y sont à votre écoute pour vous aider à lutter contre le stress, à gérer une crise, à prévenir ou soulager un burn-out ou un *bore-out* (s'ennuyer au travail est minant et très dévalorisant). Le cabinet travaille en partenariat avec des avocats et la Direction du Travail. Ne restez pas isolés face au mal-être, sachez que des professionnels, tenus au secret, sont là pour vous aider.

HERBORISTERIE

HERBORISTERIE DU FIGUIER

183, Grand-rue ✆ 09 54 83 67 98
www.herboristeriedufiguier.com
Ouvert le mardi, le mercredi et le vendredi de 10h à 14h et de 15h30 à 19h ; le samedi de 10h à 13h et de 14h30 à 18h.

Aux effluves qui nous chatouillent agréablement les narines en entrant dans cette boutique, on comprend qu'ici, on va se faire du bien avec les plantes, à l'ancienne. Chez Claire, le voyage est plaisant pour le nez, mais aussi pour les yeux. Tout le mobilier est en bois : étagères, comptoir et ce magnifique grainetier d'apothicaire qui regorge de plantes. Autour de nous, on repère des baumes, des produits de la ruche, de l'argile. Les huiles essentielles sont derrière le comptoir, distribuées après que l'on vous ait donné de précieux conseils. Problème de sommeil, de digestion, stress, allergie, addiction au tabac... il y a tellement de raisons de pousser cette porte.

DÉTENTE - FORME

STUDIO CRYO POITIERS

18, rue Dom Fonteneau ✆ 06 33 76 08 26
www.studiocryo.com
Ouvert du lundi au vendredi de 7h à 21h sur réservation. Entrée : 30 € (la séance).

Winter is coming ! Avez-vous déjà imaginé être plongé dans un froid entre -120 et -150 °C ? Il faut vraiment être givré ! Hugo Paquet nous propose, un puissant rafraîchissement en capsule rouge qui a de multiples vertus thérapeutiques. Chez les sportifs (amateurs ou professionnels), la cryothérapie est un anti-inflammatoire et accélère la récupération musculaire. Le drainage intense des tissus procure également des bienfaits antalgiques et améliore notre quotidien : réduit le stress, favorise le sommeil, élimine les toxines... Pour les plus frileux, rassurez-vous, on est quand même équipés de gants et chaussons. Attention, la cryo débarque à Poitiers et ne nous laissera pas de glace !

LABORATOIRE D'ANALYSE / IMAGERIE

IMAGERIE MEDICALE 86

✆ 05 33 00 00 33
www.imagerie-medicale-86.fr
Ouvert du lundi au vendredi de 8h à 18h. Ou prendre RV via Internet.

Ce n'est pas parce qu'on fait des examens de santé qu'on a quelque chose de grave ou quelque chose tout court d'ailleurs ! Néanmoins, certaines vérifications sont nécessaires pour être rassuré ou soigné. Composez un numéro unique pour prendre rendez-vous dans l'un des 5 centres d'imagerie médicale à Poitiers. Vous serez dirigés en fonction de l'examen et des disponibilités. 14 radiologues privés ont réuni leurs compétences et ont mutualisé leurs outils pour proposer un meilleur service. Ils disposent d'équipements de radiologie numérique de dernière génération ! Et si vous deviez annuler votre RDV, faites-le 48 h à l'avance. Votre place sera forcément précieuse à quelqu'un d'autre.

DON DE SANG / DON D'ORGANE

ÉTABLISSEMENT FRANÇAIS DU SANG

350, avenue Jacques-Coeur ✆ 05 49 61 57 00
dondesang.efs.sante.fr
Lundi, mercredi et vendredi : 8h-12h30 et 13h30-15h30. Mardi, jeudi : 13h-18h. Samedi : 8h-12h. Sur rendez-vous.

L'expérience n'est finalement pas si terrible. Les volontaires sont plus que jamais les bienvenus puisque 10 000 dons de sang sont nécessaires par jour. On vous réservera un accueil des plus attentifs et vous serez nourris après l'épreuve. Dons de plasma et de plaquettes sur rendez-vous. L'E.F.S assure aussi l'inscription sur le fichier des donneurs volontaires de moelle osseuse. Croyez-nous, quand on ressort, on est fier de soi ! Et carrément ému quand on a vu un inconnu – transfusé et guéri ! – entrer dans la salle des prélèvements et dire : « merci ».

SANTÉ

PÔLE ENFANTS APSA

116, avenue de la Libération ✆ 05 49 62 67 89
www.apsa-poitiers.fr
Accueil ouvert de 8h à 17h30 (amplitude horaire) ; Internat ouvert du lundi au vendredi.

Centre d'éducation spécialisé, l'APSA (Association pour la Promotion des Personnes Sourdes, Aveugles et Sourdes-Aveugles), créée en 1897, reçoit un public d'environ 80 enfants de 5 à 20 ans, internes ou demi-pensionnaires, dans le but de les rendre le plus autonomes possible dans tous les gestes de la vie, malgré leur handicap de surdité qui peut être compliqué de non-voyance, de troubles mentaux... Encadrés par des éducateurs spécialisés, des professeurs, une ergothérapeute, des psychologues, des psychomotriciens..., bénéficiant d'un pôle soin avec 2 infirmières et 3 aides-soignantes, les enfants suivent ici des cours adaptés, d'histoire, de français, de maths... en langue des signes.

CORDONNIER

CORDONNERIE L. GUICHARD

52, rue Carnot
✆ 05 49 88 06 60

Ouvert du mardi au vendredi de 7h à 19h30 ; le samedi de 7h à 12h30 et de 13h30 à 18h30. CB non acceptée.

Cordonnier depuis quarante ans, Laurent Guichard est ce que l'on appelle un fin connaisseur du soulier. A son contact, vous apprendrez ce que les gens du métier nomment le *bonbout*. Une agréable odeur de cuir se mélange à celle du cirage en poussant la porte de l'atelier qui ouvre très tôt et vous permet de déposer vos espadrilles, brodequins ou chaussures Richelieu juste avant d'aller travailler. Si votre cas présente une urgence, notre homme fera de son mieux pour vous servir. Il n'y a guère d'astuces qui lui résistent en attendant une solide réparation. Dans sa boutique, toujours avec le sourire, notre artisan répare aussi les articles de maroquinerie et vend des produits d'entretien.

COUTURIER - RETOUCHE

ESPACE COUTURE ET NATURE

8, avenue de la Libération
✆ 05 49 54 04 27
www.couture-poitiers.com

Ouvert du mardi au vendredi de 9h à 19h.

Dans leur atelier, Véronique, Bruno, Quentin et Valentine font danser aiguilles et ciseaux. Les tissus s'assemblent dans un ballet de couleurs et de motifs pour confectionner habits, rideaux et objets brodés. Dans ce quatuor, chacun a sa spécialité. Bruno assure les retouches, crée vêtements, robes de soirée, de mariée. Des pièces uniques et sur-mesure. Les conseils en décoration d'intérieur sont prodigués par Véronique, en boutique ou à domicile. Rideaux, housses de canapé et coussins s'adapteront avec harmonie dans votre intérieur. La boutique s'adresse aux particuliers et aux entreprises. Quentin se fera un plaisir de répondre à vos demandes de personnalisations de tenues en broderie.

COUTURIER - RETOUCHE

RAPID'COUTURE / MARDI CHIC

42, rue Carnot
✆ 05 49 88 62 99
Parking de l'hôtel de ville.
www.rapid-couture.com

Le mardi, le jeudi et le vendredi de 9h à 18h15 ; le mercredi de 9h à 12h et de 14h à 18h15 ; le samedi de 9h à 18h.

Chantal Relandeau vous accueille avec gentillesse. Couturière, elle pratique les retouches courantes et propose des chemises sur mesure pour hommes. Elle prend les mesures, choisit avec vous la matière, le type de col, de poignets. Et la chemise est ensuite réalisée par une entreprise française extérieure. Créatrice dans l'âme, elle fabrique foulards, bijoux et accessoires. Perles de verre et de porcelaine composent de jolis colliers. Elle s'est lancée dans la fabrication d'organisateurs de sac et de cabas en faux-cuir. Croco, zèbre, à paillettes... soyez une citadine fun !

ENTRETIEN - RÉPARATION

CONCEPT DREAM PRINT

59, rue Carnot ✆ 05 49 52 16 71
www.printmydream.fr

Ouvert du lundi au samedi de 10h à 20h. Ouverture exceptionnelle le dimanche, sur RV.

Derrière le rideau africain et la baie vitrée, après l'équilibre parfois précaire de murs de tee-shirts multicolores, semble régner un certain mystère. Œuvrent de concert en cet antre, en réalité, ordinateurs et grosses machines qui impriment, à l'encre bio (issue des fleurs pour les encres de couleur, des seiches pour l'encre noire et du sable blanc pour l'encre blanche), la phrase, le dessin, la photo... de votre choix et/ou de votre cru, que vous arborerez sur la poitrine ou dans le dos. Jusqu'à 3 000 objets peuvent être aussi personnalisés. Le Petit Futé aime particulièrement ce concept de très libre choix et son tenancier bavard. Attention, beaucoup de monde souvent !

LAINE

LA MERCERIE

9, rue Le Bascle
✆ 05 49 52 59 22

Ouvert du mardi au samedi de 10h à 12h30 et de 14h à 19h.

Diantre, une mercerie ! Et pas des moindres : immense et très bien achalandée ! Et la dernière vraie mercerie à Poitiers, où les gens viennent de loin pour acheter des laines de luxe, en alpaga, cachemire ou bambou et les tissus à la coupe qui reposent à l'étage. Boutons, fil, élastique, ruban..., tout y est. Et même des chapeaux de créateurs, du linge de maison... Elisabeth, la patronne, est passionnée de tricot et de crochet, et donne des cours sur place, gratuitement, à ses clientes, aux heures d'ouverture. Une couturière est aussi présente, qui fabrique du sur-mesure (vêtements, sacs...) et donne des cours de couture à l'atelier (payants ceux-là). Nous saluons l'élégance de l'accueil.

LAVERIE - PRESSING

PRESSING BEL ET BLANC

14, rue Victor Hugo
✆ 05 49 47 99 52

Ouvert du lundi au samedi de 8h30 à 19h30.

On pratique ici, pour toutes les matières, l'aqua-nettoyage, une méthode à mi-chemin entre le nettoyage à sec et les grandes eaux de vos machines à laver. Après le tour de manège, les vêtements tels que les vestes de costumes, les manteaux... sont remis en forme sur le mannequin et le moindre pli est traqué sans merci. La vapeur qui chuinte, c'est la douce musique de ces lieux où sévit, entre autres, une affable Aïda. Les couettes (en acrylique) sont lavées à l'eau, blanchies si nécessaire (mais sans eau de Javel). Vous pouvez aussi amener vos corbeilles de linge à repasser ainsi que vos cuirs ou vos daims qui seront traités à l'extérieur. Tous les vêtements à livrer sont mis sous housse.

WEDDING PLANNER - ORGANISATION D'ÉVÉNEMENT

1001 BULLES

✆ 06 63 15 04 60
www.1001-bulles.fr

Dans une salle ou dans un champ ? Un traiteur ou un buffet maison ? Un photographe ou un Vidéaste ? Un DJ ou un groupe ? Des fleurs ou des rosaces ? Des spots ou des guirlandes ? Ahhh ! Vous avez dit oui et il reste tellement de choses à imaginer. Si vous vous sentez perdus et que vous souhaitez déléguer une partie ou l'ensemble de l'organisation du jour J, Juliette est là pour vous aider. Elle a mille et une solutions à vous apporter pour que ce jour soit parfait et à votre image. Parce que ce sont les petits détails qui font la différence, elle imaginera pour vous une décoration douce et pétillante en maîtrisant votre budget. Du conseil à l'entière délégation, votre *wedding planner* est là.

ANIMATION

DJ SELECTOR MI AMOR

✆ 06 65 90 62 10
Se déplace dans toute la France.

Pour un mariage incroyable, il faut un bal incroyable et pour un bal incroyable, il vous faut DJ Selector mi amor. Attention, ce n'est pas un animateur. Les micros, très peu pour lui. Mais pour ce qui est du son, il assure totalement en variant élégamment périodes et styles. Bien sûr, vous lui donnerez votre liste d'indispensables (eh oui ! hors de question de vous marier sans le tube qui vous a fait vibrer ensemble). Le top du top, c'est qu'il ambiance avec le même amour vos vins d'honneur avec deux propositions originales : un bar à vinyles où vos convives sont invités à choisir la musique qu'ils souhaitent écouter et son Mobilo disco, une caravane dans laquelle il installe ses platines.

NEW

HOMME

LE DRESS CODE

6, rue de la Regratterie
✆ 05 49 37 28 10
Ouvert du mardi au samedi de 10h à 12h30 et de 14h à 19h.
Location : 2 pièces : 139 € ; 3 pièces : 159 €.

Saviez-vous qu'il est possible de louer un costume à Poitiers ? Pour toutes les grandes occasions, si le dress code se veut chic, et que le costume manque à l'appel dans votre dressing, pensez à la location que vous soyez le marié, l'invité ou le témoin. Dans cette boutique, une dizaine de modèles s'essayent, du bleu tendance, du noir classique, des originaux tissus prince-de-Galles ou à carreaux. La chemise est incluse, les retouches comprises et le pressing offert. Les pièces sont également à vendre, tout comme les accessoires (ceintures, nœuds papillon, boutons de manchette). Et pour ceux qui souhaitent une pièce unique, la boutique propose un service de création de costume sur mesure !

LOCATION

LOC 4 EVENT

5, rue Jules Verne - **SÈVRES-ANXAUMONT**
✆ 06 67 83 78 97
www.loc4event.fr
Ouvert du lundi au vendredi de 8h30 à 12h30 et de 14h30 à 18h ; le samedi de 8h à 13h.

© LOC 4 EVENT

A pied, de dégustation, à eau, Thomas a plus d'un verre dans sa boîte. Ce n'est pas tout ! Tables, chaises, assiettes, et nappes attendent leur entrée en salle, en petite ou en grande pompe. Que vous organisiez un mariage, un anniversaire ou un séminaire pro, la petite entreprise de Thomas sera votre partenaire, et ce, jusqu'à 2 000 couverts. Sérieux, flexibilité, écoute, voilà toutes les qualités nécessaires à la réussite de votre événement. En plus, Thomas se charge de la vaisselle, sans surcoût, et grâce à des machines écolo. Le mobilier aussi est écoresponsable. Produits en France à partir d'objets recyclés, les salons de jardin et luminaires amèneront une ambiance cosy à la fête.

TRAITEURS SPÉCIALISÉS

LACOUR TRAITEUR

16, Le Guillé - **FLEURÉ**
✆ 05 49 42 69 58
www.lacour-traiteur.fr

Que l'on soit des centaines rassemblés pour un grand événement ou en petit comité, allez-y les yeux fermés ! Mariage, baptême, anniversaire, départ en retraite, réveillon... Le Petit Futé valide tant pour les festivités privées que pour les événements professionnels où Lacour Traiteur se déplace sous le nom de « Saveurs et Créations ». Dès les premiers rendez-vous, les conseils avisés des équipes vous aideront à faire le choix de vos plats, des quantités, des ateliers pour le cocktail. Une cuisine de qualité, des plats originaux, une belle présentation, un service impeccable (sans compter sur un très bon rapport qualité-prix), Lacour Traiteur ravira vos convives.

À DOMICILE

JULIEN TARTRE

13, rue de la Vallée d'Anguin
SAINT-JULIEN-L'ARS
✆ 06 67 40 70 27
www.chef-domicile.com

Chef au Manoir de Beauvoir pendant plusieurs années, Julien Tartre met désormais sa toque pour vous servir à domicile et répondre à vos souhaits de petites réunions gourmandes et de banquets. Amoureux des belles et bonnes assiettes, il travaille essentiellement avec producteurs locaux et se limite à une prestation à la fois. Vous êtes donc assurés de le retrouver en cuisine. Ses formules sont proposées sur son site internet, mais Julien s'adaptera à toutes vos envies de personnalisation et demandes particulières telles qu'un menu végan, végétarien, mais également un méchoui ou un brunch. Pour vos petites et grandes occasions (150 convives maximum), n'hésitez plus et offre-vous un chef !

ROBE DE MARIÉE

L'ATELIER DE MARIE

14, rue du Petit Bonneveau ✆ 05 49 03 27 18
www.styliste-poitiers.fr
Sur rendez-vous. Essayage : 50 € (déductible du prix de la robe à l'achat).

Marie Groux-Lecouturier était prédestinée. Avec un tel nom de famille, difficile d'échapper à la tentation des aiguilles et de la confection ! C'est dans l'univers enchanteur de la robe de mariée qu'elle a choisi de se lancer. Elle sélectionne les plus prestigieuses marques françaises et espagnoles : Pronovias, Lambert Créations, Rembo Styling, Jesus Peiro... Silhouette galbée, détails sexy et raffinés pour être au top de sa féminité le jour J. Styliste, Marie pourra exaucer votre souhait d'une robe de princesse sur mesure et créer des robes de cocktail pour vos invités. Ecoute et perfection sont les maîtres mots de la boutique. Ici, on se fait chouchouter pour dire oui en toute sérénité.

PÂTISSERIE

LOVELY CAKES

CHAMPAGNÉ-SAINT-HILAIRE ✆ 06 25 90 44 58
www.lovelycakes86.com
Livraison possible (dans toute la Vienne avec frais de déplacements).

L'univers de la pâtisserie est vaste... autant que l'imagination d'Axelle Reault qui, chaque jour, s'affaire à transformer vos rêves sucrés en réalité. C'est pour son fils qu'elle a créé le premier gâteau. Puis, les amis en ont demandé et devant les avis unanimes, elle s'est lancée et décline cakes pops, cupcakes, birthday cakes, sablés et wedding cakes. Quel que soit le thème de votre événement, notre artiste relève le défi. Sur les mousses légères dont le parfum aura été choisi par vos soins, les décors prennent vie. Surprenez vos enfants avec leurs personnages préférés ou agrémentez votre pièce montée de fruits frais ou de fleurs sucrées. Des lovely cakes bons et beaux comme des bonbons !

LOCATION

PARTYBOOTH

6 bis, rue de montmidi
✆ 07 60 07 83 63
www.partybooth.fr
Location : 250 €. 490 € à partir de 50 personnes.

Elle est accrochée sur votre réfrigérateur depuis des mois. On vous y voit avec votre amoureux, votre meilleur copain (oh ! Mais c'est qui déjà derrière ?). Perruque sur la tête, monocle en main, vous tenez la pause tantôt affichant votre dentition ou votre grimace préférée. Dès que vous la voyez, cette soirée mémorable vous revient. Quel souvenir ! Merci photobooth ! Cet « appareil photo » autonome et mobile est une parfaite animation pour vos événements. Partybooth, vous le loue, vous le livre et l'installe ! A vous de choisir le fond, les effets, le texte à incruster. Impression instantanée pour les invités (jusqu'à 700 tirages) et photos intégralement données aux organisateurs. *Cheese* !

LOCATION

LE PETIT BAL

✆ 06 18 37 06 22
www.lepetitbal-location.com
De la formule 5 pièces à 3 € à la formule 10 pièces 6 €.

Si Bourvil ne se souvient plus du nom de ce petit bal où ces amoureux ne regardaient rien autour d'eux, vous, ne l'oubliez pas pour vos événements heureux, car vous pourriez bien surprendre vos invités. Ludivine chine depuis des années et amoncelle chez elle vaisselle, verres, couverts et linge de table qui donneront à vos fêtes un cachet d'antan. Assiettes fleuries, bleues, roses, à dorures, verrerie ancienne, quel que soit le thème de l'événement, elle imaginera pour vous les plus belles des tables. Sur son site internet, vous trouverez également nombre d'objets de décoration qui raviront les yeux des convives comme ce fauteuil Emmanuelle parfait pour y installer les mariés.

FÊTE

POMME VERTE

2, avenue Galilée - **CHASSENEUIL-DU-POITOU**
✆ 06 61 51 63 11
www.pomme-verte.fr

Cassez les codes des traditionnelles animations de mariage avec les idées originales de Pomme Verte. Professionnelle de l'audiovisuel, la belle entreprise de Marion Manzano et de Clément Fouché propose des animations vidéo pour distraire vos invités et conserver un inoubliable souvenir. Tour à tour, vos invités s'isolent dans une sorte de « boîte à questions » pour répondre à un questionnaire. Pendant le repas, les vidéastes s'occupent du montage que l'assemblée découvrira avant l'ouverture du bal. Encore mieux, proposez à vos convives un atelier de doublage de films culte comme *Les Bronzés*, *Astérix et Obélix*, *Le Dîner de cons*... Fous rires garantis et chouettes souvenirs en perspective !

© TARDIVON TRAITEUR

© TARDIVON TRAITEUR

TARDIVON

13, route de la Caillelle
VILLIERS
✆ 05 49 51 86 14
www.tardivon.fr

Elle est tombée dedans quand elle était petite. Cécile Tardivon a pris les rênes de l'entreprise créée par son père. Depuis 1980, la Maison Tardivon régale mariés et convives avec sa cuisine traditionnelle. Chartreuse de Saint-Jacques, filet de bœuf, omelette norvégienne, la renommée du traiteur (et de ses sauces) n'est plus à faire. Osez l'exception et optez pour les lieux de prestige de la Maison : l'Abbaye cistercienne du Pin (300 pers) ou le Domaine Aliénor d'Aquitaine et son pavillon de style Baltard (400 pers). Pour votre lendemain de fête, on vous proposera un joli food truck pour régaler vos invités avec de fabuleuses pâtes carbonara préparées dans une demi-meule de parmesan.

© TARDIVON TRAITEUR

© TARDIVON TRAITEUR

© TARDIVON TRAITEUR

JEUX ET JOUETS

BONHOMME DE BOIS

1, rue des Grandes Écoles
✆ 05 49 41 06 51
https://www.bonhommedebois.com/bonhomme-de-bois-poitiers
Ouvert du mardi au samedi de 10h à 19h.

C'est au cœur du Grand Magasin, rue des Grandes Ecoles, qu'un corner Bonhomme de Bois a trouvé place. C'est toute pimpante et bleu électrique que cette boutique vous accueille. Un univers coloré et une équipe pleine d'énergie, de sourires et de conseils avisés : voilà un endroit parfait pour dénicher le cadeau coup de cœur des enfants de 0 à 10 ans. Peluches, jouets en bois, instruments de musique, jeux d'éveil, de construction, d'imitation, éducatifs, de société... ils se comptent par centaines sur les étagères. Moulin Roty, Djeco, Vilac, Janod, Kaplan... Retrouvez les grandes marques qui ont traversé les générations. Pour les voir grandir avec le sourire, faites appel au bonhomme de bois !

PUÉRICULTURE

MERCY BEAUCOUP

A retrouver chez Colibri à Poitiers.

En offrant un vêtement ou un accessoire de la marque Mercy Beaucoup, vous êtes sûr de vous l'entendre dire ! Comment ne pas craquer pour les combinaisons, les sarouels ou les cache-cou aux imprimés originaux et aux couleurs acidulées ? Pour prendre le plus grand soin des tout-petits, Clémence n'utilise que du jersey de coton bio. En plus d'être beaux, chacun des vêtements, entièrement réalisés à la main, est résistant et pensé pour être pratique. De quoi offrir de magnifiques coffrets de naissance. Et pour faire plaisir à la grande sœur, Clémence confectionne dans ses chutes de tissu des habits pour poupées tout jolis ! Bébé et poupée à l'unisson, c'est pas mignon ?

JEUX ET JOUETS

LA FABRIK À FÉE

A retrouver chez Colibri à Poitiers. Dès 3 €.

Des créations gourmandes, toutes douces et très colorées en feutrine. L'idée est originale et les réalisations, toutes faites main, troublantes de réalisme. Poivrons, aubergines, choux-fleurs, pommes de terre, poires, fraises... les enfants peuvent apprendre à reconnaître légumes et fruits en jouant à la dînette ou marchand-e. Et si les détails font la perfection, on la touche du doigt avec la banane qui s'épluche, le camembert servi en portions dans sa boîte ou un hamburger dont chaque ingrédient est bien visible. Edwige, professeur d'arts appliqués, a bien des doigts de fée pour créer des jouets et porte-clés si vivants. Pour un peu, les parents retourneraient volontiers en enfance !

JEUX ET JOUETS

BULLE DE BIEN NAÎTRE

55 bis, route de Gençay ✆ 05 49 45 79 34
www.bulledebiennaitre.fr
Ouvert du mardi au samedi de 10h à 12h30 et de 14h30 à 19h.
Ateliers. Liste de naissance.

Cette boutique est un petit cocon qui donnerait presque envie de redevenir tout petit ou de se lancer dans la parentalité ! Vous craquerez sur d'adorables vêtements en coton bio ou sur de belles décorations de chambre. La boutique regorge de jeux en bois, de société, de déguisements, de jeux créatifs pour tous les âges. La future maman trouvera aussi son bonheur : lingerie, habillement et bijoux variés dont le fameux *bola* qui vient bercer bébé. Anaëlle, connaît sa boutique sur le bout des doigts. Elle donne des conseils avisés – rassurant. Elle anime des ateliers de portage et prête sa mezzanine lorsque se déroulent d'autres ateliers de massage bébé, yoga maman-bébé, ateliers créatifs...

ENFANT - JUNIOR

LA PETITE EMPREINTE

169, Grand'Rue ✆ 06 07 18 24 59
www.lapetiteempreinte.fr
Mardi, jeudi, vendredi : 10h-18h ; mercredi, samedi : 10h-19h.
Aurélie chine à domicile le lundi. Inscription en ligne.

Les parents vont adorer la boutique d'Aurélie. Maman passionnée de puériculture et soucieuse de l'environnement, elle a imaginé sa caverne d'Ali Baba pour papas et mamans en recherche de bons plans. Sur les cintres, des vêtements de seconde main pour les toutes petites personnes de 0 à 6 ans, de quoi faire plaisir à nos bambins avec une petite empreinte carbone. On y achète à mini prix des vêtements et des chaussures tendance en excellent état. Ce n'est pas tout. On trouve aussi une multitude de jeux éducatifs. Certains, d'inspiration Waldorf Steiner ou Montessori sont même à louer. A la Petite Empreinte, on chine et on apporte nos trésors. Aurélie les achète ou les vend à notre place.

JE TRANSPIRE MAIS JE M'ÉCLATE

Il y a le compétiteur qui s'aligne au départ du marathon et l'adepte du mode loisirs qui gambade en Père Noël poursuivi par des rennes. Il y a le sportif en herbe, le sportif qui se respecte et celui du canapé. Attention toutefois à ne pas confondre le spectateur assidu qui pousse l'équipe de volley-beach du Stade Poitevin ou le Motoclub neuvillois et le gamer qui vise une participation aux JO pour honorer la ville de la Gamers Assembly. L'essentiel est de prendre du plaisir et de s'amuser. Et si avec la diversité de l'offre présente à Poitiers, vous ne trouvez pas votre bonheur, on risque de douter de votre motivation. Dans l'eau ou dans les airs, en solo sur un golf ou accroché à un mur d'escalade, entre amis sur la glace ou dans un skatepark, en groupe à vélo, en équipe au rugby, ou en duo avec un cheval, testez l'initiation ou enchaînez les entraînements pour performer. Un conseil toutefois, ne tentez pas de suivre les filles de l'équipe cycliste FDJ Nouvelle-Aquitaine Futuroscope. Sinon, en mode pur amusement, tentez l'expérience air jump, bowling, escape game, billard, laser game et pourquoi pas karaoké ! Pas de compétition en vue, mais des bonnes parties de rigolade assurées.

SPORT

FESTIVAL INTERNATIONAL DE BASKET 3X3

place du Maréchal Leclerc
www.3x3poitiers.com
Du 25 juin au 3 juillet 2021. Entrée libre.

© TONY VOISIN

Début juillet, on se sent bien petit à Poitiers. Les géants investissent la place ! Un objectif : marquer des paniers sur le plus gros terrain de 3X3 de France. Sur les estrades, le week-end, on encourage les joueurs, professionnels et amateurs, qui, 3 contre 3, s'affrontent. 3 ? Eh oui ! Ici, c'est au basket de rue qu'on fait la part belle. Chaque année, le festival prend de l'ampleur. Bien plus qu'un événement sportif, 3X3 fédère la ville autour de la culture urbaine. Alors en semaine, de 17h à 22h, place au graph, au break, au hip-hop, au beatbox...

COURSE À PIED

MARATHON POITIERS-FUTUROSCOPE

✆ 05 49 49 30 76
www.marathon-poitiers-futuroscope.com
Le 29 et le 30 Mai 2022. Inscription en ligne à partir d'octobre généralemant.

Bonne foulée et baskets de running obligatoires ! C'est le rendez-vous annuel des fanas de course à pied. Coureurs chevronnés ou occasionnels, choisissez votre parcours : marathon des collégiens (en relais par équipe de 20 coureurs), 5 ou 10 kilomètres pour le Tout Poitiers Court le samedi après-midi au parc de Blossac, ou semi-marathon et marathon le dimanche matin pour les lève-tôt. En route pour une course de 21,097 ou 42,195 kilomètres depuis le centre-ville de Poitiers jusqu'au site du Futuroscope. Deux objectifs pour les presque 4 000 courageux : endurance et chrono !

SPORT

GAMERS ASSEMBLY

11, rue Salvador Allende
✆ 05 49 45 00 89
https://ga2019.gamers-assembly.net
Prochaine date à surveiller sur le site internet ou Facebook.

Counter-strike, Hearthstone, TrackMania, League of Legends, Fortnite, ces noms ne vous disent peut-être rien mais ils sont bien connus des 2 000 joueurs de la Gamers Assembly et des plus de 25 000 visiteurs qui foulent le sol des halls du Parc des Expositions pour l'événement. Le temps d'un week-end, Poitiers est un haut lieu de rassemblement pour les Gamers. Eh oui, le e-sport a la cote ! Au programme des jeux à tester, des stands, un concours de cosplay et le plus impressionnant : des tournois dans lesquels les joueurs s'affrontent en simultané. Les visiteurs, eux, assistent à des retransmissions commentées par des *casters*. Ambiance assurée ! Fans de jeux vidéo, réservez votre week-end !

SPORT

LA GRANDE COURSE DES PÈRES NOËL

SAINT-BENOÎT ✆ 05 49 47 44 00
www.ville-saint-benoit.fr
18 décembre 2021. Participation : 8 € (min 15 ans). Enfants de 6 à 13 ans : gratuit pour la course des Lutins.

Voilà une rudement bonne idée imaginée par la Mairie de Saint-Benoît depuis l'an 2000. À l'approche du 25 décembre, alors que la magie de Noël envoûte petits et grands et que le vieux barbu s'affaire à terminer les beaux joujoux, une horde rouge et blanche déferle dans les rues sancto-bénédictines. Une heure avant le top chrono du départ de la boucle des adultes (7,5 km), la Course des Lutins permet aux enfants de 6 à 13 ans de prendre part à l'événement le temps d'un kilomètre. Avec un peu de chance, quelques flocons vous accompagneront. Magie de Noël, on vous dit !

SPORT

OSE (Z) LA DANSE

23/25, rue du Général Sarrail
m3q.centres-sociaux.fr
We fin octobre. Lieu du Battle : Centre Socio-culturel de la Blaiserie. Stages de danses variées organisés en parallèle.

Au centre d'une salle pleine à craquer, un tapis de danse et cinq chaises, celles d'un jury aux profils variés. Danseurs de claquettes, de salsa, de hip-hop, de swing... tous réunis autour d'une même passion : la Danse (avec un grand D). Vous allez assister à un vrai show. Une trentaine de danseurs d'horizons divers, de tous âges, s'inscrivent chaque année et se jettent dans la fosse de l'improvisation. Le DJ lance un son. Ils ne savent pas ce que ça va être, ne l'ont peut-être même jamais entendu. A eux d'OSE (R) la danse pour faire vibrer public et jurés. A force de battles, de ces 35 guerriers, il n'en restera qu'un. Un moment de pur bonheur et d'émotions à vous faire dresser les poils.

CANOË

CANOË KAYAK CLUB POITEVIN

Avenue de Lorch
SAINT-BENOÎT
✆ 06 81 27 59 06
www.ckcp86.fr
Locations en juillet-août : tlj 13h-20h. Saint Benoît : Canoë 5 €/h, Stand Up Paddle 7 €/h. Balades à partir de 12 €.

C'est un club de canoë-kayak qui dispense des cours de pagaie, de pratique du slalom et des initiations. L'été tout un chacun peut accéder aux plaisirs des circuits en eau vive. Plusieurs descentes sont possibles, de 4 km à 7 km. Pour la plus courte (depuis Moulin, que l'on rejoint en minibus), comptez environ 1h30 avec possibilité de faire une pause au Gué de la Biche, rare berge non privatisée. Gare aux hameçons des pêcheurs, et si vous en croisez... restez discrets ! Des excursions nocturnes sont proposées pour les groupes. Un conseil : mieux vaut réserver à l'avance !

COACHING

CROSS TRAINING POITIERS

18, rue Domaine Fonteneau
✆ 06 44 10 15 52
Ouvert du lundi au samedi de 9h à 13h30 et de 17h à 21h.

Cross Training c'est une salle de crossfit indépendante en centre-ville. Le crossfit ? C'est un travail de musculation, de souplesse, de cardio. Alors ça chauffe, ça pique, mais ça fait du bien... Oui oui, on vous l'assure ! Et puis ça nous fait aussi travailler notre vocabulaire anglais à base de « push-ups », « thrusters », « snatchs », et de « skill base ». La salle de Cross Training propose quotidiennement un accès libre, un cours collectif, un « work of the day » à ses adhérents, mais aussi des séances spécifiques comme de la boxe ou des cours d'haltérophilie. Hugo, le coach vous aiguillera et veillera sur vous dans la découverte de cette nouvelle pratique. Alors relevez-vous le défi ?

ESCALADE

THE ROOF

11, rue de la Demi Lune
✆ 05 49 31 34 60
www.poitiers.theroof.fr
Lundi : 17h à 22h. Mardi-vendredi : 12h-22h (10h vac). Sam et dim : 10h-20h. Tarif : 10€90 ; 7€60 (6-18 ans). 4€ -6 ans.

© ALEX AUTEXIER

Le concept est extra : associer une Maison de l'escalade à un restaurant de qualité. Dans cet ancien hangar très joliment rénové, on pratique le bloc (hauteur maximum : 4,5 m) à partir de 3 ans. Pas besoin d'être un expert ni d'être en binôme (même si c'est sympathique à plusieurs). En arrivant, Sabrina et Edouard, les coachs, vous expliquent les rudiments de la pratique. Après quoi, à vous de jouer (enfin... de grimper). Six niveaux de difficulté s'offrent à vous sur plus de 70 m linéaires. Un espace est réservé aux petits : idéal ! Après l'effort, trouvez le réconfort au restaurant de la salle. Du sport, une ambiance au top et de la bonne cuisine, que demander de plus ?

ÉQUITATION

CENTRE ÉQUESTRE DE GRAND POITIERS

1, route de Chauvigny - **MIGNALOUX-BEAUVOIR**
✆ 05 49 30 23 30
www.cecapoitiers.blogspot.com
Secrétariat ouvert lundi, jeudi, vendredi : 8h30-12h30 et 13h45-17h30 ; mercredi : 8h-12h30 et 13h30-17h30.

Le plus grand centre équestre de la Vienne (environ 80 chevaux) se scinde en une école d'équitation et un poney-club. La première prépare aux examens fédéraux (de galop 1 à galop 7) un public de 10 à 107 ans, et propose une section loisirs dont les bases commencent par l'approche « physique » du cheval et peuvent conduire à une promenade dans la campagne alentour. Le poney-club est réservé aux enfants de 4 à 9 ans qui suivent, sur des shetlands et des demi-poneys, la progression pédagogique telle qu'elle est donnée par la Fédération Française d'Equitation.

GOLF

L'ÉCOLE DE GOLF DE POITIERS-CHÂLONS

1, rue François Prat ✆ 05 49 56 13 38
www.golf-poitiers-chalons.fr
Une école ouverte à tous les enfants à partir de 6 enfants et tous les jours de l'année.

Si vous souhaitez faire découvrir le golf à vos enfants dans un écrin de verdure vous êtes au bon endroit. Ici, on lutte contre les clichés et la volonté c'est d'ouvrir le golf et ce parcours de 9 trous à tous ! Cette école accueille les enfants à partir de 6 ans, du niveau débutant à confirmé. Pour la cotisation, les enfants bénéficient de la licence, du matériel prêté, des cours hebdomadaires ainsi que d'un ensemble de vêtements offert par les partenaires du club. Vous serez accueilli par une belle équipe au secrétariat, des bénévoles et des professeurs passionnés.

PARACHUTISME

ZEROGRAVITY

2 bis, avenue du Futuroscope - **CHASSENEUIL-DU-POITOU**
✆ 05 49 13 13 13
www.zero-gravity.fr
Vendredi : 14h-22h, samedi : 11h-22h ; dimanche : 11h-19h. Lundi à jeudi (vacances sco) : 14h-21h. Tarif : 59€ (2 vols).

Aux portes du Futuroscope, vivez l'expérience de la chute libre indoor grâce à la grande soufflerie de ZérOGravity. De 5 à 105 ans, initiés ou non, vous serez pris en charge par un moniteur diplômé. *Brief* réalisé, on s'engouffre dans le grand tunnel vitré pour se lancer. Le moniteur nous stabilise, nous sécurise. On découvre de nouvelles sensations, de nouveaux « pouvoirs » à maîtriser. On flotte sur un coussin d'air, on se prend pour un oiseau, à 290 km/h. L'expérience dure quelques minutes. Elle est intense. Une seule envie : recommencer ! Après l'effort, le réconfort. Le bar offre une vue imprenable sur le ballet aérien qui se joue dans la colonne de verre. Un moment inoubliable !

PISCINE

LA GANTERIE

57, rue de la Ganterie ✆ 05 49 30 20 00
www.poitiers.fr
Horaires variables : voir site internet. Entrée : 3,20 € (tarif réduit 2 €). Gratuit - 5 ans.

Poitiers a elle aussi son bassin nordique ! Pour piquer une tête en plein air et cela, même par des températures hivernales, rendez-vous à la Ganterie. La piscine s'est offert une nouvelle jeunesse avec un extérieur coloré et une eau à 27 °C dans son bassin olympique de 50 m de long pour une profondeur d'1,80 m, le tout chauffé à la paille par le réseau de chaleur urbain. Son mur escamotable permet d'accueillir à la fois le grand public et les clubs sportifs. A l'intérieur, les nageurs pourront faire leurs longueurs dans le bassin de 25 m x 15 m, et les petits, barboter dans le bassin d'apprentissage, à moins qu'ils ne préfèrent l'aire de jeux et ses jets d'eau dehors. Bonne baignade !

PARCOURS DANS LES ARBRES

LE PARC AVENTURE DE LA VALLÉE DES LÉGENDES

LIGUGÉ ✆ 06 52 75 34 79
www.gravite-86.com
Juin., août : tlj, 10h-13h, 14h-19h. Avril à juin, sept, oct : vacances, WE, jours fériés, 14h-18h. 17 €. Enfant : 13 €.

C'est dans le Bois de Givray, au cœur de la Vallée des légendes reliant Ligugé à Saint-Benoît, que ce parcours d'accrobranche est installé. Une centaine de jeux répartis sur sept parcours plus ou moins difficiles ont été imaginés pour tester votre agilité à près de 15 mètres de haut. Les fanas de tyroliennes s'élanceront à cœur joie sur deux parcours dédiés et les plus téméraires tenteront l'aventure de nuit, à la frontale. Des parcours bambins (dès 3 ans) permettent aux petits d'appréhender le jeu en toute sécurité. Un moment de bonheur et d'adrénaline en pleine nature !

PISCINE

PISCINE DE LA BLAISERIE

17, rue Dieudonné-Costes ✆ 05 49 58 18 88
www.grandpoitiers.fr
Horaires variables. Voir site internet. Tarif adulte : 2,60 €, Tarif réduit : 1,50 €, Moins de 5 ans : gratuit.

La piscine de la Blaiserie, c'est le gros tournesol jaune, l'espèce d'engin spatial avec ses hublots – posé là par inadvertance ? – reconnaissable entre toutes, et intégrée depuis longtemps dans le paysage poitevin. Située non loin de l'avenue de Nantes, son architecture circulaire originale permet à ses façades de s'ouvrir par beau temps et de nager dedans-dehors, en profitant de la pelouse extérieure pour se lézarder au soleil entre deux crawls. Séances d'aquagym, bébés nageurs, natation sportive ou synchronisée vous sont proposées ici. Sinon, c'est comme partout, venez propres et utilisez un bonnet de bain. Mais non, c'est pas moche ; ça tire juste un peu les cheveux !

PATINAGE

LA PATINOIRE

54, avenue Jacques Cœur ✆ 05 49 30 20 40
www.grandpoitiers.fr
Horaires variables : voir site. Entrée : 4€, réduit : 2,80€, gratuit - 5 ans. Patins : 2,50€. Gants obligatoires. Snack.

Poser un patin sur la glace, sentir son équilibre vaciller et s'accrocher au rebord. Lâcher une main… deux… prendre de la vitesse… sentir le froid nous chatouiller les pommettes… liberté ! Tourner en rond, en musique, pendant que les plus expérimentés, souvent très jeunes, glissent en arrière et enchaînent les pirouettes (n'oublions pas que c'est ici que Brian Joubert a commencé sa brillante carrière). Une sympathique sortie en famille ou entre amis. Des soirées tempête de neige, Halloween, années 80 sont organisées de temps à autre, mais notre coup de cœur se porte sur le samedi matin quand la piste est réservée à la découverte des joies de la glisse pour les petits (de 2 à 8 ans).

RUGBY

STADE POITEVIN DE RUGBY

53, avenue Jacques Cœur ✆ 05 49 46 46 46
www.stadepoitevinrugby.fr
Secrétariat ouvert le lundi et le jeudi de 9h30 à 12h et de 14h à 18h30, le mardi et le vendredi de 9h30 à 12h.

C'est dans le comté du Warwickshire en Angleterre, au collège de Rugby, que naquit « par erreur », aux mains de William Webb Ellis, au cours d'une classique partie de football, ce sport dit « de gentlemen ». Les fanas du ballon ovale ou ceux qui aspirent aux défis obscurs des mêlées trouveront leur bonheur au stade Rébeilleau, près du domaine universitaire pour des matchs ou des entraînements à l'école de rugby à partir de 4 ans. L'équipe poitevine évolue actuellement en Fédérale 2 et Poitiers est le seul club de la Vienne à proposer du rugby féminin à XV. Alors voilà, on vous propose 80 min de délicatesses sur gambettes monumentales. Pour les plus sensibles, préférez les calendriers !

SKATE

SKATE PARK DE LA CASSETTE

39, rue de la Cassette ✆ 05 49 43 73 86
www.grandpoitiers.fr
Horaires variables. Voir site internet. Age minimum : 8 ans. Port de protections recommandé. Présence minimum de 2 pers.

Les halles de la Cassette sont l'endroit idéal pour venir s'exercer à son sport favori. Munissez-vous de vos protections et de votre skate… et c'est parti pour des heures de figures et de réceptions plus ou moins efficaces. Des tracés sont préparés pour s'exercer à manier à la perfection son engin à roulettes et les habitués, sont toujours présents pour donner leurs précieux conseils aux débutants. Il y règne une ambiance chaleureuse et bien calme. Si vous n'êtes pas branché glisse, des terrains de pétanque sont à disposition autour des halles.

ZEN

BEING HUMAN BEING YOGA

✆ 07 81 48 94 93
www.beinghumanbeing-yoga.com
Horaires et tarifs variables en fonction du lieu des cours. Voir site internet : www.beinghumanbeing-yoga.com.

Faites une pause. C'est avec un grand sourire et son petit accent de l'est que Dora vous accueille en douceur pour un instant relaxation. Depuis 2016, la jeune femme enseigne le yoga. Un yoga dynamique : le vinyasa flow. Soufflez, et laissez-vous entraîner dans les postures proposées par Dora. Une méditation en mouvement qui demande parfois souplesse et équilibre. Aucun jugement, chacun va à son rythme, selon ses prédispositions. Tous en ressortent apaisés et connectés à leur corps. Un instant zen auquel on prend vite goût. Dora enseigne à la fois dans la salle d'escalade The Roof et en centre-ville de Poitiers. Rendez-vous sur son site pour découvrir les différents créneaux.

ESCRIME

STADE POITEVIN ESCRIME

avenue de la Fraternité - **BUXEROLLES** ✆ 06 99 09 33 66
www.stadepoitevin-escrime.fr
Fermé du 1er juillet au 1er septembre. Ouvert du lundi au samedi de 9h30 à 20h30. CB non acceptée.

Le stade Poitevin Escrime est le club d'escrime de la ville de Poitiers dans la Vienne. Ici, vous pourrez pratiquer l'escrime sportive (Epée, Fleuret et Sabre) et l'escrime artistique (médiévale ou Renaissance). Le club est ouvert à tous à partir de 5 ans. Les tout-petits pourront découvrir l'escrime à travers un enseignement très ludique et en toute sécurité. Que vous soyez débutant ou confirmé, vous serez accueilli avec grand plaisir et vous trouverez chaussure à votre pied parmi les différents créneaux de cours proposés par le club. Une équipe de maîtres d'armes professionnels et des bénévoles du club vous accueilleront pour vous aider à bien choisir votre créneau.

VÉLO

LA CYCLERIE CAFÉ

60 bis, Boulevard Pont Achard ✆ 06 99 54 90 87
www.la-cyclerie-cafe.com/
Lundi, jeudi, vendredi : 12h-19h ; mercredi : 10h-19h ; sam : 9h-16h. Tarif express : de 5€ à 10€. Tarif horaire : 52€.

Le grand planisphère sur le mur nous invite au voyage. On s'imagine déjà à bicyclette, cheveux au vent (ou dans le casque), sur les routes de campagne. La cyclerie est conviviale. On y vient boire un café, une bière, se requinquer avec un ravito local (miam !) et… faire réparer son vélo ! Amis sportifs ou conquérants des grandes côtes poitevines, pédaleurs ou adeptes de l'assistance électrique, voici un lieu atypique et accueillant où l'on bichonnera votre deux-roues. La réparation se comptabilise au temps passé. Peu de vélos sont exposés en magasin, mais vous pourrez trouver votre bonheur et tout le conseil dont vous avez besoin auprès de Philippe. Vélos de qualité et design choisi !

VÉLO

VÉLO 4U

3, rue Georges Leclanché ✆ 05 16 83 41 60
www.velo4u.fr
Du mar. au ven : 9h-12h30 et 14h-19h ; sam : 9h-12h et 14h-18h. Réparation : forfait loisir 30 €, compétition 75 €.

Vélo 4U, entendez « Vélo for you », est un spécialiste du vélo à assistance électrique. Ancien électronicien passionné par les cycles, il allait de soi que Cyril Hivert se lance dans l'affaire pour vous aider à faire le bon choix entre toutes les marques : O2 Feel, Granville et Trek. Le conseil est avisé. Si vos envies sont sportives, pour rouler en forêt ou parcourir les routes de campagne, adoptez les marques Trek et Look. Ici, on répond aux exigences des cyclistes à la recherche de matériel fiable et de qualité. En plus, avant d'acheter vous pouvez essayer ! Le magasin dispose d'un atelier de réparation et d'un service de location de vélos électriques au mois. Bon plan !

VÊTEMENT - CHAUSSURES

FOULÉES

31, bis route de Parthenay ✆ 05 49 38 61 53
www.foulees.com/-poitiers-
Ouvert le lundi de 14h à 19h ; du mardi au vendredi de 10h à 13h et de 14h à 19h ; le samedi de 10h à 19h

C'est décidé. Cette année, vous vous mettez à la course à pied. Il ne vous manque plus qu'une bonne paire de chaussures. Ayez un bon moment devant vous quand vous franchirez la porte de cette boutique spécialisée, car Laurence et Pierrick sont de vrais experts de la tatane de course. Après avoir pris les mesures de vos petons sous toutes les coutures, ils vous feront courir sur un tapis roulant pour observer vos appuis. Après quoi, vous essayerez plusieurs modèles… en courant dans le magasin. Impossible alors de vous tromper. Il en existe pour toutes les pratiques, tous les pieds et toutes les allures. Des vêtements techniques et de produits diététiques sont aussi en rayon. Courez-y !

ET SI ON JOUAIT ?

JEUX

AIR JUMP

24, rue du Bois d'Amour ✆ 09 86 70 67 07
www.airjump.fr
Horaires variés : voir site internet. Dès 5 ans. Bar. Formules anniversaire. Salle de réunion. Tarif : 12 €. Réduit : 8€

Envie de vous défouler ? C'est par ici ! Air jump, c'est pour les petits et pour les grands. Enfilez votre tenue de sport. C'est parti ! A votre disposition, des trampolines de toutes tailles dont le plus long d'Europe (40 m). Alors on saute, on rebondit et on se prend pour un athlète en s'essayant à des figures improbables. Les enfants adoreront se jeter dans la piscine de cubes de mousse (bon courage pour en ressortir !) tandis que vous pourrez parfaire votre dunk ou vous prendre pour un Ninja dans l'une des courses d'obstacles dont certains éléments proviennent de la série télé Ninja Warrior. Si vous venez à plusieurs, laissez-vous tenter par une balle aux prisonniers... sur trampoline.

JEUX

L'HACHEZ-VOUS

62, avenue du Plateau des Glières ✆ 06 36 13 17 67
www.lancerdehachepoitiers.fr
Mar : 17h-20h ; mer : 16h-21h ; jeu, ven : 17h-22h ; sam : 14h-23h ; dim : 14h-19h. Tarif 3 pers : 45 €. Dès 16 ans.

Pour libérer le Viking qui est en vous, testez le lancer de hache (sur cible bien sûr !). Pas besoin de beaucoup de force ni d'avoir une grande expérience de bûcheron, après quelques essais, un peu de patience et grâce aux conseils de Stéphane, on commence à viser correctement et atteindre la cible. C'est drôle et ça défoule ! 6 pistes de 4 m pour vous en donner à cœur joie. Lors d'une seconde partie, vous pourrez tester la fameuse hache de bûcheron et la « zombie hunter ». Là, on ne rigole plus. Pour vous mettre dans la peau du personnage, nul besoin d'être blond et de porter la barbe, des casques de Viking et des chemises à carreaux sont à votre disposition. A vos marques, prêts ? Lancez !

BOWLING

EUROBOWL

Rue des Frères Lumière - **BUXEROLLES** ✆ 05 49 46 01 11
www.eurobowl.fr
Lun : 14h-21h ; mar, mer : 14h-1h ; jeu : 14h-1h30 ; ven, sam : 14h-2h30 ; dim : 14h-20h. Entre 3 € et 6,30 €.

Sur les 22 pistes du bowling de Buxerolles, vous pourrez vous entraîner à devenir le roi du strike comme les 80 licenciés qui viennent faire tomber les quilles les mardis et mercredis. Le bowling est toujours un moment convivial à partager entre amis et/ou en famille. Même les plus jeunes peuvent participer grâce aux chaussures disponibles à partir du 28, aux bumpers (rails) et aux toboggans. Pour patienter le temps que sa piste se libère, Eurobowl compte quinze billards, des jeux d'arcade et des tables pour siroter un cocktail sous la grande verrière du bâtiment. C'est à vous ? Alors visez juste, car des courses aux strikes sont lancées. Des lots sont à la clé !

JEUX ET JOUETS

HOME BILLARD LOGITEC

20, route de Poitiers - **MONTAMISÉ** ✆ 05 49 44 91 36
www.logitec.fr
Ouvert du lundi au samedi de 9h à 12h30 et de 14h à 18h30.

Aficionados des jeux de café, Home Billard est votre temple. Fous de baby-foot, de flipper, de billard, de jeu de fléchettes, de jeux en bois, rendez-vous à Montamisé pour découvrir des produits de qualité professionnelle à vous en faire perdre la boule et cela en neuf ou en occasion. Les billardistes opteront pour la table traditionnelle ou pour la version convertible en table de salle à manger. Les mélomanes craqueront pour un juke-box qui donnera un air vintage à leur salon. On vous conseillera avec attention pour l'achat ou la location de matériel, mais aussi pour les accessoires nécessaires. Entretien, réparation et déménagement font partie des services proposés. Une petite partie ?

JEUX ET JOUETS

EXCALIBUR

13, rue des Vieilles Boucheries
✆ 05 49 50 15 50
Ouvert du mardi au samedi de 10h30 à 12h30 et de 14h à 19h.

Ce petit magasin, logé dans l'une des superbes maisons à pan de bois du centre-ville, est un temple pour les petits et grands joueurs. On y trouve tout pour s'amuser seul ou entre amis, des jeux d'ambiance, de logique, d'adresse, de stratégie, ou encore des jeux de rôle. Il y a même un coin prévu où des plateaux de jeux sont ouverts : à vous d'entrer dans la partie ! Excalibur n'a pas qu'une seule corde à son arc, vous y trouverez aussi un grand nombre de jeux de cartes et de très beaux échiquiers, des solitaires ou des jeux de dames haut de gamme. Et si les jeux ne vous disent trop rien, entrez-y tout de même, ne serait-ce que pour voir à quoi ressemble un dé à 20 ou 8 faces.

ESCAPE GAME

HUIS CLOS - ESCAPE GAME

6, rue de l'Éperon ✆ 05 49 62 51 26
www.huisclosescapegame.fr
Mar, mer : 14h-21h30. Jeu, ven : 14h-23h30. Sam : 10h-23h30. Dim : 11h-21h30. Réservation : voir site. 5 pers : 110 €.

Une fois que l'on est entré, il n'y a plus qu'une chose à faire : se creuser les méninges pour sortir. Vous avez une heure pour résoudre l'un des scénarios imaginés par Alexandre et Benjamin qui, il faut bien le dire, prennent un malin plaisir à vous enfermer là-dedans. Alors, tenterez-vous de désamorcer une bombe placée sous le parc de Blossac, d'enquêter sur les mystérieuses disparitions des patients d'un hôpital psychiatrique ou, nouveauté, d'aider un commissariat à faire face à un groupe de malfaiteurs ? Pour sûr, il vous faudra organisation, écoute et intuition. Prêt à tout donner pour sortir de ce huis clos ? Un conseil : serrez-vous les coudes, la clé... c'est les autres.

KARAOKÉ

KARAOKE LEAGUE

8, place Alphonse Lepetit
✆ 05 49 13 06 85
Tlj de 9h à 21h. Durée : 1h30. De 1 à 6 personnes : 60 € puis 10 € par personne supplémentaire. 15 personnes max.

C'est beau, c'est violet, c'est bleu, c'est plein de moquette et de coussins douillets, qu'est-ce ? Mais la nouvelle salle de karaoké de la ville pardi ! Dans leurs locaux, vous vous êtes déjà éclatés en petit comité lors d'un escape game déjanté dans un coffre-fort de banque ou au pays des contes de fées. Cette fois-ci, Marion et Olivier vous lancent une nouvelle invitation pour 15 personnes (maximum). Ensemble, dans cette salle privée, vous allez pouvoir donner de la voix, micro en main, lors d'une séance de karaoké. A vous les 30 000 titres disponibles. C'est parti pour 1h30 de rire et de chants entre amis, en famille ou entre collègues. Alors quand la musique est bonne, on chante !

LASER GAME

LASERGAME EVOLUTION

86, rue du Vercors - **FONTAINE-LE-COMTE** ✆ 05 49 30 07 77
A côté du cinéma Mega CGR et du bowling La Sphère.
www.lasergame-evolution.com/fr/37/Poitiers/
Dim, lun : 14h-22h ; mardi au samedi : 14h-0h. Min 6 pers : 1 partie (20 mn) : 8€. 2 parties : 15€. 3 parties : 20€.

Vos équipes sont faites ? Alors c'est parti ! Equipés d'un plastron et d'un pointeur laser, courez vous cacher dans l'un des trois labyrinthes du Laser game pour une bonne montée d'adrénaline. Votre objectif ? Marquer le plus de points possible en tirant dans les cibles de vos camarades de jeu grâce à votre laser. Musique à fond, salle obscure, cachettes, impossible de ne pas se prendre au jeu. A chaque salle son univers : une vieille voiture, un hélicoptère ou même une tour piégée. Idéal pour un enterrement de vie de garçon, un anniversaire, une sortie entre étudiants ou entre collègues. Il est même possible d'organiser des parties dans son entreprise. A vous les teams building de folie !

JEUX

LOOKY LAND

177, avenue du 8 mai 1945
✆ 09 82 31 55 22
www.lookyland.com
Mer. 14h-19h, week-end 10h-19h. Vacances tlj 10h-19h. 8 € (3-12 ans). 5,50 € (-3 ans). Parents : gratuit. Anniversaire.

© PAULINE BELTRAN

Toboggans géants, piste de luge, piscine à balles, tyrolienne, bienvenue à Looky Land ! Le paradis des enfants de 0 à 12 ans et de leurs parents. Oui ! Ici, vous avez le droit de grimper dans les structures avec votre progéniture (attention à ne pas inverser les rôles quand même). Et si vous préférez profiter d'un thé pendant que la marmaille s'amuse, vous pourrez facilement garder un œil sur eux. On s'éveille et on se défoule. Les plus petits ont leur coin bien à eux pour plus de tranquillité. Un lieu propice pour organiser l'anniversaire de Baptiste ou celui de sa grande sœur, Lisa, avec tous leurs copains et copines ! Une mini discothèque est même à leur disposition.

JEUX

ODYSSÉE PROD

7, rue Carnot
✆ 06 47 14 42 50
www.odysseeprodpoitiers.fr
Ouvert du mardi au dimanche. Sur réservation uniquement.

A la croisée des grandes villes du Nord et du Sud, tous les chemins mènent... à Poitiers, et c'est souvent de loin qu'on se rejoint à l'Agence secrète, rue Carnot, pour revêtir tout l'attirail du limier afin de découvrir la ville sous prétexte d'enquête policière. Si le jeu est moteur en effet, en filigrane, l'objectif est de découvrir le patrimoine. Cet escape adventure game à l'échelle de la cité vous mènera aussi bien dans une boutique que dans une église, à scruter des façades... Un trésor templier est à retrouver dans *Sanguine Christi* et deux nouveaux jeux ont vu le jour à l'Agence touristique dont *Paul n'a pas de Bol*. D'autres encore sévissent à Charroux ou à Ligugé, entre autres.

JEUX

LA TOUPIE VOLANTE

Avenue de la plage - **LIGUGÉ** ✆ 06 83 01 12 08
www.latoupievolante.fr
Lun, mer : 15h-19h ; ven : 17h30-19h. Adhésion / an : prix libre dès 5€. Puis 2€ / jeu. Jeux en bois entre 5 € et 20 €.

C'est au cœur des usines de Ligugé que Bénédicte Rousseau compile jeux de société, poupées Barbie, petites voitures, figurines et bien d'autres merveilles ludiques pour petits et grands. Pour les découvrir, rendez-vous dans sa caverne. Nul besoin de formule magique pour entrer, les heures d'ouverture sont fixes (sauf si Bénédicte, votre ludothécaire, est partie sur son tapis… euh toupie volante, en animation, hors des murs). Adhérents de l'association, vous pourrez emprunter autant de jeux que vous souhaitez et en profiter pendant un mois pour une petite somme. La Toupie Volante loue également une vingtaine de jeux géants en bois pour les fêtes de famille ou les anniversaires. Sympa !

Ne la cherchez pas plus loin.
Optez pour l'énergie du coin.
Électricité verte, gaz naturel
Alterna, votre fournisseur local d'énergie implanté à Poitiers.
VOTRE AGENCE DE PROXIMITÉ
78, avenue Jacques-Cœur à Poitiers
Calculez vos économies sur : www.alterna-energie.fr
0 800 71 12 34
Service & appel gratuits
alterna énergie
par SORÉGIES
énergie est notre avenir, économisons-la !

la Nouvelle République.fr
37 Palestiniens tués à Gaza le jour de l'inauguration de l'ambassade américaine à Jérusalem
Attaque à Paris : l'ami de
Vienne : un camion

JE CRÉE MON ESPACE DE VIE

Il y a des moments dans la vie où on attache davantage d'importance au confort de son cocon. Des professionnels sont là pour faire évoluer votre maison à votre image, tout en veillant à son aspect fonctionnel. Du sol au plafond, on repeint, on habille, on aménage pour donner plus de profondeur ou de luminosité. Pour le mobilier, laissez-vous tenter par des fauteuils uniques ou jouez les chineurs pour trouver de bons plans. Pour la décoration, place aux créations originales en papier, céramique ou aux objets ethniques. On peaufine avec le linge de maison, les luminaires, la vaisselle...
Cerise sur le gâteau, des fleurs colorées dans les vases ou des bouquets séchés suspendus aux poutres. Les fleurs occupent aussi l'espace extérieur avec des aménagements paysagers. Autour d'une piscine ? Pourquoi pas !
Quant aux appareils électroménagers ou informatiques défectueux, la tendance est à la réparation et c'est tant mieux. Moins de ressources utilisées pour que la planète tourne plus rond. Enfin que serait un intérieur sans nos amis à quatre pattes ? Pour eux aussi, on a réservé le meilleur pour des instants tendres à nos côtés ou des moments doux pendant nos absences. Détendez-vous !

ARCHITECTE

INFLU & SENS

3, avenue de Châtellerault - **MIGNÉ-AUXANCES** ✆ 05 49 41 12 11
www.influ-et-sens.com
Ouvert du mardi au samedi de 9h30 à 12h30 et de 14h à 19h.
Conseil à domicile : 140€/h.

Home sweet home. On rêve tous d'un intérieur à notre image. Dans cette « matériauthèque », on est à votre écoute, car quels que soient vos rêves d'aménagement intérieur les plus fous, on y répondra. De la table basse à la maîtrise d'œuvre complète pour changement radical, on se plie en quatre pour vous, avec sensibilité. Créations de tables sur mesure par la menuiserie Bonnin à Vouillé, plans de travail ou dallage en pierre par JM Stone, distributeur de peinture Farrow and Ball et de meubles Alf DaFrè... Ces architectes d'intérieurs sélectionnent pour vous des matériaux nobles et leurs plus belles idées pour répondre à leurs trois mots d'ordre : concevoir, fabriquer et agencer.

ARTISANAT

FÉE D'ÉBÈNE

7, rue du Palais
✆ 07 89 82 38 80
www.feedebene.fr
Ouvert du mardi au samedi.

Dans cette petite boutique éthique et chic, Alexandra, Rozen et leur petite fée vous emmènent à la rencontre des artistes et artisans d'Afrique de l'Ouest et du Sud. Des mobiles de poissons colorés, de splendides paniers tressés, des danseuses de bronze aux vêtements bleutés, des corbeilles zouloues et des éventails pour une déco vitaminée... chaque pièce a été minutieusement travaillée. Assemblage de bois, de métaux récupérés, de boulons, de pistons, de bidons colorés, de fil de téléphone, de papier, il est incroyable de penser que de si beaux objets sont issus du recyclage. Quelques pièces uniques de mobilier égayeront aussi vos intérieurs. Passez voir la fée d'ébène, vous adorerez.

ARTISANAT

L'ARTICERIE

45, rue de Saumur
MIGNÉ-AUXANCES
✆ 06 72 72 12 68
Mercredi, vendredi, samedi : 10h-12h30 et 14h-19h. Jeudi : 14h-19h. Mardi : 14h-19h.

L'Articerie est une épicerie d'art ! Entrez dans la maison de la douce Carine Souriau et découvrez sa sélection d'objets poétiques, décalés et colorés. Créateurs et artistes d'ici et d'ailleurs se partagent les étagères et proposent des pièces uniques pour donner une touche de fantaisie à sa demeure ou à sa tenue, le petit objet original que l'on a plaisir à offrir. Sur les meubles fourmillent bijoux, sacs, luminaires, accessoires pour bébé. Quelques jouets rétro, souvent français, vous titilleront la mémoire. Le vendredi soir et le samedi, essayez-vous à la création lors des a (r) teliers et repartez avec des produits de l'épicerie que vous dénicherez dans le coin salon... de thé !

ARTISANAT

AU MI - SA GA BOU

74, avenue du 8 mai 1945
✆ 06 18 65 09 38
Ouvert du lundi au vendredi de 10h30 à 18h30. Le premier et le dernier samedi du mois : de 10h30 à 18h30.

SAlon de thé, GAlerie d'art, BOUtique de créateurs ? Qu'est-ce vraiment que le Mi - Sa Ga Bou et finalement, est-ce si important de lui apposer une étiquette ? Pour Marie Rousseau, propriétaire des lieux, l'essentiel, c'est que l'on s'y sente bien. Ici, les arts se marient à la pause déjeuner et au *tea time*. Dans cette maison de ville réaménagée pour nous accueillir, les artistes et les créateurs, locaux ou non, viennent exposer leur production. Bijoux, bougies, cadres Lego originaux, vaisselles, vêtements pour enfants et adultes : des idées cadeaux à gogo qui défilent en fonction des saisons. Une véritable originalité dans ce quartier ! En plus, l'ambiance est cosy et l'accueil chaleureux.

ARTISANAT

FANNY LAUGIER

151, Grand' rue ✆ 06 24 89 97 57
www.ateliersdart.com
Le jeudi et le vendredi de 14h30 à 18h ; le samedi de 14h30 à 18h30. Ouvert aussi sur rendez-vous. CB non acceptée.

Tout est blanc chez Fanny Laugier. La céramiste travaille à la plaque. Elle étale la pâte au rouleau, la coupe, la plie, l'assemble mais le plus étonnant reste les effets de matière. Elle se plaît à laisser des empreintes de carton ondulé, de filet, de textile, jouant sur le trompe-l'œil, assurant un décalage entre la perception visuelle et la réalité de l'objet. Vous serez subjugués par les petites tasses et leurs soucoupes, impression carton, les vases « en tissu », les assiettes, les lustres, les bouteilles, les cuillères hyper-travaillées. On retrouve les pièces (uniques et signées) de Fanny dans des restaurants gastronomiques et dans son atelier/boutique.

ARTS

PLAGE 76

76, rue de la Cathédrale
✆ 09 81 43 57 66
www.consortium-culture.coop/plage-76
Ouvert du mardi au samedi de 11h à 19h.

Un concept intéressant à Poitiers que cette boutique-galerie de Consortium Coopérative. Un lieu où se croisent subtilement artistes et artisans. Un artiste par mois est exposé et une dizaine de créateurs se montrent en continu. A l'heure où nous visitons, nous croisons les poétiques fils de fer entrecroisés de La Dynamografik - Sarah-Diane Okola, les fabulettes saynètes tantôt poétiques, tantôt humoristiques, voire érotiques de Maïa, les objets singuliers de la styliste Yehoon Kim, les photographies de Thomas Regdosz. D'ailleurs, c'est à ses côtés que vous pourrez suivre un atelier de photo-bricolage. D'autres sont souvent programmés : peinture intuitive, modelage... rendez-vous au 76 !

BRADERIE - BROCANTE

AU BON DÉBARRAS

19, rue du commerce - **CHASSENEUIL-DU-POITOU**
✆ 05 49 38 05 77 - www.au-bon-debarras.fr
Du lundi au samedi : 10h-19h. Dépôt 1 mois (30 €). Commission : 35%.

Le vide-grenier permanent est à la mode et celui-ci est le deuxième du genre à s'implanter dans le département. Dans ce grand hangar situé sur la zone commerciale de Chasseneuil-du-Poitou, vous ne trouverez que très peu de vêtements, mais des objets courants et insolites en quantité. Le concept est idéal quand on souhaite faire un peu de tri chez soi. On loue un stand pour une ou plusieurs semaines et on y dépose nos objets à vendre. C'est à vous de décider des tarifs (raisonnables !). L'équipe est très regardante sur la qualité des pièces déposées. Aucune tâche ni vaisselle ébréchée ne sont acceptées. Chineurs, venez régulièrement faire un tour, de nouveaux stands apparaissent chaque jour.

BRADERIE - BROCANTE

CHEZ COCO

62, rue du centre - **MIGNÉ-AUXANCES**
✆ 09 87 76 75 65
Lundi, samedi : 14h-19h, du mardi au vendredi : 10h-12h et 14h-19h. Stand : 10 € / semaine. Commission : 30% des ventes.

Fan de vide-greniers ? Chez Coco, c'est non stop dans ce grand concept store de 600 m² ! Chez Coco, on est vendeur ou acheteur et parfois les deux. Pour donner une seconde vie à votre vaisselle, vos vêtements, bibelots, jouets pour enfant, petits meubles... c'est facile ! Vous louez un stand pour une semaine ou même un mois, vous étiquetez vos articles au prix que vous souhaitez et Dominique et Bruno s'occupent de la vente. Et si finalement vous trouvez que le tarif donné est trop élevé, rien ne vous empêche de le modifier en cours de route. Intéressant non ? Pour exposer, il n'y a qu'à prendre rendez-vous. La rotation des stands se fait toute la semaine. Chineurs, venez régulièrement !

CANAPÉS - FAUTEUILS

ATELIER STEPHAN HAMACHE

120, rue du Faubourg-du-Pont-Neuf ✆ 05 49 46 83 88
www.hamachestephan.com
Lun : 8h-12h et 14h-18h, du mar. au jeu : 9h-12h et 14h-19h, ven : 9h-12h et 14h-18h, sam : 10h-12h et 14h-18h.

Made in Poitiers ! C'est inscrit en grand à l'extérieur de la boutique-atelier. A l'intérieur, Stephan Hamache confectionne les assises de vos rêves, des pièces uniques qu'il réalise de A à Z, de la structure bois à la pose du tissu choisi par vos soins. Avec 40 000 références de tissus d'éditeurs, il redonne également vie aux fauteuils qui vous sont les plus chers. Vous savez, celui dans lequel votre grand-père s'asseyait. Dans son showroom, on découvre aussi ses créations comme l'élégante méridienne Judith aux lignes à la fois baroques et contemporaines. De plus, le magasin propose la confection de rideaux, de tentures murales et vous accompagne dans vos projets de décoration d'intérieur.

CONCEPT STORE

LE PETIT MAGASIN

1, échelle du palais
Ouvert du mardi au samedi de 11h à 19h.

Façade orange pétante, vélo fleuri, il en jette le petit magasin de Marie-Cécile et Marion ! A l'intérieur, les deux copines ont créé une merveilleuse bonbonnière. Avec ses papiers peints d'antan, la boutique offre un univers déjanté où l'on trouve à coup sûr un petit cadeau extrêmement mignon et original pour les enfants et pour les grands. Papeterie, chaussettes, goodies, cactus à messages, bijoux tigrés et brodés, peluches pastèque, des pièces idéales pour un cadeau de naissance, une petite attention ou votre look décalé. De la couleur et de la douceur, vous trouverez aussi au rayon cosmétiques avec une gamme de savons solides et végans. Y'a d'la joie dans cette p'tite boutique !

DÉCORATION

GERARD PANNIE HOME

187, Grand'rue
✆ 06 12 04 50 37
Mercredi : 15h à 18h30 ; jeudi et vendredi : 14h-18h30 ; samedi : 11h30-13h30 et 14h30-18h30. Ou sur simple appel.

Passionné de décoration, avec un goût certain et une exigence fine, vigilant et non dépourvu de qualités humaines de surcroît, M. Pannie tient boutique avec le sourire et un désir de bien faire évident. Il lui importe de créer une relation de confiance avec ses clients, et s'il ne possède pas l'objet que vous recherchez, il vous guidera cependant objectivement dans votre quête. Détenteur de jolies pièces de lin, de petit mobilier (fauteuils et tables basses), de coussins, de tapis moelleux de belle facture, de céramiques, le « must have » de la boutique semble être ces élégants luminaires, gouttes de verre soufflé, et ses lampes nappées de noir et d'or. Poussez la jolie porte bleu marine !

DÉCORATION

LA MAISON DE PAPIER

75, chemin de la grotte à Calvin ✆ 06 52 40 79 97
www.agnesclairand.com
Ouvert sur rendez-vous ou si l'artiste est présente. Week-ends de décembre : de 15h à 18h.

Chemin de la grotte à Calvin, on se balade et on découvre des merveilles comme les papiers d'Agnès Clairand. Dans son splendide atelier, elle expose de magnifiques papiers japonais, mais ce qui la fait vibrer, c'est la technique du cyanotype : un procédé photographique par lequel on obtient un tirage bleu. Son sujet : la nature. Agnès Clairand cueille la vie, s'amuse avec les fleurs sauvages pour trouver la composition idéale. Tableaux dont le format évoque les estampes japonaises, luminaires, « bulles de bonheur », elle joue avec la transparence, les nuances, nos émotions. Essayez-vous à la technique lors de stages, moments privilégiés pour retrouver son pouvoir créatif à travers la nature.

ENCADREUR - RESTAURATEUR DE TABLEAUX

POINT CADRES

23, rue du marche Notre-Dame
✆ 05 49 30 69 66
www.decoetdescadres.com
Ouvert du mardi au samedi de 10h à 12h30 et de 14h à 19h.

Cette petite boutique regorge de merveilles ! Au fond du couloir débordant d'illustrations, c'est la charmante Marianne qui nous accueille dans son atelier. Autour d'elle, des propositions de baguettes de toutes les couleurs et de toutes les tailles. Encadrements standards et sur mesure, ses conseils vous seront précieux pour mettre en valeur tableaux, photos et affiches. Ces dernières sont à la mode et Point Cadres en propose une multitude, comme celles de la marque Marcel Travel Posters qui illustre de nombreuses villes dont Poitiers ! Grandes, petites, déco, originales, les affiches comme les cartes postales ont un succès fou. De quoi apporter une touche personnelle à son chez-soi.

MEUBLES

MAISON BONCENNE

1, place Charles de Gaulle
✆ 05 49 41 83 49
www.maisonboncenne.com
Ouvert du mardi au samedi de 10h à 13h et de 14h30 à 19h.

Ses vitrines sont bombardées de couleurs et formes que l'on prend plaisir à contempler. A l'intérieur, des idées pour chacune de vos pièces et pour votre jardin ! La boutique rassemble de grandes marques et de grands designers comme Alessi ou Kartell et fait la part belle aux luminaires et mobilier contemporain (Fermob, Boqa). On adore se lover dans les gros poufs Fatboy. Difficile de choisir une couleur. Elles sont toutes à tomber. Des objets déco pour tous les budgets fourmillent : cadres, radios rétro Tivoli, vaisselle et ustensiles amusants. De belles idées cadeaux ! Comme la boutique n'est pas grande, beaucoup d'objets sont sur catalogue. Carine, vous aiguillera parfaitement.

LINGE DE MAISON

LE COTTAGE DE JOCE

33, rue Edouard-Grimaux
✆ 05 49 50 47 64
www.lingemaison-cottagedejoce-poitiers.fr
Ouvert le lundi de 14h à 19h ; du mardi au samedi de 10h à 19h.

C'est une jolie boutique cosy qui fleure bon la balade champêtre et la maison de campagne anglaise. Jocelyne Deschamps (ça ne s'invente pas !) y déploie du linge de lit et de maison de grande qualité, en coton ou en lin, que des éléments de décoration multiples et raffinés orchestrent pour une belle partition. Il vous viendra forcément une envie de faire un cadeau en détaillant les incroyables peignoirs *shabby chic* à volants ou les draps de bain ornés de dentelle, les délicieux mugs Royal Garden à décoration florale, les plaids tout doux, les coussins rebondis, les si coquets petits seaux ou les pichets en tôle... On aime pour le charme et le romantisme de l'endroit.

MEUBLES

PALETTE Ô LOGIS

✆ 06 72 98 51 79
http://paletteologis.com

On en voit fleurir sur nos pelouses. Le mobilier d'extérieur en palette est tendance. Pas besoin d'être MacGyver pour bricoler son salon de jardin. Ce dont on vous parle ici est bien différent. Dans son hangar installé dans le tiers lieu de la K7, Hugo transforme ces planches de bois souvent destinées à la benne en véritables objets de décoration. Le résultat est bluffant. Canapés, tabourets, banquettes ou encore comptoirs de cuisine et lits sur mesure sont créés de toute pièce par cet artisan-menuisier des temps modernes. Roi du surcyclage, il mélange le travail du bois et du métal pour redonner vie à nos palettes et sauver notre planète. Le nom de cette science ? La « paletteôlogis ».

MEUBLES

LE GRAND MAGASIN

1 à 5, rue des Grandes-Ecoles ✆ 05 49 41 06 51
www.bienetredesegeron.fr
Ouvert du mardi au samedi : de 10h à 13h et de 14h à 19h (meubles) et de 10h à 19h (cadeaux).

Un siècle et six générations plus tard, le Grand Magasin de la famille Ségeron fait peau neuve et s'offre un grand coup de jeune. Au cœur de ces 400 m², l'espace dédié au mobilier contemporain. Les couleurs et les formes atypiques des marques Cina, Knoll, Fermob, USM et Ligne Roset s'exposent. Du canapé au luminaire, en passant par la literie, tout est curiosité sur cette planète du design. Bonne humeur et créativité sont les maîtres-mots du lieu. Dans le bel espace déco/cadeaux, on déniche des articles tendance à tous les prix, des marques de renoms comme de petites trouvailles au fort parti pris. Et pour les petits, rendez-vous dans le splendide corner jeux et jouets Bonhomme de bois.

MIROIRS - GLACES

G VITRAGE

246, avenue du 8 Mai 1945
✆ 05 49 37 61 65
www.gvitrage.fr
Ouvert du lundi au vendredi de 9h à 12h et de 14h à 18h.

Elle s'expose dans tous les magasines. La très tendance verrière s'invite dans nos foyers. Chez G Vitrage, on l'usine sur mesure. Dans ce showroom de 200 m², le verre se présente sous toutes ses formes. Crédence de cuisine en verre laqué de couleur, discrètes étagères, cloison vitrée, paroi de douche aux dimensions particulières, marquise, dalle de plancher vitré, marche d'escalier, grâce à la technique du collage UV, les réalisations sont épurées. L'objet télévision n'est pas esthétique ? Il existe un impressionnant miroir qui se transforme en écran. Et comme les entreprises G Vitrage et Vienne Miroiterie vont de pair, il est possible de commander vos menuiseries en PVC, bois et aluminium.

ARTS DE LA TABLE

ASTUCES DE CUISINE

11, rue Paul-Guillon
✆ 09 86 34 30 14
Ouvert du mardi au vendredi de 10h à 13h et de 14h30 à 19h ; le samedi de 10h à 12h30 et de 14h30 à 19h.

Anne-Laure de Kermel est l'aimable capitaine d'un vaisseau d'ustensiles et d'accessoires de cuisine aussi malins que déco. Un maximum de produits français ravissent notre curiosité, et nous apprécions le conseil éclairé qui va avec. Trouver en centre-ville du petit électroménager comme un grille-pain ou un cuit-œufs est une aubaine. Quant au rayon œnologie qui se décline en de multiples carafes de toutes formes, tire-bouchons, rafraîchisseurs..., c'est inespéré. Poêles minérales de Buyer protégées à la cire d'abeille pour une cuisine saine, brosserie nantaise Andrée Jardin, plumeaux noirs en plumes d'autruche, moulins à poivre Peugeot, pinces à linge en inox... du solide mâtiné d'élégance.

ARTS DE LA TABLE

CUISINE, TABLE & PÂTISSERIE

9, rue du Palais
✆ 05 16 83 48 10
Mardi, mercredi : 10h-12h30 et 14h-19h ; jeudi, vendredi : 10h-13h et 14h-19h ; samedi : 10h-12h30 et 14h30-19h.

S'il y a un endroit où vous allez dénicher un cadeau utile et astucieux, c'est ici parmi les accessoires de cuisine de la joyeuse Laure qui se fera un plaisir de vous expliquer le fonctionnement et l'intérêt de tous ses amusants et souvent écologiques trésors. Il y a le cuit-vapeur-marguerite en silicone qui s'ouvre en corolle, les indispensables gourdes en inox, l'infuseur pour poulet moelleux, les emballages réutilisables en cire d'abeille, les casseroles, les poussettes de marché futées et même un kit pour réaliser ses propres croquettes pour chat... *Alibabesque* !

ARTS DE LA TABLE

LA TOQUE D'OR

55, avenue du Plateau des Glières ✆ 05 49 54 48 00
https://www.latoquedor.com
Du lundi au vendredi : 9h-12h et 14h-19h ; samedi : 10h-19h. Août : fermé le samedi. Cours de cuisine : voir site web.

Si pour faire des plats aux petits oignons la toque n'est pas indispensable, avoir du bon matériel facilite grandement le travail. C'est le paradis de ceux qui aiment se mettre derrière les fourneaux. On trouve ici tout le matériel nécessaire pour confectionner de bons plats maison ou pour mettre les petits plats dans les grands, sans forcément recevoir une addition salée. Cercles à tarte, coutellerie, fumoir, casseroles en tous genres côtoient quelques marinades et épices spéciales. Dans cette boutique où professionnels et amateurs se rencontrent, on est agréablement accueilli et on vous propose même des cours de cuisine, de pâtisserie ou de charcuterie avec le chef Romain Portelli.

ELECTROMÉNAGER

LACROIX ELECTROMENAGER

50, avenue du 11 novembre ✆ 05 49 45 00 78
www.daceco-magasin.fr
Ouvert du mardi au vendredi de 9h à 12h et de 14h à 19h ; le samedi de 9h à 19h.

Pour remplacer votre vieille machine à laver, trouver une cafetière dernier cri ou un aspirateur flambant neuf, rendez-vous chez Lacroix Electroménager. Saviez-vous que cette enseigne existe depuis 1945 ? C'est le doyen des magasins d'électroménager indépendants à Poitiers. Sa petite équipe vous guidera pour trouver l'engin qui saura vous dépanner, faciliter votre quotidien, toujours pour un bon rapport qualité-prix. Vous aurez le choix entre des modèles simples ou haut de gamme. Et si vous rêvez d'un de ces robots qui mélange, malaxe, mixe à votre place, dirigez-vous dans le récent rayon dédié à Kitchenaid, une marque rendue célèbre pour la résistance de ses produits.

LINGE DE MAISON

H2O AT HOME

8, rue de la Source
HALLENNES-LEZ-HAUBOURDIN
✆ 06 70 36 26 30
www.h2oathome.fr

Fini la corvée de nettoyage avec H2O ! Voilà des microfibres exceptionnelles qui vous permettent de nettoyer votre maison de fond en comble uniquement avec de l'eau ! Ces petites merveilles (chiffonnette multisurfaces, gant magique pour tapis ou sellerie de voiture, torchon ultra absorbant...) sont en vente sur le site Internet de la marque, mais rien ne vaut une démonstration en live. Et pour cela, il vous faut contacter Lova. Lova, c'est ce petit bout de femme au large sourire qui, en quelques minutes, vous fera succomber à la tentation de la fibre. A domicile, elle vous présentera votre future lingette démaquillante et votre balai au manche rempli d'eau pour un nettoyage écologique !

MULTIMÉDIA - IMAGE - SON

CONNECT & VOUS

10, boulevard Pierre et Marie Curie - **CHASSENEUIL-DU-POITOU**
✆ 05 16 83 80 24
www.connectetvous.fr
Ouvert du lundi au samedi. Sur rendez-vous.

C'est fou ce que l'on fait de nos jours ! Bienvenue au XXIe siècle ! Embarquez dans le showroom de Connect & Vous et découvrez les dernières tendances en matière d'objets connectés. Ces pros de la domotique trouveront moult objets astucieux pour vous faciliter la vie comme ces incroyables oreillettes de traduction instantanée qui vous permettront de comprendre 40 langues. Avis aux amateurs de voyages ! Sonnette connectée à son smartphone pour savoir qui sonne à votre porte, prises qui allument la lumière en cas d'absence, boîte à clés, mais aussi balise SOS pour vos enfants, trottinettes électriques. Pas besoin d'être un expert pour oser passer la porte, Alexandre vous guide !

SERVICES À LA PERSONNE

CLEMENCE & ANTONIN

46, rue Robert Schuman - **NEUVILLE-DE-POITOU**
✆ 05 49 01 95 50
www.clemence-antonin.com
Lun au ven : 8h30-17h30 ; sam : 8h30-12h. 1 repas/semaine : 15 €. 7 repas/semaine : 10 €. Crédit d'impôt : 2.325 € /repas.

© CLÉMENCE ET ANTONIN

C'est Stéphane Omer, le papa de Clémence et Augustin, qui a eu l'idée de cette belle entreprise. Ces dernières années, les camionnettes frigorifiques de la marque se sont multipliées pour livrer de bons repas à domicile, souvent aux personnes âgées. L'essayer c'est l'adopter ! Vous êtes libres du nombre de repas qui vous sera livré. Les menus sont équilibrés, réalisés à partir de produits frais, et pour tous, c'est à la carte ! Vous avez le choix entre plusieurs entrées, plats, fromages, desserts, préparés à Saint-Benoît par le partenaire de l'entreprise, SPRC, puis assemblés à Neuville chez Clémence et Augustin. Livrés froids, il n'y a plus qu'à les réchauffer et se mettre à table !

SERVICES À LA PERSONNE

ESAT DE LA CHAUME

131, avenue des Hauts de la Chaume - **SAINT-BENOÎT**
✆ 05 49 43 65 34
www.apsa-poitiers.fr/etablissments/esat-de-la-chaume/
Ouvert du lundi au jeudi de 8h30 à 12h et de 13h à 16h30 ; le vendredi de 8h30 à 12h.

L'établissement et Service d'Aide par le Travail (ESAT anciennement CAT) de la Chaume est le seul établissement de la région qui permet à des personnes sourdes, sourdaveugles, avec ou sans handicaps associés d'exercer une profession. Ce ne sont pas moins de 38 travailleurs encadrés par des professionnels qui vous proposent des services pour vous aider à votre tour dans votre quotidien : repassage à des prix avantageux, entretien des espaces verts (tontes de pelouses et tailles de haies), imprimerie braille pour les privés souhaitant rendre accessibles leurs documents, chaiserie (cannage et paillage). Le midi, en semaine, un service de restauration est également ouvert.

GARDE D'ENFANT

KANGOUROU KIDS

65, rue Sadi Carnot ✆ 05 86 16 00 16
poitiers.kangouroukids.fr
Ouvert du lundi au vendredi de 9h30 à 12h30 et de 14h à 18h. CESU

Avouez-le, il fait bon se réserver quelques soirées avec son amoureux (se). Et puisque nous n'avons pas de poche pour les emmener partout avec nous, permettons-nous de les laisser entre les mains de professionnels, tranquillement à la maison. C'est là que Kangourou Kids intervient et qu'une Mary Poppins expérimentée arrive à la rescousse. On établit un contrat avec celle que l'on a choisie en fonction de notre besoin : aller chercher notre progéniture à la sortie de l'école, garde pendant les vacances, en soirée. Le gros plus : une garde partagée possible avec vos voisins. Il n'y a plus qu'à choisir la maison. Les kangourous se déplacent dans tout le département.

SERVICES À LA PERSONNE

AGENCE MAELY

44, route de Gençay ✆ 05 49 38 33 33
www.agencemaely.fr
Du lundi au vendredi : 9h30-12h30 ; 14h-17h. Préférable sur rdv. CESU, réduction 50% crédit d'impôt, aide de la CAF.

Les enfants vont un peu chiffonnés à l'école ? Un peu tout seuls parfois ? La couche de poussière sur la bibliothèque épaissit ? Ca fait des lustres que vous n'êtes pas allée au ciné avec une copine ? Halte-là ! L'agence Maely vous propose différentes formules d'aide au ménage, de repassage et de garde d'enfants (dès 3 ans), régulières ou occasionnelles, jusqu'à 15 km autour de Poitiers. Vos besoins feront l'objet d'une évaluation initiale, les intervenants sont sélectionnés avec soin et un suivi à domicile sera assuré. Vous fournirez les produits d'entretien et un petit cahier de liaison sera le bon moyen de communiquer avec votre aide, en lui laissant des consignes claires et réalisables.

NEW

SERVICES À LA PERSONNE

MAMIE CITRON

8, place Jean de Berry ✆ 07 87 19 91 69
www.mamiecitron.com
Du lundi au vendredi téléphone : 8h - 18h30. 24,49 € TTC / heure + 7,15 € (frais de gestion / mois). Crédit d'impôt 50%.

Quelques pincées de bicarbonate de soude, un pschitt de vinaigre blanc, et un zeste de citron pour les finitions... Pour nos grands-mères, employer des produits bons pour la santé et la planète pour les tâches ménagères était naturel. Chez Mamie Citron, cette petite entreprise qui mise sur le respect de l'environnement, on adore les astuces de mamie pour le ménage, le repassage et le nettoyage hebdomadaire ou ponctuel (ménage de printemps, déménagement). Les recrues sont expérimentées et Madeline, la directrice, veille au grain pour le bien-être de ses clients et de ses salariés. Fournitures conseillées achetées, vous accueillerez votre nouvelle fée du logis chaque semaine à la même heure.

ANIMALERIE

DAVID CROQUETTES

216, avenue du 8 Mai 1945 ✆ 05 49 54 40 82
www.david-croquettes.com
Ouvert du mardi au samedi de 10h à 12h30 et de 14h à 19h.

Quand David Pasquereau a lancé son entreprise, quel meilleur nom pouvait-il trouver ? Ce grand hangar est le paradis pour nos amis à quatre et deux pattes. Vous dégoterez ici des accessoires, mais surtout des aliments de qualité pour toutous, minous, piou-pious et autres petits rongeurs. Les croquettes distribuées sont françaises, allemandes et belges. Elles sont sélectionnées pour leur pourcentage important en viande, sont sans céréales, sans conservateurs et sans additifs. Leur vente en grande quantité assure un bon rapport qualité-prix, équivalent aux tarifs pratiqués sur internet. Il existe même des croquettes sans gluten pour les intolérants. Les nôtres ont testé : ils en raffolent !

ANIMAUX

LA PATTE CÂLINE

74, rue du Capitaine Bès ✆ 06 99 61 60 97
www.lapattecaline.fr
Du lundi au samedi : 9h-19h. Visites 7j/7.
- de 5 jours : 13 € / visite + frais de déplacements.
Tarifs dégressifs.

Ça y est, c'est l'heure de partir en vacances ! Excellente nouvelle, mais qui va s'occuper de votre boule de poils ? La douce Manon a la solution. Elle se déplace chez vous pour nourrir, sortir, soigner et surtout apporter toute son affection à votre animal de compagnie. Chien, chat, oiseau, rongeur, poisson, cheval, poule, reptile, elle met son expérience de soigneuse animalière à votre service pendant une demi-heure, une à plusieurs fois pas jour. Les vacances ne sont pas la seule raison de faire appel à ses services, car elle peut aussi vous aider si vous manquez de temps pour une promenade ou si vous avez besoin de quelqu'un pour réaliser les soins prescrits par un vétérinaire.

ANIMAUX

CHIC ET NETT

80, avenue de la Libération
✆ 05 49 58 66 79
Ouvert du mardi au vendredi de 8h30 à 18h ; le samedi de 8h30 à 12h.

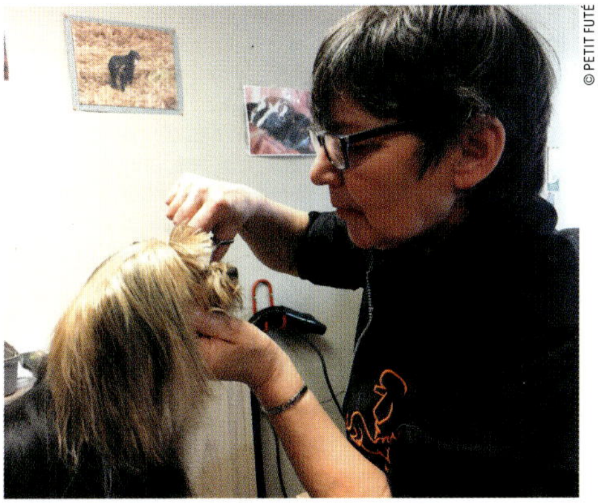

© PETIT FUTÉ

Depuis plus de trente ans, Corinne Nicoullaud coupe et coiffe petits et gros toutous. Proche de ses clients, elle connaît le nom de tous leurs compagnons à quatre pattes. Passionnée par son métier, ciseau et tondeuse en main, elle bichonnera votre chien en adaptant la coupe à sa race, selon les standards. Il faut dire qu'elle a le *feeling* avec eux et dans son salon, vous ne les verrez jamais attachés pendant qu'elle œuvre. Bouvier des Flandres, yorkshire, caniche, westie se sentent bien... et leurs maîtres, qui restent souvent papoter avec Corinne, aussi ! Lavé, séché et brossé, votre animal de compagnie ne rechignera pas pour son prochain rendez-vous beauté ! Une adresse au poil !

ANIMAUX

REFUGE SPA

rue de la Poupinière ✆ 05 49 88 94 57
www.spa-poitiers.fr
Du lundi au samedi : 14h-18h. Adoption : chien 225€. Chat : 150€.
Dons à l'association déductible à 66% des impôts.

« *Z'avez pas vu Mirza ?* » Impossible de retrouver votre toutou ou votre chat ? Après 7 jours passés à la fourrière, c'est le refuge de Secours et de Protection des Animaux qui prend en charge nos compagnons à quatre pattes pour les présenter à l'adoption. Perdus, abandonnés, maltraités, chiens, chats, lapins et même souris et hamsters trouvent réconfort dans les bras bienveillants des bénévoles de l'association en attendant le coup de cœur d'un visiteur. Là-bas, ils sont tatoués, identifiés, vaccinés ; les chats stérilisés. Le refuge recherche toujours bénévoles et familles d'accueil pour les chiots et les chatons, alors n'hésitez pas à vous faire connaître pour leur apporter votre soutien.

BRICOLAGE - JARDINAGE

JARDINATURE

19, chemin du Sémaphore ✆ 07 81 41 86 31
www.jardinature.fr
Ouvert le samedi de 9h à 12h. Adhésion à l'association 38 €.
Panier complet : 440 € à l'année ; Demi-panier : 220 €.

Au départ c'était une bande de copains qui aimaient jardiner, et vingt ans après c'est un des plus grands jardins associatifs de Poitiers où l'esprit des amis vit encore ! Dans ce superbe jardin au bord du Clain, on est toujours le/la bienvenu(e) que ce soit en semaine pour donner un petit coup de pouce au maraîcher ou bien lors de la récolte hebdomadaire. Chaque samedi matin, les adhérents se retrouvent au jardin pour se partager les légumes bio tout juste sortis de terre ! Et c'est aussi une super occasion de créer des liens avec ses voisins... Eh oui ! car la répartition des équipes est faite selon le quartier dans lequel on vit. Bref, c'est idéal pour les citadins en quête de grand air !

FLEURISTE

AMARYLIS

5, rue Carnot ✆ 05 49 50 31 48
https://amarilys.site-solocal.com
Ouvert du lundi au samedi de 8h30 à 19h30 ; le dimanche de 9h à 13h. Interflora.

C'est un jardin d'Eden pour citadins emmurés, un jardinet en angle de rue qui déborde de fleurs jusque sur le trottoir. A l'intérieur se trouvent les fleurs coupées, variables selon les saisons : hortensias, incontournables roses, gonflées sous leur velours rouge, rose ou blanc, très « tendance » cactus (aïe ! aïe ! aïe ! ouille !)... Dehors, ce sont les fleurs en pots où grimpent des clématites, des pieds de tomates-cerises, où foisonnent les bruyères violettes, frisottent les hélixines, paradent les nobles gardénias... Toujours décorée avec goût, avec en plus un joli brin de toilette thématique pour les fêtes. Le lieu et l'accueil des artisans fleuristes sont charmants.

FLEURISTE

LA COMPAGNIE DES FLEURS

62, avenue du plateau des glières
✆ 05 49 62 45 40
Du mardi au jeudi : 10h-12h30 et 14h-19h ; vendredi et samedi : 10h-12h30 et 14h-19h30. Livraison possible.

Douceur, calme et sérénité. En entrant chez Françoise Hascoet, on apprécie la fraîcheur des lieux. Epurée, la boutique met en valeur chaque variété. Roses d'Equateur, œillets, pivoines ou chrysanthèmes Anastasia, les fleurs sont sélectionnées pour leur qualité et leur éclat. Les compositions sont confectionnées « minute », devant vos yeux, en fonction de vos envies et de votre budget. Sur les étagères, des pots en tous genres attendent d'être ornés. L'artisan-fleuriste est passionnée et a du goût. Elle saura vous guider dans le choix des couleurs, pour la composition parfaite. Et si vous aussi vous avez envie d'apprendre l'art floral, elle propose des ateliers aux thématiques variées.

FLEURISTE

LE POTEAU ROSE

square de la République ✆ 06 63 59 40 84
www.lepoteaurose.fr
Commande via : réseaux sociaux, site web, téléphone. Collect sur Poitiers. Bouquets dès de 22 € ; couronne dès 34 €.

Petite, elle glanait déjà les fleurs dans les champs. Chanteuse à Paris, elle n'a jamais cessé de caresser le doux rêve de devenir fleuriste. Aujourd'hui, elle compose des bouquets qui durent. Des bouquets de fleurs séchées, objets de décoration pour colorer nos intérieurs et d'élégantes couronnes pour déposer sur nos murs quelques touches de nature ; des compositions aux notes naturelles relevées d'une touche de bleu, de jaune, de rouge ou de rose. Dans l'univers bohème de Maxime Plisson, les fleurs répandent de douces odeurs. Chaque composition est unique. N'hésitez pas à présenter le vase qui l'accueillera. Futurs mariés, et si vos invités repartaient avec d'indestructibles souvenirs ?

PÉPINIÉRISTE

SAPIFLOR

99, rue de la Grange Saint-Pierre ✆ 06 80 13 77 69
www.sapiflor.fr
Tlj en décembre : 9h-19h. + Marché Notre-Dame et à Chauvigny. De 16,90 € à 129,90 €. Vend chrysanthème à La Toussaint.

Voir s'émerveiller les têtes blondes lorsqu'on le pare de mille guirlandes et d'anges dorés, humer son odeur en attendant le barbu en habits rouges... mon beau sapin... Eh bien, figurez-vous qu'il est également possible de consommer local en matière d'épineux ! La famille Rousseau cultive des sapins à deux pas du centre-ville de Poitiers, au bord de la rocade ouest. En décembre, emmaillotés dans leur filet, Nordman (aux aiguilles douces et résistantes) et Epicéa (le très parfumé) sont à retirer sur place dans la joie et la bonne humeur des fêtes qui approchent. Des tournées sont aussi organisées pour des livraisons à domicile (plus simple lorsque l'on commande un sapin de plus de 3 m !).

PÉPINIÉRISTE

SERRES VERGNAUD

9, route de Danlot - **VIVONNE**
✆ 05 49 43 43 70
www.serres-vergnaud-deshoullieres.fr
Ouvert du lundi au samedi de 8h30 à 12h et de 14h à 18h30.

Silence, ça pousse dans les serres familiales de Vivonne ! Aujourd'hui, Marion Deshoullières et Lucie David reprennent les rênes de la pépinière Vergnaud. Avec ses 500 000 plants de plantes annuelles, ses arbres, ses fruitiers, ses palmiers et ses rosiers, ses graminées et ses légumes variés, les serres horticoles ravissent les amoureux du jardin. On vous donne des conseils avisés sur les variétés, l'agencement des massifs pour que fleurs et arbustes s'épanouissent. On connaît chaque plant sur le bout des doigts. Producteurs, on les a vus naître et on les a bichonnés des racines aux feuilles. On déambule de serre en serre pour trouver le végétal idéal qui tarira notre soif de jardinage.

PROTECTION DES ANIMAUX

ÉCOLE DU CHAT LIBRE

1, place de Fontevrault ✆ 05 49 01 39 25
ecoleduchat.poitiers.free.fr
Sur RDV. Lun, mar, mer : 17h30-18h30. Adoption : 120€ avec test Fiv/Felv, vaccinations, stérilisation, identification.

Cette association de bénévoles existe à Poitiers depuis une vingtaine d'années, et s'occupe de localiser, répertorier, faire vacciner et stériliser, nourrir, soigner et faire adopter (contre une participation financière bien légitime) les chats errants, à Poitiers, mais aussi dans toutes les localités voisines. A ce jour, 400 chats font l'objet de soins attentifs dans des chatteries (caves avec soupiraux, aérées et aménagées) ou sur des sites de plein air, repérés et entretenus par l'association qui travaille en partenariat avec tous les vétérinaires de la ville, et vit d'opérations de collectes de nourriture dans les grandes surfaces, de l'organisation de brocantes, de tombolas.

NEW

PISCINE

ABORAL

204, avenue du 8 Mai 1945 ✆ 05 49 52 28 79
www.actiprojet.fr
Ouvert du mardi au samedi de 10h à 12h et de 14h à 18h. Été : du mardi au vendredi jusqu'à 19h. Samedi jusqu'à 18h.

Souvent on la rêve. On s'imagine se prélasser à son bord, bouquin en main. Et puis un jour, on se lance ! Cette année, piscine il y aura ! Distributeur de la marque bordelaise Aboral, remarquée pour la qualité de finition de ses piscines à coque polyester, la boutique poitevine du même nom vous orientera pour le projet de vos rêves et vous accompagnera jusqu'à son installation. Dans le magasin, tout l'univers de la piscine est représenté : les indispensables comme les accessoires. Vous pourrez vous approvisionner en produits d'entretien, robot, pompe à chaleur et vous faire plaisir avec les énormes bouées pour vous la couler douce, les transats, les planchas et même les salons de jardin.

CUISINISTE

AREA DECORATION

14, rue du Petit Bonneveau ✆ 05 49 41 02 76
www.cuisine-areadecoration.com
Du lundi au vendredi de 9h30 à 12h et de 14h à 19h ; le samedi de 9h à 12h et de 14h à 18h. Devis gratuit à domicile.

Envie d'une nouvelle cuisine ? Rendez-vous rue du Petit Bonneveau. Dans cette boutique, on aime beau, le très beau. C'est pourquoi on s'est tourné vers le pays de la mode et du design : l'Italie. Les marques Snaidero et Armony y sont proposées pour les cuisines. L'espagnole Doca y a également sa place. Les lignes sont claires, épurées, les matières lumineuses. Quelle que soit la taille du projet, « qualité » est le maître-mot. On s'adapte à votre budget et on peut même vous proposer un agencement plus complet de votre intérieur : un mur de séparation en pavés de verre de Murano, un dressing, une salle de bain, une bibliothèque. On vous accompagne dans vos rêves de confort et de beauté !

LOCATION

MAXI LOC

38, rue de Chaumont
✆ 05 49 57 11 26
www.maxiloc.fr
Ouvert du lundi au vendredi de 7h30 à 12h et de 14h à 18h.

Ce qui est bien avec une maison, c'est que l'on ne s'ennuie jamais. Il y a toujours quelques travaux à faire et nous n'avons pas forcément l'engin approprié chez soi surtout quand c'est du lourd ! Avec ses deux agences, l'une à Poitiers Sud et la seconde à Chasseneuil-du-Poitou, Maxi loc répond à tous vos besoins de vente et de location de matériel de chantier et de manutention. Mini pelle, bétonnière, compresseur, broyeur de végétaux..., ce sont plus de 400 références soit 2 000 machines qui vous accompagneront pour la création de votre future terrasse, la démolition de ce vieux mur au fond du jardin ou votre taille annuelle. Et en plus, les engins peuvent être livrés. Astucieux !

PAPIER PEINT - PEINTURE

BOUCHARD PEINTURES

8, rue Eugène Chevreul
✆ 05 49 37 86 13
www.bouchardpeintures.com
Du lundi au vendredi : 8h-12h et 14h à 18h. Samedi : 9h30-12h et 14h30-18h. Prise de rendez-vous recommandée en magasin.

© ANTOINE PAILLARD

© ANTOINE PAILLARD

Dans le gros pot de peinture qui jouxte la rocade, la famille Bouchard accueille artisans et particuliers dans la bonne humeur pour transformer votre intérieur. Peintures, papiers peints, tissus, et revêtements de sol sont exposés dans le showroom. Devant toutes ces propositions, on est ravi de l'œil de l'expert qui propose des visites à domicile pour des conseils déco tendance. Couleurs, matériaux, deux projets sont livrés : à vous de choisir. Il paraît qu'en ce moment, la mode est aux papiers peints panoramiques ! Son intérieur clé en main de l'idée à l'installation des rideaux, en passant par mise en relation avec des artisans, des produits de qualité pour tous les budgets, on valide !

CARRELAGE - CÉRAMIQUE

R CARRELAGE

63, rue du Vercors - **FONTAINE-LE-COMTE**
✆ 05 49 42 58 04
Du lundi au vendredi : 9h à 12h et 14h à 18h ; le samedi : 10h à 12h et 14h à 18h. Sur rdv pour les gros projets.

© R CARRELAGE

Ils ont la plus grosse... faïence ! Ah, vraiment ce magasin ne manque pas « d'R » ! Ce gigantesque carreau viendra recouvrir l'intégralité de votre paroi de douche. Terminé les joints encrassés ! Oh, et c'est loin d'être fini ! La boutique propose des centaines de références de carreaux de facture italienne, espagnole et portugaise. Le carrelage est à la mode et devient un véritable élément de déco. Oserez-vous la couleur, les motifs géométriques, floraux ou succomberez-vous au très tendance Zellige, un carrelage de céramique émaillé typique des maisons du Maghreb ? Devant un tel choix, demandez de l'aide. On pourra même vous prêter des échantillons pour que vous soyez sûrs de votre achat !

SALLE DE BAIN - SANITAIRES

LES MAITRES DU BAIN

3, boulevard du Grand Cerf
✆ 05 49 41 40 00
www.lesmaitresdubain.com
Ouvert du mardi au samedi de 10h à 19h.

Allez, avouez, vous aussi vous adorez chanter sous une douche bien chaude. Chez Les maîtres du bain on vous promet ça et bien plus encore. Refaire sa salle de bain est un casse-tête dont on se passerait bien : l'agencement, les couleurs, sans parler du suivi de chantier... C'est fou ce qu'une aussi petite pièce peut mobiliser comme corps de métier ! Nicolas, LE maître du bain, a la solution. Il s'occupe de tout de A à Z. Il vous fera de beaux plans 3D pour que vous puissiez vous approprier votre projet, vous proposera des meubles composables avec un large choix de matériaux, de finitions, de la faïence et pourquoi pas même un bac à douche de couleurs. Tout pour être de bon poil le matin.

SERVICES PUBLICS

ALTERNA

78, avenue Jacques Cœur
✆ 08 00 71 12 34
www.alterna-energie.fr
Ouvert du lundi au vendredi de 8h à 18h ; le samedi de 8h à 12h.

alterna énergie

Alterna est une filiale du Groupe Sorégies, acteur responsable de toute la chaîne de valeur de l'énergie (de la production à la fourniture) ! Engagé pour l'environnement, Alterna propose de l'énergie locale verte et citoyenne ainsi que du gaz naturel. Premier énergéticien mutualiste en France, elle regroupe 50 entreprises locales d'énergie. Ses conseillers téléphoniques implantés à Poitiers ainsi que ses neuf points d'accueil en Vienne assurent la proximité dans la relation clients. Grâce à des offres compétitives, adaptées aux particuliers et aux professionnels, Alterna permet à tous de participer à la transition énergétique. Prêt à vous engager pour l'environnement ?

PORTES - FENÊTRES - VOLETS - STORES

FERMETURES ALAIN MARIETTE

38, rue de la Croix Berthon - **NEUVILLE-DE-POITOU**
✆ 05 49 51 60 58
www.fermetures-alain-mariette.com
Du lundi au jeudi de 9h à 12h et de 14h à 18h30 ; le vendredi de 9h à 12h et de 14h à 17h30 ; le samedi de 9h à 13h.

© FERMETURES ALAIN MARIETTE

Aux fermetures Alain Mariette, pose de menuiseries et rénovation font bon ménage. L'entreprise familiale fait partie du réseau Art et fenêtres. En PVC, fibre de verre, alu, bois ou composite, à chaque problématique sa menuiserie et il suffit de se rendre dans le showroom pour mieux appréhender la matière. Fenêtres, portes d'entrée, volets, portails... les produits sont fabriqués en France sur mesure après une étude personnalisée de vos besoins. La qualité de la pose est un art et la maison met un point d'honneur à envoyer ses propres équipes sur le terrain.

BIJOUX - HORLOGERIE

HORLOGERIE MORISSET

102, La grande rue
LIGUGÉ
✆ 05 49 55 24 40
Ouvert du mardi au samedi de 8h à 12h et de 14h à 19h.

Tic tac, tic tac… inlassablement les aiguilles se déplacent sur les dizaines d'horloges et montres entreposées dans la boutique. Dans son atelier, avec précision et minutie, Monsieur Morisset répare vos comtoises et réarme vos plus précieuses montres. Passionné par la micromécanique, cet autodidacte s'est lancé dans l'horlogerie tardivement. Son coup de cœur ? La montre de poche de son grand-père. Dans ce lieu, aucun engin électronique, seul le mouvement compte. Les balanciers s'agitent et le temps paraît s'être arrêté. Dans les vitrines, les collections personnelles de Monsieur Morisset donnent à voir de beaux objets. L'homme raconte et sa rencontre est fort sympathique.

DÉPANNAGE - RÉPARATION

LA BOÎTE À OUTILS

4, rue des Trois Rois ✆ 06 64 32 63 02
www.laboiteaoutils86.fr
Ouvert du mardi au vendredi de 9h à 12h et de 14h à 18h ; le samedi de 9h à 13h.

Help ! Félix Mouton et Etienne Réau vous ouvrent leur boîte à outils pour deux types de dépannage : l'informatique (spécialité du premier) et l'habitat (fer de lance du second). Un alliage qui rend service en cas de besoin de petits et gros travaux de rénovation, de création de meubles et de maintenance informatique. Une petite boîte atypique où l'on prend le temps de vous conseiller, et surtout de trouver des solutions. Parce qu'après tout, c'est bien ça le plus important : résoudre votre problème que ce soit avec un marteau, une clé de 12 ou une sauvegarde de données. Voilà la philosophie que cultivent ces passionnés dans leur entreprise « ressource » qui a fait son nid dans le quartier.

ÉLECTROMÉNAGER

SARL FRAUDEAU

113, rue de la Bugellerie
✆ 05 49 58 04 03
Du lundi au vendredi : 9h à 12h et de 14h à 18h. Devis : 25€ (Aspirateur 15€) déduit du montant de la réparation.

Le lave-vaisselle ne lave plus rien, la machine à laver fuit, le four fait tout disjoncter. Bonne nouvelle, vous n'êtes pas obligés de tout jeter. La société Frodeau peut leur sauver la peau. Les plus bricoleurs iront en boutique acheter directement la pièce défectueuse, les courageux apporteront leurs précieux engins en magasin ; quant aux autres, un technicien se déplacera à domicile pour identifier la panne et la réparer. Attention, la maison Frodeau ne s'occupe que du gros électroménager ! Et si vraiment, on ne peut plus rien faire pour lui, on pourra même vous proposer de vous débarrasser du dit objet et de le remplacer par du neuf qui sera livré et installé gratuitement.

IMPRESSION / REPROGRAPHIE / PHOTOCOPIE

ENCRE'ECO

55, route de Gençay ✆ 05 49 03 35 52
www.encre-eco.fr
Ouvert du lundi au vendredi de 9h30 à 12h30 et de 14h30 à 18h30. Copie noir/blanc et couleur : 0,09 centimes.

Vous avez enfin terminé votre thèse ! Oui, mais voilà, maintenant, il faut l'imprimer. Un coût non négligeable si vous le faites à la maison. Alors pour les impressions exceptionnelles comme pour celles de la vie de tous les jours, vous pouvez vous rendre chez Encre'eco. La déco y est sommaire, mais l'accueil y est très chaleureux et on y imprime pour pas cher. En noir et blanc et en couleur, c'est le même prix. Autre avantage : aucune carte prépayée. Flyers ou affiches, on peut y imprimer des documents en format gigantesque et des bâches ! Et si vous souhaitez quand même continuer à utiliser votre propre imprimante, vous pouvez y rechercher vos cartouches d'encre.

INFORMATIQUE

LA BOOTIQUE

13, rue Leopold Senghor
✆ 05 49 37 00 93
www.ateliers-du-bocage.fr
Ouvert du mardi au samedi de 9h30 à 12h30 et de 14h à 18h30.

C'est la Boutique des Ateliers du Bocage situés à Bressuire, une entreprise d'insertion membre de la communauté Emmaüs, proposant des contrats de travail aux personnes éloignées de l'emploi. A la Bootique, on collecte les téléphones portables, le matériel informatique, les consommables d'impression. On les répare, les reconditionne et on les remet en rayon. Si votre PC rame, que votre imprimante fait des siennes, que votre écran de téléphone ou de tablette est cassé, apportez-les, on fera tout pour les soigner. Et si vraiment, vous devez en changer, vous trouverez votre bonheur sur place ou sur le site internet à des prix très intéressants. Votre porte-monnaie sera ravi, la planète aussi !

INFORMATIQUE

ENCRE SERVICE

77 bis, avenue de Paris
✆ 05 49 44 04 23
www.encreservice.com
Ouvert du lundi au vendredi de 10h à 18h30.

Ultra futé ! A sec d'encre noire, cyan, jaune ou magenta ? Chez Encre service, vous pouvez recycler et faire remplir d'encre vos anciennes cartouches et vos toners. Vous trouverez ici 64 références d'encre noire et couleur pour toutes les grandes marques d'imprimantes. Voilà un concept à la fois écologique et économique qui vous permettra d'économiser jusqu'à 70 % de votre budget de consommables d'imprimante ! Sachez qu'Encre service pousse le concept jusqu'au bout en proposant un emballage blister transparent entièrement réalisé à base de maïs 100 % biodégradable et n'émettant aucun CO en cas d'incinération. Un petit geste du quotidien pour le bien de la planète. Bravo !

IMMOBILIER

BRUNO PAQUET IMMOBILIER

42, rue de la Marne
✆ 05 49 46 93 99
www.brunopaquet-immobilier.fr
Du lundi au vendredi de 9h à 12h et de 14h à 18h30 ; le samedi de 9h30 à 12h. Sur rendez-vous le samedi après-midi.

© BRUNO PAQUET

Dans la vitrine de l'Agence Bruno Paquet Immobilier trône la maquette du projet de réhabilitation de l'ancien Théâtre, dont la commercialisation des neuf logements leur a été confiée en exclusivité, et qui offriront prochainement une vue imprenable sur les toits de la ville. Solidement ancrée sur le territoire, l'Agence se démarque par son caractère familial et son expertise de l'immobilier sur le département depuis plus de 40 ans. On y pratique la vente de biens d'occasions et de programmes neufs. Bruno Paquet, son fils Julien et Jean-Baptiste Laye accueillent avec grande courtoisie leur fidèle clientèle. Ici les rapports humains priment et la confiance est essentielle.

IMMOBILIER

BED & SCHOOL

69, rue Carnot ✆ 05 49 03 24 40
www.bedandschool.com
Ouvert du lundi au vendredi de 9h à 12h30 et de 14h à 18h. Bed & Family : Du mardi au samedi aux mêmes horaires.

Poitiers, ville étudiante : quoi de plus normal qu'une agence immobilière qui leur soit dédiée ? On rentre chez Bed&School comme dans une maison. Les studios et les colocs se découvrent dans un canap', sur une télé. On cherche un nid douillet, on le visite et en quelques minutes bail et état des lieux sont signés. L'agence est aussi spécialisée dans la vente de biens locatifs pour les étudiants, alors si vous êtes à la recherche d'un bien de rapport, poussez la porte. Ils pourront même réaliser l'aménagement du lieu. Depuis peu, ils ont développé Bed & Family, un nouveau concept qui propose de la vente de biens plus traditionnels, du terrain à la grande propriété sur Grand Poitiers.

ÉNERGIES

ESPACE INFO ÉNERGIE

Jardin Simone Veil ✆ 05 49 30 20 54
www.eie-na.org
Lundi au vendredi : 9h-12h et 13h30-17h30. Sur rdv. Permanences à Chauvigny, Saint-Georges-les-Baillargeaux, Lusignan.

Que l'on soit propriétaire ou locataire, l'énergie est souvent la bête noire de nos logements. Double vitrage ? Isolation des murs par l'intérieur ? Des combles ? Difficile de savoir par où commencer, comment faire baisser la douloureuse et améliorer notre confort. Figurez-vous qu'ici vous aurez toutes les réponses à vos questions. Après deux rendez-vous, dont l'un chez vous pour inspecter de fond en comble ponts thermiques et autres fuites, le technicien prendra le temps de trouver les solutions adaptées à votre budget. Quelques jours plus tard, vous recevez un état des lieux détaillé, les travaux préconisés et les aides financières possibles. Il n'y aura plus qu'à appeler les artisans !

LOGEMENT

LE STUDEL

26, rue des Champs-Balais ✆ 05 49 38 20 00
www.studel.fr
Ouvert du lundi au vendredi de 8h30 à 12h30 et de 13h30 à 18h30 ; le samedi de 9h30 à 12h30.

Construits à partir des années 50, Le Studel et ses six bâtiments aux façades blanches et marrons situés dans le quartier de La Gibauderie, à deux pas de la fac de Médecine et du CHU, proposent 400 logements du T1 au T4. Aujourd'hui, 80 % de ses habitants sont des étudiants, mais on y trouve quelques salariés. Rénovée au fil du temps, cette résidence privée familiale a plusieurs avantages : des superficies plus importantes que la moyenne, pas de frais d'agence (seul un dépôt de garantie d'un mois suffit) et au moindre pépin, l'équipe technique vient à la rescousse. Garage à vélo, parking, cave, laverie adjacente, ascenseur, Le Studel met tout en œuvre pour le confort de ses locataires.

BAILLEURS SOCIAUX

EKIDOM

65, avenue Kennedy
✆ 05 49 44 60 00
www.ekidom.fr
Ouvert du lundi au vendredi de 8h30 à 12h et de 13h30 à 17h.

Ce bailleur social loue des appartements ou des maisons à Poitiers et dans Grand Poitiers, en milieu urbain ou rural. Détenteur d'un bassin de 12 700 logements avec des bâtiments de plus en plus innovants (réglementation thermique, puits canadiens, panneaux photovoltaïques...), Ekidom propose des logements conventionnés APL et tient compte, dans l'attribution de ceux-ci, des revenus du demandeur, bien entendu, mais aussi de sa situation familiale. Aucun frais d'accès au logement n'est demandé, on vous aide à la constitution d'un dossier de demande d'APL, le paiement du loyer se fait en fin de mois. Savez-vous que 75 % de la population française peut prétendre à un logement social ?

JE BOUGE

Toutes ces bonnes adresses vous donnent envie de bouger à Poitiers et plus largement dans la Vienne. Comment vous déplacer ? La voiture en solo peut être une réponse. Les concessionnaires auto ne diront pas le contraire. Ils vous proposeront des véhicules thermiques, électriques ou hybrides. Mais cette réponse n'est pas la seule ! Elle se décline en mode locatif ou partagé. Aux beaux jours particulièrement elle peut laisser la place à la moto.
Les citadins, plus facilement que les ruraux, peuvent lui préférer des modes de déplacement partagés comme le bus. Il y a aussi les plus sportifs qui ont fait le choix du vélo ou de la marche. Ils participent aussi à réduire les émissions de CO_2 et agissent donc en faveur de l'environnement. Le vélo gagne d'ailleurs de l'espace et des voies de circulation dans la ville. Mais ce n'est un secret pour personne, Poitiers ça grimpe ! Qu'à cela ne tienne, le vélo électrique est là pour assister vos mollets. On le trouve aussi à la location. Pour vos envies d'ailleurs des agences de voyages vous proposent des départs vers de nombreuses destinations. Certaines, écologiques vous feront préférer le train, et la magie des trains de nuit, à l'avion.

BUS

VITALIS

9, avenue de Northampton
✆ 05 49 44 66 88
www.vitalis-poitiers.fr
SERVICE ALLOBUS : du lundi au vendredi de 7h30 à 18h30, le samedi de 9h30 à 12h30.

© BLUE-COM

Les médias vous le rabâchent : « Les transports en commun, c'est bon pour la planète ! » L'avantage du bus, c'est qu'on peut rêvasser en regardant défiler le paysage, même s'il faut parfois se cramponner aux barres dans les virages. Le réseau de bus poitevin irrigue les 40 communes de Grand Poitiers, possède des lignes régulières du lundi au samedi, du dimanche, de nuit, scolaires, un service handibus. Les billets ou Vpass sont rechargeables sur l'e-boutique, dans des distributeurs automatiques et chez des commerçants dépositaires. Sachez qu'en plus de vous indiquer le temps d'attente de votre bus et de calculer vos itinéraires, l'application mobile propose billets et abonnements numériques.

BUS - AUTOCARS

TRANSPORTS EN VIENNE

20, rue de la Plaine ✆ 05 49 21 04 00
www.lignes-en-vienne.fr
Du lundi au vendredi : 8h - 12h ; 14h - 17h30. Ticket : 2€. A/R : 3,60€. Formules d'abonnements. Estivales : A/R : 3€.

Voilà un bon plan pour voyager dans tout le département à faible coût, en protégeant la planète tout en gagnant un temps précieux pour lire, écouter de la musique, ou travailler. La Région Nouvelle-Aquitaine propose, en s'appuyant sur trois transporteurs locaux, 16 lignes régulières pour se rendre où on le souhaite. Ticket ponctuel, carnet de 10 voyages ou abonnement, tout est possible. Certaines lignes (les plus longues) sont premium et offrent le même confort que le train avec le wifi ! L'été, un autre dispositif propose des escapades à prix réduit pour se rendre dans huit destinations touristiques de la Vienne, au départ de Poitiers, du Futuroscope et d'autres villes. Bienvenue à bord !

AUTO

LA POITEVINE

107, boulevard du Grand-Cerf ✆ 05 49 38 33 74
www.lapoitevine.fr
Du lundi au vendredi : 10h-12h et 14h-19h ; samedi : 10h-12h. Les horaires fac et Couronneries diffèrent.

Créée en 1970, l'auto-école est certainement la plus importante de la ville. L'établissement est présent sur quatre sites : à la gare (agence principale), sur le campus, aux Couronneries et au Centre de formation professionnelle à Montamisé. Tous les permis de catégorie B sont enseignés ainsi que les permis motos, poids lourds et bateaux. Les parcours sont entièrement personnalisés. A la pointe de la technologie, l'auto-école vous permet de réviser votre code sur votre téléphone portable. Une agence idéalement située à côté du campus de Poitiers pour les étudiants qui veulent passer leur permis. Poussez la porte, une équipe très accueillante vous y attend ! Bonne route !

AUTO

SHAKA SCHOOL

11 bis, rue de la demi lune ✆ 04 49 62 34 85
www.shakaschool.fr
Lundi : 14h-18h ; mardi, jeudi, vendredi : 10h-12h, 14h-18h ; mercredi : 14h-19h30 ; samedi : 10h-12h. Tarifs en ligne.

Relax ! Avec Jonathan et toute son équipe, vous allez le décrocher votre précieux sésame. Détente, bienveillance et pédagogie sont les maîtres-mots de cette auto-école. Alors faites-vous confiance, vous avez les clés de votre réussite, et l'école, les techniques pour vous accompagner. Après votre évaluation, c'est en Audi A1 ou en Ducati pour les futurs motards, que vous vous lancerez sur les routes. Le gros plus : la salle d'entraînement au code est ouverte 32h par semaine. Et comme chez Shaka on ne fait pas comme tout le monde et que la confiance s'acquiert avec les kilomètres, l'école organise des voyages avec ses élèves. Direction Biarritz ou la Dune du Pilat pour pratiquer en s'amusant.

CONCESSIONNAIRE - AGENT - MANDATAIRE

SACOA DES NATIONS

21, avenue de la Loge - **MIGNÉ-AUXANCES** ✆ 05 32 74 08 01
www.sacoadesnations.fr
Ouvert du lundi au vendredi de 8h30 à 12h15 et de 13h45 à 19h ; le samedi de 9h à 12h et de 14h à 19h.

En 2019, ils ont fêté ses 50 ans ! Sur son nom, une esquisse de carrosserie lui donne fière allure. Ce concessionnaire, spécialiste des marques Renault et Dacia, propose l'un des plus grands choix de la région, en véhicules neufs et d'occasion. Dans cette grande concession qui jouxte la RN 147, deux halls d'exposition s'offrent à nous : l'un pour les véhicules neufs où patientent des voitures rutilantes, telles que la nouvelle Zoé, le dernier Captur, le SUV Kadjar..., l'autre dédié aux véhicules Dacia dont le fameux Duster. Dehors, sont exposés les innombrables modèles d'occasion toutes marques. Un atelier de réparation et une carrosserie, ainsi qu'un Renault Minute complètent l'ensemble.

NEW

CONTRÔLE TECHNIQUE

CONTROLE TECHNIQUE POITIERS

5, avenue de la Libération ✆ 05 86 16 02 02
www.controletechniquepoitiers.fr
Du lundi au vendredi : 8h-12h30 ; 14h-18h. Samedi : 9h-12h. Contrôle Essence / Diesel : 75€. Contre visite : 12€ - 30€.

Quand l'heure du contrôle technique a sonné, on y va souvent avec appréhension, se demandant ce qui va nous tomber sur le coin du nez. Ce centre est installé dans ce beau garage année 30, proche du centre-ville. Une salle d'attente cosy, un café, une télévision pour patienter le temps de l'auscultation, Liva, le gérant, a le sens de l'accueil. Pour un contrôle obligatoire ou volontaire, un véhicule diesel, essence, gaz, électrique, un camping-car ou une voiture de collection, les 133 points de contrôle réglementaires sont vérifiés avec soin. Prenez rendez-vous en ligne !

ÉQUIPEMENT - ACCESSOIRES

HARLEY-DAVIDSON POITIERS

2, rue Bessie Coleman ✆ 05 49 53 02 02
www.harley-davidson-poitiers.com
Ouvert du mardi au samedi de 9h à 12h et de 14h à 19h.

Ah... l'Amérique, ses grands espaces, sa mythique Route 66... et ses fameux deux-roues en acier ! Une petite échappée belle en Harley, flambant neuve ou d'occasion, ça vous branche ? Faites entretenir et customiser votre bolide par les experts de la marque. Et pour parfaire votre allure, la boutique propose habillement pour motards, vêtements de tous les jours et autres accessoires ! Si vous voulez partager votre passion avec d'autres bikers, devenez membre du H.O.G. (Harley Owners Group) et participez à différents événements. Ici, l'ambiance est assurée si vous êtes passionnés par ces engins indémodables ! Autre bon plan : louez votre Harley pour une demi-journée ou pour un mois.

LOCATION

EUROPCAR

48, boulevard du Grand-Cerf ✆ 05 49 58 25 34
www.europcar-atlantique.fr
Ouvert du lundi au vendredi de 8h à 12h et de 14h à 19h ; le samedi de 9h à 12h et de 14h à 18h.

Pratique cette société de location de véhicules à 400 mètres de la gare et proche d'une station-essence ! Pratique aussi parce que son nombre de points de vente nous permet de laisser le véhicule un peu n'importe où, et véritable bon plan pour ses clients fidèles qu'elle accompagne avec sa formule « Véhicule Idéal ». Après tout, acheter un monospace pour quelques semaines de vacances par an et ne pas en avoir l'utilité au quotidien n'est peut-être pas la meilleure option surtout quand Europcar nous permet de louer ledit véhicule quelques jours. Grâce à cette formule, vous définissez un minimum de jours par an, choisissez le modèle qui vous convient, et faites des économies. Circulez futé !

LOCATION

OTOLIS (AUTOPARTAGE)

9, avenue de Northampton ✆ 05 49 44 66 88
www.otolis.com
Frais de dossier 25 € ; caution 300 €. Tarifs horaires de 2,50 € à 6 € + tarif au km. Possibilité d'abonnement mensuel.

Louer une voiture citadine, familiale ou utilitaire pour une durée allant d'une demi-heure à 1 jour et plus, 7j/7 et 24h/24, c'est facile ! A Paris, ils ont les Vélibs, à Poitiers, nous avons les voitures en libre-service. Après avoir adhéré au service Otolis, réservez votre véhicule par téléphone, Internet ou via l'application Citiz. Vous le récupérerez à la station de votre choix : aux Couronneries, à Montmidi, au Pont-Neuf, dans les parkings (Hôtel de ville, Toumaï et Notre-Dame), à côté de la mairie de Buxerolles, au Téléport 2 du Futuroscope et sur le campus, à côté de Descartes. Une initiative bienvenue pour désengorger notre centre-ville des véhicules. Et vous ferez des économies !

MOTO - SCOOTER

BIKE ZONE

146, avenue des Hauts de la Chaume - **SAINT-BENOÎT**
✆ 09 84 38 83 24
www.bike-zone.fr
Ouvert du mardi au vendredi de 9h à 12h et de 14h à 19h ; le samedi de 9h à 12h et de 14h à 18h.

Vous êtes dans le garage à motos d'un fan de Valentino Rossi, en témoigne les goodies dans les vitrines. Felix Wetzel propose à la vente une large gamme de motos 50 cm3 neuves et d'occasion, toutes marques et toutes cylindrées confondues. Côté entretien et réparation, c'est Henri qui opère dans l'atelier. C'est lui qui chouchoute votre bécane (y compris les sportives), répare les pièces usées, révise votre moteur, et assure la vidange pour la remettre sur roue. Tout l'univers de la moto est présent en magasin. Vous y trouverez des pièces détachées et tout un tas d'équipements et d'accessoires (casques, gants, blousons - Ixon), qui compléteront votre panoplie du parfait motard.

VÉLO

POINT CAP SUR LE VÉLO

52, boulevard du Grand Cerf ✆ 05 49 52 36 36
https://www.grandpoitiers.fr/au-quotidien/deplacements/velos
Du lundi au vendredi. 8h30-12h et 13h15-17h30. Mardi, jeudi sur le campus : rue J.-Fort, Bât. B32. Tarifs : de 3 à 50 €.

A Poitiers, à vélo, on dépasse les autos... Pour ceux qui n'ont que leurs jambes pour avancer, Grand Poitiers met à disposition des vélos classiques ou à assistance électrique. Un bon plan appréciable pour les courts trajets quotidiens vers le travail, le campus, le marché... La location de ces deux-roues bénéficie de tarifs convaincants : à la journée, à la semaine ou au mois, avec des réductions pour les petits revenus et les étudiants. Pour en disposer, prévoyez une pièce d'identité, un RIB, un justificatif de domicile et les justificatifs de votre situation. Une caution est également exigée. La maintenance est assurée par les soins de l'agence. N'ayez plus peur d'user les pistes cyclables !

ACHAT - VENTE

CAP NAUTIC

11, rue de la République ✆ 05 49 37 23 02
Ouvert du lundi au vendredi de 8h à 12h et de 14h à 18h. D'avril à fin octobre : jusqu'à 19h.

Unique à Poitiers cet établissement qui favorisera vos pérégrinations marines ! Cap Nautic assure la vente et l'entretien (accastillage, moteur, hivernage) de bateaux de plaisance, de mer ou de rivière, ainsi que de remorques permettant leur transport sur route. Vous avez envie d'aller voguer sur la Loire, la Vienne, de pousser jusqu'à l'océan ? Vous trouverez ici des bateaux « open » ou des « pêche-promenade » en fibre ou en aluminium, des barques en bois, des kayaks, des canoës... Toute construction sur mesure est possible. Sachez qu'outre leur activité propre aux bateaux, les membres de l'équipage sont versés en restauration de moteurs de tout type (vieille voiture, matériel agricole...).

AÉROPORT

AÉROPORT POITIERS-BIARD

5, rue du Sous-Lieutenant Collart - **BIARD** ✆ 05 49 30 04 40
Pas de navettes. Accès en véhicule personnel ou taxi.
www.poitiers.aeroport.fr
Horaires guichet et téléphone : du lundi au vendredi : 9h - 17h. Parking payant (gratuit 15 min). Wifi gratuit, illimité

L'aéroport de Poitiers-Biard se situe à 2,5 km du centre-ville, côté ouest, à mi-chemin des sorties d'autoroute Poitiers-Nord et Poitiers-Sud. Des liaisons régulières sont assurées vers Londres (Stansted) avec la compagnie Ryanair et Lyon avec Chalair Aviation. Aux beaux jours, des voyages vers Ajaccio et Montpellier sont proposés. Le wifi est disponible dans l'aéroport ainsi que des distributeurs de boissons et snacks. Une offre de restauration est proposée à l'extérieur des locaux, à quelques minutes de marche. Cinq compagnies de location de voiture proposent la mise à disposition de véhicule depuis l'aéroport. Il est toutefois nécessaire de la commander en amont. Bon voyage !

CARAVANE - CAMPING-CAR

ANTOINE CARAVANES

55, avenue de Paris - **BEAUMONT SAINT-CYR** ✆ 05 49 85 50 79
www.antoine-caravanes.fr
Hiver : ouvert du mardi au samedi 8h30 à 12h et 13h30 à 18h. Été : jusqu'à 19h. Le lundi sur rendez-vous.

Il flotte comme un air de vacances dans la concession de la famille Antoine. Depuis 1973, elle vous accompagne dans vos envies d'évasion en caravane, en camping-car et en fourgon aménagé. Les véhicules neufs et d'occasion sont exposés sur le terrain. Adria, Carthago, Elios, CI, Randger, Hobby, Sterckerman, La Mancelle et Eriba, le choix est vaste, mais l'équipe vous guide pour répondre au mieux à vos besoins et à votre budget. Un problème sur la route ? Ce spécialiste du loisir est également réparateur toutes marques pour les cellules d'habitation. Si le souci est mécanique, ses sous-traitants prendront le relais. Arrêtez-vous à l'atelier ou au magasin pour dénicher des accessoires.

TOUR OPÉRATOR

CENTRE OUEST TOURISME FRAM

7, rue Saint Nicolas ✆ 05 49 50 26 26
www.centreouest-tourisme.fr
Lundi : 10h-12h30 et 14h-18h30 ; du mardi au vendredi : 9h30-13h et 14h-18h30.

La grande enseigne du voyage ! Vous serez accueillis par Nathalie, passionnée de voyages qui prendra votre séjour en charge de A à Z. Tout est étudié auparavant avec vous, selon vos goûts, votre destination, le style de vacances que vous souhaitez... A vous la mer turquoise, les spécialités régionales, les marchés exotiques et les massages : cette experte vous concoctera un séjour à la carte avec transferts, croisières, billets de train, d'avion... selon vos souhaits. L'agence peut également prévoir des visites guidées ! Bref, il ne vous reste qu'à faire votre valise !

TOUR OPÉRATOR

EKITOUR

6b, Rue Albin Haller
✆ 05 49 47 73 13
www.ekitour.fr
Du lundi au jeudi de 9h30 à 18h. Le vendredi de 9h30 à 17h30.

Partir en voyage avec Ekitour c'est participer à un tourisme responsable. Via son catalogue « Nouveau regard », la Scop propose des séjours à la carte en France, en Europe et aux quatre coins du monde. Son équipe sélectionne avec soin ses prestataires et privilégie des circuits économiques locaux. Découvrez la France et le monde autrement en partant à la rencontre des habitants ! Ekitour participe aussi au dispositif national d'aide au départ des personnes âgées : « Seniors en vacances ». Chaque année, ce sont 700 voyageurs qui partent en France, en groupe, à petits prix. Le programme sort en mars. Les conditions ? Avoir 60 ans et être à la retraite. Un bon plan pour les aînés !

TOUR OPÉRATOR

TRANSAZUR VOYAGES

23, rue Carnot ✆ 05 49 01 80 20
www.transazurvoyages.com
Ouvert du lundi au vendredi de 9h à 18h30 et le samedi de 9h à 12h et de 14h à 18h.

Transazur Voyages possède deux autres agences à Poitiers. Cet établissement est membre du réseau Sélectour qui est le premier réseau d'agences de voyages en France. Il propose des voyages à la carte, en groupe ou en individuel, des voyages de noces, une billetterie (avion, bateau, train) et aussi des voyages haut de gamme, en petit groupe avec accompagnateur. Vous déplacer à l'agence pour obtenir des renseignements, c'est avoir la possibilité de discuter et de préciser vos envies – et les moyens d'y accéder – avec un connaisseur, disponible et réactif. Mais vous pouvez aussi consulter le site Internet. Sachez toutefois qu'en agence ou sur le Net, les prix sont les mêmes.

JE PENSE FUTÉ

Penser futé c'est vous faciliter la vie au quotidien.
C'est vous aider à entreprendre avec un accompagnement adapté, vous conseiller sur le choix du statut, vous apporter un appui et un soutien lors des premières années en pépinière d'entreprises ou vous proposer des formations continues. C'est aussi faire en sorte que chacun, quel que soit son milieu, puisse accéder à l'entrepreneuriat.
Penser futé c'est vous donner les bonnes adresses pour continuer à apprendre chaque jour, à distance, en alternance, apporter un soutien scolaire aux plus jeunes ou permettre aux adultes de retrouver les bancs de l'université.
Penser futé c'est également vous épauler dans votre vie de tous les jours, vie étudiante pour trouver un logement ou des activités, vie familiale, et même préparer le dernier voyage pour soulager vos proches dans cette épreuve. Penser futé c'est aussi penser aux autres et tendre la main aux plus démunis, aux handicapés, à nos anciens et aux personnes seules. C'est offrir un sourire aux enfants hospitalisés. C'est être heureux de se sentir utile.
C'est tout ça à la fois penser futé.

CRÉATION D'ENTREPRISE

CEI86

2, avenue Galilée - **CHASSENEUIL-DU-POITOU** ✆ 05 49 49 64 46
www.cei86.com
Ouvert du lundi au jeudi de 8h45 à 12h30 et de 13h30 à 17h30 ; le vendredi de 8h45 à 12h30 et de 13h30 à 16h15.

Le Centre d'Entreprises et d'Innovation est une place centrale où porteurs de projets et entrepreneurs ont plaisir à se côtoyer, échanger et s'épanouir. La pépinière d'entreprises propose un accompagnement individuel pointu pour les projets innovants. De l'incubation, à la création au primo-développement, une équipe de professionnels est à vos côtés au jour le jour. Des bureaux, salles de créativité et de réunion, services mutualisés, temps de rencontre, sont à la disposition des entreprises hébergées ainsi que des co-workers. Le CEI a fusionné avec Technopole Grand Poitiers. En plus du bâtiment sur le site du Futuroscope, un bâtiment Bd du Grand Cerf accueillera les entreprises en 2021.

CRÉATION D'ENTREPRISE

CHAMBRE DE MÉTIERS ET DE L'ARTISANAT DE LA VIENNE

19, rue Salvador Allende
✆ 05 49 88 13 01
www.cm-86.fr
Ouvert du lundi au vendredi de 8h30 à 12h et de 13h30 à 17h.

La Chambre de métiers et de l'artisanat de la Vienne (CMAV) informe, protège et renseigne les artisans sur les formalités administratives à accomplir, les financements ou aides possibles aussi bien que sur la réglementation applicable. Si vous êtes à la recherche d'une entreprise à reprendre, toutes les offres sont diffusées via la bourse nationale des opportunités d'affaires qui met en relation repreneurs et cédants. La CMAV propose aussi des services complets en matière de formation et d'apprentissage. Un accueil bien utile et un accompagnement efficace !

CRÉATION D'ENTREPRISE

CONSORTIUM COOPERATIVE

Avenue de la plage - **LIGUGÉ** ✆ 06 64 51 05 39
http://consortium-culture.coop
Dates des réunions d'information collective sur le site internet.

Se lancer en tant qu'indépendant dans une activité est toujours difficile. Les professionnels du secteur culturel peuvent s'appuyer sur Consortium Coopérative. Artisans, artistes, spécialistes de la communication, régisseurs, vidéastes, producteurs, médiateurs du patrimoine... quel que soit votre statut, la coopérative propose des réunions d'information où elle présente son fonctionnement. Pendant quelques mois, testez votre activité grâce à son accompagnement (formations, aides administratives, gestion). Réalisez votre business plan et si votre bébé est viable, rejoignez la trentaine de coopérateurs salariés (en CDI !) soutenus par la structure. Une aide précieuse pour faire le grand saut !

EMPLOI - FORMATION

COBALT

5, rue Victor Hugo
✆ 05 49 03 17 76
www.cobaltpoitiers.fr
Ouvert du lundi au vendredi de 8h30 à 18h.

Amis du numérique, Cobalt est votre repaire ! Indépendants, créateurs d'entreprise ou adeptes du télétravail, vous trouverez votre place parmi les multiples recoins offerts par ce tiers-lieu. Venez-y *coworkers* le mardi, c'est gratuit ! Le reste du temps, 10 bureaux sont mis à disposition des *coworkers* occasionnels, d'autres sont réservés aux sédentaires qui s'approprient les lieux pour une semaine, voire davantage. Les combles accueillent des start-ups pour de plus longues périodes. Des ateliers thématiques sont organisés et des salles de réunion disponibles à la location. Le mobilier est tendance et l'environnement propice à la concentration et aux échanges. *The place to work* !

ORGANISME DE FORMATION

MAISON DE LA FORMATION

120, rue du Porteau ✆ 05 49 37 44 50
www.maisondelaformation.net
Ouvert du lundi au jeudi de 8h à 12h et de 13h30 à 17h30 ; le vendredi de 8h à 12h et de 13h30 à 16h30.

Chaque année, presque 600 jeunes de plus 16 ans, des salariés, et des demandeurs d'emploi, viennent se former aux métiers du tertiaire et de l'industrie sur la zone de la République. Les domaines sont variés. Commerce/hôtellerie/restauration, santé/médico-social, informatique, bureautique, maintenance, langues (C.E.L), formations générales... Une centaine de formations au total, du CAP au diplôme d'ingénieur. Elles sont toutes en alternance et dispensées, de septembre à juin, par des professionnels issus du monde de l'entreprise. Elles peuvent être financées à titre privé, par Pôle Emploi, par la Région, par les entreprises (avec le CIF). N'hésitez pas à vous renseigner.

RECHERCHE D'EMPLOI

MULTICIBLES

13 bis, rue des écossais
✆ 05 49 60 12 88
www.multicibles.fr
Ouvert du lundi au vendredi de 8h30 à 18h.

Ce cabinet de recrutement cible de nouveaux talents pour les entreprises, subtil équilibre entre savoir-être et savoir-faire, adéquation parfaite entre les besoins de l'entreprise et sa culture. Généraliste, Multicibles se met en quatre pour tous les métiers, dans tous les secteurs d'activité, du junior au cadre dirigeant. Auprès des entreprises donc, mais aussi des candidats qui peuvent déposer leur CV en ligne sur le site et profiter des excellents conseils de l'équipe pour dynamiser leur carrière. Multicibles vous accompagne avec bienveillance et tests certifiés à l'appui lors de votre bilan de compétence, séance de coaching, simulation d'entretien, pour dénicher le job idéal !

ENSEIGNEMENT

CNED

2, boulevard Nicéphore Niépce - **CHASSENEUIL-DU-POITOU**
✆ 05 49 49 94 94
www.cned.fr
De 8h30 à 18h30 (de juin à octobre). De 8h30 à 18h00 (de novembre à mai).

Les prémices de l'enseignement à distance eurent lieu en 1939 pour pallier la désorganisation de l'enseignement due à la guerre. Aujourd'hui, le Centre national d'enseignement à distance, relevant du ministère de l'Education nationale, est au service de toutes les formations (de la maternelle à l'Université) et dispense des enseignements de tout bord. Formations diplômantes ou non, préparations aux concours, cours d'été... Il s'est notamment fait remarquer lors de la crise de la Covid-19 en mettant à disposition des élèves le dispositif « Ma classe à la maison » pour suivre des séances pédagogiques en ligne. Le siège social est au Futuroscope. Renseignez-vous, vous serez redirigé.

ENSEIGNEMENT

ESA

13, allée des anciennes serres ✆ 05 49 38 08 38
www.esa-poitiers.fr
Ouvert du lundi au vendredi de 8h15 à 12h15 et de 13h30 à 17h30.

L'alternance, c'est leur truc depuis plus de 20 ans ! L'ESA (Ecole Supérieure de l'Alternance du Groupe AFC) propose des formations allant du Bac+2 au Bac+5 dans le domaine des ressources humaines, de la banque et de l'assurance, de la relation client, du *webmarketing*, du management, du commerce, de la gestion. Son grand plus ? Les cours sont dispensés par des formateurs issus du monde professionnel. L'école vous accompagne dans votre recherche d'entreprise en vous faisant profiter de son réseau. Grâce à cette immersion, vous allez acquérir une solide expérience tout en percevant une rémunération. L'idéal ! A noter que l'ESA propose également des formations sur-mesure pour les entreprises.

ENSEIGNEMENT

L'UNIVERSITÉ INTER-AGES

2, rue Pierre Brousse ✆ 05 49 36 62 30
https://uppro.univ-poitiers.fr/
Vu les circonstances exceptionnelles 2020-2021, le coût de l'inscription est réduit à 80 €.

Qu'il est savoureux de revenir sur les bancs de l'école comme ça, juste pour le plaisir d'écouter et de se nourrir de savoir. Voilà 40 ans que l'Université Inter-Ages propose près de 160 conférences et débats tous les ans. Les programmes sont variés. Histoire, droit, lettre, philosophie, économie, médecine, tous les champs de la connaissance s'ouvrent à vous que vous soyez initiés ou néophytes. Les cours ont généralement lieu l'après-midi. L'UIA, c'est également des cours d'anglais, des conférences filmées, mais aussi des voyages Etude & Découverte, d'une demi-journée ou d'une journée, pour compléter les notions abordées en conférences ou par simple curiosité. Pourquoi se priver ?

ETUDIANTS

MAISON DES ÉTUDIANTS

1, rue Neuma Fechine Borges ✆ 05 49 45 47 00
www.mde@univ-poitiers.fr
Du lundi au vendredi de 8h30 à 22h30. Accueil du lundi au jeudi de 9h à 21h et le vendredi jusqu'à 17h.

La « Hèmdéheu », en plein cœur du campus, attenante au Restaurant Universitaire Champlain, propose toutes les actualités culturelles, sportives et associatives susceptibles d'intéresser les étudiants (mais pas seulement !), des petites annonces d'emploi, un accès wifi, un espace de coworking, une cafétéria avec terrasse, un espace détente et une salle de spectacles dans laquelle se produisent bon nombre de groupes et sont donnés pièces de théâtre, matchs d'impro et la finale nationale de Danse avec ton Crous. Un endroit dans lequel on aime flâner pour y rencontrer du monde et pour décompresser entre deux cours. Un lieu qui bouge, très utile pour l'étudiant et ouvert à tous les publics.

LANGUES PARLÉES

LES ATELIERS D'ALICE

41 bis, rue du Maréchal Foch ✆ 06 19 65 37 22
www.lesateliersdalice.com
Du lundi au samedi de 12h30 à 19h15. Ateliers organisés le soir. Lunch Club pour adultes. Renseignements sur le site

Mummy anglaise avant tout, Louise a attendu que ses petits soient plus grands pour lancer ce bijou d'entreprise. Dans un local *so british*, elle accueille bébés et juniors pour leur apprendre à converser dans la langue de Shakespeare. Passé la porte, tout est si mignon que vous aurez à coup sûr envie de vous installer avec les bambins pour prendre une *nice cup of tea*. C'est d'ailleurs à cette heure qu'elle va chercher vos enfants à la sortie des écoles du Plateau, gilets floqués sur le dos, et les amène dans le monde merveilleux d'Alice, la petite souris britannique. Au *Tea Club*, on chante, on joue, on parle et comme par magie, on se familiarise avec l'outre-Manche. On est fan !

SOUTIEN SCOLAIRE

ACADOMIA

21, rue Gaston Hulin ✆ 05 49 45 75 41
www.acadomia.fr/cours-particuliers/poitiers.html
Du lundi au vendredi : 8h30-19h30 ; sam : 9h-18h. Cours particuliers à domicile dès 36.00 € TTC /h. Crédit d'impôts.

Si vos pioupious, vos ados ou vos étudiants ont besoin d'un petit coup de pouce en maths, philo ou français, Acadomia leur propose des cours particuliers à domicile dans tout le département. Et si se perfectionner en petit groupe (pourquoi pas avec ses copains) paraît une meilleure option, rendez-vous les soirs en semaine, les mercredis et les samedis dans les nouveaux locaux de l'enseigne. Pour chaque cours et dans chaque discipline (elles sont toutes représentées), l'approche pédagogique est complémentaire de celle pratiquée à l'école. Ici, on apprend à apprendre, à travailler, à réviser. On peut même réviser en autonomie dans l'espace de co-learning (wifi à disposition).

POMPES FUNÈBRES

ACCME

6, place Jean de Berry ✆ 09 50 94 45 09
www.accme-bio.com
Ouvert du lundi au vendredi de 9h à 12h et de 14h à 18h ; le samedi de 9h à 12h. A partir de 700 €.

Poussière nous redeviendrons. Alors pour être écoresponsable jusqu'au bout quand la grande faucheuse passera, Agnès Dione a la solution. Saviez-vous que la fabrication d'un cercueil coûtait la vie à un arbre, soit une forêt par an ? Eh bien figurez-vous qu'avec les cercueils écologiques d'Agnès, en cellulose, fabriqués à partir de fibres de bois, un arbre permet la création de 5 pièces. Ils sont homologués pour la crémation comme l'inhumation et supportent jusqu'à 200 kg. Entièrement personnalisables, il est possible de les décorer du motif que l'on souhaite et pour ceux qui veulent rester un tantinet traditionnels, Agnès loue un cercueil en chêne qui recouvre le carton lors de la cérémonie.

ORGANISME DE CRÉDIT

CREDIT MUNICIPAL

138 bis, avenue de la Libération ✆ 05 49 30 62 77
www.creditmunicipal-bordeaux.fr
Du lundi au vendredi : 9h-12h30 et 13h30-17h. Prêt avec CNI + justificatif de domicile. Ventes aux enchères : voir site

Autrefois, on l'appelait le Mont-de-piété. Aujourd'hui, le Crédit Municipal a toujours le monopole pour l'octroi de prêts sur gage. Vous avez un projet ou un besoin de trésorerie ? Il vous suffit d'apporter vos objets de valeur. En quelques minutes, obtenez un prêt pour une durée maximale de 24 mois (sous réserve du paiement des intérêts à chaque échéance). La somme empruntée vous est remise immédiatement. Et si au terme de la période, il vous est impossible de rembourser, votre bien sera mis en vente aux enchères. Deux ventes par an sont organisées à Poitiers. A noter que l'établissement propose aussi placements d'épargne, prêts personnels et rachat de crédits à des taux compétitifs.

FAMILLE

CAF DE LA VIENNE

41, rue du Touffenet ✆ 08 10 25 86 10
www.caf.fr
Du lundi au vendredi : 9h - 17h. Par téléphone : 3230 (un conseiller vous répond du lundi au vendredi de 9h à 16h30).

Elle est dans les mêmes locaux que la Caisse Primaire d'Assurance Maladie, la Caisse d'Allocations Familiales soutien la population et distribue l'essentiel des aides sociales. Elle accompagne les familles pour leur demande d'aides au logement, d'allocations familiales, de rentrée scolaire, d'éducation de l'enfant handicapé, d'adultes handicapés, de vieillesse, des parents au foyer, ou encore le RMI et le RSA. Les aides dépendent bien entendu de votre situation et pour savoir si vous pouvez y prétendre, le plus simple est de vous rendre sur le site internet (très bien conçu) pour y réaliser une simulation. On peut également y faire des demandes d'attestation.

ETUDIANTS

CRIJ

45, place Charles de Gaulle ✆ 05 49 60 68 68
www.jeuneapoitiers.fr
Ouvert le lundi de 14h à 17h ; du mardi au vendredi de 10h à 12h et de 14h à 17h.

Le CRIJ est une association qui s'adresse principalement aux jeunes, mais également à tout autre public en fonction de la demande. Il est à votre service dans tous les domaines de la vie quotidienne : logement, santé, loisirs, projets (de mobilité à l'étranger par exemple), recherche d'un emploi (il y a toujours des affichettes sur le tableau)... Des permanences d'avocats s'y tiennent aussi, ainsi que des animations thématiques comme les cafés linguistiques qui ont lieu une fois par mois ou les forums jobs d'été parfois déplacés, eux, sur divers sites. Les consultations sur Internet sont gratuites ainsi que l'impression (jaugée) de documents administratifs. Une mine d'informations !

ETUDIANTS

CROUS

15, rue Guillaume VII le Troubadour ✆ 05 35 37 17 05
www.crous-poitiers.fr
Campus : service bourses – logements : lundi, mardi, mercredi, jeudi : 10h-12h30 et 13h30-16h30, vendredi : 10h-12h30.

Au Centre régional des œuvres universitaires et scolaires, les étudiants sont invités à venir piocher tous les renseignements pratiques concernant leur vie étudiante : bourses d'études, aides sociales, logements en résidence universitaire, activités culturelles, accueil des étudiants internationaux, jobs… Les services sont tellement nombreux qu'ils sont répartis dans toute la ville au plus près des étudiants. C'est aussi bien sûr lui qui leur concocte de bons petits plats dans les R.U ! Le CROUS organise également de nombreux événements culturels en proposant une programmation de concerts de musiques actuelles et en organisant le fameux concours national Danse avec ton CROUS.

ASSURANCE

MUTUELLE DE POITIERS ASSURANCES

Route de Liguge, Bois du Fief Clairet - **LIGUGÉ**
✆ 05 49 37 49 37
www.assurance-mutuelle-poitiers.fr
Horaires variables selon les agences.

Depuis 1838, La Mutuelle de Poitiers a su s'adapter à tous les bouleversements économiques et sociaux. Là où d'autres se diversifient voire se dispersent, elle s'est toujours concentrée, depuis sa création, sur son cœur de métier, l'assurance rien que l'assurance ! 300 agences vous informent et gèrent vos sinistres dans le respect des valeurs mutualistes. Avec désormais une application mobile et un site internet, La Mutuelle de Poitiers se tourne vers le digital tout en cultivant sa différence : être au plus proche de ses sociétaires et cela, sans plateau téléphonique !

ENTRAIDE

UN HÔPITAL POUR NOS AÎNÉS

2, rue de la mileterie
✆ 05 49 44 34 44
Ouvert du lundi au vendredi de 9h à 17h.

L'association « Un hôpital pour les Aînés » a pour but d'améliorer l'accueil et les conditions d'hospitalisation et d'hébergement des personnes âgées au centre hospitalier Universitaire de Poitiers. Le but est de créer du lien social pour les résidents et les patients âgés dans ce pôle du CHU de Poitiers. Tout est mis en œuvre pour amener la vie extérieure à ceux qui ne vivent plus qu'à l'intérieur. L'association tient Le grenier de Camille, une boutique caritative, et tout l'argent récolté est réinjecté dans des activités proposées aux aînés du pôle gériatrie.

ENTRAIDE

VESTIBOUTIQUE CROIX ROUGE

9, rue Lavoisier
✆ 04 49 41 19 42
Ouvert du lundi au vendredi de 9h à 12h et de 14h à 17h.

Vous voulez changer votre garde-robe, vous déménagez ou vous n'avez plus de place dans votre bibliothèque, ne jetez rien ! Pensez à la Vestiboutique de la Croix-Rouge. Les bénévoles présents se feront un plaisir de trier, de ranger et de redonner une nouvelle vie à vos dons. Une fois triés, les vêtements et autres objets regagnent les étagères de cette boutique solidaire. Une boutique qui est ouverte à tous et où vous trouverez de beaux vêtements à tout petits prix. Un excellent moyen de faire plaisir, de se faire plaisir et de respecter notre planète !

FAMILLE

UN HÔPITAL POUR LES ENFANTS

2, rue de la Milétrie ✆ 05 49 44 38 25
www.hopitalpourenfants.fr
Ouvert du lundi au samedi, aux enfants et aux adolescents.

Rien n'est plus insupportable que de voir un enfant souffrant, recroquevillé sur sa peur et dans l'ennui d'une chambre blanche. C'est pourquoi, depuis 1993, l'association Un hôpital pour les enfants, composée d'intervenants artistiques, d'éducateurs spécialisés... de salariés ou de bénévoles accompagnent l'enfant et sa famille dans cette épreuve en proposant livres, jeux de société, baby-foot, billard, activités manuelles, dans un espace dédié, au 9e étage du CHU. Quand l'enfant ne peut quitter sa chambre, on vient à lui, flanqué d'un clown ou d'un magicien... Chapeau bas !

SANTÉ

SOS AMITIÉ

✆ 05 49 45 71 71
www.sos-amitie.com
Ouvert 24h/24h du 1er janvier au 31 décembre.

Dans une société où les moyens de communication se multiplient à outrance et favorisent les contacts virtuels avec toujours un écran en paravent (*contrôle-sélection-report-poubelle !*), la spontanéité se meurt et le contact humain avec elle. La solitude prend sa place insidieusement dans le « paraître » social et tout ce fonctionnement très « in ». Gare ! Si elle vous prend aux tripes un soir ou qu'une souffrance quelconque vous déchire, n'hésitez pas à composer ce numéro sans honte. Nul n'est à l'abri de la faille. Votre anonymat y sera respecté et des écoutants drastiquement formés et expérimentés vous prêteront une oreille attentive, empathique et sans aucun jugement.

SOLIDARITÉ - ENTRAIDE

ALEPA

35 bis, route de Ligugé - **SAINT-BENOÎT**
✆ 09 50 14 96 22
www.alepa.fr
Ouvert du mardi au samedi de 14h à 18h.

L'ALEPA est un vrai rayon de soleil pour les personnes atteintes d'autisme. Ses équipes d'animateurs sociaux-culturels, d'éducateurs sportifs et de bénévoles très dynamiques et toujours à l'affût de nouveaux projets offrent un temps de loisirs aux personnes (de 3 à 107 ans) touchées par ce handicap et un temps de répit à leur entourage. Grâce à leurs expériences professionnelles, elles disposent d'outils adaptés (pictogrammes, *timer*, contrat visuel...) pour accompagner leur public vers la communication et la découverte d'activités sportives et culturelles. Dans cet univers où chaque porte a une couleur et un pictogramme qui réfèrent l'activité, le monde est rassurant.

SOLIDARITÉ - ENTRAIDE

BRADERIE EMMAÜS

11, rue Salvador Allende ✆ 05 49 53 04 40
Ouvert du vendredi au dimanche de 10h à 18h. Manifestation bi-annuelle (printemps et automne). Entrée libre.

Il y a encore 30 ans, c'était un peu la honte de mettre des vêtements d'occasion, de passer pour un pauvre. Aujourd'hui, à l'heure du recyclage à tout va, le principe est devenu hype et même un peu bobo dira-t-on, et la braderie Emmaüs est très courue. Il est vrai qu'il est très amusant, motivant de chiner dans ce gigantesque espace sans frontières entre monceaux de fringues vendus au kilo, meubles, livres anciens de tout poil, vaisselle improbable ou trésors anonymisés... Les mains cherchent avec frénésie, les yeux roulent à 180° pour dégoter la bonne affaire à prix hyper léger. Un bon moment à passer en échange de moyens pour vivre donnés aux compagnons d'Emmaüs. L'échange est louable.

ELLE AVAIT
BAISSÉ LES BRAS
Aujourd'hui, Nadia vit avec son petit garçon dans un appartement relais et va devenir aide-soignante. Donnons aux plus fragiles le pouvoir de reprendre leur destin en mains.
#RÉVOLUTIONFRATERNELLE
FAITES UN DON
secours-catholique.org
DON en CONFIANCE
caritasfrance
Secours Catholique-Caritas France
Secours Catholique
Caritas France
Conception : agence bastille - Photographe : Thibault Stipal

ESCAPADES

Le patrimoine de Poitiers est exceptionnel. Mais que dire des autres joyaux de la Vienne : les toits en ardoise et la pierre de tuffeau au nord et les toits en tuiles et les paysages vallonnés au sud. On vous embarque pour une escapade dans les communes du département, de A (Angles-sur-l'Anglin, plus beau village de France) à V (Vouillé). Une balade dans les plus beaux sites historiques – à citer notre abbaye classée patrimoine mondial de l'Unesco à Saint-Savin ! –, dans des lieux atypiques (à Civaux par exemple, où se côtoient des crocos, une nécropole et une centrale nucléaire ou encore à La Roche-Posay, dotée d'un casino, de thermes prodiguant des soins dont la réputation n'est plus à faire sans oublier l'hippodrome). Bon nombre de musées mêlant culture et nature. Une diversité des paysages que l'on retrouve au fil de l'eau et des forêts, tant d'atmosphères typiques et dépaysantes pour vous combler. Et pour rendre votre visite tant agréable qu'inoubliable, revigorez-vous lors d'une étape gourmande bien méritée.

La Vienne
10KM
LOUDUN
A 10
CHÂTELLERAULT
MIREBEAU
LA ROCHE-POSAY
BEAUMONT SAINT-CYR
NEUVILLE-DE-POITOU
DISSAY
ANGLES-SUR-L'ANGLIN
La Vienne
VOUILLÉ
POITIERS
CHAUVIGNY
SAINT-SAVIN
A 10
CIVAUX
MONTMORILLON
LUSIGNAN
VIVONNE
LUSSAC-LES-CHÂTEAUX
GENÇAY
N 10
La Vienne

Dans le classement des plus beaux villages de France, Angles-sur-l'Anglin doit sa renommée à ses rues médiévales, témoignages de son riche passé historique. Occupé depuis fort longtemps, le site du Roc-aux-Sorciers offre à voir des traces d'art pariétal (art sur pierre souvent réalisé sur les parois des grottes) préhistorique qui dateraient de 14 000 ans. Mais c'est surtout à son passé moyenâgeux que le village doit sa réputation. Petite cité aux ruelles tortueuses et aux maisons séculaires, le village est surmonté d'un château-fort situé sur l'escarpement rocheux surplombant la vallée de l'Anglin. Par ailleurs, Angles-sur-l'Anglin est aussi renommé pour son textile et ses broderies, dont la fameuse technique des jours, véritable patrimoine local né au XIXe siècle et qui connaît à l'heure actuelle une seconde naissance grâce à la « Maison des Jours et du Tourisme », un lieu d'exposition et de vente que vous pourrez visiter. Le village coule aujourd'hui des jours paisibles où viennent flâner les promeneurs. L'Office de tourisme propose des visites qui vous aideront à mieux appréhender le site, sa géographie et son histoire. Les amateurs de varappe trouveront de belles falaises à escalader dans les environs.

BISTROT - BRASSERIE

LE DONJON DE BACCHUS

Rue du Terrier du Chateau
✆ 06 81 54 01 27

Basse saison : WE de 11h30 à 17h + Vac scol merc à dim. Haute saison : mardi au samedi de 11h-22h ; dimanche 11h-19h.

Ca vous tente de manger en admirant le château médiéval ? Prenez place à la table dressée par Fabienne et sa fille Zélie. Elles unissent leurs expériences et leurs envies pour concocter des plats traditionnels et généreux. Pour un peu on se croirait réunis en famille autour d'un foie gras, de filets de caille ou d'une entrecôte. Elles aiment apporter leurs petites touches à la préparation des légumes et partager leurs goûts à travers une carte de bières originales. L'été, leurs burgers et frites maison très très généreux sont un vrai régal. Quel que soit le plat, les deux femmes privilégient toujours les produits locaux pour leur cuisine. Et elles vous accueillent avec un large sourire.

CADEAUX

MARIE BOUTIQUE

17, rue du Four Banal ✆ 05 49 48 63 64

Basse saison : tlj : 11h-12h30 et 14h30-18h30. Haute saison : tlj : 10h30-12h30 et de 14h30-19h.

Un havre de fraîcheur et de paix. Régis Breysse propose dans la boutique familiale, créée en 1978 par sa sœur, des idées cadeaux qu'il a rigoureusement choisies au salon Maison et Objet de Paris.

Des coups de cœur largement partagés par sa clientèle dont il cerne parfaitement les attentes. Papeterie, carterie, carnets de coton, mugs, pochettes, étuis à lunettes… les objets de décoration sont de plus en plus nombreux, et toujours sélectionnés avec goût, à côtoyer les pièces uniques de Marie, la mère de Régis. Seuls quelques coussins ornés de broderies anciennes et abat-jour de la création de l'ancienne décoratrice parisienne sont encore disponibles. Faites vite !

BRITANNIQUE

SALON DE THÉ N°15

15, rue du Pont
✆ 05 49 91 01 25

Ouvert du vendredi au mardi de 11h30 à 19h. Réservation recommandée. Carte : 13 € environ.

Une douce odeur sucrée, un accent qui chante l'Angleterre, un décor so british, des portraits de famille, bienvenue au numéro 15 ! A la fois restaurant, bar et salon de thé (entrecôte, burgers, salades, et club sandwichs…), l'accueil est bienveillant et la cuisine à ascendant britannique. D'imposants gâteaux typiques se font désirer sous des cloches de verre. Tous faits maison bien sûr. Le scone, gâteau à déguster avec confiture et crème, vous fait voyager outre-Manche. Une grande terrasse ombragée permet de profiter de l'extérieur. Mais nous vous conseillons la petite terrasse plus intime avec vue sur la rivière et le château. Une parenthèse de verdure très très agréable !

CHÂTEAU

FORTERESSE

Rue du château ✆ 05 49 83 37 27
www.forteresse-angles.com

D'avril à juin et sept : mar au dim : 10h-12h30 et 13h30-18h. Juillet-août : tlj : 10h-19h. Adulte : 6 €. Enfant : 4 €.

L'endroit, pour y construire une forteresse, était providentiel : juché sur son promontoire, le château surplombe le village de près de 40 mètres au-dessus des eaux de l'Anglin. Le site est aussi exceptionnel pour le panorama offert. Un vrai régal pour les yeux ! Le premier donjon de la forteresse date du XIe siècle. Il a connu diverses transformations jusqu'au XVe siècle et a été au centre des guerres jusqu'au début du XVIIIe siècle. Désormais, sont encore visibles : l'enceinte fortifiée, une partie du vieux donjon roman, le logis de XVe siècle et plusieurs tours. Les panneaux d'information qui jalonnent le parcours renseignent aussi sur la vie quotidienne de l'époque.

CRÉATEUR

L'ATELIER

4, rue de Tournon
✆ 06 79 63 19 06
Ouvert le week-end de 10h à 18h. Sur rdv en semaine pour un moment privilégié.

Une venelle fleurie, pleine de charme, un vélo suspendu, vous voici à l'atelier de Valérie. Un espace intime, à la décoration précise et précieuse, un accueil souriant. Depuis 30 ans la styliste découpe et assemble les belles matières pour mettre en valeur toutes les femmes. Ses pièces sont terminées sur la cliente pour un ajustement parfait. Ses créations originales sont le fruit de son imagination ou répondent à des commandes, toujours assorties de conseils bienveillants. Valérie aime aussi tisser des liens avec une clientèle fidèle et participer à la vie du village avec son défilé d'automne et sa splendide maison d'hôtes. On prolongerait bien l'après-midi à discuter avec Valérie.

SHOPPING

BOUTIQUE ARTIS'ANGLES

Rue de l'Arceau
✆ 06 45 76 84 23
Haute saison : ouvert tous les jours et les jours fériés de 10h à 19h. Ouvert le dimanche.

Une vitrine commune à 17 artisans des environs. Un concentré de créations originales ! Dans la boutique et le jardin, on ne sait où donner de la tête. Des idées de cadeaux pour tous les goûts et tous les budgets. A l'intérieur, poteries, articles en cuir, bijoux, savonnerie, chapeaux, sacs, peinture, stylos, jouets en bois, objets de récupération détournés, céramiques, fleurs en verre... Des couleurs, des matières, des formes qui interpellent et ravissent les yeux. Dehors des sculptures sur fer et d'osier, des compositions originales. Chacun des créateurs tient la boutique à tour de rôle. L'occasion d'échanger sur son métier. Petit plus : le bar à toutou dans le jardin.

CRÉATEUR

MADRIGAL B

11, rue du four banal
www.madrigalb.com
Juillet et août : tous les jours de 10h à 19h. En-dehors, du mercredi au dimanche de 10h à 19h.

Sabine est une passionnée. Laissez-la vous conter l'histoire du métier de dentellière, répertorié à l'institut national des métiers d'art. Elle est fière de perpétuer un patrimoine immatériel en utilisant les outils originels, les mêmes que ceux employés par la fille de Louis XV. Elle enseigne ces techniques dans 3 écoles. La dentellière et mosaïste de perles casse les codes pour proposer des bijoux modernes et des ennoblissements de textiles qui font le bonheur de grands couturiers. Sabine aime laisser parler ses mains. Elle aime aussi laisser parler son cœur et mettre en avant son héritage génétique, car son arrière arrière-grand-mère était dentellière. Et elle s'appelait Sabine !

SITE ARCHÉOLOGIQUE

ROC AUX SORCIERS

2, route des Certeaux ✆ 05 49 83 37 27
www.roc-aux-sorciers.fr
Réouverture espérée avril 2021. Avril à juin et sept : mar au dim : 10h-12h30 et 13h30-18h. Juillet-août, tlj : 10h-19h.

C'est le « Lascaux de la sculpture » ! Nos ancêtres Magdaléniens étaient-ils visionnèrent pour choisir l'un des plus beaux villages de France comme site majeur de leur témoignage ? C'est bien à Angles sur l'Anglin, que l'on a mis au jour en 1950, une frise sculptée pariétale unique au monde. Voilà 15 000 ans que bisons, bouquetins, chevaux, félins, parent la roche aux côtés de trois femmes et d'une tête d'homme. Dans un souci de conservation, le site original ne se visite pas. Pour plonger au temps des Magdaléniens, le Centre d'Interprétation propose un film projeté sur une réplique 3D de l'abri ainsi qu'une frise « à toucher ». Les mordus de Préhistoire se régaleront, les familles aussi !

EDIFICE RELIGIEUX

CHAPELLE SAINT-PIERRE

Rue du Château
✆ 05 49 21 05 47

Consacrée au saint titulaire de la cathédrale de Poitiers, elle fut construite en bordure de falaise, probablement dans la seconde moitié du XIIe siècle. Hélas, l'effondrement d'une partie du rocher entraîna son chœur. Ceci explique des reconstructions surprenantes : nouveau chœur en quart de cercle pour suivre le rebord de la falaise et légère asymétrie de l'édifice. Elle culmine sur un promontoire qui offre un superbe panorama sur la Ville-Basse. La chapelle Saint-Pierre accueille aujourd'hui des expositions et est ouverte lors des journées du patrimoine. Elle se situe sur un petit chemin de randonnée qui longe l'éperon rocheux du château. Montez les marches, et vous êtes arrivés.

TAILLEUR - SUR MESURE

ATELIER DE L'OCULUS

1, Place Aimé Octobre
✆ 06 45 76 84 23
Ouvert du jeudi au lundi et les jours fériés de 10h30 à 12h30 et de 14h30 à 18h30.

L'Atelier de l'Oculus est à la fois la boutique d'Eliane Roulet-Rochette et la vitrine d'artisans d'art locaux. La créatrice de vêtements et de chapeaux aime jouer avec les couleurs et les matières qu'elle détourne volontiers. Adepte des coupes en biais qui permettent de profiter pleinement de l'élasticité mécanique des tissus, elle imagine des vestes réversibles d'un grand confort. Ses pièces uniques associent régulièrement les créations d'autres artisans : des boutons de céramiques ou d'argile polymère, des Jours d'Angles... Elle apporte également son soutien à l'artisanat d'art et aux univers singuliers en les accueillant toute l'année dans sa boutique, un lieu propice aux échanges...

Née de la fusion en janvier 2017 des communes de Beaumont et de Saint-Cyr, la toute nouvelle entité située aux portes du Futuroscope présente de grands atouts tant touristiques que vinicoles. Niché sur une colline, le bourg de Beaumont surplombe la vallée du Clain et ses plaines vallonnées de champs ouverts et de vignes. Dans le bourg, l'église Notre-Dame a été inscrite sur la liste des Monuments Historiques en 1986. De style roman, elle présente des chapiteaux historiés. À quelques centaines de mètres de là, on découvre les ruines du château de Beaumont qui, aux Xe – XIIe siècles était un excellent poste d'observation. Aujourd'hui, les vignes l'entourent et l'AOC Haut-Poitou qui en est issu se déguste à la cave de Monsieur Morgeau, près de la route nationale 10, au domaine La Tour Beaumont. De l'autre côté de la route, le lac de Saint-Cyr, sa base nautique, sa réserve ornithologique et son golf sont tout autant d'activités et de promenades à découvrir en famille.

PLAN D'EAU

PARC DE SAINT-CYR

✆ 05 49 62 57 22
www.parcdesaintcyr.fr
Ouvert toute l'année. Accès libre et gratuit de septembre à mai. Accès payant en juin. Accès au parc de 6h à 22h.

C'est le plus grand lac de la Vienne à seulement 1h20 de Paris et à 10 minutes du bien connu Futuroscope ! L'endroit idéal où passer l'été au frais, à barboter comme si vous étiez face à l'océan. Le clapotis de l'eau et les cris des enfants vous feraient presque oublier que vous n'êtes pas à la mer. Piquez donc une tête ! La baignade est agréable. L'Aquazone, un parcours gonflable sur l'eau, et les toboggans promettent des parties de rigolade. Vous aurez l'occasion de vous adonner à d'autres plaisirs comme faire le tour du lac à pied, à vélo, en catamaran ou en bateau à pédales et vous restaurer sur place. A moins de profiter d'un magnifique parcours de golf. A chacun son style à Saint-Cyr !

ORNITHOLOGIE

RESERVE ORNITHOLOGIQUE DE SAINT-CYR

Parc de Saint Cyr ✆ 05 49 88 55 22
http://vienne.lpo.fr
Gratuit. Permanence un dimanche par mois de 14h30 à 17h. Prêt de jumelles et de longue-vue.

Vous n'êtes pas trop baignade ? Le lac de Saint-Cyr vous propose des promenades nature ! Tous à vos jumelles ! Ce sont les oiseaux que l'on guette dans la zone humide de 40 hectares autour du lac. Deux sentiers s'offrent à vous au départ du parking. Pour visiter le site à votre rythme, empruntez le sentier balisé rose. Pour pénétrer au cœur de la réserve et profiter d'une visite guidée par un animateur de la LPO, ce sera le sentier orange. À chaque saison ses espèces : grèbes huppés au printemps, sternes pierregarin en été et limicoles en automne. A découvrir en famille.

ITALIEN ET PIZZERIA

ALLO PIZZ'

47, avenue Paris
✆ 05 49 21 78 99
www.allopizz.fr
Du lundi au jeudi 12h-13h30 et 18h30-21h, vendredi : 12h-13h30 et 18h30-22h, samedi 18h30-22h, dimanche 18h30-21h.

© ALLO PIZZ'

Voici une excellente adresse à mi-chemin entre Poitiers et Châtellerault. Habitués des soirées pizz' entre frangins, Mickaël et Gregory ont été très déçus d'apprendre la fermeture de la pizzeria de leur village et comme on n'est jamais mieux servi que pas soi-même, ils ont décidé de se former et de lancer une petite enseigne de pizzas à emporter à Naintré. Face aux succès, c'est à Beaumont qu'un second établissement a vu le jour. Le midi, on peut même manger sur place. Ici, pas de prise de tête, c'est à la bonne franquette et dans la bonne humeur. Chez Allo Pizz' les pizzas sont cuites au feu de bois. En 26 cm ou en 33 cm, elles sont gourmandes, à pâte épaisse et bien garnies. Extra !

Châtellerault a une histoire de plus de dix siècles. Son fondateur, un certain Airaud, bâtit un premier château vers le milieu du Xe siècle. La sous-préfecture de la Vienne fut longtemps liée à sa manufacture d'armes, fondée en 1820 et fermée en 1968. Mais la ville possède bien d'autres attraits, dont de nombreux éléments d'architecture. Ses églises ainsi que son pont Henry IV en sont les principaux représentants. C'est aussi à Châtellerault que fut rédigé le futur édit de Nantes au XVIe siècle. La campagne environnante et ses vallons regorgent d'endroits à découvrir : le val d'Envigne, le nord du Châtelleraudais jusqu'à Saint-Gervais-les-Trois-Clochers et au-delà. La devise de la ville est « La cité du bon accueil » ou encore « La ville qui marche avec son temps ».

À DOMICILE

HÉMON

7, boulevard Blossac ✆ 05 49 23 39 02
www.hemon-restaurant.fr

Ouvert du lundi au samedi : 7h30-20h. Formule Express : 7,80 € ; Formule Sur le pouce : 6,50 € ; Menu Hémon : 10,80 €.

M. et Mme Hémon offrent une alternative originale à la restauration traditionnelle avec leurs petits bocaux façon grand-mère en libre-service, leurs soupes et tartes diverses faites maison. La cuisine est simple, éphémère et équilibrée pour se renouveler chaque jour au gré de la créativité et des envies de nos cuisiniers. On y mange sur les tables ou au comptoir perché sur des tabourets, à moins d'opter pour la terrasse, non loin du fameux jet d'eau. Sinon, on commande en trois clics pour se faire livrer au bureau ou à la maison. Pratique, rapide et convivial. Avec le zéro déchet en prime grâce aux bocaux en verre qui sont consignés puis récupérés. Décidément, chez Hémon on a tout bon !

CRÊPERIE

LE KERLOUET

147, rue Bourbon ✆ 05 49 85 39 59

Du mardi au samedi de 12h à 14h30 et de 19h à 22h30, dimanche de 19h à 22h30. Formule du midi : 11€. Accueil des groupes

C'est rue Bourbon, dans la zone piétonne du centre-ville de Châtellerault, que Frédéric Guillet vous accueille dans son restaurant. Au Kerlouët. On y vient surtout pour déguster crêpes sucrées, galettes et pour boire une bolée de cidre. Le service irréprochable est rapide et efficace. L'accueil est chaleureux et les galettes sont succulentes ! Côté décoration, le Kerlouët n'est pas en reste. La cuisine traditionnelle et créative se retrouve aussi côté décoration. Ainsi, au rez-de-chaussée on découvre de vieilles pierres. A l'étage, la salle est plus intimiste et invite à la détente. De copieuses salades complètent l'assortiment de galettes. Laissez-vous faire et dégustez. Régal assuré !

GASTRONOMIQUE

LA MAISON D'ALICE

162, rue Alfred Hérault ✆ 05 49 86 45 02
www.maisondalice-chatellerault.com

Ouvert du mercredi au dimanche de 12h à 14h. Ouvert le jeudi, vendredi et samedi soir de 19h30 à 21h. Sur réservation.

Difficile de croire qu'un restaurant se cache là. On se murmure presque à l'oreille, tant l'endroit est intime. Il faut aller à la Maison d'Alice pour goûter la saveur des plats presque gastronomiques concoctés de concert par la patronne, Marie-Luce et le chef de cuisine. Dans les élégants salons tapissés de velours pourpre et décorés de lustres à pampilles, de tableaux et de miroirs, le feu de cheminée crépite certains jours et on se sent comme chez soi. Le charme opère dans ce lieu atypique au décor de boudoir. Un plaisir des sens puisque les papilles se régalent de l'entrée au dessert. Aux beaux jours, une pergola de fer forgé vous tend les bras dans le jardin.

BISTROT - BRASSERIE

APICIUS

7, boulevard Sadi Carnot ✆ 05 49 02 00 20
www.apicius-restaurant-chatellerault.fr

Du lundi au vendredi : 12h-14h ; vendredi et samedi : 19h-21h30. Menus de 14,50 € à 17,50 €. Service traiteur.

C'est après avoir travaillé dans les cuisines de Jacky Dallais et de Bernard Loiseau, que la cheffe Delphine Rambault a ouvert son propre établissement : l'Apicius. Un surnom donné à trois Romains qui passèrent à la postérité pour leur gloutonnerie et leur raffinement dans l'art gastronomique. Un nom tout trouvé pour cette amoureuse de la cuisine à la française. Face à la gare, le restaurant s'ouvre sur une décoration simple, mais conviviale et d'emblée, on s'y sent bien. Le service est dynamique et très aimable. Côté assiette, Delphine concocte de bons petits plats faits maison selon son inspiration. Les plats se font également à l'emporter et la cheffe se déplace aussi à votre domicile.

BISTROT - BRASSERIE

BRASSERIE CHEZ JULIEN

10, avenue Camille-Pagé ✆ 05 49 02 18 19
www.brasseriechezjulien.fr
Tlj de 12h à 15h et de 19h à 0h. Côté Salon jusque 23h. Formule : 18,50, Menus de 19,80 € à 35 €.Menu enfant : 7,90 €

Julien Gilbert a repris la plus ancienne Taverne de Maître Kanter française ouverte par ses grands-parents en 1978. Il en a gardé la déco rue alsacienne et y a aménagé un coin salon pour siroter un verre en dégustant des tapas tout en choisissant sa playlist sur tablette numérique. Côté palais, les circuits courts et la cuisine maison sont à l'honneur. Des mets de brasserie tels que le homard en vivier cuit minute, le burger au saint-marcelin, la lotte façon thaï, le bar rôti à l'estragon, sans oublier les incontournables choucroutes (de l'ancienne Taverne). Une belle carte de viandes ainsi qu'un service traiteur complètent la sélection. Un incontournable à tester sans tarder.

BISTROT - BRASSERIE

L'ENTRACTE

74, boulevard de Blossac
✆ 05 49 23 45 82
Ouvert du lundi au samedi de 12h à 14h ; du jeudi au samedi de 18h à 22h. Formule du midi : 18 €. Terrasse.

L'Entracte, côté bar et côté resto, c'est une histoire de famille. Trois générations quand même ! Décoration refaite, on repart pour une nouvelle aventure. Tadam ! Entracte pour une pause entre collègues, en famille ou entre amis pour manger un bout sur le boulevard. L'été, la terrasse est bien agréable. A l'intérieur, on découvre une décoration en rose et noire. Accueil dans les règles de l'art, service rapide et aimable, quantités généreuses, cette brasserie a beaucoup pour plaire. Sympa la table conviviale aux pieds remplis de bouchons de bouteille. L'ardoise change tous les soirs, mais peut-être préférerez-vous la carte et ses grands classiques. Bon appétit !

CAFÉ - THÉ - TISANE

MAISON BOURBON

41, rue Bourbon
✆ 05 49 23 01 42
www.lacafetiere-maisonbourbon.fr
Ouvert du mardi au vendredi de 9h à 19h ; le samedi de 8h à 19h. A retrouver aussi sur certains marchés du département.

© MAISON BOURBON BY LA CAFETIÈRE

Quels sont ces souverains effluves qui enveloppent soudain la rue, cette odeur de matin de vie sur joue froissée ? C'est la grosse machine de La Maison Bourbon, qui torréfie le café vert venu d'Ethiopie, du Rwanda, du Brésil ou d'ailleurs. Les grains s'exposent. On vous parle de leurs arômes, de leur finesse ou de leur robustesse, avant de les moudre pour vous et de garnir vos sachets de 250 g, 500 g ou 1 kg. Dans cette belle boutique où 320 thés en vrac ou en sachets se partagent les étagères, vous trouverez également de la tisane, un bon rayon épicerie fine, et puis des mugs jolis, des théières, et des cafetières de toutes sortes que l'on vient installer chez vous en vous offrant le café.

FRUITS DE MER - POISSONS

DÉLICES DE LA MER

1, rue de l'Aqueduc
✆ 05 49 90 23 39
Mardi et mercredi : 8h-13h, jeudi au samedi : 8h-19h ; dimanche : 9h-13h. Déjeuner : 10h et 14h. Diner sur réservation.

C'est a priori une petite poissonnerie ordinaire, mais attention, pas tant que ça. Elle vous accueille d'abord avec un étal présentant des poissons de saison, entiers, en filets ou préparés maison avec des sauces alléchantes. Ensuite, la bonne surprise, c'est que dans un espace contigu, fondu dans le bleu et les vagues, se trouve un bar à huîtres où vous pourrez déguster le savoureux mollusque qui vous sera ouvert et joliment présenté sur une assiette, accompagné d'un verre de vin, sans oublier le pain et le beurre. Autre possibilité : opter pour un menu concocté avec le poisson du jour ou des assiettes diverses. Une petite pause iodée aux airs de vacances qui n'est pas pour nous déplaire !

CUISINE MÉDITERRANÉENNE

LE TRIPORTEUR

3, Rue Nungesser et Coli ✆ 05 49 85 61 81
Du mardi au jeudi : 11h-15h et 18h-21h30 ; le vendredi : 11h-15h et 18h-22h30 ; le samedi : 18h-22h30. Terrasse.

C'est au cœur de la zone commerciale, au nord de la ville, proche de la sortie d'autoroute, que le Triporteur a trouvé place. Le véhicule paré de vert, de blanc et de rouge trône à l'entrée du restaurant et vous annonce la couleur : une cuisine à l'accent chantant. Le véhicule ne s'est toutefois pas arrêté aux frontières transalpines et a continué sa route en Espagne et au Portugal. Ainsi, ce sont toutes les saveurs méditerranéennes que vous retrouverez sous forme de tapas, pizzas et au menu de l'ardoise dans les plats du jour. L'espace est grand, bardé de bois, agréable pour une pause déjeuner et se prête à la convivialité pour une bonne soirée entre amis arrosée de vins étrangers.

LA FERME SAINT JACQUES

15, avenue Kennedy
✆ 05 49 21 01 77
Ouvert du mardi au samedi de 12h à 14h et de 19h à 21h30. Terrasse.

Dans la très vaste salle à décoration rustique, vous serez accueillis par l'emblème de la ferme, un énorme coq en métal qui, Dieu merci, a le bon goût de ne pas chanter ! Environnés de tables en bois et de petits murs de fagots, vous vous amuserez à détailler joug à bœufs, varlope, balance romaine… qui confortent dans une ambiance rurale d'antan. Une visite au musée avant l'assiette ! Et l'assiette sera riche en architecture culinaire savante et en goût. Le restaurant possédant une rôtisserie, ouverte sur la salle, vous y apprécierez les viandes du Limousin comme la côte de bœuf maturée cuite à la broche. Le dessert vous mènera-t-il vers l'incontournable soufflet au Grand Marnier ?

CAFÉ DE L'INDUSTRIE

103, boulevard Blossac
✆ 05 49 21 23 60
http://cafedelindustrie.zenchef.com
Ouvert du lundi au vendredi de 7h30 à 22h ; samedi de 8h30 à 22h30 ; dimanche de 10h à 21h.

D*ans le café de la jeunesse perdue*… Nous, c'est ici, monsieur Modiano, qu'on ressasse les ombres… Il n'empêche que ce grand café d'angle, paré d'assises violettes et de murs blancs, anime joyeusement et fidèlement le quotidien châtelleraudais et qu'il ne serait sans doute pas extravagant de le classer au rang des institutions. Dans l'environnement d'un joli bassin d'eau et de pins, il est fort agréable d'y prendre un verre en terrasse l'été ou d'y déjeuner le midi où 3 plats du jour sont régulièrement proposés au choix et se composent d'une cuisine maison familiale (bourguignon, tête de veau, tartiflette…). Le soir, c'est planche de charcuterie-fromage, et hop un petit rouge !

BAR - CAFÉ

CARIBOU CAFÉ

4, rue Deschazeaux ✆ 05 49 86 74 24
www.cariboucafe.fr
Ouvert du mardi au vendredi de 12h à 14h30 et de 17h à 2h ; le week-end de 16h à 2h.

Sur le site de l'ancien hôpital Camille Guérin, dans un très joli bâtiment de pierre réhabilité, a pris place depuis 2015 le Caribou Café. Ce resto-pub de style canadien propose une immersion totale au pays des bûcherons. Enveloppe de bois, tables en gros sapin, pirogue, têtes de bison, élan ou caribou, traîneau.. Y boire un verre ou s'y restaurer, à l'intérieur, dans la salle panoramique, ou en terrasse, en bordure de Vienne, est un privilège qu'on apprécie grandement. Que l'on soit poisson, viande ou bec en miel, on se délecte du requin caribou, de la volaille à l'érable et on finit par un délicieux assortiment de gâteaux à l'érable encore. Des plats US pur jus à déguster sans modération !

LA PETITE AUBERGE

14, rue du Cognet
✆ 05 49 21 72 85
Ouvert du mardi au samedi de 12h à 14h et de 19h30 à 22h. Terrasse

C'est une table fine et accueillante dans une petite rue tranquille, proposant trente-deux couverts en salle et autant dans le joli patio fleuri en saison. Nappes et serviettes en tissu blanc, cachet pierre et bois pour cette vieille maison du XVIIIe siècle, service dans les règles de l'art. La chef de cuisine se ravitaille au marché ou chez les paysans du coin pour confectionner, avec sa sympathique équipe, son onglet de veau, girolles et pommes de terre grenailles, son râble de lapin farci ou bien encore son extraordinaire tartare de fraise coriandre accompagné de son nougat glacé au poivre Sichuan. Une adresse dont les recettes inventives et soignées frisent le gastronomique.

MUSIQUE - SPECTACLE

LE MERLE MOQUEUR

16, boulevard Blossac ✆ 09 51 32 45 24
www.lemerlemoqueur.bar
Lundi : 11h-15h ; du mardi au vendredi : 11h-2h.Formule midi Restauration, planches charcuterie-fromages Concerts.

C'est un oiseau rare dans les rues châtelleraudaises. Chez ce merle-là, on se sent tout de suite à l'aise. On aime manger (le midi), boire un verre, un café, discuter, jouer aux cartes et surtout célébrer ! Sébastien a su rassembler une communauté, des copains qui se retrouvent autour d'une bonne bière artisanale ou d'un bon rhum (spécialités du lieu) et très souvent, pour un concert. Ici, tous les styles se côtoient lors de la jam-session du jeudi soir. Rockeur, jazzman, oiseau de nuit, venez avec votre guitare, votre voix ou votre clavier et prenez place sur la scène. Une fois par mois, un groupe est invité à se produire. Une adresse où vous serez sûrs de siffler… comme un merle.

COFFEE SHOP ET SALON DE THÉ

CITRON ET CERISE

51, rue Bourbon
✆ 05 16 17 11 79
Ouvert du mercredi au dimanche de 10h à 18h. Restauration végétarienne le midi. Brunch samedi et dimanche : 25 €.

Les tables colorées de la charmante Lana illuminent la rue Bourbon. Découvrez ici un adorable salon de thé aux couleurs acidulées. Rose, vert d'eau, chaque élément de décors a été choisi avec goût pour une ambiance cocooning où la douceur est reine. La carte des délices sucrés nous fait voyager à travers les goûts et les cultures. Irakienne, Lana nous emmène à la découverte des recettes de sa grand-mère, entre cake, cheesecake et petits gâteaux orientaux. Dans les théières, les thés locaux de la Compagnie coloniale sont infusés à moins que vous ne succombiez au café turc à la cardamome. Le midi, il est possible de déjeuner d'une assiette végétarienne et le week-end de bruncher. A découvrir.

NEW

COFFEE SHOP ET SALON DE THÉ

LE MIAOUW - BAR À CHATS

10, rue noire ✆ 09 53 31 63 66

Ouvert du mardi au vendredi de 11h à 18h30 ; le samedi de 10h à 22h30 ; le dimanche de 14h à 17h. Wifi gratuit.

Un concept qui nous vient du Japon. Le bar à chats est un bar où les matous sont rois ! A l'entrée, montrez patte blanche et poussez doucement la porte du sas en bois. Arbres à chat en guise de décoration, dans le salon de thé des chats d'Alexis (parce que l'on sait tous que l'on habite chez son chat, plutôt que l'inverse), on mise sur la ronronthérapie. Grattouilles et papouilles, installés dans leur panier ou dans les canapés, ils n'attendent que ça. Et si vous craquez pour l'un d'entre eux, sachez qu'ils sont tous proposés à l'adoption par la SPA de Châtellerault. Côté boisson, Alexis fait chauffer la Tassimo ! Sa spécialité : le chocolat chaud Miaouw avec chantilly et chamallows.

ARTS DE LA TABLE

COUTELLERIE LE MANUCHARD

29, rue Bourbon
✆ 05 16 17 76 10
www.lemanuchard.com

Ouvert du mardi au samedi de 9h30 à 12h et de 14h à 19h.

Saviez-vous que Châtellerault a une longue tradition coutelière qui remonterait au XIIIe siècle ? Les « Châtellerault » étaient reconnus pour leur silhouette et leur bonne facture. Ces couteaux étaient souvent vendus dans de belles boutiques parisiennes. C'est au début du XXe siècle que la production s'arrêta et c'était sans compter sur le coutelier Christian Baudinière. Vous trouverez chez lui Le Châtellerault, mais aussi le Manuchard, une création dont le nom rappelle celui donné aux ouvriers de la Manufacture d'armes de la ville durant la Première Guerre mondiale. Manche en bois ou en corne, à vous de choisir. La boutique présente bien d'autres lames pour la chasse comme pour la cuisine.

JEUX ET JOUETS

LE SENS DU JEU

131, rue Bourbon
✆ 05 16 17 81 67
www.lesensdujeu.fr

Ouvert du mardi au samedi de 10h à 14h et de 15h à 19h. De 5 à 70 €.

© SENS DU JEU

Jean-Michel Grégoire a le sens du jeu ! Diplômé d'une licence « Métiers du jeu et du jouet », il aime jouer depuis toujours… beaucoup et même passionnément. Il lui est arrivé d'acheter 70 jeux la même année ! Pour partager sa passion dévorante, il dispense conseils et surtout propose à tous de se prendre au jeu. Prenez place dans la salle au fond de la boutique pour un tournoi de cartes. Inscrivez-vous aux événements chez ses partenaires (Loft, Caribou...) pour de bons moments d'amusement. Dans sa boutique, chacun trouvera son bonheur, de 2 à 99 ans ! Jeux d'ambiance pour passer de bonnes soirées entre amis ou en famille ou encore jeux de stratégie pour cogiter. Les dés ne sont pas jetés.

CHOCOLATIER

CHOCOLATERIE MELUSINE

97, rue Bourbon ✆ 05 49 23 08 24
www.chocolaterie-la-melusine.fr

Ouvert du mardi au vendredi de 9h à 12h15 et de 14h à 19h ; le samedi de 9h à 19h ; le dimanche de 9h à 12h15.

Dans la chocolaterie de la rue Bourbon, la fée Mélusine fait le bonheur des gourmands. Si les meubles sont les mêmes depuis 40 ans, dans le laboratoire, c'est Alexandre et Sandrine Burgault qui sont aux commandes. On déguste les nougatines du Poitou, chocolats garnis de liqueur maison ou les fameuses crottes de bique, des noisettes enrobées de chocolat noir ou encore des macarons et glaces artisanales saveur vanille noix de pécan ou aux éclats de cookies. Vous ne pouvez pas vous déplacer pour profiter de tous ces délices sucrés ? Qu'à cela ne tienne. La boutique en ligne vous dévoilera toutes ses merveilles et vous pourrez même commander votre choco box personnalisée.

HERBORISTERIE

HERBORISTERIE LARMIGNAT

72, Grand rue de Châteauneuf ✆ 05 49 21 08 28
www.herboristerie-larmignat.com

Ouvert du mardi au vendredi de 9h30 à 12h et de 14h30 à 19h ; le samedi de 9h15 à 12h30 et de 14h30 à 18h.

L'herboristerie Larmignat, fondée en 1937 par Alfred Larmignat, herboriste diplômé, a pignon sur rue dans le Châtelleraudais ! Aujourd'hui tenue par Jean-François Cavallier, pharmacien, qui fut l'associé du grand homme, c'est de l'autre côté du pont de la rivière Vienne que tous les avides de mieux-être se tournent ainsi que sur la boutique en ligne. Attention, les plantes ne sont pas des médicaments, mais elles contribuent à un vrai bien-être au naturel. Huiles essentielles, thés et tisanes, eaux florales et hydrolats, élixirs, épices... autant de mots à maux et de jardins de promesses. La maison conçoit des préparations et des mélanges dans son propre laboratoire.

THÉÂTRE

LES 3 T

21, rue du Chanoine de Villeneuve ✆ 05 49 85 46 54
www.3t-chatellerault.fr

Fermé de mi-juillet à fin août. Billetterie : Théâtre Blossac, par téléphone, par email. Horaires sur le site internet.

Il s'agit d'un établissement public créé en 2013 par la Communauté d'agglomération, qui gère les 3 principaux théâtres de Châtellerault : le Nouveau Théâtre, la salle de l'Angelarde et le Théâtre Blossac. Il a pour mission de programmer et distribuer des spectacles pluridisciplinaires en fonction des possibilités de la salle. Scène conventionnée, l'Etat accompagne les 3 T sur le thème de la jeunesse (jeune public, jeunes artistes, éducation artistique et culturelle). Une trentaine de spectacles sont donnés chaque année pour environ 75 représentations. En fin d'année, le festival Les insouciants fait la part belle au cirque en traçant une piste autour de la jeune création circassienne.

MUSÉE

LE GRAND ATELIER, MUSÉE D'ART ET D'INDUSTRIE

3, rue Clément Krebs
✆ 05 49 20 30 99

D'octobre à mi-juin : du mercredi au dimanche de 14h-18h.
De mi-juin à fin septembre : du mardi au dimanche de 14h-19h.

C'est la nouveauté de l'année. Là, juste à côté de cette grande cheminée qui fait de la Manu un lieu si emblématique dans la ville. Il s'agit de la création d'un véritable pôle muséal dans l'un des grands ateliers de la Manufacture d'armes. Le nom de ce site ? Le Grand Atelier. Trois briques inclinées le représentent. Trois briques pour trois lieux aussi divers que passionnants installés dans ce très beau bâtiment de type Eiffel. Sur plus de 3 000 m², le Musée Auto-moto-vélo recèle d'un patrimoine industriel exceptionnel en France. Au travers d'automobiles, mais aussi de nombreux cycles (dont la première collection de scooters dans l'Hexagone), est montrée l'évolution, non seulement technique, mais aussi historique et sociétale des véhicules, durant deux siècles. Des affiches nous font voyager d'époque en époque et revivre les grandes étapes de l'automobile. La scénographie est ludique, parfaite pour une visite en famille, et l'endroit est splendide.

Le second espace présente l'histoire de la manufacture d'armes qui a fermé ses portes en 1968. On y découvre les armes fabriquées, les outils et toute l'histoire sociale de ce lieu qui a tant marqué la vie châtelleraudaise.

Enfin, et c'est le plus surprenant, vous découvrirez le cabaret du Chat noir. Saviez-vous que Rodolphe Salis, son créateur (en 1881), était un enfant du pays et que le musée possède la plus grande collection de zinc du cabaret avant même celle de Montmartre et du musée d'Orsay ? C'est dans une ambiance feutrée que l'on découvre ces silhouettes et que l'on peut même manipuler un castelet et ainsi recréer des saynètes où défilent des ombres chinoises, des personnages découpés dans des plaques de zinc qui amuseront toute la famille.

OPÉRA / THÉÂTRE

THÉÂTRE BLOSSAC

80, boulevard Blossac
✆ 05 49 21 05 47

Ouvert aux visites les samedis en mai, juin et pendant les vacances scolaires. Sur réservation. Adulte : 5 €.

Installé dans une ancienne chapelle, ce petit théâtre à l'italienne a été restauré en rouge et or, à l'identique de ce qu'il était au XIXe siècle, et a rouvert ses portes en 2013 aux spectacles… et aux visites. Sa découverte vous donnera l'impression d'évoluer dans une charmante maison de poupées, compliquée de moult recoins, portes, niveaux, espaces réduits. Petite scène, parterre en pente, balcons décorés de masques, petites loges sur trois niveaux, tapissées de papier peint, chaises pyrogravées, portes cintrées (attention à la tête !). Au poulailler, le vertige nous a envahis. Très impressionnante, la scène vue du haut ! Observez aussi le plafond peint en 1889 par Emile Vernon.

MONTGOLFIÈRE

MONTGOLFIÈRE CENTRE ATLANTIQUE

10, rue de Châtellerault - **THURÉ** ✆ 06 82 28 68 29
www.montgolfiere-centreatlantique.fr

Toute l'année en fonction des conditions météorologiques.
Enfant (moins de 12 ans) : dès 129 €. Adulte : dès 189 €.

Les avez-vous déjà vus, monter, au matin, dans le soleil levant, et fendre nonchalamment les airs, ces mystérieux ballons nimbés de silence ? Les montgolfières de Jean-Daniel Ouvrard aérostier depuis 24 ans, vous emmènent à 360° au-dessus des nuages pour un « vol découverte » ou un « vol prestige », et ce en toute saison. 5 passagers + le pilote et une nacelle dédiée aux personnes à mobilité réduite. Sélectionnés aux championnats de France, d'Europe et du monde, vous êtes, avec Jean-Daniel et Rémi, entre des mains fiables, même si la tête est dans les nuages…

SITE DE DÉCOUVERTE

RÉSERVE NATURELLE DU PINAIL

Moulin de Chitré - **VOUNEUIL-SUR-VIENNE**
✆ 05 49 02 33 47
www.reserve-pinail.org

Accès libre et gratuit. Visite guidée (sur inscription, gratuite).
Sentier interactif : www.sentier.reserve-pinail.org.

A la lisière de la forêt de Moulière, c'est l'unique réserve naturelle de la Vienne. Elle couvre 142 hectares. Entre les 6 000 mares nées de l'ancienne exploitation de pierres meulières, les sentiers se faufilent. Le paysage serait lunaire s'il n'y grouillait une faune riche de libellules, rapaces, plantes carnivores, grenouilles… et s'il n'y croissait une lande mystérieuse et fertile. Le sentier est en accès libre, interactif. Grâce à votre téléphone, envolez-vous au-dessus du Pinail et plongez dans les mares ! Un paradis pour naturalistes !

Théâtre Blossac.

OUVRAGE D'ART

PONT HENRI-IV

© MIMOHE - SHUTTERSTOCK.COM

Ce pont routier de 144 mètres, de style Renaissance, est un emblème de la ville. Il a été construit en partie par l'architecte Charles Androuet du Cerceau à la fin du XVIe siècle. Il enjambe la Vienne, reliant Châtellerault à Châteauneuf. Il est construit en pierre du Pinail et en tuffeau et compte neuf arches, toutes munies d'amples cornes de vache. Sur la rive gauche se dressent deux imposantes tours couvertes d'ardoises qui évoquent peut-être la fonction défensive de l'ouvrage, mais plus probablement celle de simple contrôle à l'entrée de la cité lors de périodes de troubles ou d'épidémies. En 1913, il a été inscrit à l'inventaire des Monuments historiques.

NEW

SENIORS

LA FERRANDISE

28, boulevard Blossac ✆ 06 33 99 74 77
www.laferrandise.fr

1 mois d'essai. Environ 1650€/mois aides comprises. Avec hébergement, nourriture, présence du maître de maison.

La coloc', ce n'est pas qu'une affaire de jeunes ! C'est en plein cœur de Châtellerault, à deux pas des commerces et de la médiathèque, que Simon Ferrand a installé sa colocation pour seniors et super seniors indépendants. Dans cette belle demeure aménagée avec charme, trois locataires peuvent faire le choix de la vie à plusieurs ! Si chacun est libre d'aménager sa chambre et sa salle de bain comme il le désire, ils partagent les temps de repas dans le salon et bénéficient d'un jardin avec potager. En bon maître de maison, Monsieur Ferrand s'occupe, entre autres, de mitonner de bons petits plats. A la Ferrandise, on s'affranchit des contraintes de la vie pour en profiter en bonne compagnie !

EDIFICE RELIGIEUX

ÉGLISE SAINT-JACQUES

2, rue Saint-Jacques
✆ 05 49 21 05 47

L'église Saint-Jacques, nantie de deux clochers, est située dans un quartier de la vieille ville autrefois dévolu aux notaires, aux chirurgiens ou aux maîtres d'école, qui ne manque pas de charme. Consacrée en 1066 par Isembert II, évêque de Poitiers, l'église est située sur le chemin de Saint-Jacques de Compostelle. Vous pourrez d'ailleurs y voir une statue de Saint-Jacques en habit de pèlerin et en bois polychrome, datée du XVIIe siècle. L'église a été entièrement restaurée au XIXe siècle et sa façade néo-romane date de cette époque. Elle est le seul édifice religieux en Poitou-Charentes à posséder un carillon de 50 cloches, classé Monument historique, qu'un clavier permet de faire sonner.

EDIFICE RELIGIEUX

ÉGLISE SAINT-JEAN-BAPTISTE

Boulevard Blossac
✆ 05 49 21 05 47

Consacrée en 1468, l'église Saint-Jean-Baptiste est de style gothique. Très lumineuse, elle possède quelques vitraux remarquables. Au chevet de l'église, un grand vitrail du XIXe siècle représente le baptême de Jésus dans les eaux du Jourdain. Il faudra détailler aussi les bas-reliefs du maître-autel évoquant la vie de saint Jean-Baptiste jusqu'à sa fin tragique, sa décapitation pour avoir dénoncé la mauvaise conduite du roi Hérode. Enfin, il ne faudra pas manquer, dans l'une des chapelles, une Vierge à l'Enfant datée de la Renaissance et réalisée par Germain Pilon.

VISITE GUIDÉE

JEHAN MARTIN

✆ 06 46 13 03 97

Mai : sur demande. Juin, sept : week-end. Juil, août : mardi au dimanche. Adulte : 12 €. Enfant : 8 €. Sur résa. 28 max.

Atypique ! Pour une balade toute en douceur sur la Vienne, embarquez à bord du Jehan Martin, cette toue cabanée, traditionnel bateau de pêche à fond plat des eaux de Loire. Les capitaines, Carole et Bruno, promettent une promenade en pleine nature et vous emmènent à la découverte de la rivière, du canal de la Manuf au pont de Cenon-sur-Vienne (conçu selon un plan des établissements Eiffel) ou au Moulin de Chitré. 10 km de navigation pour nous conter la vie de ces eaux, comment les habitants venaient y apprendre à nager et l'histoire de la batellerie. Des sorties à thèmes sont aussi proposées, pour les enfants (le mardi matin), en chansons, en nocturne, avec dégustations de produits locaux...

MUSÉE

MOULIN DE CHITRÉ

VOUNEUIL-SUR-VIENNE ✆ 05 49 21 05 47
www.tourisme-chatellerault.fr
Jours d'ouverture variables. Contacter l'office de tourisme. Gratuit jusqu'à 12 ans. Adulte : 5 €. Visite guidée : 6 €.

Situé sur la Vienne, avec vue sur le barrage et la « porte marinière », il s'agit d'un ancien moulin à farine du Moyen Age modernisé au XIXe siècle avec l'installation d'une machinerie exceptionnelle. Son histoire est étroitement liée aux « gens de Chitré » occupant le château voisin qu'il fournissait en « glaçons » faits avec l'eau de la rivière donc. Il faut ainsi y visiter sa glacière (volumineux ancêtre de nos congélateurs) et le musée, dans les combles, qui présente deux documentaires, sur l'eau en général et sur son lien avec l'extraction des pierres meulières du Pinail. Enfin, le logis du meunier se visite. Mais chut, si la roue est inerte, le meunier dort pourtant...

VISITE

JARDIN DU DIRECTEUR

Allée du Jardin du Directeur
Ouvert toute l'année.

Offrez-vous un petit luxe de citadins en allant pique-niquer l'été, ou vous promener en amoureux, là où la Vienne rejoint le canal de l'Envigne, sur le site de l'ancienne Manufacture d'armes. Fraîcheur et sérénité vous auréoleront de bien-être sous l'égide des grands arbres et avec la connivence de l'eau. Au XIXe siècle, ce jardin potager et d'agrément était réservé au directeur de la Manufacture qui logeait sur place, à sa famille et à ses amis. Il possédait son propre débarcadère ainsi que deux serres dont l'une était chauffée. Le site a été réhabilité ces dernières années pour devenir un jardin botanique où vous vous plairez à dénicher moult espèces de végétaux, ou à rêvasser sur un banc.

MUSIQUE

JAZZELLERAULT

✆ 05 49 85 95 13
www.festival-jazzellerault.com
Le festival a généralement lieu fin mai / début juin. Restauration possible sur place.

Créé par Patrick Fournier, le festival a plus d'un quart de siècle. Chaque année, c'est la chasse aux découvertes ou la venue de pointures. 2019 a vu se produire le bluesman Melvin Taylor, le San Francisco Jazz collective, Umlaut Big Band... Bref, si vous aimez le jazz, le blues, le swing et bien d'autres musiques du monde, vous savez où il faut être ces neuf jours de printemps : à Châtellerault ! D'autant qu'outre les concerts payants donnés salle de l'Angelarde, il existe dans d'autres communes de Grand Châtellerault une flopée de concerts découvertes, d'apéros-jazz, gratuits. Le festival s'associe même avec les comités d'entreprises en proposant des concerts sur les lieux de travail.

CINÉMA

LES 400 COUPS

4, rue Aimé-Rasseteau ✆ 05 49 93 37 77
www.cinemales400coups.fr
Entrée : 7,90 €. Tarif adhérent : 4,90 €. Demandeurs d'emploi, jeunes : 4,3 €.

Il s'agit d'un cinéma associatif très actif. Classé Art et Essai – et jouissant des labels Jeune Public, Recherche et Découverte et Patrimoine et Répertoire –, Les 400 Coups, rénovés il y a quelques années, dispose d'une salle équipée de 125 fauteuils et de 4 places PMR. Salle appartenant au réseau Europa, l'établissement diffuse un minimum de films européens, non français, en VOST. Et en matière d'ouverture sur le monde, le festival Hexagone propose aussi, chaque année, des films étrangers sur des contrées peu connues. Ciné-concerts pour les films muets, ciné-débats sur des films documentaires, rencontres avec des réalisateurs..., Les 400 Coups ouvre grandement à la culture.

PRÊT-À-PORTER

DIABOLO

129, rue Bourbon
✆ 06 75 89 64 39
www.diabolo-chatellerault.fr
Ouvert du mardi au samedi de 10h à 12h et de 14h à 19h.

Cela fait presque 40 ans que Diabolo fait les beaux jours de la rue Bourbon ! Vous ne pourrez manquer sa devanture tapissée de vieux *Paris-Match*. Laurence, la propriétaire des lieux n'a rien changé à l'essence de la boutique d'origine. Elle suit la mode de près. Objectif : que vous vous sentiez belles ! Les vêtements pour femmes présentés sont des plus originaux, colorés et de très bonne qualité. Imperial et Biscote tiennent ici le haut du pavé. Petits hauts très variés selon les saisons, robes, mais aussi jeans Please de presque toutes les formes, bleus ou de couleurs délavées : jaune, rouge, orange, rose... Vous noterez la présence de jolis cintres en perles et l'amusante déco vintage.

ESCAPE GAME

ESCAPE HEROES

38, rue Bourbon ✆ 09 86 53 23 14
www.escape-heroes.com
Du mardi au dimanche. Réservation obligatoire sur internet ou par téléphone. Portail magique dès 7 ans.

Voilà un concept assez rare pour se faire remarquer. Escape Heroes, est à la fois une salle d'infiltration : « Mystère au musée », et deux missions à réaliser en extérieur. Muni d'une tablette, d'une lampe à UV, d'une fiole d'antidote et de documents sûrement ultra-confidentiels, vous parcourrez les rues de Châtellerault pour répondre à des énigmes et refermer le portail magique qui permet à des créatures d'attaquer la ville ou pour contrer les plans de Spider Tech dans « Opération mindfall ». Ici, pas de game master, c'est la tablette qui vous aide au besoin. Durée de l'aventure : environ 1h30 (enfin ça, cela dépend de vos qualités d'enquêteur). Prêt à tenter l'aventure ?

SHOPPING

L'ÉCHOPPE DES CRÉATEURS

48, rue Bourbon

Ouvert du mardi au samedi de 10h à 12h30 et de 13h à 19h.

Envie d'originalité ? Neuf créateurs locaux sont associés ici et tiennent la boutique tour à tour, dont trois sont permanents : Petit Hippo, Kilaloudjé et L'Armoire de Valentine. Les autres changent tous les 3 à 6 mois au fil des saisons. On adore chiner et retrouver dans cette petite boutique des créations aussi diverses que colorées, comme des bavoirs pour bébés, des bijoux en résine présentés sur de vieux vinyles customisés, de chouettes cartables qui donnent vraiment envie d'aller à l'école, des attrape-rêves ou encore des vêtements de femmes pour toutes les morphologies (les petites, les minces, les grandes et les rondes !) Hommage à la robe Scarlett qui a le... vent en poupe.

LINGERIE

FALBALA

3, rue Saint-Jean

✆ 05 49 21 26 78

Mardi, mercredi et samedi de 10h à 12h30 et de 14h30 à 19h ; le jeudi et le vendredi de 10h à 12h30 et de 14h à 19h.

Au XVIIIe siècle, le falbala était un volant qui ornait le bas d'une robe. Le pas à franchir est donc moindre jusqu'aux dentelles secrètes et galantes des dames. Dans cette boutique de lingerie féminine haut de gamme, Véronique exerce avec dextérité son analyse « en entonnoir » pour vous aider à trouver le soutien-gorge qui vous conviendra (du 85 A au 115 G). Les travaillés en dentelle de Calais de Lise Charmel vous séduiront, à moins que vous n'optiez pour le bien-être de chez Antigel, sans oublier les seyants modèles de chez Empreinte pour les poitrines généreuses. Lingerie de nuit, maillots de bain, ainsi que des boxers et pyjamas pour les messieurs font aussi partie de la sélection.

CRÉATEUR

WOODSTOCK

13, rue des Mignons

✆ 06 08 99 41 34

Jeudi : 14h à 19h ; vendredi : 15h à 19h ; samedi : 10h à 12h30 et 14h à 19h. Possibilité d'ouverture sur rendez-vous.

Dans son QG, tuyaux et boulons s'assemblent pour former de curieux éclairages. Chaque pièce imaginée par le sympathique Samir est unique, réalisée à partir de ses trouvailles. Adeptes du style *indus*, prenez le temps de décortiquer ces lampes de métal, vous y trouverez quelques objets insolites. Une trompette a parfois été utilisée là, un poisson (si, si, un vrai !) nage dans cette lampe aquarium. Tournez le robinet et la lumière s'allume. Lampe de bureau ou lampadaire, chaque ampoule trouve douille à son culot et vous, objet à vos moyens. Tables basses et étagères de bois et de métal complètent les créations. Ah ! Et si l'artiste n'est pas en boutique, il est à coup sûr dans son atelier.

OPTIQUE

L'ATELIER DES OPTICIENS

86, rue Bourbon

✆ 05 49 85 81 94

www.latelier-des-opticiens.com

Ouvert du lundi au samedi de 10h à 19h.

La Joconde au fond de la boutique vous fait de l'œil ? Entrez ! Vous trouverez dans ce magnifique magasin une équipe de professionnels souriants, prodiguant d'excellents conseils. Artisans de l'optique, dans leur atelier, ils taillent et montent des verres pour que vous soyez bien dans lunettes. Parmi les 2 400 montures présentes, on trouve des modèles de grandes marques et des lunettes conçues dans l'atelier. Oui ! La boutique a développé sa propre marque de montures. Des paires lookées pour les plus audacieux comme pour les discrets. Choisir les montures *made in Châtellerault*, c'est faire le choix d'un bon service et de l'économie puisqu'avec l'offre Twins, la 2e paire est à 1 euro !

CONCEPT STORE

LA P'TITE MENDIGOTE

28, rue Bourbon

✆ 05 49 02 09 55

Ouvert du mardi au samedi de 10h à 12h30 et de 14h30 à 19h.

Ce joli nom, désuet et incongru, a d'abord attiré notre attention. Et quel bonheur de découvrir ce lieu singulier dans une ambiance bohème chic et tout à fait cosy, avec sa bergère aux grandes oreilles et son cabriolet XVIIIe dans « le coin des coquettes », où se poser confortablement, son gros tapis coloré, son lustre de perles, ses meubles anciens rénovés avec goût et astuce, ses curieuses étagères à géométrie dansante, ses miroirs d'époque... Ici, vous flânerez parmi des bijoux en bois de palmier ou en cristal de Swarovski, des chapeaux grimpés sur un arbre réinventé, des chaussures italiennes qui sont presque des pièces uniques, des vêtements, des sacs... Un lieu plein de caractère.

CHAUSSURES

2 PIEDS 3 PATTES

4, rue Bourbon

✆ 05 49 02 37 42

Ouvert du mardi au samedi de 10h à 13h et de 14h30 à 19h.

Quelques collections de prêt-à-porter aux beaux imprimés pour les jolies mamans, des escarpins colorés, des bottines zébrées, des baskets scratchées, voilà de quoi nous mettre en *shopping mood !* Mais voilà avant tout une boutique qui nous donne l'envie de chausser les pieds de nos petits anges ! Elle est faite pour eux et l'annonce dès la devanture. La vitrine est gaie, rayonnante et regorge de chaussures de toutes les couleurs. Un beau panel de styles et de marques de référence dans la chaussure enfant, dont la réputation n'est plus à faire. Des souliers dans le coup et qui tiennent bien le coup au gré des intempéries, des facéties et autres activités de nos petits monstres bien chaussés !

Une étape incontournable du département, consacrée par le label « Ville d'Art et d'Histoire ». Pas moins de cinq châteaux forts, auxquels s'ajoute une collégiale du XIIe siècle, furent hissés là, sur le même promontoire (un éperon rocheux dominant la Vienne). Leurs noms ? Harcourt, Gouzon, Mauléon, Flins et le château baronnial. Certains ayant subi les outrages de diverses batailles, ce sont surtout des pans de forteresse d'un autre âge que vous verrez de loin vous dominer de toute leur splendeur. En vous rapprochant, prenez le temps de flâner autour des trésors romans des environs : la collégiale Saint-Pierre du XIIe siècle (colonnes peintes et chapiteaux remarquables signés Gofridus), l'église Notre-Dame, l'église Saint-Pierre-les-Eglises (magnifiques peintures carolingiennes), en bordure de rivière… La pierre calcaire locale, au grain fin et régulier, est plébiscitée depuis longtemps, et ce bien au-delà des limites de la région. Le musée du Louvre, l'opéra Garnier ou encore les pieds de la tour Eiffel sont en tout ou partie constitués de ce matériau.

EDIFICE RELIGIEUX

COLLÉGIALE SAINT-PIERRE

Plan Saint-Pierre ✆ 05 49 46 35 45
www.chauvigny-patrimoine.fr
Tous les jours : 9h15-18h. Gratuit. Visite guidée 1h. RDV : Office de Tourisme, 5 rue St-Pierre.

Au cœur de la cité médiévale, la collégiale Saint-Pierre, édifiée au XIIe siècle, est un joyau d'art roman. Découvrez-la en faisant le tour complet pour l'observer sous tous ses atours, car la simplicité de sa façade contraste avec l'opulence de son chevet aux volumes harmonieusement étagés. On peut y admirer de nombreux modillons sculptés, monstres et figures grimaçantes. En entrant, vous serez frappés par les jeux de lumière permis par l'élévation des voûtes. Dirigez-vous vers le chœur. Vous serez éblouis par la beauté des colonnes aux chapiteaux sculptés par Gofridus, mondialement connus. Sa signature figure sur l'une d'elles ! Venez admirer l'énigmatique danseur.

SITE ARCHÉOLOGIQUE

ESPACE D'ARCHÉOLOGIE INDUSTRIELLE

3, rue Saint-Pierre ✆ 05 49 46 35 45
www.chauvigny-patrimoine.fr
HS (sauf sam. et dim. matin) : lundi à dim. 10h-12h30 et 14h30-18h30. Adulte : 5 €. Tarif réduit : 3,50 €.

Installé dans le donjon de Gouzon (XIIe et XIIIe siècles), l'espace d'archéologie vous propose de découvrir le patrimoine bâti et industriel de Chauvigny. On vous donne à voir à travers l'œil de l'archéologue, les industries du pays Chauvinois, du néolithique à nos jours, dont la porcelaine et la pierre qui ont rendu la ville célèbre. A voir aussi des expositions temporaires. Pour la visite, vous emprunterez l'ascenseur, œuvre de l'architecte designer Sylvain Dubuisson. Une vraie surprise qui vous mènera sur la terrasse du donjon d'où vous pourrez admirer le panorama.

MONUMENTS & ÉDIFICES

CITÉ MÉDIÉVALE

5, rue Saint-Pierre
✆ 05 49 46 39 01
www.chauvigny.fr
Ouvert toute l'année.

© JC DRAPIER - STOCK.ADOBE.COM

Un concentré d'histoire dans ce quartier hors d'âge. Par où commencer ? Peut-être par la collégiale Saint-Pierre, du XIIe siècle. L'existence d'un chapitre de dix chanoines vers 1025 suppose celle d'un premier édifice, dont quelques éléments sculptés auraient été réemployés dans la construction actuelle. On peut aujourd'hui y admirer de fabuleux chapiteaux signés Gofridus. Juste à côté, c'est le château d'Harcourt – XIIe et XVe siècles. Enfin, dans une maison du XVIe siècle on peut visiter le musée Archéologie et Traditions populaires : céramiques du Ier siècle, outils de métiers anciens : étameur, tonnelier, ustensiles de la vie quotidienne poitevine du XIXe siècle… Un voyage dans le temps.

PARC D'ATTRACTION

VÉLORAIL

10, rue de la Folie ✆ 05 49 88 93 63
velorail-chauvigny.fr
De fin mars au 11 novembre. Fermé lundi et mardi sauf vac. sco. et jours fériés. Heures de départ et tarifs : voir site.

Le Vélorail ? Une façon originale et (un peu) sportive de découvrir Chauvigny. Vous embarquez à bord d'une voiturette et remontez l'ancienne ligne de chemin de fer qui servait à transporter les voyageurs et les célèbres pierres de Chauvigny. Vous surplombez la Vienne avant de profiter d'un magnifique panorama sur la cité médiévale. Vous vous enfoncez ensuite dans les sous-bois et les vallées sèches. Un conseil : à l'aller, réservez les pédales aux plus musclés. Le parcours complet compte 17,4 km (aller et retour) à effectuer en 2 heures, mais vous pouvez décider (dès le départ !) de n'en faire que la moitié. Une activité familiale qui réjouit petits et grands.

CAFÉ - THÉ - TISANE

AU CAFÉ CHOCOLAT THÉ

7, rue du Marché
✆ 05 49 46 57 37
Ouvert du mardi au samedi de 9h à 12h30 et de 14h à 19h.

En entrant dans la boutique de Fabienne, on est d'abord saisi par la subtilité des odeurs de thé. Fabienne aime partager ses connaissances et guider l'indécis dans ses choix de couleurs de thé et de parfums. Mais ce n'est pas tout, elle propose aussi toute une gamme de cafés torréfiés sur place de façon artisanale. Une palette de cafés plus ou moins corsés et aux goûts plus ou moins prononcés. Un salon de dégustation à l'abri des regards permet de savourer avant d'emporter l'élixir de son choix. La boutique recèle aussi toutes sortes d'ustensiles et de vaisselles, de la machine à café à la théière, au service de tasses en passant par la boîte bento. Une multitude d'idées cadeaux !

PARC / JARDIN

JARDIN PUBLIC

Ouvert toute l'année. Gratuit.

Les jours sans écoles ça grouille de têtes blondes. Les enfants galopent de toboggan en toile d'araignée dans le petit parc aménagé avec des structures adaptées à chaque âge. Un peu plus loin, des appareils de fitness sont prisés des ados. Leurs exercices sont rythmés par les chants des oiseaux de la volière voisine. Mais ce sont les canards qui dominent la chorale, sans fausse note. Tandis que les coqs, poules d'eau, oies... se laissent glisser au-dessus des carpes. Ici, on promène son chien, on flâne autour du plan d'eau, on fait une pause sur un banc pour admirer le Château des Evêques qui domine... quand soudain jaillit un joggeur. Une parenthèse de verdure pour chacun.

EPICERIE EN VRAC

LE LOCAL EN VRAC

9, rue de Châtellerault ✆ 06 59 20 99 68
www.lelocalenvrac.com
Du mardi au samedi de 9h30 à 19h. Le samedi de 9h à 16h

Tout beau tout nouveau, le Local en Vrac, une épicerie zéro déchet a ouvert ses portes en octobre dernier. Cindy Nadeau est à la tête de ce charmant comptoir écoresponsable, qu'elle a pu ouvrir grâce à une campagne de financement participatif.

Ici, se côtoient les silos récoltant graines en tous genres, mais aussi des produits secs, d'hygiène ou encore des livres pour enfants. Un point commun : tout est vendu en vrac, donc sans emballage. Le client vient avec ses contenants ou peut en acquérir au comptoir. Bien sûr, le contenu seul est pesé pour ne pas fausser la note. Une belle initiative dans l'air du temps « pour ne pas tuer la nature », comme le dit si joliment le petit garçon de Cindy.

BAR À BIÈRE

LA MOUSTACHE

2, rue de Saint Savin ✆ 09 54 48 54 24
www.la-moustache.fr
Ouvert du mardi au samedi de 16h30 à 2h. Terrasse. Restauration. Animations. Concerts.

Ah la moustache ! Celle qui apparaît subitement quand on déguste une bonne bière artisanale. Dans le bar, vous en trouverez 9 à la pression et une large gamme en bouteilles. Vous préférez le rhum ou le whisky ? C'est parti mon kiki ! Et pour accompagner ces liquides, un peu de solide. Pourquoi pas un des fameux burgers, faits maison avec des produits locaux ? A La Moustache il y a aussi de quoi nourrir son esprit avec les soirées jeux de société du mercredi et émoustiller ses oreilles lors des concerts du jeudi ! La convivialité est assurée tous les soirs, tant dans la petite salle que sur la terrasse, chauffée l'hiver. Alors, n'hésitez pas à devenir moustachu !

CRÊPERIE

LA BIGORNE

25, rue des Puys
✆ 05 49 56 05 40
Haute saison : ouvert tlj midi et soir (sauf mardi soir). Réservation recommandée. Carte : 10 € environ.

On a plein de chouettes raisons de venir à La Bigorne Volante. Un cadre magique, en plein cœur de la ville haute. Une grande terrasse ombragée ; une taverne à la décoration authentique et rustique, une nouvelle salle à l'étage qui double la capacité. Un accueil chaleureux apprécié des grands comme des petits. La carte des galettes et crêpes s'étoffe d'année en année. Les galettes sont garnies le plus souvent possible avec des produits locaux : truite du Talbat, fromage de chèvre de Bellevue, Andouille de Sommière du Clain, farci poitevin de Sommière... et toujours généreusement. Les crêpes sucrées se dégustent aussi pour le goûter à l'ombre du majestueux catalpa.

BISTROT - BRASSERIE

HAVANA CAFÉ

3, place de Trino ✆ 05 49 37 48 86

Tous les jours : 8h-21h. Restauration le midi. Été : jusqu'à 2h (restauration midi - soir). Formules midi : 8,9 à 13,9€.

Ambiance *caliente* sur la place de la ville basse de Chauvigny. Drapeaux cubains, vieilles voitures et mojitos : *bienvenido a Cuba* ! Sur fond de musiques latines et pourquoi pas, l'été, si vous êtes là le bon soir, entouré de quelques danseurs de salsa, venez manger des tapas au son des congas. Calamars, moules et autres spécialités espagnoles accompagneront des planches de charcuterie et de fromages locaux. Copieux burgers, croques, viandes et poissons sont également à la carte. Le midi, une formule rapide entièrement réalisée maison propose une ardoise contenant l'intégralité de votre menu. Le week-end, galettes bretonnes et crêpes à emporter (sur réservation par téléphone).

LES CHOUCAS

21, rue des puys

✆ 05 49 46 36 42

D'avril à septembre : du dimanche au jeudi de 12h à 18h et de 12h à 22h le vendredi et samedi.

A quelques pas des aigles de la cité médiévale, face au donjon, se sont installés voilà bien des années de petits corvidés. Si les propriétaires ont changé, les volatiles aux yeux jaunes sont restés. Dans les assiettes, on trouve de généreux burgers faits maison, garnis de produits de qualité et accompagnés de frites maison. Par forte chaleur, on se laisse tenter par une des salades à la carte, non moins généreuses ! Dans les verres, difficile de choisir entre près de 50 cocktails, avec ou sans alcool. Le shaker est de sortie ! Si vous mangez en terrasse, n'hésitez pas à entrer dans le restaurant pour observer le splendide escalier à vis de ce que fut, au XVe siècle, cet ancien couvent.

GASTRONOMIQUE

LE LION D'OR

8, rue du Marché ✆ 05 49 46 30 28

www.hotel-restaurant-le-lion-dor.fr

Tlj : 12h-13h30 et 19h15-21h. Menus de 30 à 35€. Formule du midi : 14 € (lundi - samedi midi). A emporter : de 20 à 24 €

C'est une institution à Chauvigny ! Ancien relais de poste installé dans une demeure bourgeoise en basse ville, l'hôtel-restaurant le Lion d'or est l'un de ces établissements traditionnels où l'on aime se rendre pour son authenticité. En cuisine, Jean-Pierre Thévenet, qui a fait la renommée des lieux, a laissé place à son second. Le chef concocte des spécialités de la région et a conservé les incontournables de la carte comme les œufs cocotte qui font le bonheur des gastronomes. De bons produits frais, des assiettes gourmandes, un service impeccable, le restaurant Le Lion d'Or tient ses promesses pour un bon rapport qualité-prix. L'été, profitez de l'agréable terrasse !

BISTROT - BRASSERIE

LE GASTON

8, Rue Geisenheim

✆ 05 49 46 32 34

www.le-gaston-bistrot.fr

Du mardi au samedi de 12h à 14h30 et 19h à 22h30 ; le dimanche en saison : 10h à 18h.

© ANTOINE PAILLARD

© ANTOINE PAILLARD

Chez Gaston, bonne humeur et convivialité sont assurément au rendez-vous. C'est Marine et Vincent qui vous accueillent dans leur beau restaurant à l'esprit guinguette ! Une salle aux tables de bois et de bleu parée, un look rétro et un nom qui l'est encore plus en hommage au prénom du grand-père des deux propriétaires. Derrière son piano, Vincent nous concocte de bons petits plats de bistrot. On vient ici pour les belles assiettes, les plats du jour, les fameux burgers maison, et l'été, on apprécie les lobster rolls du chef ! Au Gaston, tout est fait maison et en priorité avec des produits locaux de toute première fraîcheur. Bref, chez Gaston, c'est frais et c'est bon ! On adore !

MAISON

MAGASIN DE PORCELAINE APILCO DESHOULIÈRES

14-16, Le Planty
✆ 05 49 61 50 30
www.apilco.com
Ouvert du mardi au samedi de 9h30 à 12h30 et de 14h à 18h.

Deshoulières est, à ce jour, la plus grande manufacture française de porcelaine. Inspirée des tendances de la décoration, la table Deshoulières est synonyme d'art de vivre à la française. Entreprise du patrimoine vivant, elle est la seule manufacture à bénéficier du label « Origine France Garantie ». De son savoir-faire traditionnel et légendaire, elle garde l'essentiel : une alliance d'excellence et de modernisme. Porcelaine blanche ou décorée, porcelaine fantaisie... A travers sa marque Apilco, Deshoulières propose une gamme de vaisselle à destination des professionnels.

LINGERIE

INDISCRÈTE

✆ 05 49 47 87 60
www.lingerie-indiscrete.fr
Ouvert du lundi au jeudi de 9h30 à 12h et de 13h30 à 19h ; le vendredi et le samedi de 9h30 à 12h.

Reconnue dans le monde pour sa qualité, la lingerie française fait rêver. C'est pourquoi la lingerie Indiscrète se caractérise par des produits haut de gamme aussi confortables que raffinés, disponibles uniquement par la vente à domicile afin de garantir convivialité et intimité. Cette marque 100 % made in France, a reçu la distinction Entreprises du patrimoine vivant. Soutien-gorge, balconnet, push-up, slip, tanga, shorty, string, nuisette..., tout est fabriqué à la commande. Ainsi, les produits peuvent être personnalisés voire adaptés aux souhaits des clientes (option allaitement, sans armatures). Adaptables à toutes les silhouettes, ils sont disponibles en tailles généreuses.

CRÉATEUR

LES P'TITS PAPIERS

23, rue des Puys ✆ 06 66 26 19 85
https://www.lesptitspapiers.fr
Ouvert du jeudi au dimanche de 14h à 18h. Vacances scolaires, tous les jours. Ateliers créatifs parents / enfants.

Les filles, c'est pour vous ! Certaines d'entre vous se souviennent peut-être de ce jouet. Une petite machine avec laquelle on créait des perles de papier. Les bandelettes s'enroulaient sur elle-même et avec elles naissaient bracelets et colliers. Fabienne Froidevaux, elle, s'est mise au défi de les réaliser à la main. Elle sélectionne ses papiers avec soin, fait varier les couleurs et les motifs. Son geste habile et délicat (comme elle) lui permet d'obtenir de quoi enjoliver vos oreilles, votre cou et vos poignets. Des guirlandes lumineuses en origami et de très beaux mobiles, en papier toujours, sont suspendus. Vous pouvez même en faire réaliser aux couleurs de la chambre du petit.

ANTIQUAIRE

LE GRENIER DE CYRILLE

ZI «La Carte» - **JARDRES** ✆ 06 13 92 20 99
le-grenier-de-cyrille.business.site
Ouvert du mardi au vendredi de 10h à 19h ; le week-end de 9h à 18h.

Avis aux chineurs ! Le petit Grenier de Cyrille est devenu grand. Poussez la porte, vous trouverez des merveilles, de quoi vous offrir un instant nostalgie en découvrant un bibelot familier au milieu des meubles et des objets exposés par Cyrille et Air d'Antan avec qui il partage les locaux. L'homme est passionné. Vaisselle, statuettes, dentelles, gravures, les petites pièces ont chez Cyrille la part belle. Pensez-y quand vous aurez envie de vous offrir une nouvelle verrerie. La boutique vit, différente à chacune de vos visites. Cyrille propose également des objets de décoration neufs et tout un tas de meubles relookés et patinés par ses soins pour une ambiance *shabby chic*.

ARTISANAT

POTERIE DE L'ERABLE

12, plan Saint Pierre
✆ 06 15 46 37 64
Tous les jours de 10h30 à 19h de mai à mi-octobre. A retrouver sur les marchés de Noël du département.

C'est là, à côté de l'église Saint-Pierre, derrière le portail, que les oiseaux se nichent et grignotent dans les belles poteries colorées d'Angélique. Suspendus dans le jardin, à côté de l'érable japonais qui donne son nom à l'atelier, nichoirs et mangeoires vous feront à coup sûr de l'œil. Sur chacun d'eux, elle a tissé des motifs, joué tantôt sur le mat, tantôt le brillant. Validés par la LPO, résistants au gel, ils sauront, nous en sommes certains, trouver une belle place dans votre jardin. Entrez vite, vous allez craquer pour les superbes tasses et théières de la potière ou pour les boîtes et les photophores aux formes dodues. Des pièces uniques à petits prix en souvenir de Chauvigny.

QUINCAILLERIE - DROGUERIE

QUINCAILLERIE MAGNON

14, rue du marché
✆ 05 49 46 30 64
Ouvert du mardi au samedi de 9h à 12h et de 14h30 à 19h.

La quincaillerie Magnon est une institution chauvinoise ! Imaginez, plus de 120 ans que l'enseigne trône dans la rue principale. Elle a tout autant des airs de musée que de magasin. La boutique recèle des trésors devenus introuvables ailleurs en France, comme le fameux filet à farci poitevin, les élastiques carrés à lance-pierres ou les petits poids pour les balances d'antan. Après avoir appartenu près de 100 ans à la famille Magnon, c'est Philippe Sténou, le fidèle comptable qui a repris le flambeau et diversifié les activités avec des services de relais colis et de laverie. Une enseigne qui mérite vraiment le détour pour vous replonger dans l'ambiance délicieuse d'une vraie quincaillerie.

ORNITHOLOGIE

LES GÉANTS DU CIEL

✆ 05 49 46 47 48
www.geantsduciel.com
De début avril à fin septembre (horaires sur le site). Moins de 4 ans : gratuit. 4 à 12 ans : 9,50€. Adulte : 13,50€.

Au cœur du château des Evêques, surplombant Chauvigny, l'amphithéâtre à ciel ouvert est le lieu d'étranges ballets aériens. Vous admirez le travail de Vol en Scène qui a concocté un incroyable spectacle de vols d'oiseaux. Admirez le ballet léger des cigognes, l'arc-en-ciel lumineux des perroquets, le vol précis et rapide des aigles ou le décollage lourd et fastidieux des vautours. Les chouettes et hiboux, magnifiques oiseaux de nuit, prennent aussi part au spectacle. Faites comme eux, gardez les yeux grand ouverts, car il se pourrait qu'un rapace plonge soudain vers vous avant d'atterrir habilement sur la main de son maître. L'effet est garanti sur les enfants comme sur les adultes !

PISCINE

PISCINE DE CHAUVIGNY

1, rue de la Maladredrie ✆ 05 49 46 40 95
www.grandpoitiers.fr
Ouvert tous les jours sauf le jeudi en période scolaire. Entrée : 3,20 €. De 5 à 18 ans : 2 €. Gratuit -5 ans.

Située en plein centre de Chauvigny, c'est l'une de ces belles piscines à l'architecture singulière des années 70. De type « tournesol », aux beaux jours, son toit se rétracte et donne accès à une plage extérieure, offrant aux nageurs une vue sur la rivière et sur la cité médiévale. Equipée d'un toboggan, elle fait le bonheur des petits et des grands ! Pour ceux qui souhaitent entretenir leur forme, se muscler, s'assouplir, le centre aquatique propose des séances d'aqua gym (en musique !), des cours d'aquabike, des cours d'aqu'attitude pour apprendre à apprivoiser l'eau quand on en a peur, et bien sûr des cours de natation pour s'améliorer ou pour débuter. Un bel endroit pour se relaxer.

SPECTACLE

LA GRANGE AUX LOUPS

13, plan Saint-Pierre ✆ 06 60 66 30 78
www.leloupquizozote.org
Ouvert toute l'année. Entrée : 8 €. Enfant : 5 €. Festival Quand on parle du loup : 3 semaines de fin juillet à mi-août.

La Grange aux Loups, théâtre d'une cinquantaine de places en plein centre de la cité médiévale, propose des animations variées et intimistes. Tous les spectacles vivants ont leur place dans la tanière du loup : du théâtre et de la musique, des marionnettes, des lectures publiques, des performances en tous genres et des ateliers. En été, pendant trois semaines, a lieu le festival « Quand on parle du loup » qui propose des représentations tous les jours. La Grange aux loups est aussi un lieu dédié aux résidences d'artistes et à la formation. La compagnie « Le Loup qui zozote », gérante du lieu, a reçu le prix d'innovation culturelle toutes catégories confondues ! Venez rendre visite aux loups.

SPA

ZEN ATTITUDE

18, rue des entrepreneurs ✆ 05 49 39 04 02
www.zen-attitude86.fr
Ouvert le lundi de 14h à 19h ; du mardi au vendredi de 9h à 19h ; le samedi de 9h à 18h.

Dans ce cocon de bien-être, tout est douceur : l'accueil, les couleurs naturelles, les soins qui font du bien. Huit cabines d'inspirations différentes, à la décoration soignée et épurée invitent à se poser et se faire bichonner. Soin du visage, gommage, massage, hammam, matelas massant « Water Mass » aux jets d'eau relaxants, laissez-vous aller. Vous pouvez aussi opter pour des soins en duo dans la cabine double ou adopter une attitude sportive avec l'aquabike. Et parce que nous sommes toutes des princesses, nous avons droit à une « journée princesse » passée en peignoir, avec un repas pris sur place, au cours de laquelle on se fait dorloter des pieds à la tête !

CINÉMA

LE REX

10, rue de Saint-Savin ✆ 05 49 47 86 57
www.chauvignycinema.com
Du jeudi au lundi. Tarif 6,50 €. Ad : 4,50€. - de 16 ans : 4€. Lundi journée, jeudi 20h30 : 4,50€. Lundi 20h : 3,50€.

Avec sa vieille enseigne « CINEMA » accrochée sur sa façade, le Rex a déjà, de l'extérieur, quelque chose d'attachant. Structure associative spécialisée dans le cinéma d'Art et Essai, le Rex possède deux salles de 164 et 62 places. Des séances sont dédiées aux enfants avec des prix réduits et les programmations sont faites pour tous les goûts. L'association qui s'occupe de ce petit cinéma est active. Elle crée des soirées à thème et s'attache à proposer tous les genres de films pour favoriser la découverte : essais, courts et longs métrages, festivals, après-midi ciné pour les collégiens, et cinéma enchanté pour les plus jeunes. Ambiance conviviale et tarifs attractifs !

THÉÂTRE

THÉÂTRE CHARLES TRENET

Avenue de la Vienne ✆ 05 49 58 34 78
www.theatre-charles-trenet.fr
Infos et réservations : le lundi et le mercredi de 14h à 18h ; le samedi de 9h30 à 12h30. Vac scol : billetterie fermée

Près de 600 places pour cet établissement culturel majeur de la ville de Chauvigny. Chaque année, outre les manifestations proposées par les associations, la Ville de Chauvigny et l'association Les Rencontres Culturelles y proposent une programmation riche et éclectique. Il y en a pour tous les âges, des plus petits aux plus matures, et tous les goûts. Concert, spectacle pour enfants, théâtre, danse, humour, one man show, ciné concert, connaissance du monde... la scène est ouverte à tous les genres. On y croise aussi bien des vedettes nationales et internationales que des talents locaux. Toute la programmation de la saison est à retrouver sur le site du théâtre. Show devant !

Civaux est réputé pour ses sites archéologiques antiques et mérovingiens. Cet ancien village gallo-romain où vécut une communauté chrétienne dès le IVe siècle recèle une piscine baptismale du Ve siècle ; elle jouxtait la nécropole mérovingienne où plusieurs milliers de tombes sont alignées à ciel ouvert. Près de la Vienne, la tour au Cognum est l'ancien lieu du pouvoir féodal. Mais Civaux, c'est aussi la centrale qui, au cours de l'année 2000, est devenue une véritable unité de production. Le Centre d'Information du Public (expositions, conférences, jeux pour les enfants…) se visite ainsi que le tout récent simulateur, mais sur rendez-vous 05 49 83 41 33. Depuis sa création, la centrale de Civaux accompagne le développement économique local, dans le prolongement de l'après-grand chantier. La valorisation des eaux tièdes, véritable potentiel de création d'emplois, est au centre de ce développement, avec le complexe Abyssea (piscine, bowling, fosse à plongée). Une ferme aux crocodiles a également vu le jour, rassemblant différentes espèces de crocodiliens : crocodiles, alligators, caïmans et faux-gavials notamment.

FORME

ABYSSEA

Route du Fond d'Orveau ✆ 05 49 48 09 09
www.vert-marine.com/abyssea-civaux-86
Ouvert tous les jours. Horaires variables : voir site internet. Entrée adulte : 4,90 €. Abonnement 10 entrées : 42 €.

Un centre qui propose plein d'activités pour toute la famille et qui saura vous chouchouter ! Piscine, bowling, remise en forme, balnéo, aquagym... De quoi vous remettre sur pied et vous réconcilier avec le sport en douceur ! L'endroit est chaleureux. Des formules sont adaptées à votre temps libre, c'est un espace multi-activités qui vous accueille tous les jours, même les jours fériés. Un petit coin de restauration est à votre disposition au bowling, pour vous remettre de votre exercice de musculation ou de votre séance de plongée : eh oui, la ville de Civaux propose dans ce centre une fosse de plongée de 20 mètres et un bassin d'approche de 5 mètres ! C'est l'occasion de faire un baptême.

ITALIEN ET PIZZERIA

LA BISQUINE

2, impasse Peline
✆ 05 49 48 06 03
Ouvert le lundi de 12h à 13h30 ; du mardi au dimanche de 12h à 13h30 et de 19h à 20h45. Fermé le mercredi.

Fait à la commande ! Voici l'éthique de ce restaurant familial, clamée haut et fort sur la carte. Certes cette exigence implique un peu d'attente, mais elle garantit des plats d'une très grande fraîcheur. Les produits bruts proviennent au maximum de fermes locales, le blé des galettes est bio et cette recherche d'ingrédients de qualité s'apprécie dans l'assiette. Sans compter que le plaisir dure longtemps, tant les galettes et les pizzas sont généreusement garnies. A deux pas du musée archéologique et de l'église, la Bisquine, repaire des salariés de la centrale, offre l'été une terrasse sous tente avec vue sur l'étang. C'est donc avec vue que l'on savoure sa délicieuse crêpe au caramel !

MUSÉE

MUSÉE ARCHÉOLOGIQUE

30, place de Gomelange ✆ 05 49 48 34 61
www.musee-civaux.fr
Gratuit jusqu'à 12 ans. Adulte : 4 €. Groupe : 3 €. Demi-tarif : 2 €. Audioguide : 1 €.Horaires : voir site internet.

Pour découvrir le patrimoine de Civaux, direction le musée. Vous y emprunterez un audioguide qui vous éclairera sur l'église, la nécropole, le baptistère mérovingien et sur les collections du musée. Plus de 200 objets de la préhistoire au Moyen Age, découverts à et autour de Civaux, y sont conservés. Les salles consacrées à l'époque romaine et mérovingiennes sont les plus riches. On y découvre de nombreuses céramiques, une magnifique tête de statuette ainsi qu'une tombe bien mystérieuse. Dans la salle dédiée à l'époque mérovingienne, objets de parure, surprenante applique décorative provenant d'Europe de l'Est s'offriront à vous comme la fameuse fibule hippomorphe devenue emblème du lieu.

CIMETIÈRE

NÉCROPOLE MÉROVINGIENNE

19, rue de la Nécropole
✆ 05 49 48 34 61
Visite libre gratuite. Visite guidée (2h avec l'église et les vestiges du baptistère et du sanctuaire) sur rendez-vous.

Vraiment, cette nécropole mérovingienne est surprenante. Sa clôture est entièrement composée de couvercles de sarcophages. C'est sans doute la notoriété précoce du sanctuaire chrétien et les reliques des saints Gervais et Protais qui ont rendu le site si célèbre que les fidèles venaient s'y faire enterrer. On peut d'ailleurs voir des inscriptions et des décors chrétiens (Ve-VIIIe siècles) sur certains couvercles de sarcophages. Au XVIIIe siècle, on comptait au moins 7 000 tombes sur plus de 3 hectares, c'est dire l'importance du site. Certaines légendes racontent même que les soldats Francs tués lors de la bataille de Vouillé qui opposa en 507 Clovis aux Wisigoths furent enterrés là.

Petite commune de la Vienne, Dissay bénéficie de sa situation sur l'axe Châtellerault-Poitiers dont elle est distante d'une douzaine de kilomètres seulement, ce qui explique certainement l'accroissement relativement rapide de sa population ces dernières années et l'implantation sur le territoire de sa commune de deux zones d'activité. Cette petite commune ne se trouve qu'à 5 kilomètres du Futuroscope, de la forêt de Moulière (l'une des plus grandes forêts du nord de la région et du domaine de Saint-Cyr avec son lac de 85 hectares. Dissay est surtout connue pour son magnifique château du XVe siècle, aujourd'hui restauré pour faire place à une restauration gastronomique avec hôtellerie de charme et spa. Dissay, c'est encore une parenthèse conviviale avec son camping deux étoiles, ses nombreux chemins de randonnée et sa halte jacquaire. Les marcheurs de passage pourront, grâce à la mairie, se réfugier dans un logement situé au-dessus de la Poste.

BISTROT - BRASSERIE

AUBERGE DU CHATEAU

28, place Pierre d'Amboise
✆ 05 49 52 50 62
Cuisine de terroir

A moins de 2 h de TGV de Paris et proche du très couru Futuroscope de Poitiers, on s'arrête sans hésiter à Dissay, à l'auberge du château. Dans un cadre bucolique, on y déguste, l'été sur la jolie terrasse fleurie, une cuisine de terroir de qualité. Les ingrédients sont sélectionnés et de première fraîcheur. Ceci est aussi valable pour les légumes fraîchement cueillis du jardin. Un délice vitaminé à savourer sans modération. A souligner, la spécialité de la maison : la tête de veau, très appréciée tant par les habitués que par les novices. De plus, le service est sympa, le cadre convivial et les prix abordables. Alors, pourquoi s'en priver ? Une étape sympa à Dissay qui a tout pour plaire !

LE BINJAMIN

1004, Les Longèves
✆ 05 49 21 38 99
www.lebinjamin.fr
Tlj : 11h45-14h30, du mardi au jeudi : 18h45-21h30 ; ven et sam : 18h45-22h. Menus de 32,90 € à 37,50 €. A emporter.

Une décoration épurée et contemporaine dont les lignes et les courbes sont là comme pour souligner la qualité et signifier : nul besoin d'une décoration tape-à-l'œil une fois que vous aurez goûté à ce qu'il y a dans votre assiette ! Nous leur donnons raison : la cuisine est vivante et riche de traditions. Laissez-vous tenter par les cannellonis de chlorophylle et ricotta, gratinés au parmesan, présents depuis l'ouverture sur la carte. Et si d'aventure vous avez toujours faim après cela, la carte des desserts est appétissante (craquelin feuillantine et sa mousse lactée caramel, crème brûlée à l'orange, etc.). Un régal ! Un restaurant que l'on vous recommande chaudement à tous points de vue.

THÉ

COMPAGNIE COLONIALE

717, rue de la gare
✆ 05 49 62 82 10
www.compagnie-coloniale.com
Visite de l'atelier sur rendez-vous. Minimum 10 personnes.

Au petit déjeuner, à 10h, après le repas, à 17h, avant de se coucher... à chacun son instant thé. Soyons fiers ! C'est dans la Vienne qu'une des dernières maisons de thé françaises s'est implantée. Fondée à Paris en 1848, Compagnie coloniale a posé ses valises à Dissay en 1995. Dans ses ateliers, on découvre comment la marque importe en France des thés d'origine, crée ses propres mélanges et fait naître de délicats parfums grâce à un procédé unique d'aromatisation à la vapeur. Parmi ses best-sellers, le Chine Extra et le célèbre thé de Noël. A retrouver dans de nombreuses boutiques du département sous forme de berlingots ou en vrac dans de jolies boîtes à rayures. Bonne dégustation !

TRAITEUR ASIATIQUE

CHEZ HUNG

4, place de la Grand'Cour ✆ 06 82 00 71 53
www.chezhung.com
A emporter du mar au sam : 17h-21h. Marché des Couronneries (Poitiers) : mer, dim. La Roche Posay : ven. Vivonne : sam.

C'est sur la place de Dissay, qu'Hung a posé ses valises. Originaire du Viet Nam, il nous fait découvrir avec grand bonheur une cuisine que l'on adore. Dans les cuisines, il s'active tous les jours derrière ses fourneaux pour préparer des plats traditionnels aux goûts authentiques comme son succulent porc au caramel (maison !) ou son très apprécié poulet à la citronnelle. Dans la boutique, vous serez chaleureusement accueillis par son épouse. Lors de notre passage, elle nous a conseillé de succulentes cuisses de grenouille à la citronnelle. Original non ? Si Dissay n'est pas sur votre route, il vous sera facile de les retrouver sur plusieurs marchés du département. A vous la soupe Pho !

Ils sont environ 1 800 Gencéens et Gencéennes habitant sur les rives de la Clouère et de la Belle. Jadis, ces deux rivières ainsi que le plateau rocheux furent des éléments déterminants pour une installation humaine. Le blason de la ville ? la forteresse - qui symbolise la châtellenie - et la vache, qui évoque les foires aux bœufs et l'économie du village. Aujourd'hui tous les deuxièmes et derniers jeudis du mois, ces foires ont encore lieu. Attestées depuis le Moyen Âge à l'emplacement actuel de la Mairie, elles étaient alors réputées pour être les mieux approvisionnées du Poitou. Rien que cela ! Aujourd'hui, elles sont essentiellement tournées vers l'alimentation. Pour découvrir la ville, un fléchage et quatorze panneaux vous emmènent vers le logis des Trois Marchands, la maison des Quatre Vents, la forteresse médiévale, classée au titre de monument historique.

BISTROT - BRASSERIE

CAFÉ-CANTINE

24, place du Marché ✆ 09 73 69 03 78
www.cafecantine.fr
Mardi : 11h-20h ; mercredi, jeudi : 11h-15h ; vendredi : 11h-15h ; samedi : 11h-23h. Plat du jour : 10 €.

Sur la place de Gençay, face aux halles, le Café-Cantine a pris vie dans l'ancien bar du Commerce. Les événements culturels s'y bousculent : théâtre, expositions, apéros-contés, soirées jeux, rencontres autour du vin, magie, marionnettes, ateliers artistiques... sans oublier les concerts du samedi soir. On peut le dire : les huit associés de ce café peu ordinaire ont réussi à créer un lieu hors du commun à Gençay. On aime s'y poser et y manger. Mieux vaut réserver pour déguster leur cuisine traditionnelle « fait-maison » à base de produits frais, locaux, issus de l'agriculture biologique. Et si la place manque, on pourra toujours prendre le vendredi et le samedi soir une pizza à emporter !

CINÉMA

CINEMA DE GENCAY

Passage des 3 marchands ✆ 05 49 53 46 73
www.cinemadegencay.fr
Consultez le site internet pour films et horaires. Entrée : 7€. Tarif réduit : 5,50€. Adhérent : 4,50€.- de 14 ans : 4€

Son objectif : défendre le cinéma en milieu rural ! Voilà presque 30 ans que le cinéma de Gencay, autrefois propriété d'un exploitant privé a été racheté par la ville qui en a confié la gestion à l'association « Cinéma de Gençay ». Une vingtaine de bénévoles et 500 adhérents plus tard, le petit cinéma de campagne a fait son nid. Labellisé « Jeune public, patrimoine et répertoire, recherche et découverte », il est reconnu comme cinéma d'art et essai et a trouvé sa marraine en la personne d'Ariane Ascaride. A l'intérieur, un espace bar permet échanges et critiques. Ciné-concerts, conférences et rencontres, petits et grands ont de quoi satisfaire leurs envies d'une bonne toile.

COFFEE SHOP ET SALON DE THÉ

CHRISTIE'S

17, place du Marché ✆ 05 49 50 61 94
www.chezchristies.com
Du mardi au samedi de 10h à 12h et de 14h à 18h. Wifi gratuit. Hiver : du mardi au samedi de 10h à 12h et de 15h à 18h

Envie de vous dépayser outre-Manche ? Vous êtes à la bonne adresse. T- Anne et Andrew, Anglais d'origine, vous reçoivent dans leur boutique-salon de thé avec une classe toute britannique. Autour d'une tasse de thé et d'un gâteau maison, on feuillette des livres anglais, également d'occasion, que l'on peine à choisir parmi les 3 000 références en boutique. Quant à nous, nous avons craqué pour les scones avec beurre et confiture, une spécialité bien anglaise à laquelle on devient (un peu) trop vite accro. De très jolies cartes ainsi que des objets de décoration et plein d'idées cadeaux complètent la sélection. Un endroit cosy et relaxant où on aime s'installer.

BIJOUTERIE

LE SAINT LUBIN

8, place de Gençay
✆ 06 21 24 10 02
Ouvert les mardis, jeudis et vendredis de 9h30-12h et de 15h-18h et les samedis de 9h-12h et de 15h-19h

Après avoir travaillé pour de très grands noms de la haute couture, Nathalie ouvre sa boutique pour nous proposer ses propres créations de bijoux fantaisie. Sous les doigts de Nathalie, la fantaisie devient des pièces haut de gamme. Chaque pièce est unique. Cette créatrice passionnée fait aussi des créations sur mesure en fonction des envies et des attentes de ses clients. Comme chez tout bon artisan, vous aurez un excellent service après-vente ainsi qu'un service de réparation de bijoux. Dans cette boutique, vous trouverez des pièces pour toutes les bourses. Prenez votre temps, regardez, posez des questions, exprimez vos envies et Nathalie saura vous répondre.

C'est la station thermale de ceux qui tiennent à leur peau. La Roche-Posay, située sur un éperon rocheux dominant la vallée de la Creuse à son confluent avec la Gartempe, accueille à elle seule la moitié des cures dermatologiques en France. On raconte que les vertus thermales de la ville furent découvertes grâce à un âne galeux, miraculeusement guéri en s'abreuvant ici. Ce pôle thermal concentre un centre de balnéothérapie, deux centres thermaux et un laboratoire dédié aux produits de soins dermatologiques, à base d' « Eau de Velours ». Station d'utilité publique déclarée par l'académie des Sciences, et, depuis novembre 1998, La Roche-Posay est surtout la première station thermale à être certifiée ISO 9001 (normes de qualité). 7 500 curistes par an ne peuvent s'y tromper. La Roche-Posay, 1 500 habitants entre Poitou, Touraine et Berry, c'est aussi une terre dont l'histoire remonte au temps médiéval. Déjà vers 1370, les soldats de Du Guesclin furent, sans doute (après l'âne !), les premiers à s'apercevoir des bienfaits de ces eaux. Les blessés des guerres napoléoniennes relancent l'activité de la ville et en 1825, l'état crée un hospice thermal. Le premier établissement thermal est créé en 1905.

CASINO

CASINO PARTOUCHE

Avenue Georges Deloffre ✆ 05 49 86 20 10
www.casinolarocheposay.com
Du lundi au jeudi de 11h à 2h, vendredi de 11h à 4h, samedi de 10h à 4h ; le dimanche et les jours fériés de 10h à 2h.

Bienvenue dans le casino de la Vienne, le lieu de vie du bandit manchot poitevin ! Le lieu a été entièrement rénové et offre une version contemporaine de son bâti et une décoration épurée. Les habitués seront ravis d'y trouver, en plus des 146 machines à sous, des tables de poker, de roulette anglaise, une table de black-jack traditionnelle et électronique. Néophytes, n'ayez crainte, il y a un début à tout et le personnel sera ravi de vous faire découvrir les différents jeux. Pour fêter dignement un jackpot ou pour se reconcentrer avant le poker, des bars sont à disposition. Des événements culturels sont également proposés régulièrement dans la salle de spectacles, notre petit Lido à nous.

RÉSIDENCE HÔTELIÈRE

AU CLOS PAILLÉ

4, rue du Clos Paille ✆ 05 49 86 20 66
www.clospaille.fr
Chambre double de 68€ à 78€. Studio de 68€ à 109€. 1/2 pension : 30€. Petit déjeuner : 10€. Piscine, barbecue.

C'est dans cet hôtel de charme à l'image d'une chambre d'hôtes que Nathou et Olivier vous accueilleront avec grand soin. Déjà pension en 1920, l'établissement a bien grandi, et vous séduira par sa décoration choisie. Son espace lounge, son piano-bar, sa salle de petit déjeuner, son grand parc, ses deux piscines, ses barbecues, ses agrès sportifs... passez un moment de détente absolue et posez vos valises pour une nuit ou plus dans l'une des huit chambres aux noms épicés. A moins d'opter pour la Junior Suite de 35 m² ou encore l'un des appartements appréciés des familles et des curistes. La campagne à la ville et le charme d'une chambre d'hôtes : bienvenue Au Clos Paillé !

ÉQUITATION

HIPPODROME DE LA GÂTINIERE

La Gâtinière ✆ 05 49 86 20 74
http://soc-de-courses-de-la-roche-posay.business.site
Dates de courses : voir site internet. Ouvert le dimanche : 12h-20h. Entrée : 6 €. Gratuit jusqu'à 18 ans.

Inauguré en 1980, c'est l'un des plus beaux hippodromes d'été de la région, connu pour la qualité exceptionnelle de son terrain. Les néophytes se laisseront entraîner par la folie douce du turfiste, au milieu de la tribune rassemblant 2 000 places assises. Les pelouses peuvent accueillir autant de spectateurs, et c'est de là que vous sentirez le sol trembler sous vos semelles au passage des chevaux lancés au triple galop. Piste de trot en herbe, piste de plat, piste d'obstacles et piste d'entraînement pour les chevaux. Pas de repos pour les équidés !

HAMMAM

SPA SOURCE

Parc thermal ✆ 05 49 19 48 00
www.spa-larocheposay.fr
Tlj du 14 janvier au 15 décembre : 9h30-19h30. Entrée : 34 € (pass entrée carré des sources).

Il y a peu d'endroits où l'on ne culpabilise pas de passer la journée en peignoir, une tasse de tisane à la main. Le Spa source en fait partie. Vous trouverez ici une multitude de raisons de succomber à la tentation : massages, soins du visage, soins minceur, circulatoires, sauna, hammam, bain bouillonnant dans le Carré des sources... et bien sûr, les soins en eau thermale. Dite miraculeuse, l'eau de La Roche-Posay est célèbre pour ses vertus apaisantes et tonifiantes. Cette eau de « Velours », reconnue d'utilité publique, est la référence en matière de cure dédiée aux soins de la peau. Toutes les raisons sont bonnes pour se détendre. Certains soins ont été spécialement pensés pour les ados.

TOUR

DONJON

Rue Duguesclin
✆ 05 49 19 13 00
www.larocheposay-tourisme.com
Horaires d'ouverture pour visite intérieure et video mapping : voir Office de Tourisme. Visite extérieure toute l'année.

© JC DRAPIER - STOCK.ADOBE.COM

Quasiment 25 mètres par 16 mètres de côté : devant cette tour, le mot « massif » prend sens. Construite au XIIe siècle, cette tour de guet dont on peut encore admirer son chemin de ronde et ses mâchicoulis permit d'anticiper bien des attaques. Pour la visiter, suivez le guide et entrez par la grande porte ouverte au XIXe siècle par un paysan pour y entreposer son matériel. Empruntez l'escalier étroit et découvrez, la « salle des échos ». C'est ici que, dos à dos, aux coins opposés de la salle et à voix basse, venaient se confesser les lépreux. Depuis peu, l'Office du Tourisme propose une animation numérique de vidéo mapping sur la voûte. Le détour vaut le coup d'œil, ou l'inverse !

RESTAURANT

L'AUBERGE DE LA ROCHE

2 place de l'éperon
✆ 05 49 86 18 81
Ouvert de mi-mars au 3e week-end de novembre sauf les lundis et mardis.

Le restaurant de l'Auberge de La Roche à La Roche-Posay propose une cuisine soignée et originale élaborée sur place à base de produits frais. La décoration de la salle mixe savamment intimité et modernité. Dès les beaux jours, une agréable terrasse invite au calme et à la détente. Tant l'accueil que le service sont agréables et très professionnels. Les assiettes sont appétissantes et bien présentées. L'incontournable de la maison et à conseiller étant sans aucun doute : le foie gras, une spécialité parmi beaucoup d'autres belles saveurs à (re) découvrir. L'on y revient à chaque fois avec plaisir pour y manger bien et bon. Et pour des prix plus que raisonnables. Un bon rapport qualité-prix !

MUSIQUE

LES VACANCES DE MONSIEUR HAYDN

6, cours Pasteur ✆ 09 70 95 80 56
www.lesvacancesdemonsieurhaydn.com
Fin septembre. 22 € max pour les concerts payants. Pass Maxi Haydn pour les 4 concerts du soir 85 €. Tarif réduit : 17 €

Quand ça « tempête » à La Roche-Posay, c'est que Monsieur Haydn prend ses vacances ! Il s'agit d'un festival de musique de chambre qui sort des sentiers battus et casse les codes de la musique classique pour proposer un moment accessible à tous. Si les musiciens sont d'un excellent niveau, souvent primés aux Victoires de la Musique, le festival « off » n'en offre pas moins 60 concerts gratuits d'une vingtaine de minutes et le « in », 8 concerts dont quatre concerts ComVoulVoul' où vous payez ce que vous voulez ! Ce festival s'emballe de merveilles en audaces.

ITALIEN ET PIZZERIA

LE MARSALA

1, chemin de la baignade
✆ 05 49 19 53 57 - Parking.
www.lemarsala.fr
Lundi et mardi de 19h à 21h30 ; vendredi et samedi de 19h à 22h ; dimanche de 12h à 14h et de 19h à 22h. Sur réservation

Ici, les producteurs locaux sont à l'honneur ! Adeline aime les rencontrer et fonctionne aux coups de coeur. Elle aime donner du sens à sa cuisine en développant une économie locale. Outre la fraîcheur permise par les circuits courts, la proximité humaine est essentielle pour elle et son équipe et ça se ressent dans la cuisine. Evidemment tout est cuisiné maison et la qualité gustative des salades, pizzas, burgers, viandes et desserts est au rendez-vous. A signaler que le bar octroie une place de choix aux bières artisanales locales. Quant à la terrasse juchée au-dessus de la Creuse, elle offre un superbe panorama sur la rivière aux premiers rayons de soleil.

SAINT-ROCH

4, cours Pasteur
✆ 05 49 19 49 00
www.saintroch-larocheposay.fr
Tous les jours : 12h-14h et 19h-21h. Jusqu'à 21h30 en juillet et août. Menus de 22 € à 39 €. Formule du midi : 15,90 €.

Très fréquenté par les curistes, cet hôtel-restaurant classique est réputé pour sa carte alléchante et les qualités de son chef : Fabrice Taillard, qui officie depuis depuis vingt ans dans les cuisines de l'établissement. Accueilli avec cérémonie dans ces grands volumes, on profite d'un service délicat et attentionné. Côté assiettes, la créativité se mêle aux saveurs avec des produits locaux et de saison. Que diriez-vous par exemple de ces médaillons de lotte snackés au risotto d'asperges vertes et pleurotes ? Ou encore d'un filet de bar grillé, riz, purée de carottes, sauce beurre blanc ? A souligner qu'une attention particulière est portée aux personnes véganes ou intolérantes au gluten.

La ville tient son nom de l'époque celtique. La colline était alors vouée au dieu Lug – Lug-dunum – Loudun. Plus tard, durant le haut Moyen Âge, les comtes de Poitiers et d'Anjou se disputent le pays. En 981, Geoffroy Martel d'Anjou s'empare du pays et l'annexe à l'Anjou. Les tours de Loudun et Moncontour sont édifiées par Foulques Nerra. En 1206, le Loudunais est relié à la couronne par le roi Philippe Auguste qui fait édifier à l'emplacement du castrum romain une forteresse exceptionnelle. La ville est désormais ceinturée de remparts. Aujourd'hui, on peut toujours voir la fameuse Tour carrée, devenue l'emblème de Loudun. Puis, au XIVe, le pays se défend contre les invasions anglaises. Tout un ensemble de protections défend Loudun. La majorité des châteaux que l'on trouve en terres loudunaises sont construits à cette période. Durant la Seconde Guerre mondiale, le général de Gaulle défile dans Loudun libérée. De 1941 à 1945, le maquis de Scévolles a joué un rôle prépondérant dans la Résistance française. Un drapeau des FFI (résistants) est toujours conservé au musée Charbonneau-Lassay.

GASTRONOMIQUE

L'ALCOVE

Route de Fontevraud - **ROIFFÉ** ✆ 05 49 22 48 17
www.domainederoiffe.fr
Du mar au sam : midi et soir ; dimanche : midi. Formule midi en semaine : 19,80 €. Possibilité de service à emporter.

A quelques minutes du château de Loudun se trouve un restaurant tout à fait atypique en raison de son histoire. C'est au bout de la grande allée du domaine de Roiffé que L'Alcôve vous attend. L'ancien dortoir pénitentiaire de la colonie de Saint-Hilaire, créé pour occuper une partie des mineurs détenus à la maison centrale de Fontevraud aux travaux agricoles, est aujourd'hui devenu un splendide espace de réception. Préférerez-vous la grande salle, sa verrière et sa vue sur les bâtisses en pierre de tuffeau ou dans la belle salle avec vue sur le terrain de golf ! Dans votre assiette, vous dégusterez une cuisine du marché aux saveurs régionales. Bonne sélection de vins locaux.

COFFEE SHOP ET SALON DE THÉ

LES CAFÉS DE THÉOPHRASTE

51, rue Porte de Chinon ✆ 05 49 98 58 68
www.cafesdetheophraste.fr
Ouvert du mardi au samedi de 9h à 12h30 et de 14h30 à 19h. Boutique.

Déguster un café est ici un art. Sur la carte, une douzaine de variétés sont largement mises en valeur. Producteur, provenance, terroir, période de récolte, saveur, comme un grand vin, le café a été sélectionné avec soin par Anne et Frédéric, nos torréfacteurs. On le boit serré ou préparé avec douceur et précision dans la cafetière à piston, ou avec les méthodes Chemex, Hario V60 et Aéropress. Pour les amateurs de thé, une centaine de variétés sont proposées, mais peut-être opterez-vous pour une curieuse boisson lactée colorée et aromatisée. Accompagnez le tout d'une pâtisserie maison avec ou sans gluten. L'espace est cosy, les tables rares, l'accueil chaleureux. On se sent privilégié.

MUSÉE

ETHNO-MUSÉE ANAKO

1, château de Verrrière - **BOURNAND**
✆ 06 80 64 05 30
www.fondation-anako.org
Tarifs pour visites libres ou guidées sur le site de la fondation.

Plus de 600 m^{2} d'exposition et d'espace multimédia pour cet Ethno-musée de la fondation ANAKO situé à l'octroi du Château de Verrière, non loin de Loudun. Depuis 2018, il propose une nouvelle muséographie grâce à de superbes vitrines éclairées. Avec ses expositions permanentes et temporaires, sa vidéothèque, sa bibliothèque, son centre de documentation et ses salles de projection, il vous offre l'occasion d'un voyage extraordinaire à la rencontre des dernières tribus et des peuples racines. Chasseurs-cueilleurs, derniers grands nomades, Amérindiens, Aborigènes, Bushmen, Papous n'auront plus de secrets pour vous. Chaque saison, de nouvelles expositions temporaires sont proposées.

HÔTEL-RESTAURANT LE RICORDEAU

Place de la Boeuffeterie
✆ 05 49 22 67 27
Mar., mer., ven, Sam : midi et soir ; jeudi, dimanche : le midi.

Vous êtes reçu dans un ancien hôtel particulier du XVIIIe siècle, l'hôtel Moutault des îles, devenu en 1984 bureau de poste. Isabelle et Jacques Boucher, les actuels propriétaires, vous accueillent dans cet endroit charmant tout en pierres apparentes avec un escalier et une surprenante main courante d'époque. Côté cuisine, le chef Boucher concocte une cuisine traditionnelle, mais raffinée, travaillant des produits frais et locaux. Ses jolis assemblages culinaires sont délicatement posés dans chaque assiette avant d'être dégustés pour le plus grand plaisir de nos papilles.

MUSÉE

MUSÉE CHARBONNEAU-LASSAY

24, rue du Martray
✆ 05 49 98 08 48
www.alienor.org/musees
Fermé en janvier. Du 1er sept au 30 juin : mer, sam, dim : 15h-18h ; 1er juil au 30 août : tlj sauf mardi : 14h30-18h30.

© MUSÉE CHARBONNEAU-LASSAY _ CHRISTOPHE CHARPENTIER

Tout au long de sa vie, Louis Charbonneau-Lassay, érudit et historien local aux multiples centres d'intérêt, a rassemblé différentes collections qui donnent à ce musée un air de cabinet de curiosités. Féru de recherche et passionné d'emblématique, il publia en 1940 le célèbre *Bestiaire du Christ*, un ouvrage consacré à la symbolique de l'Occident chrétien réédité chez Albin Michel en 2011. Dans le centre historique du quartier du Martray, à l'intérieur d'un très bel hôtel particulier du XVIIIe siècle, de belles salles rustiques dévoilent des objets et documents relatifs à l'histoire de Loudun, mais aussi une étonnante collection de masques rituels africains ainsi que des toiles de Carl Rosa.

MUSÉE

MUSÉE RENAUDOT

2, Petite Rue du Jeu de Paume ✆ 05 49 98 27 33
www.museerenaudot.com
Ouvert toute l'année. Mardi au dimanche : 14h à 18h. Visite libre gratuite. Visite guidée : 3,50 €. Gratuit - de 17 ans.

C'est dans cette belle demeure de famille que naquit, dans le Loudun protestant d'alors, en 1586, Théophraste Renaudot et qui y vécut pendant une vingtaine d'années avec sa femme. Transformé en musée de cire en 1981, le lieu retrace la vie et l'œuvre de ce médecin et journaliste illustre qui fonda *la Gazette*, premier journal français, en 1631 (le musée possède le premier numéro, entre autres). C'est ici qu'il mit au point un remède à base de plantes : le Polychreston. La visite vous le montrera assis à sa table de travail et des vitrines dévoileront ses diplômes, des documents de médecine de l'époque... Rappelons que Renaudot a laissé son nom à un prix littéraire décerné chaque année.

MONUMENTS & ÉDIFICES

MOULIN DE PUY D'ARDANNE

CHALAIS ✆ 05 49 98 51 14
Visites sur rendez-vous. Téléphoner à la mairie de Chalais.

Il est bien joli aussi, monsieur Daudet, notre moulin à nous, détaché sur la colline qui domine la plaine de la Briande, avec sa robe de tuffeau, ses ailes de bois dépourvues de leur toile et que le temps a cintrées et son extraordinaire silhouette, presque caricaturale. Il s'agit d'un moulin cavier dit « de type angevin » construit au XVIIIe siècle, le seul de la région. Il est composé de 3 parties : le cavier qui abritait la chambre du meunier et les meules et que surplombe une partie maçonnée conique : le massereau. Enfin, un corps mobile en bois, la hucherolle, permet l'orientation des ailes. Restauré à fort coût, il possède toute sa mécanique. Le voyage sur la colline est bucolique.

CHÂTEAU

LA MOTHE CHANDENIERS

4, route de Roiffé - **LES TROIS-MOUTIERS** ✆ 01 88 32 71 52
www.mothe-chandeniers.com
Du 1er avr au 1er nov. Du mer au dim : 10h-13h, 14h-18h. Adulte : 6,50€. Enfant : 4,50€. Visite guidée : www.dartngo.fr.

Il était une fois, un magnifique château qui admirait son reflet dans l'eau. Une folie architecturale où pierres et nature fusionnent pour ne faire qu'un. Une ruine vivante et vibrante dont l'âme interpelle la sensibilité. Reconstruite au XIXe siècle, exemple de romantisme, la Mothe-Chandeniers est ravagée par les flammes en 1932. Mais 85 ans plus tard, un miracle se produit dans ce lieu singulier qui ne pouvait que prétendre à une renaissance atypique. La start-up Dartagnans lance l'idée folle d'acheter collectivement le château pour le sauver, le cristalliser et le valoriser. Près de 28 000 femmes et hommes de 115 pays achètent l'édifice. Un fantastique projet pour une visite féerique.

EDIFICE RELIGIEUX

SAINT-HILAIRE DE MARTRAY

30, rue du Martray
Visite libre de mi-avril à mi-septembre et jours fériés. Ouvert le week-end de 15h à 19h.

L'ancienne chapelle du couvent des Carmes érigé au XIVe siècle est devenue église paroissiale en 1803. Vous y accéderez en passant par la porte du Martray (XIIIe siècle), seule survivante des quatre portes bâties à l'époque. En entrant dans l'édifice, observez son superbe portail de style gothique flamboyant. Au XIXe siècle, la nef a été couverte par une voûte en pierre et le chevet, illuminé par l'un des plus grands vitraux du Poitou : La transfiguration du Christ sur la montagne. Restaurée en 2013, l'église donne aussi à voir son autel de style baroque offert par Richelieu et un magnifique tableau du XVe siècle, La Vierge à l'Enfant, installé dans une chapelle du XVe siècle.

Son célèbre château est représenté sur le célèbre livre d'heures *Les Très Riches Heures du duc de Berry*. Dans le ciel, on découvre le dragon Mélusine, personnage emblématique de Lusignan. Maudite par sa mère, Mélusine était condamnée, chaque samedi, à voir son corps se transformer en queue de serpent. Demandée en mariage par Raymondin, elle accepte à condition de ne jamais rencontrer son époux ce jour-là. Un jour, persuadé d'être trompé, il transgresse la règle et la découvre prenant son bain à moitié serpente. Mélusine se transforme alors en dragon et disparaît. La légende raconte que chaque samedi, elle revient hanter Lusignan. Terre de légende, la ville est aussi un célèbre lieu de passage pour les pèlerins de Saint Jacques de Compostelle. Son église, Notre-Dame et Saint-Junien a récemment fait l'objet d'une mise en valeur. Son chevet, dont on peut désormais faire le tour, a été redonné à voir aux visiteurs. Ce n'est pas tout. Ces dernières années, la ville a largement mis en valeur son patrimoine : sa porte de ville fortifiée ainsi que la promenade aménagée par le comte de Blossac au XVIIIe siècle d'où l'on observe les vestiges du château.

PLAN D'EAU

BASE DE LOISIRS DE VAUCHIRON

Chemin de la Plage ✆ 05 49 43 31 48
www.lusignan.fr
Entrée libre. Baignade surveillée : juillet et août. Mar au jeu : 13h30-18h30. Ven, sam, dim : 11h-12h30 et 13h30-18h30.

C'est un lieu parfait pour une journée détente en famille ou pour passer quelques jours entre jeunes l'été. Imaginez ! Vous êtes au pied de la cité médiévale de Lusignan, à la lisière de la forêt du Grand Parc, mais également en bordure de Vonne : la base de loisirs de Vauchiron offre un cadre naturel exceptionnel propice à la détente et aux activités ludiques telles que la baignade, la pêche, le mini-golf, la pétanque, le volley-ball, des jeux pour enfants et de la location de canoë-kayak. Pour ceux souhaitent planter leur tente quelques jours, le camping est adjacent.

EDIFICE RELIGIEUX

ÉGLISE NOTRE-DAME ET SAINT-JUNIEN

Rue Notre-Dame
✆ 05 49 43 31 48
Ouvert toute l'année. Tous les jours de 9h à 18h. Ferme à 17h l'hiver. Gratuit. Visite guidée (45min sur rdv).

Située sur l'itinéraire des chemins de Saint-Jacques-de-Compostelle, l'église est caractéristique de l'architecture romane poitevine avec son clocher carré massif et ses nombreux modillons sculptés. C'est le seigneur de Lusignan, Hugues IV le Brun, qui est à l'origine de sa construction en 1025. Terminée en 1110 sous Hugues VI, elle sera remaniée au XIVe siècle et au XVIe siècle. Vous serez impressionnés par ses volumes, sa crypte voûtée et son portail Nord appelé « le Bestiaire » (XIIe siècle). De nombreux animaux réels et imaginaires y ont été représentés.

GASTRONOMIQUE

LE CHAPEAU ROUGE

1, rue de Chypre ✆ 05 49 39 27 92
www.logishotels.com
Restaurant ouvert tous les jours sauf mercredi midi et dimanche soir. Menus à 19 et 35 €. Chambres de 69 à 75 €.

Un ancien relais de poste du XVIIe... A trente kilomètres seulement au sud de Poitiers, Lusignan abrite le Chapeau-Rouge, qui mérite d'y faire une halte gourmande suivie pourquoi pas d'un repos bienvenu. Le chef Stéphane Fumaz y concocte une cuisine soignée privilégiant les produits frais régionaux de qualité et le fait-maison, qui se dégustent dans une belle salle avec monumentale cheminée d'époque ou encore en terrasse saupoudrée d'agrumes. Sur le moment : ravioles de saumon sur mousse de poireaux, émulsion de coquillages ; filet de bœuf à la plancha, pommes de terre écrasées au beurre salé. Que du plaisir ! Les chambres sont au diapason, belles, spacieuses, cosy et joliment décorées.

HALLES / MARCHÉ

LES HALLES

Rue Saint Louis
Ouvert toute l'année.

Quelle beauté ces halles de Lusignan ! On les doit aux architectes Lhéritier et Rose, qui, en 1853, à l'emplacement des halles médiévales, ont conçu une charpente à cabochons de bois absolument magnifique, soutenue par deux rangées de huit poteaux de bois qui partagent l'espace en trois travées dallées. Y trouverez-vous les sarcophages carolingiens présents ? Classées aux Monuments historiques, ces halles sont l'un des derniers exemples français de halles couvertes fabriquées traditionnellement, à une époque où les charpentes métalliques faisaient fureur. Des manifestations culturelles et des ateliers d'art y sont régulièrement proposés durant la fête médiévale qui a lieu chaque été.

Entre Montmorillon et Poitiers, Lussac devrait son nom à Lucius, son ancien propriétaire romain. C'est une terre d'archéologie très renommée puisque pas moins de douze sites fouillés depuis 1836 témoignent de l'occupation du territoire depuis la Préhistoire. Les principaux sites sont la grotte de La Marche, découverte en 1937, et la grotte des Fadets, découverte en 1865. Le musée de Préhistoire, installé dans les locaux de La Sabline, y organise régulièrement des visites. Dernièrement, un trésor de 184 pièces d'argent à l'effigie du « Prince Noir » qui gouverna l'Aquitaine de 1362 à 1372, pendant la guerre de Cent Ans, a été donné au musée par un habitant de la ville. Quant aux châteaux... il n'y en eut qu'un ici, construit au XIIe siècle, et dont il reste aujourd'hui très peu de vestiges. On ne quitte pas Lussac sans avoir dégusté quelques bons plats et découvert la belle salle des Orangeries, une table à ne rater sous aucun prétexte.

MONUMENTS & ÉDIFICES

PILES DU PONT

rue de l'étang

Lors de votre promenade à Lussac-les-Châteaux, nous vous conseillons d'aller vous promener ou même pique-niquer autour de l'étang. C'est là que vous pourrez observer de grosses piles carrées plantées dans l'eau. Datant du XVe siècle, elles soutenaient le pont qui permettait d'atteindre le château, celui-là même qui, édifié vers 1065, appartenu au père de Madame de Montespan, illustre maîtresse de Louis XIV. Hautes de 12 mètres, de largeurs inégales, deux des piles sont creuses. On peut encore apercevoir sur la pile nord les traces d'une porte. On pourra également observer une pierre sculptée qui représente un blason dont les armes qui sont gravées n'ont pu encore être identifiées.

VISITE GUIDÉE

MUSÉE DE PRÉHISTOIRE

21, route de Montmorillon ✆ 05 49 83 39 80
www.lasabline.fr

Mer, ven, sam : 10h-12h, 14h-17h (petites vac : mar au sam)
Haute saison : tlj sauf lun : 10h-12h et 14h-18h. Tarif 3 €.

Situé dans un bâtiment contemporain, ce petit musée de la préhistoire possède des trésors. Non loin de là, près de l'étang, il y a 14 000 ans, une douzaine de grottes, dont celle de la Marche, étaient habitées. Un nombre conséquent de matériels, dont des milliers de pierres gravées, y a été trouvé lors de fouilles archéologiques. Ce sont quelques exemples de cet ensemble que l'on peut découvrir ici à travers une scénographie moderne et didactique. Les portraits gravés nous surprennent par l'expressivité des visages, parfois presque caricaturaux. De nombreuses questions restent encore sans réponses autour des tablettes pariétales, mais quel plaisir de déjà pouvoir les contempler en famille.

GASTRONOMIQUE

LES ORANGERIES

12, avenue Docteur-Dupont ✆ 05 49 84 07 07
www.lesorangeries.fr

Du mardi au vendredi midi et soir ; samedi soir ; dimanche midi.
Haute saison : tlj midi et soir. Menus de 24 € à 50 €.

C'est tout un art de vivre qui vous est proposé aux Orangeries. De l'atmosphère bucolique qui se dégage de cette splendide et charmante maison de campagne rénovée du XVIIIe siècle, jusqu'au plaisir des yeux et des saveurs offerts avec délicatesse dans votre assiette. La cuisine féminine d'Olivia Gautier est audacieuse et élaborée. Ici, le fait maison est certifié par le label Maître Restaurateur. Tout est réalisé avec soin et sens : les produits sélectionnés sont bio et issus de producteurs fermiers locaux. Le restaurant fait partie des bonnes tables gastronomiques du département. Profitez de la terrasse et du jardin et prolongez pourquoi pas cette halte par une nuit dans l'hôtel !

SITE ARCHÉOLOGIQUE

GROTTES PRÉHISTORIQUES

21, Route de Montmorillon ✆ 05 49 83 39 83
www.lasabline.fr

Uniquement accessible via les visites guidées du musées.
Adulte : 5 €. Tarif réduit : 2,50€. Gratuit - de 4 ans.

Une douzaine de grottes préhistoriques ont été découvertes autour de Lussac-les-Châteaux. Dans les grottes des Fadets et de la Marche, des milliers de tablettes sculptées ont été mises au jour. Aujourd'hui sur des propriétés privées, on ne peut les visiter que lors des visites commentées proposées par le Musée de la Préhistoire. Surveillez l'agenda du musée pour vous inscrire à l'une d'entre elles. Après une découverte des collections et donc des fameuses tablettes, vous vous rendrez dans les grottes situées à 10 minutes à pied environ. Dans les grottes, ni gravures ni foyers préhistoriques, mais grâce au talent de votre guide, vous n'aurez aucun mal à les imaginer, là, dans l'ombre.

Le nom de cette petite ville est à lui seul une belle incitation à la visite : « mire beau », c'est évidemment l'endroit d'où l'on mire loin. Mirebeau se dresse effectivement sur la colline de Tuffeau, à 152 m d'altitude, dominant de vastes étendues au carrefour du Poitou, de la Touraine et de l'Anjou. Forteresse légendaire depuis le Moyen Âge – le trésor d'Aliénor d'Aquitaine y serait enfoui –, elle conserve les traces du donjon, dit « la cuve d'Anjou », que le comte Foulques Nerra construisit. Dans son musée du Haut-Poitou, les outils anciens et les objets de la vie quotidienne de nos campagnes nous apprennent les traditions artisanales et agricoles de la région. Depuis huit siècles, Mirebeau est le pôle d'excellence du baudet, l'âne poitevin réputé pour sa vigueur au travail. Et si vous parlez d'ânes aux habitants, ils risquent de répondre malicieusement : « O l'en passe pus qu'o l'en reste ».

SITE DE DÉCOUVERTE

LES BAUDETS DU POITOU

✆ 05 49 01 48 61

Le baudet du Poitou, emblématique de Mirebeau, est la plus ancienne race d'ânes française. C'est un animal endurant et robuste qui servait aux labours et à porter des charges. On le dit têtu, mais il est plutôt peureux, et lorsqu'il s'arrête tout à coup, ce n'est pas qu'il fait sa mauvaise tête, mais qu'il a peur. Mal peigné avec ses poils « bourailloux », il n'en est pas moins attachant. Vous pourrez en voir à Varennes, à l'étang de Saint-Martin. Vous pourrez aussi profiter de l'agréable promenade autour de ce plan d'eau. Sachez qu'aujourd'hui, la race est sauvée qui était en voie de disparition. Une asinerie, en Charente-Maritime, veille scrupuleusement à la pérennité de ces animaux.

EDIFICE RELIGIEUX

CALVAIRE DE GÂTINE

✆ 05 49 01 48 61

Ce calvaire a été construit en 1910 par l'abbé Vachère. Il représente un tableau du Chemin de Croix. Sur un rocher reconstitué, vous verrez des statues monumentales ainsi que 3 croix avec un Christ auréolé et deux autres personnages crucifiés. Au pied du rocher se trouvent une Vierge et des statues plus petites que les précédentes. La légende dit qu'en 1912, des soldats auraient vu du sang couler de la Vierge et du Christ. A Mirebeau, prendre la direction de Champigny-le-Sec. Attention, seul un petit panneau blanc vous indiquera l'emplacement du monument situé en plein milieu d'un champ. Garez-vous au bord de la route et empruntez un petit chemin qui commence par un escalier.

FONTAINE

FONTAINE AUX FEMMES

✆ 05 49 01 48 61

Voici la plus jolie fontaine de Mirebeau, située à environ 1,5 km du centre du village, près du lieu-dit La Roche-Bridier. Protégée – d'un côté – du regard par une jolie accolade de pierres, il s'agit d'une fontaine couverte avec une toiture de tuiles à deux noues. Son bassin, en pierre de tuffeau, est octogonal, et on y accède par deux petits escaliers. Entre les XVe et XIXe siècles, les lépreuses venaient s'y approvisionner en eau, voire s'y laver. L'eau provient de la source Le Chaudour. Un espace enherbé et équipé d'une table permet un agréable pique-nique dans ce petit coin de campagne reposant, à l'écart des habitations. Installez-vous, profitez du lieu !

SITE DE DÉCOUVERTE

PRIEURÉ SAINT-ANDRÉ

1, place de la république
✆ 05 49 50 40 53
www.prieuresaintandre.fr

Très joli bâtiment situé dans le bourg, rue Pasteur, ce prieuré bénédictin, rare pour la région, a été fondé en 1 052. Certes, il ne se visite pas en dehors des Journées du Patrimoine (salle capitulaire du XIIIe siècle, en pierres calcaires, remarquable avec ses voûtes gothiques bombées), mais vous pouvez contempler, de l'extérieur, sa poivrière très originale et l'église Saint-André, entièrement rénovée, qui lui est accolée, reliée par une porte percée dans le bas-côté sud et ouverte sur une petite galerie. L'église n'est plus consacrée, mais peut se louer pour des fêtes de mariage et est ouverte aux expositions et aux spectacles. Un lieu magique pour vos événements !

Montmorillon est une petite ville d'environ 7000 habitants, baignée par les eaux de la Gartempe. Le centre historique est assez facile à visiter à partir du Vieux Pont (XVe-XIXe siècles). De ce dernier, on profite d'une excellente vue sur l'église Notre-Dame (XIe siècle). Sur la rive ouest, à partir de la rue Montebello et en direction de la motte féodale, commence la Cité de l'Ecrit et des Métiers du Livre (www.citedelecrit.fr), installée depuis 2000 dans le quartier le plus ancien de la ville. C'est ici que l'animation est la plus importante. Plus de vingt boutiques de libraires, bouquinistes et métiers d'art y sont regroupés. En dehors des points déjà cités ci-dessus, on peut aller voir, sur la rive ouest : la maison-Dieu (XIe siècle) et ses divers bâtiments ; sur la rive est, le vieux palais (XVe siècle) et l'église Saint-Martial (XIXe siècle). Enfin, la capitale du macaron ne pouvait faire autrement que d'avoir un musée qui lui soit consacré. Ce musée étant installé dans une pâtisserie, on pourra goûter sur place aux fameuses friandises !

À EMPORTER

COCOTTE AND CO

52, boulevard de Strasbourg
✆ 05 49 48 99 56

Ouvert du mardi au vendredi de 9h à 14h et de 17h30 à 21h ; le samedi jusqu'à 22h30 ; le dimanche de 17h30 à 21h.

Immanquable car postée devant le cinéma, cette entreprise familiale est l'endroit où se restaurer avant ou après un bon film. Derrière le comptoir, Caroline Matos. La volaille est sa spécialité. Elle concocte des burgers au poulet (ou au bœuf), des seaux de nuggets et des plats cuisinés comme le poulet sauce mangue et crevettes... Il y a aussi des *fish & chips*, des paninis et des plats du jour. On a du mal à croire que toutes ces bonnes choses puissent tenir sur les étagères de la vitrine. Et pourtant si ! Le poulailler, lui, nous plonge dans une atmosphère vintage à l'américaine. Attention ! Pas de lieux d'aisances ici. Rendez-vous aux WC municipaux plus haut.

BAR À BIÈRE

LA TRAPPE AUX LIVRES

18, place du Vieux-Marché
✆ 05 49 84 98 15

Ouvert toute l'année. Du mardi au samedi de 15h à 2h ; le dimanche de 15h à 20h. Terrasse. Concerts

C'est au cœur de la Cité de l'Ecrit que l'on découvre ce bar aux deux visages : la journée on se désaltère parmi un choix de 120 bières du monde, le tout dans un décor feutré et boisé, aux rayonnages emplis de livres – disponibles à la vente ou pour une simple consultation. Billard, flipper, fléchettes y ont aussi leur place, à moins de préférer des jeux de société mis à disposition. Dans l'après-midi, on se retire sur la terrasse ombragée à l'arrière de l'établissement. Seul bar ouvert le soir à Montmorillon, La trappe aux livres propose des concerts, plutôt pop-rock, les soirs de week-end. Vous pourrez peut-être même tomber sur le groupe du patron de l'établissement : les Divin Hurts !

ARTS DE LA TABLE

À PAS DE LOU

13, rue du Vieux Pont
✆ 05 49 83 80 99

du mardi au samedi de 10h-12h30 et de 15h-19h. Ouvert le dimanche en haute saison et pendant les fêtes de fin d'année.

C'est une vraie caverne d'Ali Baba que l'on découvre à pas de loup lorsque l'on pénètre dans cette ancienne épicerie devenue épicerie à jouets et d'objets de décoration. Un petit musée en somme où l'on peut tout acheter. Pas à pas, les salles se dévoilent les unes après les autres, tantôt à gauche, en face, trois marches plus bas et deux étages plus haut... Heureusement que Valérie est là pour nous aiguiller dans ce joli labyrinthe. Elle connaît la boutique comme sa poche. La preuve : elle est dans les murs depuis ses 14 ans. Articles pour bébé, jouets en bois, vêtements, objets de décoration, vaisselle, suspensions. Tout pour relooker votre intérieur avec style !

COFFEE SHOP ET SALON DE THÉ

LA TERRASSE

8, rue du Vieux-Pont
✆ 05 49 48 28 43

Le mardi et du jeudi au dimanche de 15h à 18h. Le mercredi de 10h à 13h et de 14h à 18h.

C'est l'heure du thé à Montmorillon et on se rend à La Terrasse. L'endroit est idéal pour le *tea time* à l'heure du goûter. Kim Stupple saura combler vos envies de thé et de gourmandises avec ses gâteaux à la banane et aux noix, au citron ou au chocolat. Et que dire des fameux scones ? Ici, tout est fait maison eh oui, on vous l'assure, vous êtes toujours à Montmorillon. Mais de ce côté-là du pont, il flotte dans l'air un accent *so british*. La décoration de la salle est dans le ton, très... verte et fleurie - *lovely* -, mais ce qui nous a le plus plu c'est la fameuse terrasse avec vue sur le pont qui enjambe la Gartempe et la Cité médiévale. Et avec cela, vous prendrez bien une tasse de thé ?

COWORKING

L'ELAN, ESPACE COWORKING

17, grand'rue ✆ 06 71 58 98 36
www.elan-coworking.fr
Adhésion : 15 € / an. Location bureau : 4 € / h, 15 € / j. Formule 3 mois min : 100 € 1j / semaine à 200 € 4j / semaine.

Pour donner de l'élan à votre entreprise, adoptez le nouvel espace de coworking de Montmorillon. Créé par trois entrepreneuses dynamiques, lassées de travailler seules à leur domicile, le lieu est ouvert à tous les indépendants, employés, fonctionnaires, étudiants... en quête d'un bureau pour une heure, pour une journée ou au quotidien, de compagnie et d'un excellent accès internet. L'élan est spacieux, la décoration moderne et les bureaux en bois massif splendides : un véritable espace cosy et chaleureux où l'on a tout de suite envie de brancher son ordinateur. Les profils des adhérents sont variés. On y mutualise ses ressources, y étend son réseau et pourquoi pas, y crée du business.

GASTRONOMIQUE

LE LUCULLUS

4, boulevard de Strasbourg ✆ 05 49 84 09 09
www.hoteldefrance-lelucullus.fr
Resto ouvert du mercredi au dimanche midi. Bistrot ouvert du dimanche soir au vendredi midi. Menus 15 à 25 €.

Côté bistrot ou côté restaurant ? Il ne vous reste plus qu'à choisir. Au restaurant, la salle est apaisante et lumineuse, côté bistrot, on se love dans des fauteuils de velours aux couleurs mauves. Nos papilles sont délectées dès notre arrivée par des amuse-bouches proposés par le chef Alban Galpin. Le menu du terroir est particulièrement savoureux : il met à l'honneur les produits locaux et les sublime dans un juste équilibre entre le traditionnel et le contemporain. Les textures et les couleurs font de l'assiette un objet d'art que l'on contemple avant de déguster. Le menu végétarien n'est pas laissé pour compte et en ferait presque pâlir les autres ! Une belle adresse dans la région !

EDIFICE RELIGIEUX

CHAPELLE SAINT-LAURENT

Rue des Augustins
✆ 05 49 91 11 96
www.sudviennepoitou.com
Visites : se renseigner auprès de l'Office du tourisme.

La chapelle appartient à l'ensemble de la Maison-Dieu. Ancien hôpital-monastère, le bâtiment se pare d'une façade et d'un clocher conservés depuis sa création au XIIe siècle. Ses modillons parfois burlesques montrent toute la facétie du sculpteur. A l'intérieur, on découvre un décor de peintures murales réalisé au XIXe siècle, au moment de la transformation de l'édifice en chapelle du petit séminaire. Levez la tête et admirez la coupole recouverte d'anges peints ainsi que les figures de la Vierge, de saint Joseph, des pères de l'Eglise, ainsi que de vingt-six saints et saintes du Poitou. A l'intérieur, une dalle rappelle qu'ici fut enterré Etienne de Vignolles, fidèle écuyer de Jeanne d'Arc.

CRÉATEUR

L'EPHÉMÈRE PERPÉTUEL

5, boulevard de Strasbourg
✆ 06 33 74 49 21
Ouvert du mercredi au samedi de 10h à 19h ; le dimanche de 10h à 18h.

© PS EXPRESS

Les boutiques de créateurs fleurissent et Montmorillon n'échappe pas à la règle pour notre plus grand bonheur. Comme son nom l'indique, ne vous attendez jamais à trouver la même chose dans cette charmante boutique. Véritable mine d'or pour dénicher des idées cadeaux, L'éphémère perpétuel est à l'initiative d'Alice Bioche, productrice de savons au lait d'ânesses et de l'illustratrice Jocelyne Marq. Il sera difficile de résister face à ces jolis vêtements et pièces de maroquinerie, ces objets de décoration en tous genres et ces savons si doux. Une vingtaine d'artisans se partagent les lieux et vous accueillent tour à tour à la boutique pour vous présenter leurs pièces.

LIBRAIRIE

THE GLASS KEY

7, rue de la Poêlerie ✆ 05 49 48 14 55
Avril à septembre : mardi au samedi : 10h30-12h30 et 14h-18h30. Dimanche après-midi. Hors saison : mercredi au dimanche.

Dans la région, beaucoup de touristes d'outre-Manche ont eu le coup de cœur pour les petits villages médiévaux. Différents commerces ont ainsi vu le jour comme cette charmante librairie d'occasion spécialisée dans la langue anglaise. James et Patsy Fraser, tous deux issus du milieu de l'édition, vivaient entre Londres et le Yorkshire avant de venir s'installer en Vienne en 2008. Ici, tous les livres s'adressent aux lecteurs à l'aise avec la langue de Shakespeare. Spécialisée aussi dans les livres de voyage, les romans et la poésie, la librairie entrepose sur ses rayonnages de nombreux thrillers, de la science-fiction, des livres de cuisine, de la littérature pour enfant...

MONUMENTS & ÉDIFICES

L'OCTOGONE

Rue Fontaine des miracles
✆ 05 49 91 11 96
Visites : se renseigner auprès de l'Office du tourisme.

© JIMJAG - STOCK.ADOBE.COM

Observez la forme de l'édifice. Le chiffre huit évoque la Résurrection. L'Octogone fut initialement chapelle de cimetière. Monument le plus original du Montmorillonnais – il n'en existe que deux en Europe –, il est classé sur la liste des Monuments historiques depuis 1840. Construit au XIIe siècle, il avait une double fonction : sa partie supérieure accueillait une chapelle liée au culte des défunts tandis que la partie inférieure abritait l'ossuaire du cimetière dans l'attente de la résurrection promise. L'entrée est ornée d'une corniche de modillons et de quatre statues. En empruntant ses escaliers, vous découvrirez le nœud souterrain des galeries qui reliaient divers points de la ville.

MICRO-BRASSERIE

BIÈRES DE MONTMORILLON

23 bis, rue des Métiers ✆ 06 66 73 84 26
www.bieresdemontmorillon.fr
Visite de la brasserie sur rendez-vous. Gratuit. Boutique. Location de tireuse.

Quelle histoire ! Saviez-vous que la brasserie de Montmorillon date de 1843, qu'elle était implantée à Saulgé et qu'elle était la plus vendue de la France libre pendant l'occupation allemande avant de fermer dans les années 60 ? Nous non plus. C'est François Guillon, le jeune entrepreneur qui a décidé de redonner aux Montmorillonnais leur bière, qui nous l'a appris. Il n'a pas réussi à remettre la main sur la recette d'origine (elle ne serait probablement plus à notre goût aujourd'hui) mais il espère lui rendre ses lettres de noblesse. Désormais, la brasserie produit de la bière bio. Cinq pour être précis et quelques éphémères au fil des saisons. Il vous attend de pied ferme à la brasserie !

MUSÉE

MUSÉE DU MACARON

32, boulevard de Strasbourg ✆ 05 49 83 03 38
www.museedumacaron.com
Lun.-sam : 9h30-12h et 14h-18h. Dim. et jrs fériés : 10h-12h et 15h30-18h. Juil.-août : dès 14h30. Adulte : 3,50 €.

Dans la dure guerre qui sévit depuis des générations entre le macaron traditionnel et le macaron de Montmorillon, notre cœur penche pour le second... Avec toutes nos excuses pour les partisans du premier. Sans doute ne les ont-ils pas goûtés... Si tel était le cas (nous n'osons y croire), ruez-vous chez votre revendeur le plus proche ! Dans ce musée, vous retrouverez l'histoire de l'amande et du macaron depuis sa naissance il y a 100 ans à travers de nombreuses thématiques : culture de l'amande, confection, bienfaits du fruit. Vous saurez tout sur les macarons à la recette secrète inchangée, grâce aux supports visuels, sonores (!) et gustatifs (!). À visiter et à apprécier sans plus tarder.

LE ROMAN DES SAVEURS

2, rue Montebello
✆ 05 49 91 52 06
www.leromandessaveurs.com
Du lundi au samedi : 12h-14h et 19h30-22h ; dimanche midi : 12h-14h. Formule midi : 13 €. Menus de 17,50 € à 29 €.

La vue vous régalera autant que ce qui vous sera servi dans l'assiette. Ce restaurant rustique ne dispose pas de terrasse. Pourtant, les quatre salles ouvrent sur des baies vitrées qui donnent à voir le Vieux Pont et la Gartempe. Commencez par le Saulgé, l'apéritif du chef, à base de vin blanc, de saulge et de cognac. Les bons mangeurs choisiront le menu découverte : six assiettes surprises choisies par le chef. Aumônière de gésiers, filet mignon au foie gras, sauce pain d'épices : la cuisine est généreuse. Chaque jour, les nouvelles suggestions vous seront contées tel un roman. On adore : dans l'entrée, les frigos de l'époque de l'ancienne boucherie ouverte en 1927 fonctionnent encore !

SITE DE DÉCOUVERTE

LA PRÉFACE

3, rue Bernard Harent ✆ 05 49 83 03 03
www.citedelecrit.fr
Ouvert tous les jours de 11h à 18h. Jusqu'à 18h30 en juillet et août 10h30 à 19h

A l'image de celle d'un livre, la Préface sera votre point de départ au cœur de la Cité de l'Ecrit. C'est là que vous dégotterez les infos pratiques pour parfaire votre visite. Inauguré en 2000 par Régine Deforges, c'est le seul site du genre en Nouvelle-Aquitaine. Au fil de ses rues se sont installées des échoppes consacrées à l'artisanat et aux métiers du livre. La Cité de l'Ecrit réunit libraires et bouquinistes passionnés, de tous les univers. Les férus de littérature et les amoureux des beaux livres sont ravis de trouver des merveilles, les autres profitent d'un patrimoine riche en histoire. L'été, à 15h30, rendez-vous chez les artisans pour des démonstrations de leur savoir-faire.

Ici, on voit loin : au centre d'une vaste plaine, Neuville-de-Poitou distille son charme discret de capitale viticole. Le vignoble du Haut-Poitou remontant au moins à l'an 276 était très réputé au XIIe siècle. Malgré leur saccage dû aux diverses guerres et aux maladies provoquées par les insectes, les vignes ont aujourd'hui reconquis l'espace et la production s'est développée. Du vin oui, mais de la bière aussi puisqu'il n'est plus la peine de présenter la Brasserie de Bellefois. 507, 1356, 732, en boutique ou directement sur place, on révise ses cours d'histoire avec ses bières qui portent pour nom les dates des célèbres batailles poitevines. La petite ville, située au cœur de la zone d'appellation du Haut-Poitou, se montre accueillante et sans esbroufe aucune. L'Huilerie de Neuville, l'incontournable rendez-vous annuel du festival de jazz ainsi que l'équipe de motoball contribuent à sa renommée. On y respire et il fait bon y vivre.

BISTROT - BRASSERIE

PICTAVINO

1, boulevard Gambetta ✆ 05 16 83 24 20
www.pictavino.eatbu.com
Lun : 10h-15h. Mar, mer : 10h-20h (été : 22h) ; jeu, ven, sam : 10h-22h (été : 0h). Formule du midi : 14,90 €. Terrasse.

L'endroit est récent et déjà très prisé. Passionné d'œnologie, Bruno Berruet est avant tout un épicurien. En créant Pictavino, il voulait créer un établissement convivial, un repère pour les gourmands, les amateurs de bons vins et les copains. Et c'est réussi, à tel point qu'il vaut mieux penser à réserver si on veut en profiter. La signature de la maison ? Les planches ! Les planches apéritives, à partager entre amis, charcut', fromage, saumon fumé et foie gras maison... mais aussi les planches du midi (copieuses salades ou plat du jour). Dans la cave, 500 références de vins de copains et de vins gourmands que l'on peut choisir de déguster pendant son dîner ou de rapporter à la maison.

BRASSERIE

BRASSERIE DE BELLEFOIS

51, route de Clan ✆ 05 49 58 33 50
www.brasserie-de-bellefois.fr
Du mardi au vendredi : 14h-19h ; le samedi : 10h-12h et 14h-19h. Boutique transférée rue Robert Schuman courant 2020.

La brasserie historique de la Vienne, créée en 2003 sur les terres viticoles du Haut Poitou, continue à émoustiller les papilles et à marquer de son empreinte son territoire. L'énergie de Pascal Pouilly, son pragmatisme et son ambition bien dosée ont permis un développement serein et conséquent de la brasserie. Dernières réalisations en date, côté bières : la création d'une gamme bio et d'une impérial stout ; côté investissement : un nouveau site pour assurer le développement des projets commerciaux et techniques. Car des projets, la brasserie de Bellefois en a toujours plein les tiroirs, toujours dans une logique d'approvisionnement et de distribution en circuits courts.

BISTROT - BRASSERIE

LA TABLE DE BELLEFOIS

51, route de Clan ✆ 05 49 59 40 32
www.latabledebellefois.com
Midi : du mardi au vendredi et dimanche. Soir : du jeudi au samedi. Juillet et août : ouvert mardi et mercredi soir.

Sur le lieu-dit de Bellefois, il est une table à ne pas manquer. Niché dans une ancienne bâtisse aux poutres et pierres apparentes, ce restaurant aux airs rustiques offre une cuisine traditionnelle savoureuse. Ses propriétaires, Manuela et Ludovic Salmon, y pratiquent une cuisine de saison. Sur la carte renouvelée tous les deux mois, les plats sont variés et les intitulés plus alléchants les uns que les autres. Le chef aime les produits locaux, les respecte, les met en valeur dans des assiettes joliment présentées. L'été, il est très agréable de s'installer en terrasse dans le patio ombragé. En couple ou en groupe, bonne dégustation à La table de Bellefois !

CUEILLETTE

LE JARDIN DES SAVEURS

75, rue Armand Caillard
✆ 05 49 56 95 92
www.jardindessaveurs.com
Mi-mai à mi-sept : lundi 15h-19h30, du mardi au samedi 9h-12h, 15h-19h30. Horaires variables de mi-sept à fin octobre.

Au Jardin des Saveurs, vous trouverez des fruits et des légumes de saison à foison. La cueillette se fait en libre-service de la mi-mai jusqu'à la fin du mois d'octobre. Chez soi, l'espace manque parfois pour créer son propre potager, et l'on a souvent beau essayer de récolter ce que l'on sème, il faut bien se rendre à l'évidence : le savoir-faire d'un maraîcher ne s'improvise pas. Muni de votre panier, venez cueillir ce qu'il vous plaira. Chaque jour, Patrick Pierre et son frère mettent en ligne sur leur site Internet les fruits et légumes mûrs pour la cueillette. Vous n'avez pas fini de varier les plaisirs ! Un vrai bonheur sous forme de retour à notre état de cueilleur.

FLEURISTE

FLEURS À L'INFINI

17, place Joffre ✆ 05 49 45 54 70
www.fleurs-a-linfini.fr
Du mardi au jeudi 9h-12h30 et 15h-19h, vendredi et samedi de 9h à 12h30 et de 15h à 19h30 ; le dimanche de 9h à 12h30

Justine figure de vrais arbres dans sa déco avec de gigantesques bois morts qu'elle récupère dans les forêts, parsème son espace de rondins et de caisses en bois où sont posées des fleurs coupées, et expose ses attrape-rêves et d'autres de ses créations en macramé et fleurs séchées. On sent ici une volonté de recourir à la nature et de rendre les fleurs à la Terre-Mère. Et des fleurs, il y en a à foison, toujours plus originales et sans cesse renouvelées, selon l'enthousiasme de notre jeune fleuriste qui semble avoir mille idées à la minute. Pivoines, campanules, gentianes, pavots... mêlent ainsi leur joliesse et leur diversité chromatique. Des fleurs à l'infini, on vous avait prévenus !

HUILE D'OLIVE

HUILERIE DE NEUVILLE

2, rue Robert Schuman ✆ 05 49 51 20 16
www.huilerie-de-neuville.com
Ouvert du mardi au samedi de 9h à 18h30. Visite du mardi au samedi : 10h30 - 11h30 - 14h30 - 15h30 ou sur rendez-vous.

A l'huilerie de Neuville, on broie la noix depuis 1850 ! Ce véritable produit de la gastronomie poitevine est mis à l'honneur grâce à un savoir-faire ancestral qui peut être découvert au travers de visites et dégustations gratuites. Aujourd'hui, la grosse meule de pierre et les presses hydrauliques ne broient plus seulement la noix, mais d'autres fruits à coque tels que la noisette, l'amande ou la cacahuète. La maison fabrique et vend aussi des fleurs de sel, des moutardes et des vinaigres de fruits et de légumes (framboise, figue, fruit de la passion, poivron, tomate/basilic...). On craque pour les produits locaux, provençaux et les jolis coffrets. Le tout peut aussi s'acquérir en ligne.

IMPRESSION / REPROGRAPHIE / PHOTOCOPIE

DD DU PWATOO

32, rue Robert Schuman
✆ 05 49 01 42 63
Ouvert le lundi : 9h-12h et 14h-18h ; mardi au vendredi : 9h-12h et de 14h-19h ; le samedi : 10h-12h et 15h-18h.

DD du Pwatoo est un gentil *baudet-det* échevelé, né sous la patte du graphiste Jean-Philippe Vriet. Depuis 2014, on peut dire qu'avec lui on est benaise ! Le baudet se montre à l'envi sur des tee-shirts, chapeaux tressés, charentaises, stylos-carottes et autres goodies..., ainsi que sur toute une gamme alimentaire dont une bière de Bellefois ou des rillettes de la maison Mitteault créées spécialement pour lui. DD, toujours avec sa langue verte (on raconte qu'il aurait mangé trop d'herbe), est une effigie fun et décalée de cet attachant animal, on aime à la fois la symbolique du concept (parce qu'on est un peu chauvins, ben qwâ ?) et l'esprit de dérision qu'il y a derrière.

LAINE

LES FILLES S'EMBOBINENT

24, place Joffre ✆ 05 49 42 08 52
www.lesfillessembobinent.com
Ouverture du mardi au samedi de 9h30 à 12h15 et de 14h30 à 18h30 ; le dimanche de 9h30 à 12h15. Boutique en ligne

Depuis cinq ans, Laetitia et Céline nous embobinent. Aussitôt franchie la porte de leur boutique, on plonge dans l'univers doux et raffiné des deux créatrices. On apprécie le large choix de tissus, de pelotes et de bobines qu'elles proposent, toujours dans l'air du temps et à prix abordables. Les accessoires sont la spécialité des filles, elles exposent en vitrine d'adorables sacs, pochettes et autres confections zéro déchet. Toujours prêtes à vous donner de précieux conseils, les filles vous ouvrent les portes de leur atelier pour des sessions couture tous les samedis et vous invitent une fois par mois à une soirée tricot. Tout se retrouve aussi sur la boutique en ligne.

MARCHÉS - HALLES

MARCHE DE NEUVILLE-DE-POITOU

20, place Joffre
Tous les jeudis et dimanches matin.

Ne manquez pas d'aller faire un tour les jeudis ou dimanches matin au marché de Neuville l'un des plus célèbres et appréciés de la Vienne. Sur la place de la mairie et dans les nouvelles halles (inaugurées en 2015), les commerçants installent dès l'aube leurs étals, puis vers huit heures le petit bourg s'anime et voit ses premiers clients arriver. Agrestes et traditionnels, certains bancs sont devenus de véritables institutions : il vous faut absolument découvrir le stand d'anguilles grillées de M. Vitet ou encore goûter les rillettes médaillées de M. Dupont !

MUSIQUE

PATRICK PENAUD - ARTISAN LUTHIER

43 bis, rue Armand Caillard ✆ 06 20 38 68 21
www.penaud-luthier.fr
Ouvert du mardi au vendredi de 10h à 12h et de 14h à 18h. Et sur rendez-vous les lundis et samedis.

On pousse la porte de son atelier et on s'émerveille ! Patrick Penaud est un passionné : de bois et de guitares, une passion qu'il concilie habilement dans son métier de luthier. Il crée de véritables chefs-d'œuvre, ces guitares acoustiques qui ont fait sa renommée. Dans son atelier il crée, il répare et il redonne vie. Et on vient de loin pour profiter de son expertise et de son savoir-faire. Tout instrument à cordes pincées passe ainsi entre ses mains de fée ou faudrait-il dire de magicien ?

Des visites de son atelier sont aussi organisées pour 10 personnes minimum.

INTERVIEW

NEUVILLE-DE-POITOU

UNE COMMUNE PLEINE DE VIE

La situation géographique de Neuville-de-Poitou est un atout certain pour son développement, à proximité de Poitiers et à l'intersection de deux routes qui irriguent les 4 points cardinaux. Pour autant, son attractivité est loin de se limiter à ce seul argument. Séverine Saint-Pé, maire depuis 2014, nous présente avec enthousiasme les forces de sa commune.

Pouvez-vous qualifier Neuville en un adjectif ?

Dynamique ! Le tissu économique est très riche. Il y a autant de personnes qui travaillent sur la commune que d'habitants qui vont travailler à l'extérieur. Autant dire que la commune vit du matin au soir. D'autant que l'activité commerciale du cœur de bourg est dense : 3 boulangeries, 3 cafés, 2 bijouteries, 2 bouchers, 2 fleuristes, une mercerie, une boutique de créateurs… de quoi satisfaire l'essentiel des besoins des 5 000 habitants. A côte de ces commerces indépendants et des nombreux artisans, des entreprises de poids sont nées et ont grandi à Neuville : APE Etiquette, INEO, l'Huilerie et la brasserie de Bellefois, le célèbre DD du Pwatoo… Sans parler de nos deux marchés hebdomadaires, dont celui du dimanche qui est l'un des plus importants du département.

Quelles sont les caractéristiques de la population neuvilloise ?

Beaucoup d'enfants, 1 500 ! Cette population familiale amène de la vie et un tissu associatif très riche : plus de 80 associations ! A Neuville, on peut tout faire, ou presque, du théâtre, du tennis de table, du football bien sûr avec une équipe fanion en Nationale 3 et même du motoball, avec une équipe championne de France en titre ! Neuville compte aussi beaucoup de personnes de plus de 65 ans. Une sur-représentation par rapport aux communes alentour qui s'explique par la concentration de services à la personne, dont une supérette et un centre de soins.

Quel est le fil rouge de l'équipe municipale ?

Nous souhaitons continuer à développer l'attractivité de notre commune en nous inscrivant dans une démarche de développement durable. Nous poursuivons la dynamique urbaine engagée, avec la réouverture de quartiers à urbaniser et la réhabilitation de friches industrielles et commerciales en favorisant les cheminements doux. Parallèlement à ces investissements structurants, nous souhaitons œuvrer au bien-être quotidien de chacun avec un jardin partagé, une politique de réduction des déchets, de l'éco-pâturage… pour que l'attractivité de Neuville se vérifie chaque jour !

› MAIRIE

1, place Joffre

✆ 05 49 51 20 44 www.neuville-de-poitou.com

© MOTOBALL CLUB NEUVILLOIS

© CAN NEUVILLE-DE-POITOU

© VILLE DE NEUVILLE-DE-POITOU

Etre inscrite sur la liste des édifices classés au Patrimoine mondial de l'humanité, ce n'est pas rien quand même ! L'église de Saint-Savin possède un joyau : ses peintures murales qu'on ne se lasse pas de voir et de revoir à l'occasion d'une visite en famille, entre amis, d'un atelier de méditation, d'œnologie ou même d'une initiation à la fresque. Saint-Savin est aussi le point de départ de la Vallée des Fresques, une balade époustouflante de couleurs et de savoir-faire. Sur une vingtaine de kilomètres le long de la Gartempe, en passant par Antigny, Jouhet, Montmorillon et jusqu'à Saulgé, on retrouve dix monuments qui ont su, malgré les années, conserver des peintures murales exceptionnelles. L'été, ces sites sont mis en valeur grâce à un programme culturel : Les Frasques de la Vallée des Fresques. Théâtre, cirque, clowneries acrobatiques, marionnettes, spectacle de rue, l'occasion de découvrir le patrimoine sous un autre jour.

EDIFICE RELIGIEUX

ABBAYE DE SAINT-SAVIN

22, Place de la Libération
✆ 05 49 84 30 00
www.abbaye-saint-savin.fr
Gratuit jusqu'à 8 ans. Adulte : 10 € (entrée + tablette numérique). Tarif réduit : 8 €. Visite guidée : 12 €.

© FRANCOIS - STOCK.ADOBE.COM

Les peintures murales de l'église romane (le plus grand ensemble d'Europe) sont un véritable trésor du XIe siècle, classées au Patrimoine mondial de l'Unesco en 1983. Une cinquantaine d'épisodes de l'Ancien Testament sont représentés sur la voûte de la nef, dont la célèbre Arche de Noé. Nous vous conseillons une visite guidée qui certes vous cassera le cou, mais vous donnera accès au parcours de lecture complexe des peintures imaginé par les moines. Vous pouvez préférer la formule avec tablette tactile qui vous permet d'avoir les détails sous les yeux. L'ensemble du site comprend une église abbatiale, un bâtiment conventuel, un jardin-terrasse et un logis abbatial.

BURGER

FA SI LA MANGER

32, place de la Libération ✆ 06 14 45 02 65
https://fa-si-la-manger.business.site/?utm_source=tripadvisor&utm_medium=referral
Mai à fin août : lun au ven : 10h-14h, 17h-23h. Week-end : en continu. De sept à fin avr : lun, mer, dim. Plat : 13 €.

Une chose est sûre : quand ce qu'on vous sert est bon, c'est plus fa-ci-le de le manger. Sur la place de Saint-Savin, Stéphane a installé un snack de grande qualité. Les croques et les burgers (sur place ou à emporter) sont très copieusement servis à l'assiette. Réalisés devant vos yeux, ils sont moelleux et bien assaisonnés. Viande du boucher, bières artisanales et frites maison : tout pour ravir nos papilles. Le clou du spectacle, c'est le dessert : la glace thaïe. Levez-vous et allez assister au show donné sur une plancha à -30 °C. Choisissez un fruit (de saison), un gâteau, ou les deux. Le geste est rapide, la technique surprenante ! Il n'y a plus qu'à déguster. Bon et décontracté !

LE PÂTISSON

52, place de la République
✆ 05 49 84 14 73
www.restaurant-le-patisson.fr
Le midi sauf le mercredi. Ouvert le jeudi, vendredi et samedi soir dès 19h. Menus dès 21 €. Formule midi : 12 €.

Ici, on épluche, on râpe, on coupe, on fait mijoter... Le chef, Gérard Roffet (plus de 25 ans d'expérience) concocte de A à Z des plats simples et authentiques, secondé par Madame qui sert en salle. Dans ce restaurant traditionnel de trois salles (privatisables pour des groupes en fonction du nombre de personnes), l'accueil est chaleureux et bienveillant. Dans l'assiette, foie gras mi-cuit au piment d'Espelette, brochettes de noix de Saint-Jacques à la plancha avec son velouté de safrane ou croustillant au brie de Meaux avec ses fruits secs. La formule du midi présente un excellent rapport qualité-prix avec des plats simples, savoureux et joliment présentés.

Labellisée Village étape, la commune de Vivonne se caractérise par un paysage de plaines vallonnées entourées de bois. Le village est entouré par quatre rivières : le Clain, la Vonne, le Palais et la Clouère, ce qui cause de temps à autres des inondations. Elle doit son nom à François de Vivonne, seigneur de La Châtaigneraie, qui mourut lors d'un duel en 1547. C'est dans l'église de Vivonne que Ravaillac aurait cru recevoir l'ordre d'assassiner Henri IV par Dieu, en personne. Le village reste aujourd'hui une ville commerçante de taille. Un marché s'y tient deux fois par semaine, le mardi et le samedi. Les éditions Terre d'Images qui font paraître le mensuel de photographie *Image & Nature* se situent à Vivonne. Outre son label Village étape obtenu en 2003, elle est également labellisée Station Verte. On peut y pratiquer la randonnée à pied ou à vélo et des balades en kayak.

CAFÉ - THÉ - TISANE

BRIN DE PIERRE

24, grand rue ✆ 06 69 19 77 55
www.brindepierre.wordpresse.com
Ouvert le mardi, le jeudi et le samedi de 9h30 à 12h30 et de 15h à 19h ; le mercredi et le vendredi de 15h à 19h.

Marie est tailleur de pierre. Alors lorsqu'elle a décidé de troquer ses ciseaux pour se consacrer à l'étude des plantes, il était tout naturel d'allier ses deux passions dans le nom de sa charmante herberie située en plein cœur de Vivonne. Herbes pour infusion, pour décoction, prenez-en quelques brins pour vous sentir bien. Une offre de bien-être donc, mais aussi des produits d'épicerie pour répondre à nos besoins du quotidien. Sélectionnés avec soin chez les producteurs, pâtes, céréales et biscuits sont disponibles en vrac. Sur les étagères, huiles, tartinables, conserves, soupes, chocolats permettent de ravitailler le quidam et de faire découvrir aux touristes les productions locales.

ITALIEN ET PIZZERIA

LA SICILIA

47, Grand Rue ✆ 05 49 59 93 70
www.restaurant-vivonne.com
Lundi, mardi, jeudi : 12h-13h45 et 19h-20h45 ; vendredi jusqu'à 21h15. Juillet, août : ouvert midi et soir le dimanche.

Une pâte fine et bien garnie pour profiter de la saveur de chaque ingrédient, voilà les qualités des pizzas de la Sicilia ! Installé sur la place principale de la charmante commune de Vivonne, le restaurant offre aux beaux jours une belle terrasse dans une cour, loin de la circulation. Récemment rénové, l'établissement à la façade noire possède un atout pour les familles : un véritable coin jeux pour les enfants. Dans l'assiette, de bonnes pizzas donc, mais également des galettes, des salades, des pâtes, des bruschettas, quelques plats de viande et le midi, hors été, une formule du jour. Et avec cela ? Un accueil charmant et attentionné. Une parfaite étape lors de votre séjour à Vivonne !

GLISSE

GLISS UP

1, rue de Chanteloup ✆ 05 49 36 83 13
www.gliss-up.fr
Mai, juin : week-end 13h-20h. Juillet, août : tlj 13h-20h. Septembre : week-end 13h-20h. Entrée : 15 €, Enfant : 12 €.

Prêt à faire le grand saut au Water Jump Parc ? A vous de choisir votre arme : bouée, skis, snow, surf, bodyboard... ou rien (enfin votre maillot de bain quand même !). Comme sur les pistes de ski, on vous proposera de débuter par une verte, une bleue, une rouge et... une noire. Oserez-vous la tenter ? Allez, on s'élance sur le tremplin et on s'envoie en l'air ! L'adrénaline est garantie. A vous de jouer. Vous avez une heure pour vous rafraîchir et vous entraîner à retomber avec élégance (ou non) dans les bassins. Certes impressionnant, mais bien sécurisé. Et sinon, que diriez-vous de juste vous rafraîchir à la buvette. C'est moins impressionnant et l'accès y est libre.

LIBRAIRIE

LES JOLIS MOTS

24, Grand-rue
✆ 05 49 53 11 20
Ouvert du mardi au vendredi de 10h à 12h30 et de 14h30 à 18h45 ; le samedi de 15h30 à 18h30.

Un intérieur avec des meubles d'ébénisterie qui se mêlent joliment aux murs blanc et rouge dans un décor soigné, où amuse, au centre, un vrai grand châtaignier-présentoir. Les feuilles des cinq mille livres choisis vous appellent, malicieuses, avec leurs jolis mots dedans. Passionnée par l'objet-livre et ses vertus secrètes, forte en relations humaines, Séverine a créé un espace prisé et ramené, par son conseil avisé, les gens, au plaisir de commander-un-livre-à-la-librairie. Chapeau bas ! Livres pour la jeunesse essentiellement, BD, loisirs créatifs, mais aussi un rayon littérature pour les grands, qui va croissant... Le mercredi et le samedi, les ateliers et les dédicaces s'enchaînent.

VOUILLÉ

Commune d'à peu près 3 500 Vouglaisiens ou Vogladiens, le village de Vouillé doit sa réputation à la bataille du même nom au cours de laquelle, au printemps 507, les Francs vainquirent les Wisigoths. Ces derniers, menés par le roi Alaric II, durent abandonner leurs terres aux vainqueurs, les troupes du roi Clovis. Si le lieu précis de la bataille est contesté, il n'en reste pas moins que c'est ce qui a fait et continue de faire la notoriété du village. En 2007, l'association « Vouillé et son histoire » célébrait le quinzième centenaire de la célèbre bataille. Elle fut quoi qu'il en soit une étape primordiale dans la réunification de la Gaule par Clovis. Vouillé est aujourd'hui une riche commune à l'économie et l'industrie florissantes. Autrefois située sur la rivière Auxances, elle s'étend maintenant sur les deux rives dans une urbanisation aérée.

MAISON EN BOIS

CHARME & DÉCO

4, la Gasse aux Veaux ✆ 05 49 42 85 22
www.charme-et-deco.fr
Ouvert du mardi au samedi de 14h30 à 19h ; le dimanche et les jours fériés de 15h à 19h.

Bonne surprise que cette ferme transformée en maison d'habitation dont les pièces présentent des mises en scène sans cesse réajustées d'objets de décoration soignés et variés, neufs pour la plupart, mais où subsistent encore quelques jolies antiquités. Il vous faudra un bon moment pour découvrir le colossal choix de bijoux, porcelaines, coussins Art de Lys, accessoires pour enfants, vases et miroirs sélectionnés par Gabrielle et proposés à tous les prix. Si comme elle vous avez la folie des lampes, vous craquerez pour un lustre en cristal, une réédition Emile Gallé ou une lampe Tiffany. Les meubles de jardin installés dehors rivalisent d'originalité : gloriettes, méridiennes, girouettes...

LE CHÂTEAU DE PÉRIGNY

40, rue des Coteaux
✆ 05 49 51 80 43
www.chateau-perigny.com
Ouvert tous les jours et les jours fériés le midi et le soir. Menus de 28 € à 64 €. Formule du midi : 19 €.

De bucoliques chemins de traverse vous mèneront jusqu'aux portes du Château de Périgny. Installés au patio entre l'ombre et la lumière des feuillages, on vous proposera plusieurs menus. A midi c'est le menu du Marché qui est à la une. Vous aurez un véritable coup de cœur pour ce menu qui change tous les jours. Au prix de 19 euros, vous aurez une entrée, un plat et un dessert. C'est un excellent rapport qualité-prix pour un menu de cette qualité servi dans un cadre magnifique. Après le repas, profitez de la piscine (évitez les jours de séminaires d'entreprises en posant simplement la question lors de votre réservation) et de son paisible parc pour une promenade digestive.

LE CHEVAL BLANC ET CLOVIS

3, rue de la Barre
✆ 05 49 51 81 46
www.cheval-blanc-clovis.fr
Tlj de 12h à 14h et de 19h30 à 21h30. Menus de 21,50 € à 39,50 €. Formule du midi : 20,50 €. Menu enfant : 10 €

Une même famille est aux commandes depuis 1958 de cet ancien relais de poste devenu hôtel et restaurant gourmand. L'actuel chef, Patrick Blondin met les petits plats dans les grands et délecte nos papilles avec une cuisine de tradition remise au goût du jour. Une cuisine généreuse et authentique qu'il aime confectionner à base de produits frais de notre bon terroir et savamment associés. Une belle carte des vins vient compléter l'ensemble. L'été, on aime déguster ces merveilles sur une jolie terrasse tout en écoutant chanter l'Auxance qui coule là.

PRÊT-À-PORTER

LITTLE NATH

2, place de l'église
✆ 06 25 54 45 71
Ouvert du mardi au jeudi de 14h à 19h ; le vendredi et le samedi de 10h à 12h et de 14h à 19h.

Poupoupidou ! Fan des années 40, 50 et 60, cette boutique est faite pour vous ! Chez Nath, les petits pois sont de sortie. Jupes, robes évasées et tops ajustés vous transformeront en véritable pin-up. On adore les barrettes en forme de cerises et les chaussures rockabilly. Collectif Vintage, Hell Bunny, Lindy Bop, Lily Shoes et Banned, toutes les marques incontournables du genre sont représentées et sont disponibles du XS au 4XL. Pour Nathalie, cet univers est une passion depuis plus de trente ans ; elle ne manquera pas de vous la transmettre. Et si vous rêvez d'un ensemble rétro ou d'une robe vintage pour le plus beau jour de votre vie, elle sera ravie de vous aider dans votre projet.

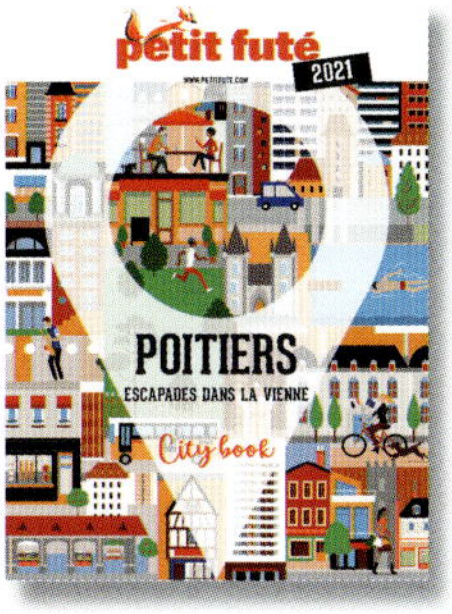
petit futé
2021
POITIERS
ESCAPADES DANS LA VIENNE
City book

INDEX